U0835845

21 世纪全国高职高专财经管理类规划教材

简明资产评估学

阚春燕　主编

沈正榜　陆俊　副主编

北京大学出版社
PEKING UNIVERSITY PRESS

内 容 简 介

本书采用项目导入的编写模式，注重理论知识的系统完整性，强调培养解决实际评估问题的操作技能，全面系统地介绍了我国当前资产评估的相关理论与方法。

全书内容介绍如下。第一篇介绍资产评估基本理论与方法，共分3章，分别介绍资产评估的相关概念、资产评估基本方法及资产评估程序。第二篇为资产评估操作实务，共分7章，分别阐述机器设备、房地产、流动资产、无形资产、企业价值、长期投资及递延资产的评估方法和资产评估报告书的编写。

本书主要适用于高职高专院校财经与管理类专业（如财政、会计、审计、金融、保险、投资经济、财务管理、企业管理、经济管理等）作为专业教学用书，也适合于广大从事与资产评估有关的业务和管理人员作为专业学习的参考书，以及备考注册资产评估师的辅助教材。

图书在版编目(CIP)数据

简明资产评估学/阚春燕主编. —北京：北京大学出版社，2010.8
(21世纪全国高职高专财经管理类规划教材)
ISBN 978-7-301-17146-2

Ⅰ. ①简…　Ⅱ. ①阚…　Ⅲ. ①资产评估－高等学校：技术学校－教材　Ⅳ. ①F20

中国版本图书馆CIP数据核字(2010)第075931号

书　　名：简明资产评估学
著作责任者：阚春燕　主编
策 划 编 辑：桂　春
责 任 编 辑：栾　鸥
标 准 书 号：ISBN 978-7-301-17146-2/F·2508
出 版 发 行：北京大学出版社
地　　址：北京市海淀区成府路205号　100871
电　　话：邮购部62752015　发行部62750672　编辑部62765126　出版部62754962
网　　址：http://www.pup.cn
电 子 信 箱：zyjy@pup.cn
印　刷　者：三河市欣欣印刷有限公司
经　销　者：新华书店
787毫米×980毫米　16开本　20.25印张　411千字
2010年8月第1版　2016年7月第4次印刷
定　　价：41.00元

前　言

随着社会主义市场经济的快速发展和不断完善，产权交易日益成为普遍的经济现象。资产评估目前已经成为我国一个重要的中介服务行业，在资产拍卖、资产转让、资产抵押、资产担保、财产保险、企业联营、企业租赁、企业兼并、企业清算、股份经营以及中外合资合作等社会经济活动中发挥着重要的作用。

随着行业的发展，对资产评估专业人才的需求也在日益增多。自 1995 年我国实行注册资产评估师执业资格制度以来，市场对资产评估从业人员有了更多、更高的要求。为了适应资产评估行业对人才的需求，目前高等院校资产评估专业或在财经管理类相关专业中开设了与资产评估相关的课程，相关教材建设也取得了一定的成绩。

针对高职高专人才培养以“必需、够用”为度，重点强化实践动手能力的培养目标而言，目前现有的与资产评估相关的教学参考资料存在一些不足。编者在从事多年资产评估课程教学和实践的基础上，参阅了大量的资产评估类参考资料，结合目前资产评估行业执业资格考试的具体要求和目前高职高专学生的基本素质情况，在行业调研的基础上，以任务驱动为主线，编写了《简明资产评估学》。

本书在借鉴和吸取同类著作的基础上，进一步强调了理论与实践的结合，在归纳和总结国内外资产评估的最新理论研究成果及行业的最新发展动态基础上，努力反映国内外的资产评估实践经验，大量增加了案例分析，加强了资产评估实务操作的训练。同时，在编写方面，本书借鉴了成功的教材编写思路，每章前面有学习目标和任务要求，每章后面附有足够的思考与练习题，使得在学习时能把握各章要点、自我检验并且及时巩固所学知识。

本教材的特色主要在于以下几点。一是对目前资产评估行业需要的有关资产评估工作的基本理论进行了梳理和整合，做到简明扼要，重点突出。二是既吸收了资产评估界的最新研究成果，又结合了资产评估实务的要求，深入浅出地阐述了资产评估的基本理论、基本知识和基本技能。三是根据现行法律法规及相关评估工作的具体要求，在具体评估实务方面，做到评估方法具体明确、操作性强，并附有大量的评估示例，通俗易懂，便于自学。四是本书的理论框架体系、知识点及知识面尽量与注册资产评估师考试的要求保持一致。

本书第 1 章、第 2 章、第 4 章、第 7 章、第 10 章由阚春燕编写，第 5 章由陆俊编写、

第 3 章、第 8 章由沈正榜编写，第 6 章由王春芳编写，第 9 章和附录由王亚军编写。全书由阚春燕任主编并负责统稿、修订和审校工作。在本书编写过程中，得到南通职业大学校领导和经济管理系领导和同事的大力支持，及南通中天会计师事务所有限公司等相关资产评估企业的专业评估人员的指导和帮助，在此一并表示诚挚的谢意。本书借鉴参考了许多著作、教材和报刊、资料等的研究成果，在此，特向所有作者及相应的出版单位表示感谢和敬意。

资产评估行业在我国还处于发展阶段，理论体系还在进一步完善，操作仍在逐步规范，加之编者的水平和条件有限，书中难免有一些缺点和错误，真心希望读者不吝赐教。

编　者

2010 年 5 月

目　录

第一篇　资产评估基本理论与方法

第二篇　资产评估操作实务

第一篇　资产评估基本理论与方法

第 1 章　资产评估总论

学习目标

➢ 理解资产评估的概念和基本特征。

➢ 掌握资产的概念和资产的分类。

➢ 理解资产评估目的和资产评估价值类型之间的关系。

➢ 理解资产评估目的和资产评估假设之间的关系。

➢ 理解资产评估与会计、审计计价的关系。

任务导入

某评估公司接受某企业委托对该企业进行改制前的企业整体价值评估，需完成如下工作：对企业进行整体评估，确认净值，调整账务；办理新的土地使用证；房产办理新企业的房产证；引进一条××生产线的软件费用作为投入资产进行价格确认；机器设备、交通运输设备在改制中作价入账；实物资产作价后参加保险。

完成上述工作，首先要进行资产评估，然后在各自的行业主管部门办理备案或核准手续，即企业改制要由资产评估机构出具总报告。按照 1991 年国务院 91 号令《国有资产评估管理办法》的规定，出具总报告机构可对固定资产、流动资产、无形资产和其他资产进行评估，由于最后的手续办理须在各自主管的行业部门，所以需要评估机构出具不同的资产评估报告书。本章主要介绍资产评估及其特点、资产评估的价值类型与评估目的、资产评估的基本原则与假设、资产评估程序等相关内容，为从事资产评估业务提供必要的基本理论基础。

1.1　资产评估的含义及特点

资产评估是市场经济的产物，是一种市场化和动态化的价值鉴证行为，其业务涉及企业间的产权转让、资产重组、破产清算、资产抵押以及财产保险、财产纳税等经济行为。在资产产权交易过程中，迫切需要对处于交易中资产的价值作出符合交易双方利益的准确鉴证，这就在客观上为资产评估的产生和发展提供了坚实的市场基础。经过较长时期的发展，资产评估已经成为市场经济产权交易过程中为交易双方提供专业性鉴定服务的一个不可缺少的重要行业。

1.1.1 资产评估的含义

就目前学术界和执业界的普遍共识，资产评估可以表述为：资产评估是专业机构和人员，按照国家法律、法规和资产评估准则，根据特定目的，遵循评估原则，依据相关程序，选择适当的价值类型，运用科学方法，对资产价值进行分析、估算并发表专业意见的行为和过程。该定义认为，资产评估本质上是对被评估资产在某一时点的价值进行的评定和估算。这种观点是目前我国资产评估理论界的主要观点。

这一定义包括以下基本要素。① 评估主体，资产评估工作是由专门从事资产评估的机构和人员进行的。② 评估客体，即被评估的资产。③ 评估依据，资产评估工作所遵循的法律、法规、经济行为文件、重大合同协议以及收费标准和其他参考依据。④ 评估目的，资产评估的目的必须十分明确。只有明确了目的，才能选择适宜的方法。⑤ 评估原则，即资产评估的行为规范。⑥ 评估程序，资产评估必须按照规定的程序进行，不能随意进行。⑦ 评估价值类型。⑧ 资产评估有专门的方法。资产评估的要素是一个有机组成的整体，它们之间相互依托、相辅相成，缺一不可，也是资产评估价值合理性和科学性的重要条件。

1.1.2 资产评估的对象

1. 资产评估中“资产”的界定

资产是资产评估人员进行评估的基础。目前资产是一个具有多角度、多层面的概念，既有经济学中的资产，也有其他学科概念的资产，如会计学中的资产等。

会计学中的资产，根据 1996 年财政部颁布的《企业财务会计报告条例》中对资产的概念的界定，可以定义为：“资产是指过去的交易、事项形成并由企业拥有或控制的资源，该资源预期会给企业带来经济利益。”资产在经济学中比会计学中具有更广泛的含义，经济学中的资产是泛指特定经济主体拥有或控制的，能够给特定经济主体带来经济利益的经济资源。法学中的资产，主要是强调财产主体的财产权利，即对财产享有的所有权、使用权、收益权、处置权等一组权利，这组权益的核心是所有权和收益权，即依所有权而产生的收益或利益剩余索取权。

资产评估中的资产或作为资产评估对象的资产，其内涵更接近于经济学中的资产，即特定权利主体拥有或控制的，能够给特定权利主体带来未来经济利益的经济资源，其外延包括了具有内在经济价值以及市场交换价值的所有实物和无形资产的权利。

2. 资产评估中资产的基本特征

(1) 资产必须是经济主体拥有或者控制的。经济主体依法取得财产权利并能支配资产，是资产评估中经济主体资产的首要条件。一般来说，对于资产评估中的资产，特定经济主体往往拥有所有权和支配权，但不是意味着不具有所有权的资产就不是经济主体资产评估中的资产。例如，对于一些以特殊方式形成的资产，经济主体虽然对其不拥有完全的所有权，但依据合法程序能够实际控制的，如融资租入固定资产、土地使用权等，按照实质重于形式原则的要求，也应当将其作为经济主体资产予以确认。可见，资产评估中资产的边界应以经济资源的控制权为依据，而不应以所有权划定资产边界。

(2) 资产是能够给经济主体未来带来经济利益的资源，即预期给经济主体带来现金流入的资源。也就是说，资产具有能够带来未来利益的潜在能力。如果被恰当使用，资产的获利潜力就能够实现，进而使资产具有使用价值和交换价值。因此，只有具有使用价值和交换价值，并能给经济主体带来未来效益的经济资源，才能作为资产被确认。

(3) 资产必须能以货币计量。即资产价值能够运用货币进行计量，否则就不能作为资产予以确认。

3. 资产的分类

资产评估的资产，其存在形式是多种多样的，通常情况下，按照不同的标准，资产可分为以下几类。

(1) 按资产存在形态的不同，将资产分为有形资产和无形资产。

有形资产是指那些具有实体形态的资产，如机器设备、房屋建筑物、库存商品、材料、流动资产等。由于这类资产具有不同的功能和特性，通常具有较强的专业性，评估时应根据资产的不同特点分别进行。无形资产是指那些没有实物形态，但在很大程度上制约着企业物质产品生产能力和生产质量，直接影响企业经济效益的资产，主要包括专利权、商标权、非专利技术、土地使用权、特许权、商誉等。无形资产通常具有较强的综合性，影响因素较为复杂，评估难度也较大。

(2) 按资产是否具有综合获利能力，将资产分为单项资产和整体资产。

单项资产是指单台、单件的资产。如一台设备、一栋房屋等。整体资产是指由一组单项资产组成的具有整体获利能力的资产综合体。如一个具有正常经营活动能力企业的所有资产、一个独立的部门或车间等。在一些情况下，企业各单项资产之和并不一定等于企业的整体资产，也就是说，在企业整体资产中，有一部分资产无法以单项资产的形式存在。

(3) 按资产能否独立存在，将资产分为可确指的资产和不可确指的资产。

可确指的资产是指能独立存在的资产，前面所列示的有形资产和无形资产，除商誉以外都是可确指的资产。不可确指的资产是指不能脱离企业有形资产而单独存在的资产，如商誉。商誉是指企业基于地理位置优越、信誉卓著、生产经营出色、劳动效率高、历史悠久、经验丰富、技术先进等原因，所获得的投资收益率高于一般正常投资收益率所形成的超额收益资本化的结果。商誉是一种特殊的无形资产，它不能以独立的形式存在，通常表现为企业整体资产与各单项资产之和的差额。

(4) 按会计报表项目，可将资产分为流动资产、长期投资、固定资产、无形资产及其他资产。

目前我国资产评估实务工作中，企业资产评估项目通常情况下是与企业会计报表相联系的，了解这些不同类型的资产，有利于合理的组织和顺利地完成企业整体资产评估项目，同时，也便于被评估单位在评估对象发生产权变动后根据评估结果进行会计账务处理。

(5) 按资产与生产经营过程的关系不同，可将资产分为经营性资产和非经营性资产。

经营性资产是指处于生产经营过程中的资产。如企业中的机器设备、厂房、交通工具等。经营性资产又可按是否对盈利产生贡献分为有效资产和无效资产。区分有效资产和无效资产是开展资产评估工作的一项重要内容。非经营性资产是指处于生产经营过程以外的资产，如政府机关用房、办公设备等。

(6) 按资产的法律意义不同，可将资产分为不动产、动产和合法权利。

不动产是指不能离开原有固定位置而存在的资产，如自然资源、房地产等。动产是指能脱离原有位置而存在的资产，如各种流动资产、长期资产。合法权利是指受国家法律保护并能取得预期收益的特权，如专利权、商标权、特许经营权等无形资产。

1.1.3 资产评估的特点

资产评估是资产交易等资产业务的中介环节，它是市场经济条件下资产交易和相关资产业务顺利进行的基础。这种以提供资产价值判断为主要内容的经济活动与其他经济活动相比，具有以下鲜明的特点。

(1) 现实性。资产评估的结果反映的是资产的现实价值；资产评估必须依据资产的现实状况。现实性可从三个方面去理解：① 特定日期，是指评估基准日；② 客观存在，是指在评估基准日这一特定时点上，评估对象是客观存在的；③ 能带来预期收益，预期收益是以该评估对象于评估基准日的现实状态为基础进行估算的预期收益。

(2) 市场性。资产评估是来源于市场、服务于市场的活动，其市场性特点表现在：① 资产评估是市场经济的产物；② 资产评估所需的许多数据都来源于市场，如供求信息、价格信息等，评估专业人员必须凭借着自己对资产性质、功能等的认识，以及市场经验，模拟市场对特定条件下的资产价值进行估计和判断；③ 评估结果的有效性要接受市场标准的检验。

(3) 系统性。对被评估资产的价值做出科学的估算和判断是一项系统的工程，必须用系统论的观点加以分析和开展工作。首先，必须将被评估资产置于整个企业或整个行业中，必要时还要置于整个国家的范围进行分析和评价，因为，同样的资产在不同的企业、不同的行业、不同的国家可能发挥不同的作用，因而也就具有不同的价值；其次，必须对被评估资产相互之间的匹配问题进行系统考虑，主要是不同的有形资产、无形资产以及相互之间的匹配，若同样的有形资产与不同的其他有形资产匹配或与不同的无形资产匹配，可能发挥不同的作用，则价值也可能会不同；此外，评估人员在评估工作过程中，也必须系统地收集、整理和分析被评估资产的相关资料，将影响资产价值的各种相关因素进行系统综合地考虑，在此基础上对评估结论作出系统地判断。

(4) 技术性（专业性）。资产评估人员在对被评估资产价值做出专业判断的过程中，需要依据大量的数据资料，经过复杂细致的技术性处理和必要的计算，不具备相应的专业知识就难以完成评估工作。如在对厂房或有关建筑物进行评估时，需要对其进行测量、了解建筑构造、工程造价、使用磨损程度等情况，缺乏建筑专业基础知识则难以进行；对机器设备进行评估时，需要对被评估设备的有关技术性能、磨损程度、预计经济寿命等情况做出判断，这些都具有较强的专业技术性，不具备有关专业知识则难以得出客观的评估结果。

(5) 公正性。资产评估的公正性主要体现在资产评估是由交易双方以外独立的第三者，站在客观公正的立场上对被评估资产所做的价值判断，评估结果具有公正性。资产评估的结果密切关系着资产业务有关各方的经济利益，如果背离客观公正的基本要求，就会使得资产业务的一方或几方蒙受不必要的损失，资产评估工作也就失去了意义。

(6) 咨询性。资产评估结论是评估人员在评估时点，根据所能搜集到的数据资料，模拟市场对资产价值所作出的主观推论和判断。不论评估人员的评估依据有多么充分，评估结论仍然是评估人员的一种主观判断，而不是客观事实。因此，资产评估不是一种给资产定价的社会经济活动，它只是一种经济咨询或专家咨询活动。评估结果本身并没有强制执行的效力，评估人员只对评估结论的客观性负责，而不对资产交易价格的确定负责。评估结果只是为资产业务提供一个参考价值，最终的成交价格取决于交易双方在交易过程中的讨价还价能力。

1.1.4 资产评估的作用

资产评估是源于经济活动或社会管理中人们希望了解和掌握在一定条件下的资产价值的需求。资产评估的最基本功能就是对资产的评价和评值。在不同历史条件下，人们在充分利用评价及评值功能的基础上，也曾赋予资产评估一些辅助性和过渡性功能，如管理的功能。资产评估结果在资产的经营管理活动中主要起着咨询、管理、鉴证等作用。

(1) 咨询作用。资产评估的咨询作用是指资产评估结论是为资产业务提供专业化估价意见，该意见本身并无强制执行的效力，它只是给相关当事人提供有关资产交换价值方面的专业判断或专家意见。资产评估结论不能也不应该取代资产交易当事人的交易决策。

(2) 管理作用。资产评估的管理作用有两层含义，一是资产评估的法定程序和过程属于资产管理的内容，二是资产评估的目的和结果是实施资产经营管理的重要依据。资产评估的管理作用在国有资产管理中体现得尤为明显。如在资产评估开展初期，国家通过制定申请立项、资产清查、评定估算和验证确认的国有资产评估管理程序，就使得资产评估具有管理的作用。资产评估的管理作用会随着国家在国有资产评估管理体制方面的变化而加强或弱化。

(3) 鉴证作用。鉴证包括鉴别和举证，鉴别是专家依据专业原则对经济活动及其结果做出的独立判断，而举证则是为该判断提供理论和事实依据，它具有独立、客观和专业的特征。资产评估的鉴证作用，一是表现在资产评估工作要以专业鉴别和举证为主要内容；二是资产评估行业的发展状况和水平在很大程度上与资产评估在资产价值鉴证方面具备的整体能力相关；三是尽管资产评估一般不具有强制性的法律效力，但仍然是资产业务当事人各方进行决策的重要依据。所以资产评估师也必须对自己的行为承担相应的专业责任、民事责任和刑事责任。但需要强调指出的是资产评估从事的是价值鉴证，而不是权属鉴证。

1.2 资产评估目的与价值类型

1.2.1 资产评估目的

资产评估目的有一般目的和特定目的。

1. 资产评估的一般目的

资产评估的一般目的或资产评估的基本目的是由资产评估的性质及其基本功能决定的。资产评估作为一种专业人员对特定时点及特定条件约束下资产价值的估计和判断的社会中介活动，其所要实现的一般目的只能是资产在评估时点的公允价值。资产评估中的公允价值是一种相对合理的评估价值，它是一种相对于当事人各方地位、资产状况及资产所面临市场条件的合理评估价值，是评估人员根据被评估资产自身的条件及其所面临的市场条件，对被评估资产客观交换价值的合理估计值。资产评估中的公允价值的显著特点是，它与相关当事人的地位、资产状况及资产所面临市场条件相吻合，且并没有损害各当事人的合法权益，亦没有损害他人的利益。

2. 资产评估的特定目的

资产评估作为一种资产价值判断活动，总是为满足特定资产业务的需要而进行的，这里的资产业务是指引起资产评估的经济行为。通常把资产业务对评估结果用途的具体要求称为资产评估的特定目的。我国资产评估实践表明，资产业务主要有：资产转让、企业兼并、企业出售、企业联营、股份经营、中外合资（合作）、企业清算、担保、企业租赁、债务重组等。

(1) 资产转让。资产转让是指资产拥有单位有偿转让其拥有的资产，通常是指转让非整体性资产的经济行为。

(2) 企业兼并。企业兼并是指一个企业以承担债务、购买、股份化和控股等形式有偿接收其他企业的产权，使被兼并方丧失法人资格或改变法人实体的经济行为。

(3) 企业出售。企业出售是指独立核算的企业或企业内部的分厂、车间及其他整体资产产权出售行为。

(4) 企业联营。企业联营是指国内企业、单位之间以固定资产、流动资产、无形资产及其他资产，投入组成各种形式的联合经营实体的行为。

(5) 股份经营。股份经营是指资产占有单位实行股份制经营方式的行为，包括法人持股、内部职工持股、向社会发行不上市股票和上市股票。

(6) 中外合资（合作）。中外合资（合作）是指我国的企业和其他经济组织与外国企业和其他经济组织或个人在我国境内举办合资或合作经营企业的行为。

(7) 企业清算。包括破产清算、终止清算和结业清算。

(8) 担保。担保是指资产占有单位，以本企业的资产为其他单位的经济行为保证，并承担连带责任的行为。担保通常包括抵押、质押、保证等。

(9) 企业租赁。企业租赁是指资产占有单位在一定期限内，以收取租金的形式，将企业全部或部分资产的经营使用权转让给其他经营使用者的行为。

(10) 债务重组。债务重组是指债权人按照其与债务人达成的协议或法院的裁决，同意债务人修改债务条件的事项。

(11) 引起资产评估的其他合法经济行为。

3. 资产评估特定目的在资产评估中的作用

(1) 资产评估特定目的对评估结果的性质、价值类型等有重要的影响。

(2) 资产评估特定目的是界定评估对象的基础。

(3) 资产评估特定目的对于资产评估价值类型的选择具有约束作用。

1.2.2 资产评估价值

1. 资产价值形成原理

资产评估是对资产的现时价值进行估算的过程。什么是价值？影响价值的因素又是什么？经济学产生二百多年来，对这个问题的讨论一直没有终止。经济学的发展对于评估理论的形成与发展具有重要的影响，可以说是构成了评估理论和方法的基础。目前，国际上通用的三种基本评估方法都能够在经济学的论著中找到理论依据。

（1）劳动价值论。

劳动价值论，由英国经济学家大卫·李嘉图创立，后经马克思发展到成熟阶段。该理论中与资产评估相关的内容可以概括为以下两方面。

① 资产的价值由劳动所决定，即由生产该资产的社会必要劳动时间所决定。劳动时间越长，资产的价值越大。换句话说，劳动是形成资产价值的决定因素。因此，从分配的角度来看，劳动者所付出的活劳动与凝聚到资产中的物化劳动构成了资产价值的全部来源。

② 生产某项资产的社会必要劳动时间会随着社会技术水平的进步和劳动条件的改善，以及劳动者技能的提高而不断变化，表现出下降趋势。即资产的价值随着社会技术水平和劳动者技能的提高而下降。这种价值的下降称为技术性贬值。在资产评估中必须注意到这种技术性贬值。从根本上说，劳动价值论认为资产的价值由凝聚在资产中的物化劳动和活劳动所决定，这是典型的生产成本决定价值论，它从资产供给者的角度来度量资产的价值。因此，劳动价值论是成本法评估资产价值的理论基础之一。

（2）效用价值论。

效用价值论源于19世纪末边际效用学派的创始人门格尔、杰文思、瓦尔拉斯等人提出的商品价值决定论。效用价值论认为，商品的价值取决于商品的效用。换句话说，无论商品的生产成本如何，只要能够为其占有带来较大的效用，商品的价值就会较高。可见，该理论是从需求者的角度来衡量商品的价值。对于资产来说，其效用表现为资产为其占有者带来的未来收益（即货币收入）。为了用未来的收益体现现时的价值，必须将未来收益进行折现，即其具有时间价值。这是资产评估中收益法的理论依据。

（3）均衡价格论。

19世纪末20世纪初，新古典经济学派成功地把效用价值论和劳动价值论结合起来，建立了自己的学说，其代表人物是马歇尔。均衡价格论的要点如下。

① 商品（包括资产）的价值来源于生产和消费两个方面。生产方面主要指生产商品或资产所付出的成本，这些成本包括支付劳动者的工资、支付资本家的利息、支付企业家的正常利润及支付自然资源拥有者的地租等。消费方面主要指消费者得到的效用或收益水平。效用水平越高，价值就越大。

② 在完全竞争市场中，商品（包括资产）的价格由供给和需求双方共同决定。商品的需求与其市场价格呈反方向变化，价格越高，需求量越小；商品的供给与其市场价格呈正方向变化，价格越高，供给量越大。当市场供给与市场需求相等时，市场达到了均衡，此时的价格称为均衡价格，它反映了商品的价值。

由此可见，新古典经济学派的均衡价格理论认为，充分的市场竞争可以起到价值发现的作用，市场竞争的均衡价格就是商品的价值。这正是资产评估中市场法的理论依据。

2. 资产评估价值的含义

资产评估是在某一时点对资产做出价值判断的过程，资产评估值则是资产评估结果的体现。具体来说，资产评估值指的是资产交易双方在某一特定日期，按照特定目的，在公开市场上进行交易时最可能实现的交易价格。这一定义包括以下两方面的含义。

(1) 资产评估值是在特定日期下进行交易的。

资产评估结果的特定日期，就是指评估基准日。从理论上说，资产评估是对动态资产价格的现实静态反映。这种反映越准确，评估结果就越科学。然而从实际操作的角度来说，资产价值的评估时点要与交易发生的时间完全一致是很难的。实际中一般认为，评估基准日确定的结果在一定时期内是有效的。各国对有效期的规定有各自不同的时间界限，我国目前的规定是，评估结果自评估基准日起一年内有效。

(2) 评估价值受评估目的影响。

不同的评估目的，会对资产的评估价值产生重大影响。比如说，企业资产在破产、兼并、抵押、租赁等不同情况下，其评估值并不相同。换句话说，资产价值不是固定的、唯一的，而是随着评估时间、评估目的等因素的不同而改变。

1.2.3 资产评估价值类型

资产评估价值类型是指资产评估结果的价值属性及其表现形式。不同的价值类型从不同的角度反映资产评估价值的属性和特征。不同属性的价值类型所代表的资产评估价值，不仅在性质上是不同的，在数量上往往也存在着较大差异。资产评估价值类型的形成，不仅与引起资产评估的特定经济行为（特定目的）有关，而且与被评估对象的功能、状态、评估时的市场条件等因素也有着密切的关系。由于所处的角度不同，以及对资产评估价值类型理解方面的差异，人们对资产评估的价值类型主要有以下几种分类。

(1) 根据资产评估的估价标准形式表述的价值类型，可分为：重置成本、收益现值、现行市价（或变现价值）和清算价格四种。该划分标准基本上是承袭了现代会计理论中关于资产计价标准的划分方法和标准，即将资产评估与会计的资产计价紧密地联系在一起。

(2) 根据资产评估假设的角度表述资产评估的价值类型，可分为：继续使用价值、公开市场价值和清算价值三种。该种划分方法有利于人们了解资产评估结果的假设前提条件，同时也强化了评估人员对评估假设前提条件的运用。

(3) 根据资产业务的性质，即资产评估的特定目的划分资产评估的价值类型，可分为：抵押价值、保险价值、课税价值、投资价值、清算价值、转让价值、保全价值、交易价值、兼并价值、拍卖价值、租赁价值、补偿价值等。该种划分方法强调资产业务的重要性，认为有什么样的资产业务就应有什么样的资产价值类型。

(4) 根据资产评估时所依据的市场条件、被评估资产的使用状态以及评估结论的适用范围划分资产评估结果的价值类型，可分为：市场价值和市场价值以外的价值两大类。该种划分方法不仅注重了资产评估结果的适用范围与评估所依据的市场条件及资产使用状态的匹配，而且通过资产的市场价值概念的提出，树立了一个资产公允价值的坐标。资产的市场价值是资产公允价值的基本表现形式，市场价值以外的价值则是资产公允价值的特殊表现形式。

根据《国际评估准则》和《国际评估准则 1》，我们把资产评估中的市场价值定义如下：资产评估中的市场价值，是指资产在评估基准日公开市场上最佳使用状态下最有可能实现的交换价值的估计值。评估资产价值所依据的所有信息资料都来源于公开市场，而公开市场可能存在着区域、级次等的区分，因此，资产评估中的市场价值可能存在着不同区域范围的市场价值和不同级次的市场价值等。

市场价值以外的价值也称非市场价值、其他价值。《国际评估准则》并没有直接定义市场价值以外的价值，而是指出凡不符合市场价值定义条件的资产价值类型都属于市场价值以外的价值。市场价值以外的价值不是一种具体的资产评估价值存在形式，它是一系列不符合资产市场价值定义条件的价值形式的总称或组合，例如，在用价值、投资价值、保险价值、课税价值、拆迁补偿价值、清算价值、残余价值等。

在资产评估实践中，市场价值与市场价值以外的价值（非市场价值）的划分标准有以下几个方面：

(1) 资产评估时所依据的市场条件，是公开市场条件还是非公开市场条件；

(2) 资产评估时所依据的被评估资产的使用状态，是正常使用（最佳使用）还是非正常使用；

(3) 评估时所使用的信息资料及其相关参数的来源，使用的是公开市场的信息数据还是非公开市场的信息数据。

对资产价值进行合理分类的主要目的有：① 为评估人员科学合理地进行资产评估提供指引；② 使资产评估报告的使用者能正确理解和恰当使用资产评估结果。从这个意义上讲，将资产评估价值划分为市场价值和市场价值以外的价值更有利于实现划分资产评估价值类型的目的。

1.2.4 资产评估价值类型的作用

1. 价值类型表明了被评估资产价值的性质。

同样的一项资产，在不同条件下，其价值是不一样的。例如，在继续使用条件下和非继续使用条件下，其价值就会不一样。这是资产评估条件下的价值含义的特殊性。

2. 价值类型制约资产评估方法的选择。

资产评估方法是资产评估的一种技术手段，目前国际通行的评估方法主要有三种：市场法、成本法和收益法。在资产评估中，具体采用什么评估方法，要以所确定的价值类型为依据。

3. 明确价值类型有利于评估结果的使用。

资产评估结果的使用人可能是多方面的。既可以是评估委托人，也可以是与评估事项相关的其他当事人。明确价值类型，就明确地界定了评估结果的价值含义，有利于评估结果使用人对评估结果的理解，从而避免滥用资产评估价值。

1.3　资产评估假设

由于认识客体的无限变化与认识主体有限能力之间的矛盾，人们不得不依据已掌握的数据资料对某一事物的某些特征或全部事实做出合乎逻辑的推断。这种依据有限事实，通过一系列推理，对于所研究的事物做出合乎逻辑的假定说明称为假设。假设必须依据充分的事实，运用已有的科学知识，通过推理（包括演绎、归纳和类比）形成。当然，无论如何严密的假设都带有推测，甚至带有主观猜想的成分。但是，只要假设是合乎逻辑、合乎情理的，它对科学研究都是有重大意义的。资产评估与其他学科一样，其理论体系和方法体系的确立也是建立在一系列假设基础之上的，其中交易假设、公开市场假设、持续使用假设和清算假设是资产评估中的基本假设。

1. 交易假设

交易假设是资产评估得以进行的一个最基本的前提假设。交易假设是假定所有待评资产已经处在交易过程中，评估师根据待评估资产的交易条件等模拟市场进行估价。众所周知，资产评估其实是在资产实施交易之前进行的一项专业服务活动，而资产评估的最终结果又属于资产的交换价值范畴。为了发挥资产评估在资产实际交易之前为委托人提供资产交易底价的专家判断的作用，同时又能够使资产评估得以进行，利用交易假设将被评估资产置于“交易”当中，模拟市场进行评估就是十分必要的。交易假设一方面为资产评估得以进行“创造”了条件；另一方面它明确限定了资产评估的外部环境，即资产是被置于市场交易之中的。

2. 公开市场假设

公开市场是指一个自由竞争的市场，在这个市场中，交易双方进行交易的目的都是最大限度地追求经济利益，交易双方都掌握必要的市场信息，有充分的时间考虑，对交易对象具有必要的专业知识，交易双方的交易行为都是自愿的，交易条件公开并不受限制。

公开市场假设是对资产拟进入的市场的条件，以及资产在这样的市场条件下接受何种影响的一种假定说明或限定。公开市场假设的关键在于认识和把握公开市场的实质和内涵。就资产评估而言，公开市场是指充分发达与完善的市场条件，即一个有自愿的买者和卖者的竞争性市场。在这个市场上，买者和卖者的地位平等，彼此都有获取足够市场信息的机会和时间，买卖双方的交易行为都是在自愿的、理智的，不受任何限制的条件下进行的。事实上，现实中的市场条件未必真能达到上述公开市场的完善程度。公开市场假设就是假定较为完善的公开市场的存在，被评估资产就在这样一种公开市场中进行交易。当然公开市场假设也是基于市场客观存在的现实，即资产在市场上可以公开买卖这样一种客观事实。

由于公开市场假设假定市场是一个充分竞争的市场，资产在公开市场上实现的交换价值隐含着市场对该资产在当时条件下有效使用的社会认同。当然，在资产评估中，市场是有范围的，它可以是地区性市场，也可以是国内市场，还可以是国际市场。关于资产在公开市场上实现的交换价值所隐含的对资产效用有效发挥的社会认同也是有范围的，它可以是区域性的、全国性的或国际性的。

公开市场假设旨在说明一种充分竞争的市场条件，在这种条件下，资产的交换价值受市场机制的制约并由市场行情决定，而不是由个别交易决定。

公开市场假设是资产评估中的一个重要假设，其他假设都是以公开市场假设为基本参照。公开市场假设也是资产评估中使用频率较高的一种假设，凡是能在公开市场上交易、用途较为广泛或通用性较强的资产，都可以考虑按公开市场假设前提进行评估。

需要注意的是，市场是受到时间和空间因素制约的。从时间来看，在某一个时点上可以是公开市场，但在某一个时点可能就不是公开市场；从空间来看，市场是有范围的，有地区性市场、全国性市场和国际性市场。

3. 持续使用假设

持续使用假设是对资产拟进入的市场条件，以及在这样的市场条件下的资产状态的一种假定性描述或说明。该假设，首先，设定被评估资产正处于使用状态，包括正在使用中的资产和备用的资产；其次，根据有关数据和信息，推断这些处于使用状态的资产还将继续使用下去。持续使用假设，既说明了被评估资产面临的市场条件或市场环境，同时着重说明了资产的存续状态。按照通行的说法，持续使用假设又细分为三种具体情况：一是在用续用；二是转用续用；三是移地续用。在用续用指的是处于使用中的被评估资产在产权发生变动或资产业务发生后，将按其现行正在使用的用途及方式继续使用下去。转用续用则是指被评估资产将在产权发生变动后或资产业务发生后，改变资产现时的使用用途，调换新的用途继续使用下去。移地续用则是说被评估资产将在产权变动发生后或资产业务发生后，改变资产现在的空间位置，转移到其他空间位置上继续使用。

持续使用假设是在一定市场条件下对被评估资产使用状态的一种假定说明，在持续使用假设前提下的资产评估及其结果的适用范围常常是有限制的。在许多场合下评估结果并没有充分考虑资产用途替换，它只对特定的买者和卖者是公平合理的。

持续使用假设也是资产评估中的一个非常重要的假设，尤其在我国，经济体制处于转轨时期，市场发育尚未完善，资产评活动大多与老企业的存量资产产权变动有关。因此，被评估对象经常处于或被限定在持续使用的假设前提之下。充分认识和掌握持续使用假设的内涵和实质，对于我国的资产评估来说有着重要意义。

4. 清算假设

清算假设是对资产拟进入的市场条件的一种假定说明或限定。具体而言，是对资产在非公开市场条件下被迫出售或快速变现条件的假定说明。清算假设首先是基于被评估资产面临清算或具有潜在的被清算的事实或可能性，再根据相应数据资料推定被估资产处于被迫出售或快速变现的状态。由于清算假设假定被估资产处于被迫出售或快速变现条件之下，被评估资产的评估值通常要低于在公开市场假设前提下或持续使用假设前提下同样资产的评估值。因此，在清算假设前提下的资产评估结果的适用范围是非常有限的。

1.4　资产评估的原则

资产评估的原则是调节资产评估委托者、评估业务承担者和资产业务有关权益各方在资产评估中的相互关系，规范资产评估机构和评估人在资产评估中的行为和业务的准则。资产评估的原则包括工作原则和经济技术原则。

1.4.1　资产评估工作原则

资产评估工作的性质决定了资产评估机构及其资产评估师在执业过程中应坚持客观、科学、独立、专业性等原则。具体描述如下。

(1) 客观性原则。客观性原则要求资产评估工作实事求是，尊重科学。一方面，资产评估机构在评估工作中必须以实际材料为基础，以确凿的事实为依据，以科学的态度为指针，实事求是地得出评估结果；另一方面，被评估单位必须实事求是地把被评估资产的情况提供给评估人员和评估机构，保证评估工作始终在占有真实资料的基础上进行。资产评估中的客观性至少包含三层含义，一是评估对象的客观存在，这是资产评估的现实性特点所决定的；二是评估中所采用的数据和指标等是客观的，即有一定的依据和来源；三是指评估结论经得起检验。

(2) 科学性原则。科学性原则要求资产评估机构和评估人员必须遵循科学的评估标准，以科学的态度制定评估方案，并采用科学的评估方法进行资产评估。在整个评估工作中必须把主观评价与客观测算，静态分析与动态分析，定性分析与定量分析有机地结合起来，使评估工作做到科学合理，真实可信。

(3) 独立性原则。独立性原则要求资产评估机构和评估人员必须坚持公平、公正的立场，不偏向任何一方，以中立的第三者身份客观地进行评估，评估工作不受委托人和外界的意图和压力的影响。

(4) 专业性原则。专业性原则要求评估机构必须是提供资产评估服务的专业技术机构。该机构必须拥有工程、技术、营销、财务、会计、法律和经济管理等多学科的专业人员，这些人员必须具有良好的教育背景、专业知识、实践经验和职业道德，这是确保评估方法正确、评估结果公正的技术基础。

(5) 可行性原则。资产评估的可行性是指在不违背执业标准的前提下，结合考虑资产评估的技术和经济等方面的因素，采用适当的、可行的评估方法进行评估。具体表现为方法上可行、时间上可行、经济上可行和技术上可行。

1.4.2 资产评估经济技术原则

资产评估的经济技术原则是指在资产评估执业过程中的一些技术规范和业务准则。它们为评估人员在执业过程中的专业判断提供技术依据和保证。这些原则主要包括以下几点。

(1) 预期收益原则。预期收益原则是以技术原则的形式概括出资产及其资产价值的最基本的决定因素。资产之所以有价值是因为它能为其拥有者或控制者带来未来经济利益，资产价值的高低主要取决于它能为其所有者或控制者带来的预期收益量的多少。预期收益原则是评估人员判断资产价值的一个最基本的依据。

(2) 贡献原则。资产评估中的贡献是指某一资产在整体资产中的重要性。这种重要性包括两个方面，一是指该项资产在整体资产中功能性作用的重要性；二是指该项资产可能带来的未来收益占整体资产可能带来的未来收益的比重。它要求资产价值的高低要由该资产的贡献来决定。贡献原则主要适用于构成整体资产的各组成要素资产的贡献，或者是当整体资产缺少该项要素资产将蒙受的损失。从一定意义上讲，贡献原则是预期收益原则的一种具体化原则。

(3) 替代原则。作为一种市场规律，在同一市场上，具有相同效能的商品，应有大致相同的交换价值。如果具有相同效能的商品具有不同的价格时，买者就会选择价格较低者。当然，作为卖者，如果可以将商品卖到更高的价格水平上，他也会在较高的价位上出售商品。在资产评估中存在着评估数据、评估方法等的合理替代问题，某一资产的可选择性和有无替代性是需要考虑的一个重要因素，正确运用替代原则是公正进行资产评估的重要保证。资产评估中的替代有两层含义，一是指替代物，如果在市场上没有与评估对象完全相同的商品时，可以用类似的商品作为参照物来进行评估；二是指价格，在替代物已确定的情况下，评估人员应选择参照物价格中的较低价格作为被评估资产的评估值。

(4) 供求原则。商品的供求规律是假定在其他条件不变的前提下，商品的价格随着需求的增长而上升，随着供给的增加而下降。商品供求规律在资产价值评估中的应用称为供求原则，评估人员在判断资产价值时应充分考虑供求原则。

(5) 评估基准日原则。资产的价值会随着市场条件的变化而改变。为了使资产评估得以顺利进行，同时又能保证资产评估结果可以被市场检验，在资产评估时，必须假定市场条件固定在某一时点，这一时点就是评估基准日，或称估价日期。评估基准日为资产评估提供了一个时间基准，评估值就是评估基准日的资产价值。

1.5　资产评估与会计、审计的关系

资产评估与会计和审计既有内在的联系又有业务性质的区别。会计和审计是提供以事实判断为主要内容的服务，而资产评估则是提供以价值判断为主要内容的服务，它们都是现代市场经济赖以正常运行的基础性服务行业，但它们之间因工作性质、专业知识和执业标准的不同而具有明显的区别。资产评估与会计和审计在资料、数据和结论等方面相互利用的情况只是在特定的条件下才能够发生或成立。

1.5.1　资产评估与会计的联系与区别

1. 资产评估与会计的联系

(1) 资产评估的结论为会计计价提供依据。

《中华人民共和国公司法》(以下简称《公司法》)及相关法律法规规定，当投资方以非货币资产投资时，应当对非货币资产进行资产评估，以资产评估结果为依据，确定投资数额，并以此作为公司会计入账的重要依据；当企业进行联合、兼并、重组等产权变动经济行为时，也需要对将发生产权变动的资产进行评估，评估结果可以作为产权变动后企业重新建账、调账的重要依据；此外，为了消除通货膨胀等因素的影响，使财务报表使用者正确理解和使用财务报表数据，《国际会计准则》及许多国家的会计制度中，也提倡或允许同时使用历史成本和现行公允价值对有关资产进行记账和披露，而公允价值一般可通过资产评估得到。例如，1991/1992 版的《国际会计准则 16——固定资产会计》第 21 条指

出："有时财务报表不是在历史成本的基础上编报，而是将一部分或全部固定资产以代替历史成本的重估价值编报，折旧也相应地重算……",第 22 条指出："重定固定资产价值的公认方法，是由合格的专业估价员进行估价，有时也使用其他方法，如按指数或参照现行价格进行调整。"另外，英国、丹麦、法国也颁布过类似的规定。

可见，特定条件下，资产会计计价和财务报告需要利用资产评估结论。鉴于此，国际资产评估准则中对资产评估与会计之间的联系给予了充分的考虑，对"以会计报表为目的的资产评估"方面的内容做出了规定。

（2）资产评估结论的形成依赖于会计提供有关数据资料。

资产评估结论的形成需要大量的数据支持，评估中所依据的许多数据资料都来源于企业的会计资料和财务数据，特别是续用前提下的资产评估。如企业会计账簿中记录的取得资产的原始凭证是资产评估工作中确定资产产权和原始价值构成的重要证明资料；对固定资产修理和损耗情况的记录，是资产评估工作中判断其实际贬值、确定成新率指标的重要参考；资产评估工作中对资产的预期收益、预期风险的测算都离不开企业的财务会计数据。从另一方面来看，由于资产评估结论的形成依赖于会计提供的有关数据资料，这些企业会计数据资料的准确程度在一定程度上也会对资产评估结果的质量产生影响。

不管是特定条件下会计计价利用资产评估的结果，还是资产评估需要参考会计数据资料，都说明资产评估与会计有着一定的联系，而且这种联系会随着投资者对企业披露资产现值要求的不断提高而更加广泛。

2. 资产评估与会计的区别

尽管资产评估与会计计价之间存在着某种密切的联系，但从本质上来说，二者属于不同的经济活动领域，有着明显的区别。

（1）性质和基本职能不同。会计是一项以记账、算账和报账为基本手段，连续地、系统地反映和监督企业生产经营、财务收支及其成果的一种社会活动，是企业组织管理中的一个重要组成部分，其基本职能是对会计主体经济活动的反映和监督。资产评估则是一种以提供资产价值判断为主要内容的咨询活动，是一种社会中介服务活动，评值和评价是其基本职能。

（2）确定资产价值的依据不同。会计账簿中为了能够清楚地反映资产的取得成本，主要是以历史成本为依据记录资产的价值，对于没有发生实际耗费的资产，通常情况下不予确认。而在资产评估中，判断一项资产是否有价值以及价值的大小，则不能简单地以是否发生历史成本为标准，而必须以资产的效用和市场价值为依据，对于那些虽有历史成本的发生，但在评估基准日及其以后不能再给企业创造收益的资产，或没有市场需求的资产，从资产评估的角度来看，则没有价值；而对于那些虽没有发生实际支出，但能给企业带来预期收益的项目，仍然可以对其价值进行评估。

（3）计价方法不同。现代会计理论为了解决通货膨胀因素的影响，使会计资料更好地反映资产的现时价值，对于资产计价方法在历史成本计价的基础上，又提出了重置成本、变现价值、收入现值和清算价值等多种新的会计计量标准。但到目前为止，世界各国普遍采用的资产计价方法仍然以历史成本为主。而资产评估中的资产价值评估除了可以利用核算方法外，还广泛应用收益法、市场法等多种技术方法。

（4）计价目的不同。会计与资产评估虽都要对资产的价值进行确认和计量，但二者的计价目的却不同。会计计价的总体目标是全面反映企业的历史和现实资产状况，为企业管理服务。而资产评估的总体目标则是为资产交易提供估值服务。

1.5.2 资产评估与审计的联系与区别

1. 资产评估与审计的联系

资产评估与审计都通过专业机构和人员为社会提供中介服务，二者在业务上有一定的联系。从我国的实际情况来看，资产评估与审计的联系主要表现在以下几个方面。

（1）使用的方法有相同之处。审计的主要工作之一是对反映企事业单位经济活动的财务资料及其相关资料的真实性、公允性、合理性等方面做出判断，属于“事实判断”的范畴，因此审计中主要运用的方法是分析和证实法，如对起初余额的分析性复核、对应收账款的函审、对存货的检测和盘点等。资产评估虽然是对被评估资产的价值做出判断，具有“价值判断”的性质，但在资产评估工作中也会广泛运用分析和证实方法，如在资产评估中的资产清查阶段，需要对委托方申报的评估对象进行核实和界定，就要用到证实的方法，对应收账款价值的判断通常也会运用向债务人发询证函、对存货的数量和价值判断必须依赖于评估人员对存货的检测和盘点等。可以说，资产评估中很多方法是借鉴了审计的方法，特别是对流动资产的评估。

（2）资产评估与审计相互配合开展工作。在实际工作中，资产评估与审计通常情况下是相互配合的。企业经过审计后，剔除了财务资料中的虚假成分，使其公允性得到证实，在此基础上开展资产评估工作，可以大大减少资产评估的工作量，如评估前期的财产清查、企业整体资产评估中的流动资产评估等，审计结果为评估提供了基础数据。企业经过资产评估后，对资产的现存数量及其产权进行了核实，对资产的现实价值进行了估算，这些资料都为审计财务报表提供了重要参考。

2. 资产评估与审计的区别

资产评估与审计虽同为专业服务性质的活动，它们之间的联系是客观存在的，但它们之间有着本质的区别，主要表现在以下几点。

（1）产生的社会条件和活动的本质不同。审计是在现代企业两权分离背景下产生的旨在对企业财务报表所反映的企业财务状况和经营成果的真实性和公允性做出事实判断，具有明显的公证性特征。资产评估是在市场经济充分发展，适应资产交易、产权变动的需要，旨在为委托人与有关当事人的被评估资产做出价值判断，具有明显的咨询性特征。

(2) 执业过程中遵循的原则不同。审计人员在执业过程中，要自始至终地贯彻公证、防护和建设三大专业原则，而资产评估人员在执业过程中则必须遵循供求、替代、贡献、预期等基本经济原则。

(3) 专业基础不同。审计的主要工作是围绕着会计及相关法规进行的，开展审计工作所需的专业知识主要以会计学、税法及其他经济法规等知识为基础，因此，审计人员主要由具有财务方面知识的人员构成；而开展资产评估工作所需的专业知识，除了经济学、法律、会计学等社会科学知识外，工程、技术等方面的自然科学知识也是其重要的组成部分。资产评估体现了专业知识的综合性，因此，从总体上来看，资产评估人员不但要由具有财务方面知识的人员构成，而且还应当由具有建筑、设备、土地等方面的专业技术人员构成。

(4) 与会计原则的关系不同。尽管现代审计的业务范围不断扩大，但对会计报告的审计仍然是审计的基本业务，审计会计报表及其相关业务的标准与会计是一致的，如对资产价值的计量都以历史成本原则为主，凡是违背了这一会计原则的，审计都将给予查处；而资产评估虽然与会计有着密切的联系，但对资产价值计量标准上却有很大区别，会计强调资产的历史成本，而资产评估则强调资产的现时价值，注重资产的重置成本、市场价值和未来收益的价值。

1.6 与资产评估有关的问题

1.6.1 与资产评估有关的法律法规

我国的资产评估法制建设和规范体系正在不断完善，目前已初步形成了资产评估的法律法规政策体系。这个体系的内容涵盖了资产评估的综合管理、机构审批、评估人员的培训、考试和注册、执业规范、项目管理、财务管理、收费管理、涉外管理、业务监管、纠纷调处、违规处罚、体制改革等各个方面。目前所依据的主要法律法规有：《国有资产评估管理办法》、《国有资产评估管理办法施行细则》、《注册资产评估师执业资格制度暂行规定》、《资产评估机构管理暂行办法》、《资产评估操作规范意见》、《关于资产评估报告书规范意见》，等等。此外，工作中会经常涉及财政、税收、金融、证券、物价等有关方面的法律法规和政策规定。已有的政策法规大多基于对国有资产评估管理的需要而制定，对非公有资产评估的限制性管理较少，但作为资产评估的一般性程序、方法和要求等规范意见则是通用的，适用于不同所有制的资产评估业务。

1.6.2　资产评估的管理体制

国务院发布的《国有资产评估管理办法》和财政部制订的《资产评估机构管理暂行办法》等行政法规对资产评估的管理体制作了明确的规定。

(1) 行政管理。财政部是全国资产评估主管部门，依法负责审批、管理、监督全国资产评估机构，统一制定资产评估机构管理制度。各省、自治区、直辖市财政部门负责对本地区资产评估机构进行审批管理和监督。

(2) 评估机构资格认定和管理。资产评估机构实行资格管理，具备条件的资产评估机构由财政部或省、自治区、直辖市、计划单列市财政厅（局）授予资格并颁发资产评估资格证书。资产评估机构取得资格证书后方可执业。对国有资产的评估，必须是经国务院或者省、自治区、直辖市人民政府国有资产管理行政主管部门审批并颁发国有资产评估资格证书的资产评估公司、会计师事务所、审计事务所、财务咨询公司，或经国务院或者省、自治区、直辖市人民政府国有资产管理行政主管部门认可的临时评估机构，才可以接受国有资产占有单位的委托，从事国有资产评估业务。

(3) 行业管理。资产评估协会负责对资产评估行业进行自律性管理，协助资产评估主管部门对资产评估机构进行管理与监督检查。资产评估机构应当加入中国资产评估协会，成为中国资产评估协会团体会员。

1.6.3　资产评估机构

资产评估机构是指依法设立，取得资产评估资格，从事资产评估业务活动的社会中介组织。国家财政部颁布的《资产评估机构管理暂行办法》等法规对资产评估机构的设立和管理等事项作了明确规定。

1. 资产评估机构的组织形式

目前，我国资产评估机构有三种主要组织形式，一是专门从事资产评估业务的机构，如资产评估事务所或资产评估公司；二是从事包括资产评估业务在内的综合性咨询机构，如会计师事务所、审计事务所、财务咨询公司等；三是已有的会计师事务所、审计事务所、财务公司等机构增设资产评估业务部门。

2. 资产评估机构的设立条件

不管设立何种资产评估机构，除符合国家有关法律法规规定外，都还应当具备下列基本条件。

(1) 设立合伙制的资产评估机构（一般称为资产评估事务所或会计师事务所、审计事务所），应由 2 名以上符合规定的合伙人合伙设立；有 5 名以上注册资产评估师（含合伙人）；合伙人实际缴付的出资额为人民币 10 万元以上。

（2）设立公司制的资产评估机构（一般称为资产评估公司、财务咨询公司等），应由 2 名以上符合规定的股东出资设立；有 8 名以上注册资产评估师（含股东）；注册资本为人民币 30 万元以上。

（3）资产评估机构的合伙人或者股东一般应当具备下列条件：① 持有中华人民共和国注册资产评估师证书；② 取得注册资产评估师证书后，在资产评估机构从事资产评估业务 3 年以上并且没有不良执业记录；③ 在所在资产评估机构（含分支机构）注册，并专职从事资产评估工作。

3. *资产评估机构的内部管理*

资产评估机构应当建立完善的内部管理制度，加强内部管理。内部管理制度包括：人事管理制度；财务管理制度；执业质量控制制度；业务档案管理制度，等等。

资产评估机构应当遵守有关法律、法规、执业准则和执业规范。资产评估机构依法从事资产评估业务，不受行政区域、行业限制，任何组织和个人不得非法干预。

1.6.4 资产评估人员

资产评估机构中的资产评估人员包括注册资产评估师、资产评估业务辅助人员和行政工作人员，注册资产评估师是资产评估人员的主体和核心。

1. *资产评估师的执业资格及取得的程序*

根据人事部、国有资产管理局制定的《注册资产评估师执业资格制度暂行规定》，国家对资产评估人员实行注册登记管理制度。按规定通过国家考试，取得中华人民共和国注册资产评估师《执业资格证书》，并经注册登记的人员，方可从事资产评估业务。

申请参加注册资产评估师执业资格考试必须具备下列条件之一：① 取得经济类、工程类大专学历，工作满 5 年，其中从事资产评估相关工作满 3 年；② 取得经济类、工程类大学本科学历，工作满 3 年，其中从事资产评估相关工作满 1 年；③ 取得经济类、工程类硕士学位或第二学士学位、研究生班毕业，工作满 1 年；④ 取得经济类、工程类博士学位；⑤ 非经济类、工程类专业毕业，其相对应的从事资产评估相关工作年限延长 2 年；⑥ 不具备上述规定的学历，但通过国家统一组织的经济、会计、审计专业初级资格考试，取得相应专业技术资格，并从事资产评估相关工作满 5 年。

注册资产评估师执业资格实行全国统一考试制度，每年举行一次。目前规定五个考试科目为《资产评估学》、《经济法》、《财务会计学》、《机电设备评估基础》和《建筑工程评估基础》。

申请注册的资产评估人员，必须同时具备下列条件：① 遵纪守法，遵守注册资产评估师职业道德；② 注册资产评估师执业资格考试合格，经单位考核同意。

注册资产评估师有下列情形之一者，不予注册：① 完全丧失民事行为能力的；② 因在资产评估等业务工作中犯有严重错误，受行政处罚的；③ 受刑事处罚的。凡脱离注册资产评估师工作岗位连续 2 年以上者（含 2 年），注册管理机构将取消其注册。

2. 注册资产评估师的权责

资产评估机构接受委托承接的评估项目，其项目负责人只能由注册资产评估师担任，评估报告至少由 2 位注册资产评估师签署方为有效。资产评估机构的注册资产评估师有下列业务的签字权：① 国家法律、行政法规规定的国有资产评估业务；② 接受委托的非国有资产评估业务；③ 评估咨询和其他评估服务业务。

注册资产评估师执行资产评估业务时，应当遵守相关法律、法规和资产评估准则，对评估对象在评估基准日特定目的下的价值进行分析、估算并发表专业意见，对评估结论的合理性承担责任。委托方和相关当事方必须提供必要的资料并保证所提供资料的真实性、合法性、完整性，恰当使用评估报告。评估结论不应当被认为是对评估对象可实现价格的保证。

注册资产评估师执行资产评估业务，应当关注评估对象的法律权属，并在评估报告中对评估对象法律权属及其证明资料来源予以必要说明。注册资产评估师不得对评估对象的法律权属提供保证。

3. 资产评估人员必须具备的知识和能力

资产评估涉及的知识和专业面广、跨多个社会行业和部门，工作内容非常复杂，因此要求资产评估人员具有较高的综合素质，有较广的知识面和较强的工作能力。

在知识结构方面，要求专博结合，就是要精通资产评估专业知识；掌握资产评估相关知识，主要是法律、财务会计等；具备与资产种类有关的专业知识，如机械设备、房屋建筑、土地管理、电子、化工等相关专业知识。

在能力方面，要求一专多能，专就是资产评估的专业能力，多能就是要有较好的调查研究能力、分析判断能力、业务组织能力、文字表达能力、人际协调能力等其他方面的能力。

从事资产评估业务特别强调人员的实践经验，实际工作中更多的是依靠评估人员对专业的熟悉和市场经验的积累。因此，国家对参加注册资产评估师考试的资格作了学历和相关工作经历的严格限制。

4. 资产评估人员的行为规范

中国资产评估协会专门制定了《资产评估职业道德准则》和《资产评估执业人员自律守则》，以规范资产评估人员的职业道德行为。主要行为规范要求包括以下几点。

（1）注册资产评估师应遵守国家法律、法规和资产评估行业的执业守则，具有良好的职业道德和业务素质，恪守公正客观、实事求是的原则，对所出具的资产评估报告书内容的真实性、合法性负责。注册资产评估师不得签署本人未参与项目的评估报告，也不得允许他人以本人名义签署评估报告。

(2) 注册资产评估师执行资产评估业务，应当独立进行分析、估算并形成专业意见，不受委托方或相关当事方的影响，不得以预先设定的价值作为评估结论。

(3) 注册资产评估师不得从事与身份不符或可能损害职业形象的活动；不得出具含有虚假、不实、有偏见或具有误导性的分析或结论的评估报告。

(4) 注册资产评估师应当遵守保密原则，除法律、法规另有规定外，未经委托方书面许可，不得对外提供执业过程中获知的商业秘密和业务资料。

(5) 注册资产评估师不得采用欺诈、利诱、胁迫等不正当手段招揽业务；不得利用执业便利为自己或他人谋取不正当利益。

(6) 注册资产评估师应当在资产评估机构执业，不得以个人名义执业，也不得同时在两家或两家以上评估机构执业。

(7) 注册资产评估师与委托方或相关当事方之间存在可能影响公正执业的利害关系时，应当予以回避。

此外，《资产评估职业道德准则》还提出了注册资产评估师与委托方和相关当事方的关系、与其他注册资产评估师的关系以及违反有关规定所应受到的处分等事项。

1.6.5 资产评估的一般过程

资产评估过程包括从项目委托、洽谈起至完成评估项目、建立项目档案止的全部工作过程和步骤。广义上讲还包括收集被评估单位在评估目的实现后对评估报告的反馈信息。资产评估的一般过程如下。

① 委托方与评估机构洽谈，明确评估目的、评估范围和对象。属国有资产的评估项目需按规定申报立项，并获得批准。

② 签署资产评估业务委托协议书，选定评估基准日。

③ 拟订评估方案。

④ 组织培训，指导资产占有单位清查资产、填报资产评估明细表，搜集有关资料。

⑤ 检查核实资产，验证委托单位提供的证件和资料；检测鉴定资产。

⑥ 确定评估价格标准，选择评估方法和计算公式；搜集市场价格资料。

⑦ 针对具体评估对象逐个进行评定估算，拟订评估值。

⑧ 评估项目负责人进行初步复核。

⑨ 分析拟定评估结果、撰写评估说明。

⑩ 编写资产评估报告，汇集资产评估工作底稿。

⑪ 评估项目总负责人进行全面复核。

⑫ 评估机构负责人进行最终审核。

⑬ 向委托方提交资产评估报告书及有关材料。

⑭ 根据委托单位提出的合理意见进行复核、确认，对资产评估报告书进行调整、补

充或修改。

⑮ 搜集被评估单位实现评估目的时对评估报告的反馈信息。

⑯ 建立评估项目业务档案。

根据评估对象的规模和复杂程度，评估具体过程或简单或复杂，必须灵活掌握，以利于更好完成评估任务，提高工作效率，节约评估成本。

1.6.6　资产评估结论

资产评估结果就是资产评估的结论，是作为定量表述的评估值和作为定性分析的资产处理意见。资产评估结果的书面表现形式是资产评估报告，它是注册资产评估师遵照相关法律、法规和资产评估准则，在实施了必要的评估程序对特定评估对象价值进行估算后，编制并由其所在评估机构向委托方提交的反映其专业意见的书面文件。

广义的资产评估报告还是一种工作制度，它规定评估机构在完成评估工作之后必须按照一定程序，用书面形式向委托方及相关主管部门报告评估过程和结果。

狭义的资产评估报告，既是资产评估机构与注册资产评估师完成对资产估价，就被评估资产在特定条件下价值所发表的专家意见，也是评估机构履行评估合同情况的总结，还是评估机构与注册资产评估师为资产评估项目承担相应法律责任的证明文件。

如何编制资产评估报告将专章介绍，为使读者在学习各类资产评估涉及评估报告时易于阅读和理解，此处先介绍资产评估报告的基本要素。

资产评估报告一般包括以下基本要素。① 评估报告的类型。如按评估范围分为整体资产评估报告书或单项资产评估报告书；按评估对象分为资产评估报告书、房地产估价报告书或土地估价报告书等。② 委托方、资产占有方及其他评估报告使用者简介。③ 评估范围和评估对象基本情况。④ 评估目的。⑤ 价值类型。⑥ 评估基准日。⑦ 评估假设和限制条件。⑧ 评估依据，包括评估过程遵循的法律法规和取价标准等。⑨ 评估方法。⑩ 评估程序实施过程和情况。⑪ 评估结论。⑫ 有关的说明或声明。⑬ 评估报告日。⑭ 评估机构和注册资产评估师签章。⑮ 有关附件。

思考与练习题

一、单项选择题

1. 从资产交易各方利用资产评估结论的角度看，资产评估结果具有（　　）。
   A. 现实性　　B. 咨询性　　C. 公正性　　D. 市场性
2. （　　）是资产评估业务的基础，决定了资产价值类型的选择，并在一定程度上制约着评估途径的选择。

A. 评估目的　B. 评估方法　C. 评估规程　D. 评估对象

3. 资产评估是判断资产价值的经济活动，评估价值是资产的（　）。

A. 时期价值　B. 时点价值　C. 阶段价值　D. 时区价值

4. 资产评估的主体是指（　）。

A. 被评估资产占有人　B. 被评估资产

C. 资产评估委托人　D. 从事资产评估的机构和人员

5. 下列项目中，符合资产定义的是（　）。

A. 待处理的财产损失　B. 计划购买的某台设备

C. 融资租入的固定资产　D. 融资租出的固定资产

二、多项选择题

1. 资产评估中的资产具有的基本特征是（　）。

A. 是由过去的交易和事项形成的　B. 能够以货币衡量　C. 是有形的

D. 由特定权利主体拥有或控制的　E. 能给其特定主体带来未来经济利益

2. 资产评估中确认资产的标准有（　）。

A. 现实性　B. 有效性　C. 稀缺性　D. 合法性　E. 市场性

3. 根据财务会计制度规定与被评估资产的工程技术特点分类，资产可以分为（　）。

A. 在建工程　B. 无形资产　C. 流动资产　D. 不动产　E. 长期投资

4. 资产评估的现实性表现在（　）。

A. 资产评估是在当前条件下进行的

B. 资产评估以现实存在的资产作为估价的依据

C. 资产评估强调客观存在

D. 资产评估以现实状况为基础反映未来

E. 资产评估是客观的

5. 在资产评估价值类型确定的情况下，资产评估方法选择具有（　）。

A. 多样性　B. 替代性　C. 唯一性　D. 随意性　E. 科学性

三、思考题

1. 如何理解资产评估的市场性特点？

2. 如何理解资产评估的结论与评估目的、假设前提的关系？

3. 如何理解资产评估与会计和审计的区别与联系？

4. 资产评估工作的一般工作程序有哪些？

四、基本能力训练题

在进行资产评估时，假如你是一位资产评估专业人员，你应该了解与资产评估工作有关的哪些基本情况？

第 2 章　资产评估的基本方法

学习目标

- 掌握市场法、成本法、收益法的基本原理和方法。
- 掌握复原重置成本、更新重置成本、实体性贬值、功能性贬值、经济性贬值、总使用年限、实际已使用年限、资产利用率、成新率等基本概念。
- 掌握资产评估方法中的各项基本参数，如重置成本、实体性贬值、超额投资及超额运营性功能性贬值、经济性贬值、预期净现金流量、折现率等的估算。
- 掌握收益法计算常用公式。
- 掌握各个评估途径之间的内在逻辑关系，以及配合使用要领。

任务导入

做任何一件事情，方法选择正确是成功的第一步，进行资产评估也不例外。资产价值的估算要依据一定的科学的、行之有效的估价方法进行，而不是仅仅通过估价师的估价经验随意的估算。因此，要测算出合理的、符合资产本身价值的价格就离不开科学的估价方法。资产评估方法是在工程技术、统计、财务管理、会计等学科中的技术方法的基础上，结合自身特点形成的一整套方法体系。资产评估将其他学科的技术方法按照资产评估运作的内在要求，用资产评估的技术思路加以重组，从而构成了资产评估方法体系。该体系由多种具体资产评估方法构成，这些方法按照分析原理和技术路线的不同可以归纳为三种基本方法：市场法、成本法和收益法。本章主要介绍市场法、成本法和收益法三种基本方法的具体操作和运用。

2.1　市　场　法

2.1.1　含义

市场法，是指利用市场上同样或类似资产的近期交易价格，经过直接比较或类比分析来估测资产价值的评估技术方法的总称。

从市场途径的含义中可以看出，市场法是以类似资产的近期交易价格为基础来判断资产价值的评估过程。由于任何一个正常的投资者在购置某项资产时，他所愿意支付的价格不会高于市场上有相同用途替代品的现行市价。市场途径充分利用已被市场检验的资产成交价格来判断和估测被评估资产的价值，显然容易被各当事人所接受，所以市场途径是资产评估中最为直接、最具说服力的评估途径之一。但是，市场途径的应用与市场经济体制的建立和发展、资产的市场化程度密切相关。在我国，随着社会主义市场经济体制的建立和完善，为市场途径提供了有效的应用空间，市场法日益成为一种重要的资产评估方法。

2.1.2 理论依据

采用市场途径对资产进行评估的理论依据是替代原则，即：在市场经济条件下，商品（资产）的价格受供求规律的影响。具体说来，当宏观经济中总需求大于总供给时，资产的市场价格会上升；反之，资产的市场价格会下降。同样道理，任何时点的商品（资产）的价格反映了当时市场的供求状况。所以按照同类资产的市场价格判断被评估资产的价值，能够充分考虑市场供求规律对资产价格的影响，易于被资产交易双方接受。

2.1.3 应用前提

应用市场途径进行资产评估，必须具备以下前提条件。

(1) 需要有一个充分发育活跃的公开市场。在市场经济条件下，市场交易的商品种类很多，资产作为商品，是市场发育的重要方面。资产市场上，资产交易越频繁，与被评估资产相类似资产的价格越容易获得。

公开市场是一个充分的市场，市场上有自由的买者和卖者，他们之间进行平等交易。这排除了个别交易的偶然性，市场成交价格基本上可以反映市场行情。

(2) 参照物及其与被评估资产可比较的指标、技术参数等资料是可搜集到的。运用市场途径进行资产评估，重要的是能够找到与被评估资产相同或相类似的参照物。但与被评估资产完全相同的资产是很难找到的，这就要求对类似资产参照物进行调整。有关调整的指标、技术参数能否获取，是决定市场途径运用与否的关键。

市场途径主要适用于单项资产的评估，如对机器设备、运输设备、原材料的评估。由于在市场上很难找到两个相类似的企业，所以企业价值评估一般很难采用市场途径进行评估。

2.1.4 基本程序

运用市场途径评估资产时，一般按以下程序进行。

(1) 确定被评估资产。即要明确被评估资产是什么。

(2) 选择参照物。选择参照物是运用市场途径进行评估的重要环节，对参照物的要求关键是一个可比性问题，包括功能、市场条件以及成交时间等。另外就是参照物的数量问题。不论参照物与评估对象怎样相似，通常参照物应选择三个以上。因为运用市场途径评估资产价值，被评估资产的评估值高低很大程度上取决于参照物成交价格水平，而参照物成交价又不仅仅是参照物功能自身的市场体现，同时还受买卖双方交易地位、交易动机、交易时限等因素的影响。为了避免某个参照物个别交易中的特殊因素和偶然因素对成交价及评估值的影响，运用市场途径评估资产时应尽量选择多个参照物。

(3) 在评估对象与参照物之间选择比较因素。不论何种资产，影响其价值的因素基本相同，如资产的性质、市场条件等。但具体到每一种资产时，影响资产价值的因素又各有侧重。例如房地产主要受地理位置因素的影响，而机器设备则受技术水平的影响。根据不同种类资产价值形成的特点，选择对资产价值形成影响较大的因素作为对比指标，在参照物与评估对象之间进行比较。

(4) 指标对比、量化差异。根据所选定的对比指标，在参照物及评估对象之间进行比较，并将两者的差异进行量化。例如资产功能指标，参照物与评估对象尽管用途功能相同或相近，但是在生产能力上、在生产产品的质量方面，以及在资产运营过程中的能耗、物耗和人工消耗等方面都会有不同程度的差异，将参照物与评估对象对比指标之间的差异数量化、货币化是运用市场途径的重要环节。

(5) 调整已经量化的对比指标差异。市场途径是以参照物的成交价格作为估算评估对象价值的基础。在此基础上将已经量化的参照物与评估对象对比指标差异进行调增或调减，就能得到以每个参照物为基础的评估对象的初评结果。初评结果的数量取决于所选择的参照物个数。

(6) 综合分析确定评估结果。运用市场途径通常应选择三个以上参照物，就是说在通常情况下，运用市场途径评估的初评结果也应在三个以上。按照资产评估一般惯例的要求，正式的评估结果只能是一个，这就需要评估人员对若干初评结果进行综合分析，来确定最终的评估值。在这个环节上没有制度规定，取决于评估人员对参照物的把握和对评估对象的认识，再加上评估经验。当然，假如参照物与评估对象可比性都很好，评估过程中没有明显的遗漏或疏忽，采用加权平均的办法将初评结果转换成最终评估结果也是可以的。

2.1.5 市场法中的具体评估方法

运用市场途径进行资产评估，因市场条件的差异和参照物的不同，采取的方法也有所不同，按照参照物与评估对象的相近相似程度，市场法中的具体方法可以被分为直接法和类比法两大类。

1. 直接法

直接法是指能够在市场上找到与被评估资产完全相同的参照物，或被评估资产的取得时间与评估基准日非常接近且市场价格基本稳定的情况下，直接以参照物的市场交易价格或购置价格作为被评估资产的评估值的评估方法。基本公式为：

$$评估对象价值＝参照物成交价格$$

或：
$$评估对象价值＝\frac{评估对象特征}{参照物特征}\times 参照物成交价格 \tag{2-1}$$

直接法通常对参照物与评估对象之间的可比性要求较高。参照物与被评估资产要达到相同或基本相同的程度，或参照物与被评估对象的差异主要体现在某一明显因素上，例如新旧程度或交易时间早晚等，直接法主要包括：现行市价法、市价折扣法、功能类比法、价格指数法和成新率价格法。

（1）现行市价法。

当评估对象本身具有现行市场价格或与评估对象基本相同的参照物具有现行市场价格的时候，可以直接利用评估对象或参照物在评估基准日的现行市场价格作为评估对象的评估价值。例如，可上市流通的股票和债券可按其在评估基准日的收盘价作为评估价值；批量生产的设备、汽车等可按同品牌、同型号、同规格、同厂家、同批量的设备、汽车等的现行市场价格作为评估价值。

（2）市价折扣法。

市价折扣法是以参照物成交价格为基础，考虑到评估对象在销售条件、销售时限等方面的不利因素，凭评估人员的经验或有关部门的规定，设定一个价格折扣率来估算评估对象价值的方法。用数学式表达：

$$资产评估价值＝参照物成交价格\times(1－价格折扣率) \tag{2-2}$$

此方法一般只适用于评估对象与参照物之间仅存在交易条件方面差异的情况。

【案例 2-1】 评估某拟快速变现资产，在评估时点与其完全相同的正常变现价为 10 万元，经评估师综合分析，认为快速变现的折扣率应为 40%，因此，拟快速变现资产价值接近于 6 万元。

$$资产评估价值＝10\times(1－40\%)＝6（万元）$$

（3）功能类比法。

功能价值法是以参照物的成交价格为基础，考虑参照物与评估对象之间的功能差异进行调整来估算评估对象价值的方法。根据资产的功能与其价值之间的线性关系和指数关系的区别，其计算公式分别为：

① 资产价值与其功能呈线性关系的情况，通常被称作功能价值法：

$$资产评估价值＝参照物成交价格\times\frac{评估对象生产能力}{参照物生产能力} \tag{2-3}$$

当然，功能价值法不仅仅表现为资产的生产能力这一项指标上，它还可以通过对参照物与评估对象的其他功能指标的对比，利用参照物成交价格推算出评估对象价值。

【案例 2-2】 被评估资产年生产能力为 90 吨，参照资产的年生产能力为 120 吨，评估时点参照资产的市场价格为 10 万元，由此确定被评估资产价值接近于 7.50 万元。

$$资产评估价值=10\times(90/120)=7.50\ (万元)$$

② 资产价值与其功能呈指数关系的情况，通常被称做规模经济效益指数法：

$$资产评估价值=参照物成交价格\times(评估对象生产能力\div参照物生产能力)^{x} \quad (2\text{-}4)$$

式中：x 指规模经济效益指数

【案例 2-3】 被评估资产年生产能力为 90 吨，参照资产的年生产能力为 120 吨，评估时点参照资产的市场价格为 10 万元，该类资产的功能价值指数为 0.70，由此确定被评估资产价值接近于 8.18 万元。

$$资产评估价值=10\times(90/120)^{0.70}=8.18\ (万元)$$

(4) 价格指数法。

价格指数法是以参照物成交价格为基础，考虑参照物的成交时间与评估对象的评估基准日之间的时间间隔对资产价值的影响，利用价格指数调整估算评估对象价值的方法。其计算公式为：

$$资产评估价值=参照物成交价格\times(1+物价变动指数) \quad (2\text{-}5)$$

或：

$$资产评估价值=参照物成交价格\times价格指数 \quad (2\text{-}6)$$

此方法一般只运用于评估对象与参照物之间仅有时间因素存在差异的情况，且时间差异不能过长。当然，此方法稍作调整可作为市场售价类比法中估测时间差异系数或时间差异值的方法。

【案例 2-4】 与评估对象完全相同的参照资产 6 个月前的成交价格为 10 万元，半年间该类资产的价格上升了 5%，则：

$$资产评估价值=10\times(1+5\%)=10.50\ (万元)$$

(5) 成新率价格法。

成新率价格法是以参照物的成交价格为基础，考虑参照物与评估对象新旧程度上的差异，通过成新率调整估算出评估对象的价值。其计算公式为：

$$资产评估价值=参照物成交价格\times\frac{评估对象成新率}{参照物成新率} \quad (2\text{-}7)$$

式中：资产的成新率=资产的尚可使用年限/(资产的已使用年限+资产的尚可使用年限)

此方法一般只运用于评估对象与参照物之间仅有成新程度差异的情况。当然此方法略加改造也可以作为评估对象与参照物成新程度差异调整率和差异调整值的方法。由于直接比较法对参照物与评估对象的可比性要求较高，在具体评估过程中寻找参照物可能会受到局限。因而，直接比较法的使用也相对受到一定制约。运用直接法进行评估时，应当注意以下问题。

① 如果与被评估资产相同的参照物在评估基准日同时存在多种交易价格时，应当选用价格最低的一种。按照资产的替代性原则，在公开市场的条件下，购买者如果能用最低的价格买到的东西，就不会用高于这个价格来购买。

② 如果参照物价格变动幅度过大，可在分析参照物价格合理性的基础上，加以适当调整。一般情况下，资产的市场价格会围绕着正常价值上下波动，但是，如果资产的价格变化幅度过大，则这种市价就失去了其公允性，必须在对其交易价格进行调整的基础上才可作为被评估资产的评估值。

2. 类比法

类比法，又叫市场成交价格比较法，是在公开市场上无法找到与被评估资产完全相同的参照物时，可以选择若干个类似资产的交易案例作为参照物，通过分析比较评估对象与各个参照物成交案例的因素差异，并对参照物的价格进行差异调整，来确定被评估资产价值的方法。这种方法在资产交易频繁、市场发育较好的地区得到广泛应用。因为，在资产评估过程中，完全相同的参照物几乎是不存在的，即使是一个工厂出产的相同规格、型号的设备，在不同企业中使用，由于维护保养条件、操作使用水平以及利用率高低等多种因素的作用，其实体损耗也不可能是同步的。更多的情况下获得的是相类似的参照物价格，只能通过类比和调整来确定被评估资产的价值。类比调整法的具体表现方法如下。

(1) 市场售价类比法

市场售价类比法是以参照物的成交价格为基础，通过分析比较评估对象与各个参照物成交案例的功能、市场和销售时间等因素差异，并对参照物的价格进行差异调整，来确定被评估资产价值的方法。其基本计算公式为：

$$被评估资产评估值=参照物价格\times调整系数 \tag{2-8}$$

或：

$$被评估资产评估值=参照物价格\times(1\pm调整率) \tag{2-9}$$

运用市场售价类比法的关键在于通过严格筛选，找到最适合的参照物，并进行差异调整。通常，参照物的主要差异因素有以下几个方面。

① 时间因素。时间因素是指参照物交易时间与被评估资产评估基准日时间上的不一致所导致的差异。由于大多数资产的交易价格总是处于波动之中，不同时间条件下，资产的价格会有所不同，在评估时必须考虑时间差异。一般情况下，应当根据参照物价格变动指数将参照物实际成交价格调整为评估基准日交易价格。

如果评估对象与参照物之间只有时间因素影响时，被评估资产的价值可用式 2-10 表示为：

评估值＝参照物价格×交易时间差异修正系数 (2-10)

② 区域因素。区域因素是指资产所在地区或地段条件对资产价格的影响差异。地域因素对房地产价格的影响尤为突出。当评估对象与参照物之间只有区域因素的影响时，被评估资产的价值可用下式表示为：

评估值＝参照物价格×区域因素修正系数 (2-11)

③ 功能因素。功能因素是指资产实体功能过剩和不足对价格的影响。如一栋房屋、一台机器、一条生产线，就其特定资产实体来说效能很高，用途广泛，但购买者未来使用中不需要这样高的效能和广泛的用途，形成的剩余不能在交易中得到买方认可，因而，只能按低于其功能价值的价格来交易。通常情况下功能高卖价就高，但买方未来若不能充分使用特定资产的效能，就不愿意多花钱去购买这项资产；功能低卖价也就低，因为买方在购买后其功能不能满足要求，将要追加投资进行必要的技术改造，这时买主就会考虑花较少的钱购买。

当评估对象与参照物之间只有功能因素的差异时，被评估资产的价值可用下式表示为：

评估值＝参照物价格×功能差异修正系数 (2-12)

④ 交易情况。交易情况主要包括交易的市场条件和交易条件。市场条件主要是指参照物成交时的市场条件与评估时的市场条件属于公开市场或非公开市场以及市场供求状况。在通常情况下，供不应求时，价格偏高；供过于求时，价格偏低。市场条件上的差异对资产价值的影响很大。交易条件主要包括交易批量、动机、时间等。交易批量不同，交易对象的价格就可能会不同，交易动机也对资产交易价格有影响，在不同时间交易，资产的交易价格也会有所不同。

当评估对象与参照物之间只有交易情况的差异时，被评估资产的价值可用下式表示为：

评估值＝参照物价格×交易情况修正系数 (2-13)

⑤ 个别因素。个别因素主要包括资产的实体特征和质量。资产的实体特征主要是指资产的外观、结构、规格型号等。资产的质量主要是指资产本身的建造或制造的工艺水平。

当评估对象与参照物之间只有个别因素的差异时，被评估资产的价值可用下式表示为：

评估值＝参照物价格×个别因素修正系数 (2-14)

如果评估对象与参照物之间存在上述各种差异时，评估值计算公式可用下式表示为：

评估值＝参照物价格×交易时间差异修正系数×区域因素修正系数×功能差异修正系数×交易情况修正系数×个别因素修正系数 (2-15)

类比法在西方国家中应用比较广泛。特别是在技术进步快、产品更新换代周期短的情况下，往往首先在市场上找到的只是换型、换代的参照物，然后经过对被评估资产和参照物进行比较、分析，最后评定被评估对象的价值。目前我国还没有形成充分发育的、活跃的资产交易市场，所以类比法的应用范围受到较大的限制。

【案例 2-5】 估价对象概况：待估地块为城市规划上属于住宅区的一块空地，面积为600平方米，地形为长方形。

评估要求：评估该地块1997年10月的公平市场交易价格。

【评估过程】

(1) 选择评估方法。该种类型的土地有较多的交易实例，故采用市场法进行评估。

(2) 搜集有关的评估资料。

① 土地资料。(略)

② 交易案例资料。本次评估选择了4个市场交易案例作为参照物，交易实例情况表如表2-1所示。

表 2-1　交易实例情况表

	案例 A	案例 B	案例 C	案例 D	评估对象
坐落	略	略	略	略	略
所在地区	临近	类似	类似	类似	一般市区
用地性质	住宅	住宅	住宅	住宅	住宅
土地类型	空地	空地	空地	空地	空地
交易日期	1997.4	1997.3	1996.10	1996.12	1997.10
总价	19.6 万元	31.2 万元	27.4 万元	37.8 万元	
单价	870 元/M^2	820 元/M^2	855 元/M^2	840 元/M^2	
面积	225 m^2	380 m^2	320 m^2	450 m^2	600 m^2
形状	长方形	长方形	长方形	略正方形	长方形
地势	平坦	平坦	平坦	平坦	平坦
地质	普通	普通	普通	普通	普通
基础设施	较好	完备	较好	很好	很好
交通状况	很好	较好	较好	较好	很好
正面路宽	8 m	6 m	8 m	8 m	8 m
容积率	6	5	6	6	6
剩余使用年限	35 年	30 年	35 年	30 年	30 年

(3) 进行交易情况修正。

经分析，交易实例A、D为正常买卖，无须进行交易情况修正；交易实例B较正常买卖价格偏低2%；交易实例C较正常买卖价格偏低3%。则各交易实例的交易情况修正率为：交易实例A：0%；交易实例B：2%；交易实例C：3%；交易实例D：0%。

(4) 进行交易日期修正。根据调查，1996 年 10 月以来土地价格平均每月上涨 1%，则各参照物交易实例的交易日期修正率为：交易实例 A：6%；交易实例 B：7%；交易实例 C：12%；交易实例 D：10%。

(5) 进行区域因素修正。交易实例 A 与待估土地处于同一地区，无须作区域因素修正。交易案例 B、C、D 的区域因素修正情况可参照表 2-2 判断，区域因素比较表如表 2-2 所示。

表 2-2 区域因素比较表

	B	C	D
自然条件	相同	相同	相同
社会环境	稍差	相同	相同
街道条件	相同	相同	相同
交通便捷度	稍差	稍好	相同
离车站距离	稍远	稍近	相同
离市中心距离	相同	稍近	相同
基础设施状况	稍差	相同	稍好
公共设施完备状况	相同	稍差	相同
环境污染状况	相同	相同	相同
周围环境及景观	相同	相同	相同
规划限制	相同	相同	相同
综合打分	88	108	100

本次评估设定待估地块的区域因素值为 100，则根据表 2-2 中各种区域因素的对比分析，经综合判定打分，交易实例 B 所属地区为 88，交易实例 C 所属地区为 108，交易实例 D 所属地区为 100。

(6) 进行个别因素修正。

① 经比较分析，待估土地的面积较大，有利于充分利用，另外环境条件也比较好，故判定比各交易实例土地价格高 2%。

② 土地使用年限因素的修正。交易实例 B、D 与待估土地的剩余使用年限相同无须修正。交易实例 A、C 均需作使用年限因素的调整，其调整系数测算如下（假定折现率为 8%）：

$$年限修正系数 = [1-1/(1+8\%)^{30}] \div [1-1\div(1+8\%)^{35}]$$
$$=0.9006\div0.9324$$
$$=0.9659$$

(7) 计算待估土地的初步价格。

交易案例 A 修正后的单价为：

参照物 A 成交价格×被评估对象交易情况指数/参照物 A 交易情况指数×被评估对象

交易时间指数/参照物 A 交易时间指数×被评估对象区域情况指数/参照物 A 区域情况指数×被评估对象个别因素指数/参照物 A 个别因素指数×被评估对象使用年限指数/参照物 A 使用年限指数：

870×100/100×106/100×100/100×102/100×0.9659=909（元/平方米）

同理，可得到交易案例 B 修正后的单价为：

820×100/98×107/100×100/88×102/100=1038（元/平方米）

交易案例 C 修正后的单价为：

855×100/97×112/100×100/108×102/100×0.9659=901（元/平方米）

交易案例 D 修正后的单价为：

840×100/100×110/100×100/100×102/100=942（元/平方米）

（8）采用简单算术平均法求取评估结果。

土地评估单价为：

（909+1038+901+942）÷4=948（元/平方米）

土地评估总价为：600×948=568800（元）

（2）成本市价法

成本市价法是以评估对象的现行合理成本为基础，利用参照物的成本市价比率来估算评估对象的价值的方法。计算公式为：

$$\text{资产评估价值}=\text{评估对象现行合理成本}\times\frac{\text{参照物成交价格}}{\text{参照物现行合理成本}} \tag{2-16}$$

（3）市盈率倍数法

市盈率倍数法主要适用于整体资产的评估。市盈率倍数法是以参照物（企业）是市盈率作为倍数，以此倍数与评估对象（企业）的收益额相乘估算评估对象（企业）价值的方法。

资产评估价值=评估对象（企业）收益额×参照物（企业）市盈率　　(2-17)

市场法的具体方法很多，上述具体方法只是市场途径中一些经常使用的方法。凡是按照市场法评估思路进行评估的所有评估具体方法都可以归类到市场方法中，以上具体方法还可能成为或可以成为成本法的具体方法。

2.1.6 市场法的优缺点

市场法是资产评估中最简单、最有效的方法。

1. 市场法的优点

（1）能够客观反映资产目前的市场情况，其评估的参数、指标直接从市场获得，评估值更能反映市场现实价格；

(2) 评估结果易于被各方面所理解和接受。

2. 市场法的缺点

(1) 需要有公开活跃的市场作为基础，有时因缺少可对比数据难以应用；

(2) 不适用于专用机器设备和大部分的无形资产，以及受到地区、环境等严格限制的一些资产的评估。

2.2 成 本 法

2.2.1 含义

成本法，首先估测被评估资产的重置成本，然后估测被评估资产已存在的各种贬值因素，并将其从重置成本中予以扣除而得到被评估资产价值的各种评估方法的总称。

2.2.2 理论依据

在条件允许的条件下，任何潜在的投资者在决定投资某项资产时，所愿意支付的价格不会超过购建该项资产的现行购建成本。如果投资对象并非全新，投资者所愿支付的价格会在投资对象全新的购建成本的基础上扣除各种贬值因素。采用成本法对资产进行评估的理论依据如下。

(1) 资产的价值取决于资产的成本。资产的取得成本越高，相应的资产的价值越大。

(2) 资产的价值是一个变量。资产的价值随资产本身的运动和其他因素的变化而改变。

2.2.3 应用前提

成本法是从再取得资产的角度反映资产价值，即通过资产的重置成本扣减各种贬值来反映资产价值。只有当被评估资产处于继续使用状态下，再取得被评估资产的全部费用才能构成其价值的内容。资产的继续使用不仅仅是一个物理上的概念，它还包含着有效使用资产的经济意义。只有当资产能够继续使用并且在持续使用中为潜在所有者或控制者带来经济利益时，资产的重置成本才能为潜在投资者和市场所承认和接受。从这个意义上讲，成本法主要适用于继续使用前提下的资产评估。采用成本法评估资产的前提条件如下。

(1) 被评估资产处于继续使用状态或被假定处于继续使用状态。

(2) 被评估资产必须是可再生、可复制的资产。不能再生或复制的被估资产，如土地、矿藏，则一般不适用重置成本法

(3) 应当具备可利用的历史资料。成本法的应用是建立在历史资料的基础上的，许多

信息资料、指标需要通过历史资料获得，且现时资产与历史资产具有相同性或可比性。

(4) 形成资产价值的耗费是必须的。采用成本法评估资产，首先要确定这些耗费是必须的，而且应体现社会或行业平均水平。

2.2.4 基本程序

确定评估对象→搜集历史资料，确定成本构成→确定被评估资产的重置成本→确定各种贬值因素，判断成新率→综合分析，确定评估值。

2.2.5 成本法的基本计算公式及其各项指标的计算

被评估资产价值 = 重置成本－实体性贬值－功能性贬值－经济性贬值 (2-18)

或： 被评估资产价值= 重置成本×综合成新率 (2-19)

1. 重置成本及其估算方法

(1) 重置成本的含义。

重置成本就是资产的现行再取得成本，是按照现行市场条件下重新购建全新的与被评估资产一样的资产所支付的全部货币总额。重置成本包含利润。重置成本与历史成本的内容构成是相同的，但两者反映的物价水平是不相同的，前者反映的是资产评估期日的市场物价水平，后者反映的是当初购置资产时的物价水平；前者是新的，后者不一定是新的。

(2) 重置成本的种类。

重置成本就是资产重新建造或重新购置的费用，具体可分为复原重置成本和更新重置成本。

复原重置成本是指采用与评估对象相同的材料、建筑或制造标准、设计、规格及技术等，以现时价格水平重新购建与评估对象相同的全新资产所发生的费用。

更新重置成本是指采用新型材料、现代建筑或制造标准、新型设计、规格和技术等，以现行价格水平购建与评估对象具有相同功能的全新资产所需的费用。

【案例 2-6】 有一张三年前做的桌子，假如原来使用 2 个人工（8 元/人工），消耗了 0.5 立方米的木材（50 元/立方米），10 个钉子（0.3 元/个），0.5 公斤漆（7 元/公斤）。现在使用一个人工（8.5 元/人工），消耗了 0.4 立方米的木材（51 元/立方米），8 个钉子（0.1 元/个），0.4 公斤漆（4 元/公斤）。求桌子的历史成本、复原重置成本、更新重置成本分别为多少？

【评估过程】

历史成本＝2×8＋0.5×50＋10×0.3＋0.5×7＝47.5（元）

复原重置成本＝2×8.5＋0.5×51＋10×0.1＋0.5×4＝45.5（元）

更新重置成本＝21×8.5＋0.4×51＋8×0.1＋0.4×4＝31.3（元）

更新重置成本和复原重置成本的相同方面在于采用的都是资产的现时价格，不同在于技术、设计、标准方面的差异，对于某些资产，其设计、耗费、格式几十年一贯制，更新重置成本和复原重置成本是一样的。

应该注意的是，无论是更新重置成本还是复原重置成本，资产本身的功能不变。例如评估一台 486 型电子计算机，就不能以 586 型电子计算机作为更新重置成本。

选择重置成本时，在同时可获得复原重置成本和更新重置成本的情况下，应选择更新重置成本。在无更新重置成本时可采用复原重置成本。一般来说，复原重置成本大于更新重置成本，之以选择更新重置成本是因为，一方面随着科学技术的进步，劳动生产率的提高，新工艺、新设计的采用被社会所普遍接受；另一方面，新型设备、工艺制造的资产无论在其使用性能，还是成本耗费方面，都会优于旧的资产。

(3) 重置成本的估算方法。

① 重置核算法。

重置核算法又称为细节分析法，它是利用成本核算的原理，根据重新购置资产所应发生的成本项目逐项计算并加以汇总，从而估算出资产的重置成本的一种评估方法。在实际测算过程中，又具体划分为两种类型：购买型和自建型。购买型是以购买资产的方式作为资产的重置过程。资产的重置成本具体是由资产的现行购买价格、运杂费、安装调试费及其他必要费用构成，将上述取得资产的必须费用累加起来，便可计算出资产的重置成本。自建型是把自建资产作为资产重置方式，它根据重新建造资产所需的料、工、费及必要的资金成本和开发者的合理收益等分析计算出资产的重置成本。

【案例 2-7】 重置购建设备一台，现行市场价格每台 5 万元，运杂费 1000 元，直接安装成本 800 元，其中原材料 300 元，人工成本 500 元。根据统计分析，计算求得安装成本中的间接成本为每人工成本 0.8 元，该机器设备重置成本为多少？

【评估过程】

直接成本＝50000＋1000＋800＝51800（元）

间接成本＝500×0.8＝400（元）

机器设备重置成本＝51800＋400＝52200（元）

② 物价指数法。

物价指数法是利用与资产有关的价格变动指数，将被评估资产的历史成本（账面价值）调整为重置成本的一种方法。

$$\text{重置成本}=\text{资产的账面原值}\times\text{价格指数} \tag{2-20}$$

$$\text{重置成本}=\text{资产的账面原值}\times(1+\text{价格变动指数}) \tag{2-21}$$

重置成本＝被评估资产账面原值×（评估基准日时的物价指数/资产购建时的物价指数）（2-22）

价格指数可以是定基价格指数或环比价格指数。定基物价指数是评估基准日的价格指数与资产购建时点的价格指数之辈比，即采用（2-22）的公式，环比价格指数采用（2-21）的公式求得。

【案例 2-8】 某被估资产账面价值为 200 000 元，2002 年建成，2007 年进行评估，经调查已知同类资产环比价格变动指数分别为：2003 年为 11.7%，2004 年为 17%，2005 年为 30.5%，2006 年为 6.9%，2007 年为 4.8%，该被估资产重置成本为多少？

【评估过程】

被估资产重置成本＝200000×(1＋11.7%)×(1＋17%)×(1＋30.5%)×(1＋6.9%)×(1＋4.8%)＝382136.51（元）

【案例 2-9】 机器设备一台，购置于 2006 年，账面原值 10 万元。该类资产适用的物价指数：2006 年为 100%，评估基准日时为 150%。则：

被评估资产重置成本＝10 万元×150%＝15 万元

运用物价指数法时要注意以下问题。

第一，物价指数的选用。

物价指数有综合的、分类的和个别的物价指数。一般采用某一类产品的分类物价指数，不可采用综合物价指数。

第二，物价指数时点的确定。

购建时的物价指数是指购建当年的物价指数。评估基准日的物价指数应尽可能选择靠近评估基准日时的物价指数。

第三，物价指数法的适用范围。

物价指数法适用于数量多、价值低的大宗资产（如机器设备等）的评估，而且还是在其他评估方法难以采用的情况下才能使用物价指数法。

③ 功能成本法

功能成本法是指寻找一个与被评估资产相同或类似的参照物，根据功能与成本之间的关系，推算被评估资产重置成本的一种具体评估方法。

功能成本法的运用分以下两种情况。

第一，假设资产的功能与成本成线性关系。

在这种情况下其计算公式为：

$$被评估资产重置成本=\frac{被估资产年产量}{参照物的年产量}\times参照物重置成本 \quad (2\text{-}23)$$

【案例 2-10】 某被评估生产设备的年产量为 8000 件。现查知，市场上全新参照物的价格为 120 000 元，年产量为 10 000 件，由此可确定被评估资产的重置成本为：

被评估资产重置成本＝120 000 元×（8 000/120 000）＝96 000 元

第二，假设资产的功能与成本成非线性关系。

在这种情况下其计算公式为：

$$被评估资产重置成本=参照物重置成本\times\left(\frac{被估资产产量}{参照物的产量}\right)^{x} \tag{2-24}$$

式中：x 通常被称为规模经济效益指数。在资产的功能与成本成非线性关系的条件下，通过这个指数来调整资产的功能与成本之间的关系。x 是一个经验数据，视不同行业或情况选取，一般可在 0.4～1 之间取值。

【案例 2-11】 某重置全新的一台机器设备价格 5 万元，年产量为 5 000 件。现知被评估资产年产量为 4 000 件，由此可以确定其重置成本为：

4 000/5 000×50 000＝40 000（元）

④ 统计分析法

$$某类或总体资产重置成本=某类或总体资产原始成本\times\frac{\sum 某类抽样资产重置成本}{\sum 某类抽样资产原始成本} \tag{2-25}$$

【案例 2-12】 评估某企业某类通用设备。经抽样选择具有代表性的通用设备 5 台，估算其重置成本之和为 30 万元，而该 5 台具有代表性的通用设备历史成本之和为 20 万元，该类通用设备账面历史成本之和为 500 万元。则

该类通用设备重置成本＝500×30/20＝750（万元）

物价指数法与重置核算法是重置成本估算中常用的方法，但二者有明显区别。

2．实体性贬值及其估算方法

资产的实体性贬值又称为有形损耗，是指资产由于使用磨损或受自然力影响而导致的物理性损耗。常用的估算方法有以下三种。

（1）观察法。

观察法是指由评估人员进行现场察看资产，按照有关规定或标准，结合经验判断，从而确定被评估资产实体性贬值的一种具体评估方法。具有专业知识和丰富经验的工程技术人员对资产的实体各主要部位进行技术鉴定，并综合分析资产的设计、制造、使用、磨损、维护、修理、大修理、改造情况、物理寿命等因素，将评估对象与其全新状态相比较，考察由于使用磨损和自然损耗对资产的功能、使用效率带来的影响，判断被评估资产的成新率，从而估算实体性贬值。计算公式为：

$$资产的实体性贬值=重置成本\times(1-成新率) \tag{2-26}$$

（2）使用年限法。

使用年限法是指通过确定被评估资产的已使用年限与总使用年限来估算其实体性贬值

程度的一种具体评估方法。其计算公式为：

$$实体性贬值额=重置成本\times\frac{已使用年限}{总使用年限} \tag{2-27}$$

式中：已使用年限。又分为名义已使用年限和实际已使用年限。名义已使用年限是指从被评估资产投入使用之日起到评估基准日所经历的年限。由于资产在使用过程中受负荷程度的影响，必须将名义使用年限调整为实际已使用年限。实际已使用年限是考虑了资产利用率后的使用年限。实际已使用年限＝名义已使用年限×资产利用率

资产利用率的计算公式为：

$$资产利用率=\frac{截至评估基准日资产累计实际利用时间}{截至评估基准日资产累计标准工作时间} \tag{2-28}$$

当资产利用率＞1 时，表示资产超负荷运转，资产实际已使用年限比名义已使用年限要长；当资产利用率＝1 时，表示资产满负荷运转，资产实际已使用年限等于名义已使用年限；当资产利用率＜1 时，表示资产开工不足，资产实际已使用年限小于名义已使用年限。

【案例 2-13】 某项资产于 1999 年 3 月 1 日投入使用，评估基准日为 2009 年 3 月 1 日。按照该项资产的技术指标规定，该项资产每天正常工作时间为 8 小时。但据了解，该项资产实际每天工作时间为 12 小时。试计算其实际已使用年限（每年按 360 天计算）。

资产利用率＝（360×12)/(360×8）＝1.5

实际已使用年限＝10 年×1.5＝15 年

② 总使用年限。

总使用年限是指已使用年限与尚可使用年限之和。计算公式为：

$$总使用年限=已使用年限+尚可使用年限 \tag{2-29}$$

此处要注意年限的种类：自然寿命、技术寿命、经济寿命、会计寿命。

——自然寿命。又称物理寿命，是指机器设备从全新状态开始使用，直到不能正常工作而予以报废所经历的时间。

——技术寿命。是指机器设备从开始使用到技术过时予以淘汰所经历的时间。

——经济寿命。是指机器设备从开始使用到经济上不合算而停止使用所经历的时间。所谓经济上不合算是指使用该设备不能获得收益。

——会计寿命。是指财务会计制度上规定的折旧年限。

③ 尚可使用年限。

通常要结合被评估资产未来的无形损耗、维修成本以及运营成本等因素，对资产的继续使用年限加以综合考虑。

(3) 修复金额法

修复金额法是根据修复资产的已损实体所需要支付的金额来判断资产的有形损耗率。

此方法主要适用于具有特殊结构的可补偿性资产有形损耗率的估测。可补偿性有形损耗是指技术上可修复且经济上合理的有形损耗。计算公式为：

$$成新率=1-\frac{修复费用}{重置成本}\times100\%$$

这里需要注意的是在评估工作中，有些评估人员直接按照会计学中的折旧年限估算成新率，这种做法是不正确的，必须摈弃。

3. 功能性贬值含义及其估算方法

① 功能性贬值的含义。

功能性贬值是指由于新型资产的出现而导致原有资产的功能相对过时而产生的价值损失。功能性贬值是一种由于技术进步而引起的原有资产的价值损耗。

② 功能性贬值的估算方法。

功能性贬值可以用绝对数即功能性贬值额和相对数即功能性贬值率两种方式加以表示。

(1) 功能性贬值额的估算。

① 超额运营成本。

超额运营成本是指新型资产的运营成本低于原有资产的运营成本之间的差额。

被评估资产由于超额运营成本而形成的贬值额的计算公式为：

$$被评估资产功能性贬值额\,\text{I}=\sum 被评估资产净超额运营成本\times折现系数 \tag{2-30}$$

式中：净超额运营成本是指超额运营成本扣除所得税后的余额。

② 超额投资成本。

由于新技术、新材料、新工艺的出现，使得相同功能的新设备的制造成本比过去降低，主要反映为更新重置成本低于复原重置成本的差额。

$$被评估资产功能性贬值额\,\text{II}=复原重置成本-更新重置成本 \tag{2-31}$$

在实际评估中也有功能性溢价的情况，即当评估对象功能明显优于参照物资产功能时，评估对象就可能存在功能性溢价。

(2) 功能性贬值率的计算。

$$功能性贬值率=\frac{功能性贬值额}{重置成本}\times100\%$$

$$=（更新设备的生产能力-原设备的生产能力）/更新设备的生产能力$$

4. 经济性贬值的含义及其估算方法

资产的经济性贬值主要指受外部经济条件影响而引起的运营成本上升或资产利用率下降，甚至闲置，由此引起资产运营收益减少。估算方法主要如下。

(1) 间接计算方法。

$$经济性贬值率=\left[1-\left(\frac{资产预计可被利用的生产能力}{资产原设计生产能力}\right)^{x}\right]\times100\% \tag{2-32}$$

式中，x 为功能价值指数，实践中多采用经验数据，数值一般在 0.6～ 0.7 之间。

（2）直接计算方法。

$$经济性贬值率=资产年收益损失额\times(1-所得税率)\times年金现值系数 \quad (2\text{-}33)$$

【案例 2-14】 某被评估生产线的设计生产能力为年产 20000 台，因市场需求结构发生变化，在未来可使用年限内，每年产量估计要减少 6000 台左右。根据上述条件，该生产线的经济性贬值率大约在以下水平上：

$$\begin{aligned}经济性贬值率&=[1-(14000/20000)^{0.6}]\times100\%\\&=[1-0.81]\times100\%\\&=19\%\end{aligned}$$

又如，数据承上例，假定每年减少 6000 台产品，每台产品损失利润 100 元，该生产线尚可继续使用 3 年，企业所在行业的投资回报率为 10%，所得税税率为 25%。则该资产的经济性贬值额大约为：

$$\begin{aligned}经济性贬值额&=(6000\times100)\times(1-25\%)\times(P/A,10\%,3)\\&=450000\times2.4869\\&=1119105（元）\end{aligned}$$

在实际评估工作中也有经济性溢价的情况，即当评估对象及其产品有良好的市场及市场前景，或有重大政策利好时，评估对象就可能存在着经济性溢价。

【案例 2-15】 某肉食加工生产线由两部分构成，分别购建于 1994 年 10 月和 1995 年 10 月，账面原值分别为 500 万元、150 万元，现评估其在 2000 年 10 月的价值。调查分析得知，该类设备定基价格指数在 1994 年、1995 年、2000 年分别为 110%、115%、140%，该设备尚可使用 5 年，和当前市场上的同类设备相比，该设备运行所耗费电力能源较大，平均每年多耗电 3 万度，每度电按 0.7 元计算，所得税税率为 33%，折现率为 10%。

要求：（1）计算该设备的重置成本；（2）计算该设备的已使用年限；（3）计算该设备的贬值额；（4）估算该设备的价值。

【评估过程】

（1）该设备的重置成本为：$500\times140\%\div110\%+150\times140\%\div115\%=636.36+182.61=818.97$（万元）

（2）该设备的已使用年限为：$636.36\div818.97\times6+182.61\div818.97\times5=5.78$（年）或 $(636.36\times6+182.6\times5)\div818.97=5.78$（年）

（3）该设备的实体性贬值额为：$818.97\times(5.78\div(5.78+5))=818.97\times53.62\%=439.13$（万元）

该设备的功能性贬值为：$3\times0.7\times(1-33\%)\div10\%\times(1-(1\div(1+10\%)^5))=5.33$（万元）或 $3\times0.7\times(1-33\%)\times3.7908=5.33$（万元）

（4）该设备的评估价值为：818.97－439.13－5.33＝374.51（万元）

2.3　收　益　法

2.3.1　含义

收益法，是指通过估测被评估资产未来预期收益并折算成现值，借以确定被评估资产价值的一种评估思路。收益法是基于“现值”规律，即任何资产的价值等于其预期未来收益的现值之和。

现值是指未来收入的一定量资金的现在价值量，在经济数学中也称为本金。按照一定的利润率（折现率）把未来收入或支出的资金换算成现在时刻的价值，就称为折现。与现值对应的概念叫终值，是指现在的一定量资金按照一定的利润率增值，计算到未来某一特定时刻的价值量，在经济数学中也称为本利和。用数学概括为：

$$P=\sum_{i=1}^{n}\frac{R_i}{(1+r)^i} \qquad (2\text{-}34)$$

收益法评估思路认为：任何一个理智的投资者在购置或投资于某一资产时，所愿支付或投资的货币数额不会高于所购置或投资的资产在未来能给其带来的回报，即收益额。收益法根据评估对象的预期收益来评估其价值，容易被资产业务各方所接受。所以，从理论上讲，收益法是资产评估中较为科学合理的评估方法之一。当然，运用收益法评估尚需要满足一些基本条件。

2.3.2　理论依据

效用价值论是收益法的理论基础之一。效用价值论认为，商品的价值取决于商品的效用。换句话说，无论商品的生产成本如何，只要能够为其占有者带来较大的效用，商品的价值就会较高。可见，收益决定资产的价值，收益越高，资产的价值越大。资产的收益通常表现为一定时期内的收益额，而收益有时间价值，因此为了估算资产的现时价值，需要把未来一定时期内的收益折算为现值，这就是资产的评估值。

2.3.3　应用前提

收益法是依据资产未来预期收益折现或本金化处理来估测资产价值的方法，它涉及三个基本要素：一是被评估资产的预期收益；二是折现率或本金化率；三是被评估资产取得预期收益的持续时间。因此，能否清晰地把握上述三个要素就成为能否运用收益法的基本前提。从这个意义上讲，应用收益法必须具备的前提条件是：

(1) 被评估资产的未来预期收益可以预测并可以用货币衡量；

(2) 资产拥有者获得预期收益所承担的风险也可以预测并可以用货币衡量；

(3) 被评估资产预期获利年限可以预测。

2.3.4 基本程序

运用收益法进行评估，基本程序如下：

1. 搜集并验证与评估对象未来预期收益有关的数据资料，包括经营前景、财务状况、市场形势及经营风险等；

2. 分析测算被评估对象未来预期收益；

3. 确定折现率或本金化率；

4. 用折现率或本金化率将评估对象未来预期收益折算成现值；

5. 分析确定评估结果。

2.3.5 基本参数

运用收益法进行评估涉及许多经济参数，其中最主要的经济参数有三个，即收益额、折现率和收益期限。

1. 收益额

在资产评估中，资产的收益额是指根据投资回报的原理，资产在正常情况下所能得到的归其产权主体的所得额。资产评估中的收益额有两个比较明确的特点：一是收益额是资产未来预期收益额，而不是资产的历史收益额或现实收益额；二是用于资产评估的收益额是资产的客观收益，而不是资产的实际收益。

预期收益是通过预测分析获得的。在预测时，要对被评估资产经营的内外部环境和状况进行仔细分析；要了解被评估资产最近几年的财务状况和经营成果；要分析预测被评估资产未来的经营状况和市场状况；还要分析国家产业政策及经济形势的发展趋势。

收益额指标可以分为净利润、现金流量、利润总额等多种指标，至于选择哪一种指标作为收益额，应根据所评估资产类型、特点及评估目的来确定，重要的是准确反映资产收益，并与折现率保持一致。目前西方评估界一般以现金流量作为收益额，因为现金流量这个指标科学地考虑了收益的时间价值因素，其计算的主观随意性也较利润这样的指标小，更为客观。

2. 折现率

从本质上讲，折现率是一种期望投资报酬率，是投资者在投资风险一定的情况下，对投资所期望的回报率。就折现率的构成来看，它是由无风险报酬率和风险报酬率组成的。无风险报酬率一般是指同期国库券利率。风险报酬率是指超过无风险报酬率以上部分的投资回报率。在资产评估中，因资产的行业分布、种类、市场条件的不同，其折现率亦不相同。本金化率与折现率在本质上是相同的。习惯上人们将未来有限期预期收益折算成现值的比率成为折现率，而将未来永续性预期收益折算成现值的比率成为本金化率。

3. 收益期限

收益期限是指资产具有获利能力持续的时间，通常以年为时间单位。它由评估人员根据评估资产自身效能及相关条件，有关法律、法规、契约、合同等加以测定。

2.3.6 收益法中的主要技术方法

收益法实际上是在预期收益还原思路下若干具体方法的集合。收益法中的具体方法可以分为若干类：一是针对评估对象未来预期收益有无限期的情况，可分为有限期和无限期的评估方法；二是针对评估对象预期收益额的情况，可分为等额收益评估方法、非等额收益评估方法等。为了便于学习收益法中的具体方法，先对这些具体方法中所用的字符含义做统一的定义：

P——评估值；i——年序号；P_n—— 未来第 n 年的预计变现值；R_i——未来第 i 年的预期收益；r——折现率或资本化率；n——收益年期；t——收益年期；A——年金。

1. 纯收益不变

（1）在收益永续，各因素不变的条件下，有以下计算公式：

$$P=\frac{A}{r} \tag{2-35}$$

其成立条件是：① 纯收益每年不变；② 资本化率固定且大于零；③ 收益年期无限。

（2）在收益年期有限，资本化率大于零的条件下，有以下计算公式：

$$P=\frac{A}{r}\left[1-\frac{1}{(1+r)^n}\right] \tag{2-36}$$

这是一个在估价实务中经常运用的计算公式，其成立条件是：① 纯收益每年不变；② 资本化率固定且大于零；③ 收益年期有限为 n。

（3）在收益年期有限，资本化率等于零的条件下，有以下计算公式：

$$P=A\times n \tag{2-37}$$

其成立条件是：① 纯收益每年不变；② 收益年期有限为 n；③ 资本化率为零。

2. 纯收益在若干年后保持不变

（1）无限年期收益。其基本公式为：

$$P=\sum_{i=1}^{n}\frac{R_i}{(1+r)^i}+\frac{A}{r(1+r)^n} \tag{2-38}$$

其成立条件是：① 纯收益在第 n 年（含第 n 年）以前有变化；② 纯收益在 n 年（不含第 n 年）以后保持不变；③ 收益年期无限；④ r 大于零。

（2）有限年期收益。其计算公式为：

$$P=\sum_{i=1}^{n}\frac{R_i}{(1+r)^i}+\frac{A}{r(1+r)^i}\left[1-\frac{1}{(1+r)^{n-1}}\right] \tag{2-39}$$

其成立条件是：① 纯收益在 t 年（含第 t 年）以前有变化；② 纯收益在 t 年（不含第 t 年）以后保持不变；③ 收益年期有限为 n；④ r 大于零。

这里要注意的是，纯收益 A 的收益年期是（$n-t$）而不是 n。

3. 纯收益按等差级数变化

（1）在纯收益按等差级数递增，收益年期无限的条件下，有以下计算公式：

$$P=\frac{A}{r}+\frac{B}{r^2} \tag{2-40}$$

其成立条件是：① 纯收益按等差级数递增；② 纯收益逐年递增额为 B；③ 收益年期无限；④ r 大于零。

（2）在纯收益按等差级数递增，收益年期有限的条件下，有以下计算公式：

$$P=\left(\frac{A}{r}+\frac{B}{r^2}\right)\left[1-\frac{1}{(1+r)^n}\right]-\frac{B}{r}\times\frac{n}{(1+r)^n} \tag{2-41}$$

其成立条件是：① 纯收益按等差级数递增；② 纯收益逐年递增额为 B；③ 收益年期有限为 n；④ r 大于零。

（3）在纯收益按等差级数递减，收益年期无限的条件下，有以下计算公式：

$$P=\frac{A}{r}-\frac{B}{r^2} \tag{2-42}$$

其成立条件是：① 纯收益按等差级数递减；② 纯收益逐年递减额为 B；③ 收益年期无限；④ r 大于零；⑤ 收益递减到零为止（注：该数学计算公式是成立的，但完全套用于资产评估是不合适的，因为资产产权主体会根据替代原则，在资产收益递减为零之前停止使用该资产或变现资产，不会无限制的永续地使用下去）。

（4）在纯收益按等差级数递减，收益年期有限的条件下，有以下计算公式：

$$P=\left(\frac{A}{r}-\frac{B}{r^2}\right)\left[1-\frac{1}{(1+r)^n}\right]+\frac{B}{r}\times\frac{n}{(1+r)^n} \tag{2-43}$$

其成立条件是：① 纯收益按等差级数递减；② 纯收益逐年递减额为 B；③ 收益年期有限为 n；④ r 大于零。

4. 纯收益按等比级数变化

（1）在纯收益按等比级数递增，收益年期无限的条件下，有以下计算公式：

$$P=\frac{A}{r-s} \tag{2-44}$$

其成立条件是：① 纯收益按等比级数递增；② 纯收益逐年递增比率为 s；③ 收益年期无限；④ r 大于零；⑤ $r>s>0$。

（2）在纯收益按等比级数递增，收益年期有限的条件下，有以下计算公式：

$$P=\frac{A}{r-s}\left[1-\left(\frac{1+s}{1+r}\right)^{n}\right] \tag{2-45}$$

其成立条件是：① 纯收益按等比级数递增；② 递增比率为 s；③ 收益年期有限；④ r 大于零；⑤ 纯收益逐年 $r>s>0$。

（3）在纯收益按等比级数递减，收益年期无限的条件下，有以下计算公式：

$$P=\frac{A}{r+s} \tag{2-46}$$

其成立条件是：① 纯收益按等比级数递减；② 递减比率为 s；③ 收益年期无限；④ r 大于零；⑤ 纯收益逐年 $r>s>0$。

（4）在纯收益按等比级数递减，收益年期有限的条件下，有以下计算公式：

$$P=\frac{A}{r+s}\left[1-\left(\frac{1-s}{1+r}\right)^{n}\right] \tag{2-47}$$

其成立条件是：① 纯收益按等比级数递减；② 纯收益逐年递减比率为 s；③ 收益年期有限为 n；④ r 大于零；⑤ $0<s\leqslant 1$。

（5）已知未来若干年后资产价格的条件下，有以下计算公式：

$$P=\frac{A}{r}\left[1-\frac{1}{(1+r)^{n}}\right]+\frac{P_{n}}{(1+r)^{n}} \tag{2-48}$$

其成立条件是：① 纯收益在第 n 年（含 n 年）前保持不变；② 预知第 n 年的价格为 P_n；③ r 大于零。

【案例 2-16】 某企业尚能继续经营，3 年的营业收益全部用于抵充负债，现评估其 3 年经营收益的折现额。经预测得出 3 年内各年预期收益的数据如表 2-3 所示。

表 2-3　某企业未来 3 年的预期收益

	收益额（万元）	折现率	折现系数	收益折现值（万元）
第一年	300	6%	0.9434	283
第二年	400	6%	0.8900	356
第三年	200	6%	0.8369	167.9

由此可以确定其折现额为：

资产评估价值＝283＋356＋167.9＝ 806.9（万元）

【案例 2-17】 某收益性资产预计未来 5 年的收益额分别是 12 万元、15 万元、13 万元、11 万元和 14 万元。假定从第 6 年开始，以后各年收益均为 14 万元，确定的折现率和资本化率均为10%。确定该收益性资产在持续经营下和50年收益的评估值。

【评估过程】

(1) 永续经营条件下的评估过程如下。

① 确定未来5年收益额的现值。

$$现值总额=\frac{12}{(1+10\%)}+\frac{15}{(1+10\%)^2}+\frac{13}{(1+10\%)^3}+\frac{11}{(1+10\%)^4}+\frac{14}{(1+10\%)^5}$$

$$=12\times 0.9091+15\times 0.8264+13\times 0.7531+11\times 0.6830+14\times 0.6209$$

$$=49.2777（万元）$$

计算中的现值系数，可从复利现值表中查得。

② 将第6年以后的收益进行资本化处理，即14/10%=140（万元）

③ 确定该企业评估值。

$$企业评估价值=49.2777+140\times 0.6209=136.20（万元）$$

(2) 50年的收益价值评估过程。

$$现值总额=\frac{12}{(1+10\%)}+\frac{15}{(1+10\%)^2}+\frac{13}{(1+10\%)^3}+\frac{11}{(1+10\%)^4}+\frac{14}{(1+10\%)^5}$$

$$+\frac{14}{10\%\times(1+10\%)^5}\times\left[1-\frac{1}{(1+10\%)^{50-5}}\right]$$

$$=49.2777+140\times 0.6209\times(1-0.0137)$$

$$=49.2777+85.7351=135.01（万元）$$

2.4 清算价格法和历史成本法

2.4.1 清算价格法

1. 清算价格法的基本思路

所谓清算价格，是指企业由于破产、清算或其他原因，要求在一定期限内将企业全部或部分资产变现，于是，在企业清算日之内预期卖出资产可收回的快速变现价格。这里的"其他原因"是指有的国家规定企业的存在有一定的年限，到期时需解体清算，或重新注册方可继续营业，或者若干公司为开发某一项目而成立项目有限公司，项目结束时公司也就结束。至于资产出售的方式，可以将一项完整的资产（整体企业或单项完整资产）出售，也可以拆零出售。资产出售方式遵循的原则一般是哪种方式变现速度快且收入高就采用哪种方式。

清算价格法则是指以清算价格为标准，对被评估资产现行市价进行评估的一种方法。采用清算价格法进行资产评估的前提条件是：评估委托方出具具有法律效力的破产处理文件或抵押合同及其他有效文件，同时资产以整体或拆零方式在市场上可以快速出售。从经济上考虑，变现的收入还要足以补偿因出售资产带来的支出总额，这些支出主要包括手续费、评估费、登记费及管理费等。

2. 清算价格法的适用范围

清算价格法主要适用于以下资产业务的范围。

① 企业破产。企业破产是指当债务人企业不能按时清偿到期债务时，法院按照债权人的请求以其全部财产按照一定的顺序清偿其所欠的各种债务，企业法人因而不复存在。

② 抵押。抵押是指以所拥有的财产做抵押物进行融资的一种经济行为。在这种情况下，合同当事人一方用自己特定的财产向对方保证履行合同。提供财产的一方为抵押人，接受抵押财产的一方为抵押权人。当抵押人不履行合同时，抵押权人有权利将抵押财产在法律允许的范围内变卖，从所得价款中优先受偿。

③ 清理。指企业由于经营不善导致严重亏损，临近破产边缘或因其他原因而无法继续经营下去，为弄清企业财务现状，对全部财产进行清点、整理和核查，为经营决策提供依据的经济行为。

④ 其他必须采用清算价格法进行评估的资产业务。

3. 清算价格的决定因素

清算价格的决定因素一般包括如下几个方面。

① 清算的形式。这是指资产出售方是否丧失资产的处置权。如丧失了资产的处置权，则资产的出售方没有讨价还价的可能，即以买方出价决定售价。如资产出售方未丧失资产处置权，则出售资产的一方尚有讨价还价余地，即以双方议价决定售价。

② 公平市价。指资产交易双方都满意的价格。在清算价格中卖方满意的价格一般不易求得。

③ 清算拍卖时限。一般来说时限长则售价高些，时限短则售价低些，这是由快速变现原则所决定的。

④ 清算费用。在破产等情况下评估资产价格时，应首先对清算费用及其他有关费用给予充分的考虑。

⑤ 债权人处置资产的方式。一般按照抵押时的契约、合同规定执行，如公开拍卖或收归己有。

⑥ 参照资产的市场价格。在市场上出售的相同或类似资产的价格。一般来说，市场上参照资产的价格越高，出售资产的价格也越高。

4. 清算价格法的评估方法

清算价格法的基本评估方法有以下几种。

① 整体评估法。指对一项资产或一个企业整体进行估价。应用这种方法，首先评估

该资产或企业能否继续经营使用；其次再视其具体情况进行估价，能继续经营使用者，可以应用现行市价法、重置成本法或收益现值法进行评估；不能继续经营使用者，只能按重量、体积或材质估计其残值。例如对一个企业采用清算价格法进行评估，应该以评估日实有资产数量及资产净值为基础，并结合分析影响清算价格的主要因素，采用统计分析法估算或在市场上找到相适应的参照资产，据以确定其清算价格。

② 市价折扣法。指在清理资产中，首先在市场上寻找一个与被清理资产相适应的参照资产，然后根据快速变现原则估计确定一个折扣率，据以确定其清算价格。

③ 模拟拍卖法。也称意向询价法。这种方法是根据向被评估资产的潜在购买者询价，从而取得市场信息，最后经评估人员分析确定其清算价格的一种方法。用这种方法确定的清算价格受供需关系影响很大，要尽可能充分地搜寻较多的潜在的购买者，并考虑其提供的价格信息是否真实。

2.4.2 历史成本法

任何一项资产的取得，都以当时购建时实际发生的成本计算，资产价值一经入账，以后就按其实际成本减去以该实际成本为基础提取的折旧额后的余额作为资产的价值，这就是所谓的“历史成本原则”。历史成本法就是指按此原则对资产进行评估的方法，它也是资产评估中最简单的一种方法。评估公式为：

$$资产现行市价＝资产原始价值－按资产原始价值提取的累计折旧额 \tag{2-49}$$

这种方法的特点是以资产的历史成本作为评估资产的依据，优点是具有可检验性，有账簿记录为依据，现行市价不受评估人员判断的影响。缺点是没有考虑货币的时间价值和通货膨胀等因素的影响，不能反映市场变化的实际情况。这样，只有在没有通货膨胀或通货膨胀率极低的条件下，以及对于购进不久的资产，运用这种评估方法才有意义。

这种评估方法的适用范围是：一是资产的流动性好、价格变动不大的单项资产，其购进价格接近或相等于市场现行价格的资产；二是较特殊且有专门用途的非标准化的原材料、半成品和配套件等资产，这类材料配件一般是由购买方与生产方直接订购，一般不进入市场，很难找到可以类比的市场价格，而且计算重置成本也有一定困难，这类资产的现行市价为购进价格加运费。

2.5 评估方法的关系与方法选择

2.5.1 评估方法之间的关系

资产评估的市场法、收益法和成本法及由此衍生出来的其他评估思路共同构成了资产评估的方法体系。资产评估的专业性质决定了各种评估方法之间存在着内在联系。而各种评估方法的独立存在又说明它们各有特点。正确认识资产评估方法之间的内在联系及各自的特点，对于恰当地选择评估方法，高效地进行资产评估是十分重要的。

1. 资产评估方法之间的区别

各种评估方法独立存在本身就说明各种评估方法之间存在差异。各种评估方法具有各自的主要理论基础，成本法主要是源于马克思的劳动价值论，收益法源于效用价值论，市场法则主要源于市场均衡论。不同的理论基础决定了每一种评估方法都有其自成一体的运用方法和过程，都要求具备相应的信息基础，评估结论也都是从某一角度反映资产的价值。因此，各种评估方法的计算技术是有区别的，而且各有不同的利弊。

由于评估的特定目的不同，评估时市场条件上的差别，以及评估时对评估对象使用状态设定的差异，需要评估的资产价值类型也是有区别的。评估方法由于自身的特点，在评估不同类型的资产价值时，就有了效率上和直接程度上的差别，评估人员应具备选择最直接且最有效率的评估方法完成评估任务的能力。

各种评估方法独立存在，具体评估过程在思路、方法、操作程序上的差异就是评估方法之间的差别。在操作上，市场法和成本法比较容易混淆，要注意两者的主要区别。

（1）两者都参照现行市场价格，但成本法是从买者的角度，以购建资产的耗费来确定评估值；市场法是从卖者的角度，以市场上的销售价格来确定评估值。

（2）运用市场法与原始成本没有直接联系，成本法中某些计算则要利用被评估资产的原始成本和资料。

（3）成本法是按全新资产的购置成本扣除被评估资产的各项损耗（贬值）后确定评估值，市场法则是按参照物价格及对被评估资产与参照物的各项差异进行调整来确定评估值。

2. 资产评估方法之间的联系

评估方法是实现评估目的的手段，各种方法都是从不同的角度去表现资产的价值。不论是通过与市场参照物比较获得评估对象的价值，还是根据评估对象预期收益折现获得其评估价值，抑或按照资产的再取得途径寻求评估对象的价值，都是对评估对象在一定条件下的价值的描述，它们之间是有内在联系并可相互替代的。对于特定经济行为，在相同的市场条件下，对处在相同状态下的同一资产进行评估，其评估值应该是客观的。这个客观的评估值不会因评估人员所选用的评估方法的不同而出现截然不同的结果。可以认为正是评估基本目的决定了评估方法间的内在联系。而这种内在联系为评估人员运用多种评估方法评估同一条件下的同一资产，并作相互验证提供了理论根据。但需要指出的是，运用不同的评估方法评估同一资产，必须保证评估目的、评估前提、被评估对象状态的一致，以及运用不同评估方法所选择的经济技术参数合理。

由于资产评估工作基本目标的一致性，在同一资产的评估中可以采用多种方法，如果使用这些方法的前提条件同时具备，而且评估师也具备相应的专业判断能力，那么，多种方法得出的结果应该趋同。如果采用多种方法得出的结果出现较大差异，可能的原因有：一是某些方法的应用前提不具备；二是分析过程有缺陷；三是结构分析有问题；四是某些支撑评估结果的信息依据出现失真；五是评估师的职业判断有误。建议评估师为不同评估方法建立逻辑分析框图，通过对比分析，有利于发现问题。评估师在发现问题的基础上，除了对评估方法做出取舍外，还应该分析问题产生的原因，并据此研究解决问题的对策，以便最后确定评估价值。

2.5.2 评估方法的选择

选择资产评估方法，一是要针对不同的资产业务选择适当的评估方法；二是在具体评估过程中恰当选择评估技术思路以及实现该技术思路的具体评估技术方法，也包括在运用各种评估方法时对所涉及的经济技术参数的恰当选择。

1. *在评估方法的选择过程中应注意的主要因素*

（1）评估方法的选择要与评估目的、评估时的市场条件、被评估对象在评估过程中所处的状态，以及由此所决定的资产评估价值类型相适应。当资产评估的价值类型为资产的市场价值时，可考虑按市场法、收益法和成本法的顺序进行选择。

（2）评估方法的选择必须与评估对象相适应。对于单项资产、整体资产、有形资产、无形资产等不同的评估对象要用不同的评估方法。评估对象的状态不同选用的评估方法也不同。例如，对于既无市场参照物，又无经营记录的资产，只能选择成本法进行评估；对于处在经营中且收益比较稳定的资产，可以优先考虑选用收益法。

（3）评估方法的选择受数据资料及主要经济技术参数能否搜集到的制约。每种评估方法的运用都需要有充分的数据资料作依据。在一个相对较短的时间内，搜集某种评估方法所需的数据资料可能会很难，在这种情况下，评估人员应考虑采用替代的评估方法进行评估。

（4）评估方法的选择还要考虑评估工作的可行性和工作效率，在准确性的前提下尽量采用简便易行的方法。

在选择和运用评估方法时，如果条件允许，可以采用多种评估方法，但要保证每种评估方法运用中所依据的各种假设、前提条件、数据参数的可比性，以便能够确保运用不同评估方法所得到的评估结果的可比性和相互可验证性，分析可能存在的问题并做相应的调整，以便确定最终评估结果。

2. *根据资产业务选择相适应的评估方法*

（1）适应市场法的资产业务主要是单项资产的买卖。如设备、原材料、房地产的买卖，以及用单项生产要素作为投资参股和合作经营等的单项资产的评估。

（2）适应收益法的资产业务有几种主要类型：一是企业整体资产产权变动的资产评估；二是以房地产业务为目的的资产评估；三是各种资源性资产，如煤炭、石油、森林等天然蕴藏物的评估；四是以无形资产转让为目的的资产评估。

（3）适应成本法的主要是以资产重置和补偿（资产保全、财产保险）为目的的资产业务。此外是整体资产转让中各分项资产的评估。由于目前我国资产市场发育还不完善，对资产未来收益的预测要受诸多因素的制约，因此在应用市场法和收益法的客观条件尚不具备的情况下，采用成本法进行资产评估具有重要的现实意义。

（4）对于企业破产、资产抵押、资产清理所进行的资产评估，一般适用清算价格法。

思考与练习题

一、单项选择题

1. 运用市场法时选择三个及三个以上参照物的目的是（　　）。

   A. 使参照物具有可比性　　B. 便于计算

   C. 排除参照物个别交易的偶然性　　D. 容易得出评估值

2. 政府办公机构、学校、公园的资产的价值评估一般采用（　　）评估方法。

   A. 成本法　　B. 收益法　　C. 市场法　　D. 剩余价值法

3. 用市场法评估资产的正常变现价值时，应当参照相同或类似资产的（　　）。

   A. 重置成本　　B. 市场价格　　C. 清算价格　　D. 收益现值

4. 假设某企业获得一土地的永续使用权，年收益额为 100 万元，适用本金化率为 10%，则其评估值为（　　）。

   A. 1000 万元　　B. 10 万元　　C. 100 万元　　D. 价值无限

5. 某设备预计可生产产品 500000 件，现在已生产 500000 件，但因为维护良好和进行过大修，各种损耗已得到补偿，预计还可生产 200000 件，则其实体性贬值率为（　　）。

   A. 100%　　B. 16%　　C. 71.4%　　D. 15.6%

二、多选题

1. 应用市场法进行资产评估必须具备的前提条件是（　　）。

   A. 需要有一个充分发育活跃的公开市场

   B. 必须具有足够数量的参照物

   C. 可以收集到被评估资产与参照物可比较的指标和技术参数

D. 必须是与被评估资产相同或相类似的全新资产

E. 参照物成交时间与评估基准间隔时间不应过长，同时，时间对资产价值的影响可调整

2. 在运用市场法时，应注意参照物的成交价格并不仅仅是参照物功能自身的市场体现，还要受（　　）等因素的影响。

A. 交易双方的动机　　B. 参照物的生产成本

C. 参照物的交易时限　　D. 交易双方的地位

E. 交易双方的要求

3. 形成资产经济性贬值的主要因素有（　　）。

A. 该机器已磨损较为严重　　B. 生产技术落后

C. 政府产业政策变化　　D. 市场需求结构变化

E. 使用该设备运营成本增加

4. 收益法中的收益额是指（　　）。

A. 资产未来的预期收益　　B. 资产的现实收益

C. 资产的实际收益　　D. 资产的客观收益

E. 资产的永久性收益

5. 收益法的基本前提条件是（　　）。

A. 未来收益可预测并可用货币计量

B. 承担的风险可预测并可用货币计量

C. 预期收益年限可预测

D. 历史收益已知

E. 具备可利用的历史资料

三、思考题

1. 市场法及市场法适用的前提条件。

2. 收益法及收益法适用的前提条件。

3. 成本法包括哪些基本要素？

4. 选择资产评估方法应考虑哪些因素？

四、基本能力训练题

1. 某待评估的生产设备每月可生产 10000 件产品，生产每件产品的工资成本为 1.5 元，而目前的新式同类设备生产每件产品的工资成本仅为 1.2 元。假定待评估设备与新设备的运营成本在其他方面相同，待评估设备还可以使用 5 年，所得税税率为 33%，适用折现率为 10%。根据上述调查资料，求待评估资产相对于同类新设备的功能性贬值。

2. 被评估企业未来 5 年的预期收益为 100 万元、120 万元、150 万元、160 万元和

200 万元，假定被评估企业从未来第六年开始，企业的年收益维持在 200 万元水平。假定折现率和资本化率均为 10%，试估测企业整体价值。

3. 某建筑物为 459 平方米。现收集到 A、B、C、D 四宗建筑物交易实例，均作为比较实例，收集到实例资料情况如下。

A 建筑物 166.7 平方米，交易日期为 2002 年 4 月，成交价格为 20 万元，单价为 1200 元/平方米，正常交易；B 建筑物 373 平方米，交易日期为 2002 年 3 月，成交价格为 38 万元，单价为 1020 元/平方米，交易价格较正常价格偏低 2%；C 建筑物 300 平方米，交易日期为 2002 年 6 月，成交价格为 31 万元，单价为 1030 元/平方米，交易价格较正常价格偏低 5%；D 建筑物 465 平方米，交易日期为 2002 年 7 月，成交价格为 53 万元，单价为 1140 元/平方米，交易价格较正常价格偏低 3.5%。

另外：(1) 2002 年 3 月至 2002 年 10 月期间，建筑物价格每月上涨 1%；(2) 区域情况为假设估价对象的所在地区为 100，A、C、D 与估价对象相同，B 地区为 87；(3) 估价对象的个别因素均优于交易实例 3%。

试评估该建筑物 2002 年 10 月的买卖价格。

第3章 资产评估程序

学习目标

➢ 熟悉资产评估程序的含义和作用。

➢ 掌握资产评估的工作程序及在执行资产评估程序中的基本要求。

➢ 掌握资产评估中信息收集与处理的方法。

任务导入

某公司有一商场，该公司拥有该商场的划拨土地使用权和房屋所有权，并且此商场处于一栋18层高建筑中的1～3层，2002年进行了一次重新装修，但由于经营管理不善，商场自1999年一直处于亏损状态，因此欲出售该商场，现假设某集团欲购买该商场，并委托某评估结构评估其合理的价格。若你是该评估机构的员工，该委托业务由你进行评估，请设计评估工作程序。

资产评估工作是一项复杂、专业技术性强的经济活动。要想使评估活动高效、准确、公正，必须使活动过程遵循一套严谨、科学的工作程序。这套工作程序是进行资产评估所必须经过的工作阶段，反映了各阶段之间的内在联系，是人们对估价对象形成认识的思维历程，是经过千百万次工作实践总结出来的客观规律。按照资产评估程序进行工作可以提高效率、减少失误、确保质量。

3.1 资产评估程序概述

资产评估程序是指资产评估机构和人员执行资产评估业务、形成资产评估结论所履行的系统性工作步骤。明确并坚持符合规范的资产评估程序，是规范资产评估行为，提高资产评估业务质量和维护资产评估服务公信力的重要保证，也是相关当事方评价资产评估服务的重要依据。恰当执行资产评估程序是资产评估机构和人员防范执业风险、保护自身合法权益的重要手段之一。

我国资产评估实务界从不同角度对资产评估的程序有着不同的理解，总的来说可以从狭义和广义的角度来认识资产评估程序。资产评估是一种基于委托合同基础上的专业服务，因此从狭义的角度，很多人认为资产评估程序开始于资产评估机构和人员接受委托，终止于向委托人或相关当事人提交资产评估报告书。然而作为一种专业性、风险性很强的中介服务，为保证资产评估业务质量、控制资产评估风险、提高资产评估服务水平，以便更好地服务于委托人，维护资产评估行为各方当事人合法利益和社会公共利益，有必要从广义的角度认识资产评估程序。广义的资产评估程序开始于承接资产评估业务前的明确资产评估基本事项环节，终止于资产评估报告书提交后的资产评估文件归档管理。《资产评估准则—基本准则》及《资产评估准则—评估程序》是从广义的角度来进行规范的。

根据不同的分类标准，资产评估程序可以有不同的划分方法。资产评估具体程序或工作步骤的划分，取决于注册资产评估师对各资产评估工作步骤共性的归纳，资产评估业务的性质、复杂程度也是影响资产评估具体程序划分的重要因素。根据各工作步骤的重要性，资产评估通常包括以下基本评估程序：

① 明确资产评估业务基本事项；

② 签订资产评估业务约定书；

③ 编制资产评估计划；

④ 现场调查；

⑤ 收集资产评估资料；

⑥ 评定估算；

⑦ 编制和提交资产评估报告；

⑧ 资产评估工作底稿归档。

3.2 资产评估工作程序和基本要求

3.2.1 资产评估的工作程序

1. 签约前要明确的基本事项

资产评估机构和人员在接受资产评估业务委托之前，应当与委托人等相关当事人讨论、阅读基础资料，进行必要的初步调查，与委托人及相关当事人共同明确资产评估业务基本事项。

（1）委托方和相关当事方基本情况。资产评估的相关当事方主要包括资产占有方、资产评估报告使用方、其他利益关联方等。资产评估机构和人员应当了解委托方和相关当事方的基本状况，以及委托方与相关当事方的关系。在可能的情况下还应要求委托方明确资产评估报告的使用人及使用方式。对相关情况的充分了解有利于更好地理解评估目的、更好地根据使用者的需求提供良好服务，同时也有利于防范恶意委托，降低评估风险。

（2）资产评估目的。资产评估机构和人员与委托方就资产评估目的达成明确、清晰的共识，尽可能将资产评估目的细化。

（3）评估对象基本状况。包括其法律关系、权益状况、经济和物理状况等。如资产类型、规格型号、结构、数量、购置（生产）年代、生产（工艺）流程、地理位置、使用状况、企业名称、住所、注册资本、所属行业、在行业中的地位和影响、经营范围、财务和经营状况等。

（4）价值类型及定义。在明确资产评估目的的基础上，恰当确定价值类型并就所选择价值类型的定义进行沟通，避免出现歧义。

（5）资产评估基准日。资产评估基准日是评估业务中极为重要的基础，也是评估时点原则的具体体现。评估机构和人员应当根据专业知识和经验，建议委托方根据评估目的、资产和市场的变化情况等因素合理选择评估基准日。

（6）资产评估限制条件和重要假设。资产评估机构和人员应当在承接评估业务前，充分了解所有对资产评估业务可能构成影响的限制条件和重要假设，以便进行必要的风险评价，有利于更好地为客户服务。

（7）其他需要明确的事项。分析下列因素，确定是否承接项目。① 评估项目的执业风险，判断该项目的风险是否超出合理的范围。② 根据所了解的评估业务的基本情况和复杂性，分析本机构和评估人员是否具有与该项目相适应的专业胜任能力。③ 根据职业道德要求和国家相关法规的规定，结合评估业务的具体情况分析资产评估机构和人员的独立性，确认与委托人或相关当事方是否存在现实或潜在利害关系。

2. 签订资产评估业务约定书

根据中国资产评估协会制定的《资产评估业务约定书指南》（评协字［1999］53号），资产评估业务约定书是资产评估机构与委托人共同签订的，确认资产评估业务的委托与受托关系，明确委托目的、被评估资产范围及双方权利义务等相关重要事项的书面合约。

资产评估业务约定书应包括以下基本内容：① 资产评估机构和委托方名称；② 委托资产评估目的；③ 资产评估对象和范围；④ 双方的权利与义务；⑤ 资产评估基准日；⑥ 出具资产评估报告的时间要求；⑦ 资产评估报告使用范围；⑧ 资产评估收费；⑨ 约定书的有效期限；⑩ 违约责任；⑪ 签约时间；⑫ 双方认为应当约定的其他事项。

3. 编制资产评估计划

资产评估计划是资产评估机构和人员为执行资产评估业务拟定的资产评估工作思路和实施方案，对合理安排工作量、工作进度、专业人员调配、按时完成资产评估业务具有重要意义。中国资产评估协会制定的《资产评估计划指南》，对编制资产评估计划提出了规范意见。

资产评估计划应当涵盖资产评估工作的全过程，编制计划应当重点考虑以下因素：① 资产评估目的、评估对象、范围和价值类型；② 业务风险、评估项目的规模和业务复杂程度；③ 评估对象的性质、行业特点、发展趋势；④ 相关法律、法规政策及经济发展变化对评估对象的影响；⑤ 评估项目所涉及资产的结构、类别、数量及分布状况；⑥ 相关资料收集情况；⑦ 委托人以前委托评估的经历、诚信程度及提供资料的可靠性、完整性和相关性；⑧ 评估人员的业务能力、经验及其优化组合等等。

4. 资产勘查与现场调查

资产勘查和现场调查工作是资产评估程序和操作的必经环节，资产评估机构和评估人员通过对不动产和其他实物资产进行必要的现场勘查，对企业价值、股权和无形资产等非实物性资产进行必要的现场调查，全面、客观地了解评估对象状况，核实委托方和资产占有方提供资料的可靠性，并通过在资产勘查过程中发现的问题、线索，有针对性地开展资料收集、分析工作。

5. 收集资产评估资料

资料收集工作是进行分析、判断进而形成评估结论的基础，也是资产评估业务质量的重要保证。资产评估机构和人员收集、占有相关信息资料的能力在一定程度上反映出执业能力的高低。资产评估机构和人员在日常工作中就应当注重收集信息资料及其来源，并根据所承接项目的情况确定收集资料的深度和广度，尽可能全面、翔实地占有资料，并采取必要措施确信资料来源的可靠性。根据资产评估项目的进展情况，资产评估机构和人员应当及时补充收集所需要的资料。

6. 评定估算

评定估算环节主要包括分析资产评估资料、恰当选择资产评估方法、运用资产评估方法形成初步资产评估结论、综合分析确定资产评估结论、资产评估机构内部复核等具体工作步骤。

资产评估人员应当对所收集的资产评估资料进行充分分析，确定其可靠性、相关性、可比性，摒弃不可靠、不相关的信息，在此基础上恰当选择资产评估方法，并根据业务需要及时补充收集相关信息。

成本法、市场法和收益法是三种通用的资产评估基本方法。资产评估人员应当根据评估对象、评估目的、资料收集情况等相关条件恰当选择资产评估方法，并说明选择资产评估方法的理由。对宜采用两种以上资产评估方法的评估项目，应使用两种以上资产评估方法。

资产评估人员在选择恰当的资产评估方法后，根据评估基本原理和规范要求进行评估，形成初步评估结论。在形成初步评估结论的基础上，需要对信息资料、参数的数量、质量和选取的合理性等进行综合分析，以形成资产评估结论。当采用两种以上资产评估方法时，资产评估人员应当在初步评估结论的基础上，综合分析评估方法的相关性和恰当性、相关参数选取的合理性，形成最终资产评估结论。

资产评估机构应当建立内部复核制度，对资产评估结论进行必要的复核工作。

7. 编制和提交资产评估报告书

资产评估机构和人员在执行必要的资产评估程序、形成资产评估结论后，按资产评估报告的规范要求编制资产评估报告书。资产评估机构和人员可以根据资产评估业务性质和委托方或其他评估报告使用者的要求，在遵守资产评估报告书规范和不引起误导的前提下，选择恰当的资产评估报告详略程度。

资产评估机构和人员应当以恰当的方式将资产评估报告书提交给委托人。在提交正式资产评估报告书之前，可以与委托人进行必要的沟通，听取委托人、资产占有方对资产评估结论的反馈意见，并引导委托人、资产占有方、资产评估报告使用者合理理解资产评估结论。

8. 资产评估工作档案归档

资产评估机构和人员在向委托人提交资产评估报告书后，应当将在资产评估工作中形成的、与资产评估业务相关的有保存价值的各种文字、图表、声像等资料及时归档，并按国家有关规定对资产评估工作档案进行保存、使用和销毁。

资产评估工作档案归档是资产评估基本程序之一。完善档案工作不仅有利于评估机构应对今后可能出现的资产评估项目检查和法律诉讼，也有利于资产评估机构总结、完善和提高资产评估业务水平。

3.2.2 基本要求

鉴于资产评估程序的重要性，注册资产评估师在执行资产评估程序环节中应当符合以下要求。

(1) 注册资产评估师应当在国家和资产评估行业规定的范围内，建立、健全资产评估程序制度。由于不同注册资产评估师的专业胜任能力、经验各自不同，所承接的主要业务范围和执业风险也各有不同，各资产评估机构应当结合本机构实际情况，在资产评估基本程序的基础上进行细化等必要调整，形成本机构资产评估程序制度。

(2) 注册资产评估师执行资产评估业务，应当根据具体资产项目的情况和资产评估程序制度，确定并履行适当的资产评估程序。注册资产评估师应当且仅当在执行必要的资产评估程序后，形成并出具资产评估报告书。

(3) 资产评估机构应当建立相关工作制度，指导和监督资产评估项目经办人员及助理人员实施资产评估程序。

(4) 如果由于资产评估项目的特殊性，注册资产评估师无法或没有履行资产评估程序中的某个基本环节（如在损害赔偿评估业务中评估对象已经毁失，无法进行必要的现场勘查），或受到限制无法实施完整的资产评估程序，注册资产评估师应当考虑这种状况是否会影响到资产评估结论的合理性，并在资产评估报告书中明确披露这种状况及其对资产评估结论可能造成的影响，必要时应当拒绝接受委托或终止资产评估工作。

（5）注册资产评估师应当将资产评估程序的组织实施情况记录于工作底稿，并将主要资产评估程序执行情况在资产评估报告书中予以披露。

3.3　资产评估中信息的收集与处理

资产评估过程实际上就是对被评估资产的信息进行收集、分析、判断、推论并做出披露的过程。资产评估人员应当了解信息的收集渠道、收集方法以及信息分析处理方法，并能熟练加以运用，以避免对资产评估的程序控制流于形式。

3.3.1　资产评估信息的收集

资产评估人员在评估过程中所依据的所有信息应当是可靠的、真实的和适当的，获取信息的必要措施应当是行业内所公认的。资产评估人员在资产评估过程中，应当考虑和收集下列相关信息：① 有关资产权利的法律文件或其他证明资料；② 资产的性质、历史和目前状况的信息；③ 有关资产的剩余经济寿命和法定寿命信息；④ 有关资产的适用范围和获利能力的信息；⑤ 资产以往的评估及交易情况信息；⑥ 资产转让的可行性信息；⑦ 类似的资产的市场价格信息；⑧ 卖方承诺的保证、赔偿及其他附加条件；⑨ 可能影响资产价值的宏观经济前景信息；⑩ 可能影响资产价值的行业状况及前景信息；⑪ 可能影响资产价值的企业状况及前景信息；⑫ 其他相关信息。

3.3.2　资产评估信息的来源

1. 资产所有者或占有者内部的信息资料

这些内部信息主要包括：

（1）公司历史沿革、组织人员结构、经营状况及其未来发展前景的信息资料；

（2）与资产有关的重要文件，如产权证明、经营合同、技术说明、财务报告等；

（3）使资产达到目前状态（截止到评估基准日）所花费的所有成本、资产的未来应用及效用、资产的预期剩余使用寿命信息等；

（4）其他有关的管理制度、合同、技术、经济等影响因素的信息。

2. 资产所有者或占有者外部的信息资料

这些外部资料一般来源于公开市场和公共信息领域，如来自市场、政府部门、媒体、行业协会等。

(1) 市场信息。评估人员应当掌握必要的市场信息渠道，在日常工作中注意收集必要的市场信息，在具体评估业务中及时获得相关的市场信息。

(2) 政府部门资料。通过查看政府部门的资料可以获取许多有关企业的信息，例如各级工商行政管理部门保存的公司注册登记信息，有关政府部门的产业统计数据等。

(3) 证券交易机构资料。在证券交易所可以方便地查询到有关上市公司的资料，如年度报告和中期报告等。评估人员利用这些信息可了解资产所有者的状况，也可了解其竞争对手的状况及其所处行业的情况。还可从上市公司中挑选可比的对象作为未上市公司的参照物，进行类比分析，了解相关状况。

(4) 媒体信息。新闻媒介的信息不仅包含了原始信息，还有一些分析，有助于评估人员加深对所需信息的理解。但应注意媒体分析往往带有一定的倾向性，要注意鉴别。

(5) 行业协会资料及其出版物。通常可从行业协会得到有关产业结构与发展情况、市场竞争情况等信息，还能咨询到有关专家的意见。行业协会的出版物是了解该行业情况的重要资料来源。

(6) 学术出版物。专业书籍、学术刊物和文章资料都包含着大量的经济、技术信息和分析资料，要学会查询、收集、甄别有关的信息资料。出版物由于出版周期的关系，一般时效性相对较差。

(7) 网络信息。网络信息量巨大，查询方便快捷，随着技术发展和信息披露的透明度增强，从网络获取信息将是未来的发展趋势。目前引用网络信息，要注意其真实性和可靠性，要与其他来源获得的信息互相参照印证。

此外，随着我国资产评估行业与国际接轨以及经济全球化的发展趋势，必须重视和逐步加强国外信息资料的收集。

3.3.3 资产评估信息的初步处理

由于资产评估需要收集的信息量大、面广，评估人员应对收集的相关信息进行必要的分析，做到去伪存真、去粗取精。

1. 资产信息资料的分析和鉴定

资产信息资料的分析是指对资产信息资料的合理性和可靠性的识别。由于收集资料的方法多种多样，收集的资料难免有失真情况。对于失真的资产信息资料要及时鉴别并剔除。另外，对所收集的数据是否具有合理性、相关性也需进行分析，以提高评估所依据的资产信息的可靠性。

2. 资产信息资料的整理和分类

在资产信息资料鉴定的基础上，要对资产信息资料进行筛选、整理和分类。一般可按两种标准进行划分归类。

（1）按可用性原则分类，可分为以下几类。① 可用性资产信息资料。指在某一具体评估项目中可以作为评估依据的资产信息资料。② 有参考价值的资产信息资料。指资产信息资料与评估项目有联系的一部分，是评估时需注意或考虑的一个因素。③ 不可用信息资料。指在某一个具体的评估项目中，与此项评估业务没有直接联系或根本无用的资产信息资料。

（2）按信息来源分类，可分为以下几类。① 原始信息。即从信息来源的未经处理的事实。这些信息是没有经过变动、调整或根据有关人员的观点处理过的，如评估人员直接观察到的信息、公司的年度报告、证交所的报告或政府出版的规范性资料、政府机构公布的文本文件、法庭发布的文本文件等。原始信息的可靠性高，是评估人员分析的最重要资料。② 二次信息。二次信息是从大量的原始信息中有选择地加工过的，或按一定思想倾向改动过的信息，具有重点突出、容易理解的特点。二次信息包括报纸、杂志、行业协会出版物、有关公司的学术论文和分析员的报告等提供的信息。对这类信息，评估人员应做去伪存真和去粗取精的分析。

思考与练习题

一、单项选择题

1. 狭义的资产评估程序是（　　）。
   A. 始于明确资产评估业务基本事项，终于资产评估报告书提交后的资产评估工作档案归档
   B. 始于资产评估机构和人员接受委托，终于向委托人和相关当事人提交资产评估报告书
   C. 始于承接资产评估业务前的明确资产评估基本事项，终于资产评估报告书提交后的资产评估文件归档管理
   D. 始于资产评估机构和人员接受委托，终于资产评估工作档案归档
2. 在实际操作中，评估人员在任何资产评估项目中都应当考虑（　　）资产评估基本方法的适用性。
   A. 一种　　B. 二种　　C. 三种　　D. 四种
3. 资产评估基本程序中的（　　）环节，完全体现了资产评估服务的专业性和特殊性。
   A. 评定估算　　B. 编制和提交资产评估报告书

C. 编制资产评估计划书　　D. 资产评估工作档案归档

4. 资产评估中的资产信息资料的鉴定可通过（　　）来完成。

A. 信息源的可靠性　　B. 信息量和信息本身的可靠性

C. 信息源和资料本身的可靠性　　D. 信息提供者的权威性

5. 与委托人签订评估业务约定书的应当是（　　）。

A. 注册资产评估师　　B. 资产评估机构

C. 注册资产评估师和评估机构　　D. 以上均不正确

二、多选题

1. 承办资产评估业务须明确的基本事项有（　　）。

A. 评估目的　　B. 评估委托方基本情况

C. 评估计划　　D. 评估业务约定书

E. 评估基准日

2. 资产评估业务约定书的基本内容有（　　）。

A. 评估目的　　B. 评估基准日

C. 资产评估报告使用范围　　D. 签约时间

E. 评估假设

3. 下列环节中属于资产评估主要环节的是（　　）。

A. 资产勘察与现场调查　　B. 编制和提交资产评估报告

C. 报会计事务所复核　　D. 签订资产评估业务约定书

E. 收集资产评估资料

4. 对鉴定后的资产信息资料分类可按（　　）划分。

A. 信息使用者　　B. 可用性原则

C. 信息来源　　D. 可靠性原则

E. 重要性原则

5. 在资产评估中，应注重外部信息并加以应用，这些外部信息包括（　　）。

A. 行业资料　　B. 技术发展趋势

C. 人口统计资料　　D. 客户及供应商基数

E. 资产使用情况信息

三、思考题

1. 一般资产评估工作程序主要有哪些环节？

2. 资产评估业务中信息收集的渠道有哪些？

四、基本能力训练题

假如你是一位资产评估专业人员，你如何处理收集与评估有关的信息？

第二篇　资产评估操作实务

第 4 章 机器设备评估

学习目标

- 阐释机器设备的特点、类型、评估的特点。
- 掌握机器设备的重置成本、实体性贬值、功能性贬值、经济性贬值的估算方法。
- 掌握机器设备市场比较法评估中有关比较指标的修正系数的确定。

任务导入

B厂因资产重组，拟将锻压车间的一台设备转让，该设备基本情况如下。① 设备名称：双盘摩擦压力机。② 规格型号：J53-300。③ 制造厂家：A 机械厂。④ 启用日期：2002年 8 月。⑤ 账面原值：180 000 元。⑥ 账面净值：100 000 元。

现委托某评估机构对该设备的价值进行评估，评估基准日为 2007 年 8 月 31 日。评估人员根据掌握的资料，经过调查分析，应该采用什么方法评估?

机器设备评估在资产评估业务中占有很大的比重。机器设备种类繁多、构成各异，评估对象的组成比较复杂，有若干评估价值类型可供选择，需要评估人员运用科学的评估理论和适用的方法给出有效的结论。

4.1 机器设备评估概述

4.1.1 机器设备的定义

在自然科学领域中，机器设备是指将机械能或非机械能转换成为便于人们利用的机械能，以及将机械能转换为某种非机械能，或利用机械能来做一定工作的装备或器具。

资产评估中所指的机器设备是广义的概念，除机器设备外，还包括人们根据声、光、电技术制造的电器设备、电子设备、仪器仪表等。作为评估对象的机器设备，包括单台设备以及为了实现特定的功能由若干独立单台设备组成的设备组合，如生产线、车间等。

4.1.2 机器设备的分类

机器设备种类繁多，分类方法十分复杂。按不同的分类方式，机器设备可以被分成不同的类别。在资产评估中，对机器设备一般按其资产属性分类，本节主要介绍固定资产管理中使用的国家分类标准和会计核算使用的分类标准。

1. 固定资产管理中使用的国家分类标准

目前，我国固定资产管理使用的是国家技术监督局 1994 年 1 月 24 日批准发布的《固定资产分类与代码》国家标准（GB/T 14885—1994）。该标准是出于清产核资的需要，以及国有资产管理的标准化、科学化、计算机化的需要，由国务院清产核资办公室和国家技术监督局联合编制的。该标准规定了固定资产的分类、代码及计算单位。适用的范围包括国内的企业、事业单位、社会团体、行政机关、军队和武警部队以及各级有关管理部门的固定资产管理、清查、登记、统计等工作。

标准是按资产的属性分类，并兼顾了行业管理的需要。包括了 10 个门类，其中 7 类为设备，另外还有土地、房屋及建筑物；图书、文物及陈列品；家具用具及其他等。标准采用等长度 6 位数字层次代码结构，共分四层，第一、第四层以两位阿拉伯数字表示，第二、第三层以一位阿拉伯数字表示，其代码结构如图 4-1 所示。

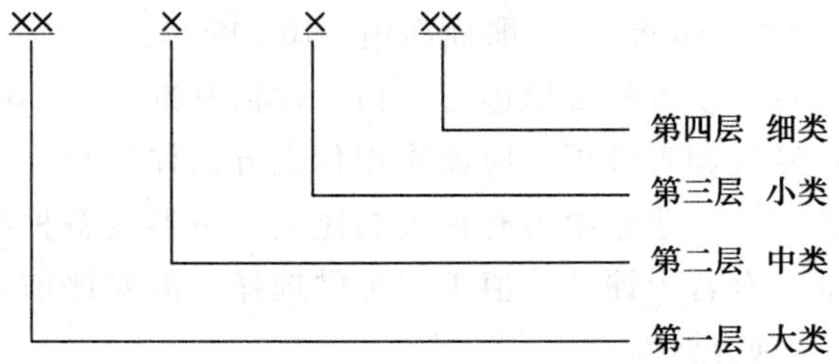

图 4-1 代码结构

在我国，目前国内大部分企业的固定资产管理已采用上述分类方法，由于被评估企业建账和资产管理的需要，评估机构提供的机器设备明细清单也必须符合上述分类要求，因此，这种分类方法是资产评估中使用的最基本的分类方法。

2. 会计核算中使用的分类

根据我国现行会计制度，机器设备按其使用性质分为六类。

（1）生产用机器设备，是指直接为生产经营服务的机器设备，包括生产工艺设备、辅助生产设备、动力能源设备等。

（2）非生产用机器设备，是指在企业所属的福利部门、教育部门等非生产部门使用的设备。

（3）租出机器设备，是指企业出租给其他单位使用的机器设备。

（4）未使用机器设备，是指企业尚未投入使用的新设备、库存的正常周转用设备、正在修理改造尚未投入使用的机器设备等。

（5）不需用机器设备，是指已不适合本单位使用，待处理的机器设备。

（6）融资租入机器设备，是指企业以融资租赁方式租入使用的机器设备。

4.1.3　机器设备的评估特点

机器设备单位价值大、使用年限长、流动性较差、工程技术性强、价值属性比较复杂，决定了机器设备评估呈现以下主要特点。

1. 以技术检测为基础

技术检测是判断机器设备技术含量的基本手段。一般来说，机器设备的工程技术性较强，其技术水平和技术层次的高低直接影响机器设备的取得价格或变现价格；同时，技术检测也直接关系到评估师对机器设备新旧程度的判断，这是决定机器设备价值高低的基本因素之一。因此，必要的技术检测是机器设备评估的基础。

2. 以单台、单件设备为评估对象

由于机器设备都是价值在一定金额以上的生产资料，在企业的生产经营中长期发挥作用，并在企业资产中占有很大的比重；同时，机器设备的规格型号较多，情况差异大。因此，为了保证评估的真实性和准确性，一般来说，应逐台、逐件进行评估。对于数量较多、单位价值相对较低的同类资产，可以在逐件、逐台核实数量的基础上，选择合理的分类方法，分别按不同的要求进行评估。

3. 多种评估方法并用

机器设备品种繁多、规格型号各异，且各类设备的单项价值、使用时间、性能等差别较大，因此，在评估实践中不可能采用单一方法，而应该针对不同的机器设备，选用不同的方法进行评估。即使是对同一设备，必要时也可选用几种不同的方法进行评估，以验证评估结果的准确程度。

4. 对被评估机器设备逐一鉴定

对机器设备进行评估时，各项设备的新旧程度、资产价值及性能可能会存在较大差别，这是由于机器设备的使用周期长、使用情况复杂造成的。为了确保机器设备评估结果的科学性和准确性，必须对被评估设备进行逐一鉴定。

5. 正确反映损耗补偿

由于机器设备的价值是逐渐转移到新产品价值中去的，且更新周期较长，因此，在评估中要做到计算准确，应按资产现值提取折旧，并以机器设备重估价值反映机器设备实际损耗的足额补偿。

6. 正确估算机器设备的贬值

机器设备的贬值因素比较复杂，除实体性贬值以外，往往还存在功能性贬值和经济性贬值。技术的更新换代，国家有关的能源、环保政策、市场经济的状况等都可能影响机器设备的评估值。

7. 正确测定机器设备寿命

机器设备的损耗不仅包括有形损耗，还包括无形损耗，因此，在评估中要认真搜集各种有关资料，对各种相关因素要考虑周全，以保证正确测定机器设备的物理寿命、技术寿命和经济寿命。

4.1.4 机器设备评估的程序

机器设备评估作为一个重要的专业评估领域，情况复杂、作业量大，在进行评估时，应分阶段、分步骤执行。通常情况下，机器设备评估大致经历以下几个阶段。

1. 接受委托阶段

当客户有意委托评估人员做某项机器设备资产的评估时，评估人员要向客户了解被评估资产的背景、现状、评估目的和评估报告的用途，以及该评估涉及的其他因素，这些都会影响整个评估过程和结果，进而影响评估服务的质量。

2. 评估准备阶段

评估人员及评估机构在签订了资产评估委托协议，明确了评估目的、评估对象和评估范围之后，就应着手做好评估的准备工作。评估准备阶段的主要任务是收集整理有关资料和数据。这些资料的取得，一方面可以从被评估单位获得，另一方面可以从有关部门、咨询机构搜集。

3. 现场工作阶段

现场工作阶段是机器设备评估工作一个非常重要的工作步骤。它要求评估人员进行现场实地勘察，核定待评估设备数量，并进行技术鉴定。

(1) 逐台（件）对待评估的机器设备进行清查核实。

首先是根据账面资料清查核实待评估的机器设备数量，确保账实相符，发现账实不符或产权界限不明确的资产，应及时上报并进行账务调整。在清核过程中，要明确评估对象是单台设备还是组合设备；要划清机器设备与低值易耗品、机器设备与不动产的界限。清查通常采用普查法。如果委托方的管理状况良好，且设备数量较大、单位价值较低，亦可采用重点清查、抽样检查等方式。清查工作一般由评估人员和企业有关人员共同完成。

(2) 适当划分类别，进行必要的鉴定。

对多项机器设备或企业整体设备进行评估，必须适当进行分类，评估人员可以根据评估的目的、报告的要求及评估的工程技术特点，将被评估设备按重要性划分为A、B、C三类：单位价值大的重要设备为A类；单位价值小且数量多的设备为C类；介于A类和C类之间的设备为B类。以便工作开展。

对机器设备进行必要的鉴定，主要是其适用性、可用度及主要技术参数。鉴定主要内容有：设备技术状况的鉴定、设备使用情况的鉴定、设备质量鉴定及设备磨损程度鉴定等。

4. 确定设备评估技术参数阶段

根据评估目的和评估项目对评估价值类型的要求，以及评估所选择的途径和方法，科学合理地确定评估所需的各类经济技术参数。

5. 评定估算及撰写评估报告

在完成上述工作后，通过科学的计算，得到评估结果，并撰写资产评估报告及评估说明。一般来说，机器设备评估中最常用的是成本法和市场法。评估人员应根据市场情况进行选择。由于机器设备收益比较难以确定，单台机器设备的评估几乎不会采用收益法，而具有独立获利能力的机组、成套设备，可以采用收益法进行评估。机器设备评估结果汇总表如表 4-1 所示。

表 4-1　机器设备评估结果汇总表

评估基准日：　　　　（单位：万元）

资产类别	账面价值	账面净值	调整后净值	重置价值	评估值	增加值	增加率
专用机器							
普通机器							
运输设备							
……							

6. 评估报告的审核和报送

评估报告完成后，要经过必要的审核，包括复核人的审核、项目负责人的审核和评估机构负责人的审核等，其主要目的是确认评估报告有无重大纰漏，再将评估报告送交委托方及相关部门。

4.2　成本法在机器设备评估中的应用

【引例 4-1】 被评估设备购建于 1999 年，账面价值为 100 000 元，2004 年进行技术改造，追加技改投资 50 000 元，2009 年对该设备进行评估。根据评估人员的调查、检查、对比分析，得到以下数据：(1) 1999 年至 2009 年每年的设备价格上升率为 10%；(2) 该设备的月人工成本比其替代设备高 1 000 元；(3) 被评估设备所在企业的正常投资报酬率为 10%，规模效益指数为 0.7，所得税税率为 33%；(4) 该设备在评估前使用期间的实际利用率仅为正常利用率的 50%，经技术检测，该设备尚可使用 5 年，在未来 5 年中，设备利用率能够达到设计要求。根据上述条件，如何估测该设备的有关参数和评估值。

对于上述评估项目，根据所提供的材料，我们应该选择成本法进行评估。那么怎样才能运用成本法客观准确地估算机器设备价格呢？下面我们来学习成本法在机器设备评估中的基本原理和计算公式。

机器设备的成本评估，是指通过估算全新设备的重置成本，减去设备的各种贬值（包括实体性贬值、功能性贬值、经济性贬值）以后确定机器设备价值的一种方法。在机器设备评估中，成本法是被普遍采用的一种方法。其计算公式如下：

机器设备评估值＝重置成本－实体性贬值－功能性贬值－经济性贬值 (4-1)

或： 机器设备评估值＝重置成本×综合成新率 (4-2)

其中：综合成新率＝1－［(实体性贬值＋功能性贬值＋经济性贬值）/重置成本］ (4-3)

由此可见，影响估价的基本因素是重置成本及各类贬值。

4.2.1 机器设备重置成本估算

重置成本又称重置成本全价，是指在取得具有与被评估机器设备相同或类似的全新机器设备时，按评估基准日的现时价格来计算所要花费的全部支出，其又可分为复原重置成本和更新重置成本。由于重置对象的不同，机器设备重置成本的构成内容也不相同。

1. 机器设备重置成本构成

(1) 国产外购设备。

外购设备的重置成本一般包括：

① 设备的现行购置成本，即设备的购买价；

② 设备的运杂费，一般是指从生产厂家运送到设备使用地点所发生的采购、运输、保管、装卸以及其他有关费用；小型设备的运杂费如果比较低，可以忽略不计；

③ 安装调试费，是指为测定安装工程质量所进行的单机试运转和联动无负荷试运转费；如果安装调试的周期比较长，费用较高，还必须考虑设备购置和安装调试所占用的资金成本。

原地续用的整体型机器设备的重置成本除上述构成内容外，一般还应包括一些间接费用，如勘察设计费、管理费、联合试运转费等。

(2) 国产自制设备。

自制设备的重置成本一般包括以下内容。

① 制造成本及相配比的期间费用。制造成本包含的项目比较多，除了直接材料和直接人工之外，还包括建设单位临时设施费（指建设期间建设单位所需临时设施的搭设、维修、摊销或租赁费)、工程监理费、工程保险费等，相配比的期间费用指的是应分摊的财

务费用和管理费用等。

② 大型设备的合理制造利润。

③ 其他必要的合理费用。例如勘察设计费、研究试验费等。

④ 安装调试费。

(3) 进口设备。

进口设备重置成本主要由三部分构成。

① 境外发生的成本。

● FOB 价，即离岸价。是指装运港船上交货的价格，卖方负责支付货物的出口税款，买方负责货物越过船舷之后的一切费用及风险。

● 境外运杂费。

● 境外保险费。

以上三项相加，就是进口设备的到岸价（CIF）。所谓到岸价，是指离岸价加上海运费和海运保险费的价格。卖方负责运输和保险，装船后的一切风险仍由买方负担。用公式表示为：

$$到岸价=离岸价+海运费+海运保险费 \tag{4-4}$$

② 设备的进口从属费用。

设备的进口从属费用包括如海外运费、海外保险费、进口关税、增值税、公司代理手续费、银行手续费、海关监管手续费及商检费等。

③ 境内发生的成本。

设备在境内发生的成本主要包括境内运杂费和安装调试费。

进口设备国内运杂费，是指从我国港口、机场、车站运送到设备使用地点所发生的港口费、运输、保管、装卸及国内运输保险等费用。

安装调试费有时包含在设备的价款中，不必另计。

2. 设备现行购置成本的估算方法

(1) 直接法。

对于目前市场上仍在生产和销售的机械设备，通常以市场价为基础来确定其重置成本。

由于评估人员通过各种渠道获得的市场价格信息，可能与现有设备的真实价格存在一定的差异，所以只有在考虑下列各种因素，进行具体分析后方可使用。

① 市场价格的多样性。根据替代性原则，在同等条件下，评估人员应选择可能获得的最低售价。

② 报价与成交价的差异。对一些特殊的、大型的机械设备，市场资料很难获得，市场透明度较差，生产厂家的报价和实际成交价往往存在较大的差异。这时就应向近期购买

该厂同类产品的其他客户了解实际成交价，以剔除报价水分。

③ 折扣因素。设备销售商对大批量的购买者会给予一定的折扣，因此评估人员应当注意折扣因素对重置成本的影响。

④ 替代产品与评估对象品质、性能的差别。由于一些老、旧机械设备，其制造厂家可能早已停产或关闭，往往无法查到现行市场价格。对于该类设备，可以使用其替代产品的现行市场价格作为其更新重置成本（若新、老设备存在性能、技术、材料方面的差异，评估人员要对价格做出相应的调整）。

【案例 4-1】 某机床按现行市场价购置，每台为 60 000 元，运杂费为 700 元，安装调试中领用原材料 400 元，发生人工费 600 元。则该机床的重置成本为：

$$60\,000+700+400+600=61\,700（元）$$

【案例 4-2】 2002 年底评估某合资企业的一台进口气流纺机。该机 1999 年从德国进口，进口合同中的 FOB 价格是 20 万马克。评估人员通过德国有关纺机厂商在国内的代理机构向德国生产厂家进行了询价，了解到当时德国已不再生产该型号的气流纺机，其替代产品是全面采用计算机控制的新型纺机，新型纺机的现行 FOB 报价为 35 万马克。

【评估过程】

针对上述情况，评估人员经与有关纺机专家共同分析研究新型纺机与被评估纺机在技术性能上的差别及其对价格的影响。最后认为，按照通常情况，实际成交价应为报价的 70%～90%左右。故按德方 FOB 报价的 80%作为 FOB 成交价。针对新型纺机在技术性能上优于被评估的气流纺机，估测被评估气流纺机的现行 FOB 价格约为新型纺机的 70%，30%的折扣主要是功能落后造成的。评估基准日德国马克对美元的汇率为 1.7∶1，人民币对美元的汇率为 5.8∶1。境外运杂费按 FOB 价格的 5%计，保险费按 FOB 价格的 0.5%计，关税与增值税因为符合合资企业的优惠条件，予以免征。银行手续费按 CIF 价格的 0.8%计算，国内运杂费按（CIF 价格＋银行手续费）的 3%计算，安装调试费包含在设备价款中，不必另付。由于安装调试周期较短，故无须考虑利息因素。

根据上述分析及数据资料，被评估气流纺机的重置成本计算过程如下：

FOB 价格＝35×80%×70%＝19.6（万马克）

FOB 价格＝19.6×1.7≈11.53（万美元）

境外运杂费＝11.53×5%≈0.58（万美元）

境外保险费＝11.53×0.5%≈0.058（万美元）

CIF 价格＝FOB 价格＋运杂费＋保险费＝12.168（万美元）

银行手续费＝12.168×0.8%≈0.097（万美元）

国内运杂费＝（12.168＋0.097）×3%≈0.368（万美元）

气流纺机重置成本＝12.168＋0.097＋0.368＝12.633（万美元）＝73.271（万元）

(2) 物价指数法。

对于一些难以直接取得现行市场价格的机器设备，可以采用物价指数法、功能重置成本法、重置核算法等间接方法计算重置成本。

物价指数法是以设备的原始购买价格为基础，根据同类设备的价格上涨指数，来确定机器设备净价。物价指数法具体可分为定基物价指数法和环比物价指数法。

① 定基物价指数法。

定基物价指数是以固定时期为基期的指数，通常用百分比来表示。以100%为基础，当物价指数大于100%，表明物价上涨；物价指数在100%以下，表明物价下跌。数学表达式为：

$$P=Z\times\left(\frac{f_p}{f_0}\right) \tag{4-5}$$

式中，P 为设备重置成本；Z 为设备历史成本（账面原值）；f_p 为当前年份的定基物价指数；f_0 为资产购建年份的定基物价指数。

② 环比物价指数法。

环比物价指数是以上期为基期的指数。如果环比期以年为单位，则环比物价指数表示该类产品当年比上年的价格变动幅度。通常也用百分比表示。用环比物价指数计算设备重置成本的表达式为：

$$P=Z\times\ (f_1^0\cdot f_2^1\cdot f_3^2\cdot\cdots\cdot f_n^{n-1}) \tag{4-6}$$

式中，f_n^{n-1} 表示第 n 年对 $n-1$ 年的环比物价指数。

【案例 4-3】 某设备2003年购置，账面成本为56000元，2008年定基物价指数为110%，2003年定基物价指数为108%，试计算该设备2008年重置成本。

该设备2008年重置成本＝56000×110%/108%＝57037.04（元）

【案例 4-4】 某设备2005年账面成本为80000元，2006—2008年的各年环比指数分别为101%，103.5%，102%，试计算该设备2008年的重置成本。

该设备2008年的重置成本＝80000×101%×103.5%×102%＝85300.56（元）

物价指数法对于一些难以获得市场价格的机械设备而言，是比较简便易行的。在使用时应注意以下几个问题。

第一，公式中使用的物价指数一般为分类产品物价指数（应避免使用综合物价指数），它反映的是某一类设备综合的物价变化程度，而不是个别设备的价格变化。因此，使用该方法计算重置成本，若具体到单台设备，结果可能是不准确的；但如果评估的该类设备数量越多，样本数量越大，整体误差将越小。因此，评估人员应慎重使用物价指数法。

第二，设备的原始成本是计算重置成本的基础，评估人员应注意审查原始成本的真实性。

第三，企业账面的设备原始成本一般还包括运杂费、安装费、基础费及其他费用，这些费用的物价变化指数与设备价格变化指数往往是不相同的，应分别计算。

第四，采用物价指数法计算进口设备的重置成本，要区分设备原值中用外汇支付的部分与人民币支付的部分，分别使用设备生产国（即出口国）的分类物价指数及国内有关的物价变动指数。

第五，物价指数法只能用于确定设备的复原重置成本，不能用于确定更新重置成本。在使用时应注意考虑设备的功能性贬值。特别是对于已经使用了很长时间的设备，由于技术进步的原因，复原重置成本和更新重置成本的差异会较大。

（3）重置核算法。

重置核算法是分别测算机器设备的各项成本费用并将这些费用累计相加来确定设备的重置成本。该方法常用于确定非标准、自制设备本体重置成本的方法。

机器设备的各项成本费用包括生产成本、销售费用、利润和税金等。

【案例 4-5】 对某企业一台自制设备进行评估，经核查企业提供的账目得知，该自制设备有关料、工、费等成本要素的核算资料如表 4-2、4-3 所示。

表 4-2 制造费用核算表

料、工、费消耗	数量	单价（元）	金额（元）
钢材消耗	24 吨	1 250	30 000
铸铁消耗	25 吨	400	10 000
外协件	10 吨	2 000	20 000
工时消耗	5 000 定额工时	4	20 000
车间经费和企业管理费		2	10 000
合计			90 000

表 4-3 安装调试费用核算表

料、工、费消耗	数量	单价（元）	金额（元）
水泥消耗	8 吨	250	2 000
钢材消耗	4 吨	1 250	5 000
工时消耗	500 定额工时	2	2 000
车间经费和企业管理费		2	1 000
合计		2	10 000

经评估人员市场调查和测算，现行使用单价，钢材为 1 550 元，铸铁为 580 元，外协件为 2 400 元；每定额工时成本为 6 元，每定额工时分摊车间经费和企业管理费为 2.50 元。根据现价和费用标准，以及该自制设备原自制和安装调试的量耗资料重置成本计算如下：

① 制造费用＝24×1 550＋25×580＋10×2 400＋5 000×6＋5 000×2.5
＝37 200＋14 500＋24 000＋30 000＋12 500
＝118 200（元）

② 安装调试费＝8×300＋4×1 550＋500×6＋500×2.5
＝2 400＋6 200＋3 000＋1 250
＝12 850（元）

③ 经调查分析，该自制设备建造及安装的期间较短，故本次评估不考虑资金成本；该类设备制造企业的平均利润率按10%计算，则：

制造利润＝118 200×10%＝11 820（元）

④ 被评估设备重置成本＝118 200＋12 850＋11 820＝142 870（元）

（4）综合估价法。

综合估价法是根据设备的主材费用和主要外购件费用与设备成本费用存在的一定的比例关系，通过确定设备的主材费用和主要外购件费用，计算出设备的完全制造成本，并考虑企业利润、税金和设计费用，来确定设备的重置成本。其计算公式为：

设备重置成本＝（主材费用/不含外购件的成本主材费率＋主要外购件费用）×
（1＋成本利润率）×（1＋综合税率）×
（1＋非标设备设计费率/非标准设备生产量）　　(4-7)

其中，主材费用＝主材净耗费÷主材费利用率

销售税金一般包括增值税、营业税及相应的城市维护建设税和教育费附加。

公式中的主材费用和主要外购件费用均不含增值税。

【案例4-6】 某非标准三室清洗机，其主材（钢材）的净消耗量为3.8吨。估价时，该主材不含税的市场价格为3800元/吨，设备所需主要外购件（泵、阀、风机等）不含税的市场价格合计为21470元。教育附加费率为3%，销售税费率经计算后取17%。若主材利用率为90%，成本主材费率为47%，成本利润率取16%，设计费率取15%，产量2台。请用重置核算法估算该非标设备的重置成本。

主材费＝（3.8 /90%）×3 800 ＝16 044（元）

设备重置成本＝（16 044÷47%＋21 470）×（1＋18.7%）×
（1＋ 15%÷2）×（1＋16%）
＝82 307（元）

（5）类比估价法。

类比估价法也称指数估价法。对于某些特定的设备，如化工设备、石油设备等，设备的重置成本变化与生产能力变化呈某种指数关系。数学表达式为：

$$P=\left(\frac{G}{G_c}\right)^x \times P_c \tag{4-8}$$

式中，P 为被评估设备的重置成本；P_C 为参照设备的价格；G 为被评估设备的生产能力；G_C 为参照设备的生产能力；x 为规模经济效益指数。

规模经济效益指数 x 是一个重要参数。目前，我国缺乏这方面的统计资料。国外参考资料介绍 x 的取值一般在 0.4～1.2 之间。使用该方法时，要通过对同类设备价格资料进行分析测算出 x 值。当 $x=1$ 时，被评估的机器设备的价格与生产能力呈线性关系；若 $x>1$,则设备的价格上涨速度大于设备生产能力上涨速度；若 $x<1$，则设备的价格上涨速度小于设备生产能力上涨速度。

上述非标准设备的重置成本并未包括运杂费和安装调试费，评估时可根据实际情况判断是否需要计算运杂费和安装调试费。

(6) 点面推算法。

点面推算法是按统计规律，选择一定数量的评估对象进行较精确的评估，确定其重置成本，再推算某类或总体资产的重置成本。

被评估设备的重置成本＝某类资产账面原始成本×K

其中：

$$\text{调整系数 } K=\frac{R'}{R} \tag{4-9}$$

R' 为某类抽样设备重置成本

R 为某类抽样设备原始成本

【案例 4-7】 某企业机器设备账面原始总成本为 3 200 000 元，抽样选取 10 台代表设备的账面原始总成本为 600 000 万元，其评估重置成本为 420 000 元，计算该企业总体设备重置成本。

调整系数

$$K=\frac{420\,000}{600\,000}=0.7$$

$$\text{企业总体设备重置成本}=3\,200\,000\times 0.7=2\,240\,000\text{（元）}$$

3. 设备的运杂费、安装费、基础费等费用的确定

被评估设备的运杂费一般可以通过向有关运输部门查询得到。

对于设备的基础费、安装费，评估人员可通过逐项估算基础和安装工程的人工费、材料费、机械费来确定。

对于一些大型工业企业，由于设备数量较多，为了提高工作效率，评估人员可按设备购置的一定比例来计算设备的运杂费、基础费、安装费。

对于整体性机械设备，重置成本可能还包括其他费用。其中，建设单位管理费可按建设投资额的一定比例计算，工程监理费、勘察设计费、工程保险费按规定标准计算。由于上述费用对应的是整个工程项目，因此，评估时一般按设备购置价的一定比例摊入每台

设备。

4. 进口设备从属费用的确定

进口设备到我国港口后，要交纳关税、增值税、消费税、外贸手续费、银行手续费及商检费。关税、增值税及消费税的税率视进口货物的性质、品种不同，按海关手册所规定的税率交税。外贸手续费一般为到岸价（CIF）的 1%～1.8%（常用 1.2%～1.5%）；银行手续费一般为离岸价（FOB）的 0.4%～0.5%；商检费为到岸价（CIF）的 0.3%。

进口设备从属费用的计算公式如下：

海运费＝货价×海运费率　(4-10)

国外运输保险费＝（货价＋海运费）×保险费率　(4-11)

关税＝到岸价×关税税率　(4-12)

消费税＝组成计税价格×消费税税率　(4-13)

＝（关税完税价＋关税）÷（1－消费税税率）×消费税税率增值税　(4-14)

＝（关税完税价＋关税＋消费税）×增值税税率　(4-15)

银行财务费用＝货价×费率　(4-16)

外贸手续费＝到岸价×外贸手续费率　(4-17)

海关监管手续费仅对减税、免税、保税货物征收。

对于免税设备：

海关监管手续费＝到岸价人民币数× 费率　(4-18)

对于减税设备：

海关监管手续费＝到岸价人民币数×费率×减税百分率　(4-19)

车辆购置附加费＝（到岸价人民币数＋关税＋消费税＋增值税）×费率　(4-20)

【案例 4-8】 某进口设备 FOB 价为 1 200 000 美元，关税率为 16%，增值税率为 17%，银行财务费率为 0.4%，公司代理费率为 1%，国内运杂费率为 1%，安装费率为 0.6%，基础费率为 1.7%，美元汇率为 8.3%。设备从订货到安装完毕投入使用需要 2 年时间，第 1 年投入的资金比例为 30%，第 2 年投入的资金比例为 70%，假设每年的资金投入是均匀的，银行贷款年利率为 5%，试计算该设备的重置成本。

【评估过程】

该设备的重置成本包括以下各项。

(1) 设备的货价为 FOB 价：1 200 000 美元。

(2) 海外运输费＝FOB 价×海运费率

海运费率远洋一般取 5%～8%，近洋一般取 3%～4%，本项目取 5%；

海外运输费＝1 200 000×5%＝60 000（美元）

(3) 海运保险费＝（取费基数×保险费率）/（1－保险费率）

取费基数=货价（FOB 价）+海外运输费

保险费率根据保险公司的费率表确定，一般取 0.4%左右。

海运保险费=（1200000+60000）×0.4%+（1−0.4%）=5060.2（美元）

（4）到岸价（CIF）=［（1）+（2）+（3）］×汇率

=（1 200 000+60 000+5060.2）×8.3

= 10 500 000（元）

（5）关税=到岸价（CIF）×关税税率= 10 500 000×16% =1 680 000（元）

（6）增值税=（CIF 价+关税+消费税）×增值税率

=（10 500 000+ 1 680 000）×17%=2 070 600（元）

（7）银行财务费用=FOB 价×银行财务费率

= 1 200 000×8.3×0.4% = 39 840（元）

（8）公司代理手续费（外贸手续费）=CIF 价×外贸手续费率

= 10 500 000×1%= 105 000（元）

（9）国内运杂费=CIF 价×运杂费率

= 10 500 000×1%= 105 000（元）

（10）安装费=CIF 价×安装费率

= 10 500 000×0.6 = 63 000（元）

（11）基础费=CIF 价×基础费率

= 10 500 000×1.7% =178 500（元）

（12）使用资金合计=（4）+（5）+（6）+（7）+（8）+（9）+（10）+（11）

= 14 741 940（元）

（13）资金成本

第一年使用资金为 30%，第二年使用资金为 70%，因每年的资金是均匀投入，故第一年投入资金计息时间为 1.5 年，第二年计息时间为 0.5 年，银行贷款利息为：

银行贷款利息=（14 741 940×30%×5%×1.5）+（14 741 940 ×70%×5%×0.5）

=589 678（元）

设备的重置成本=（12）+（13）=14 741 940+589 678=15 331 618（元）

4.2.2 机器设备各种贬值的估算

一项资产随着时间的变化，会产生自然形态的损耗、功能的落后或衰退、利用的充分程度降低等情况，从而导致其价值的降低。进行资产评估时，必须充分考虑这些因素对资产价值的影响，并从重建成本或重置成本中予以扣减。机器设备的贬值分为三种类型，即实体性贬值、功能性贬值和经济性贬值。

1. 实体性贬值

实体性贬值是指机械设备投入使用后，由于使用磨损和自然力的作用，导致其物理性能不断下降而引起的价值减少，又称有形损耗，为物理性贬值。机器设备产生有形磨损有两个原因。一是设备在使用过程中零件或部件产生损耗、疲劳等破坏，几何尺寸发生变化，精度降低，疲劳寿命缩短。这种磨损与设备在使用过程中的工作负荷、工作条件、维修保养等状况有关。二是设备在闲置过程中受自然条件影响也会出现腐蚀、老化、生锈、变质等现象。这种磨损与设备存放的时间、环境等条件有关。衡量机器设备实体性贬值的程度可以用实体性贬值率或实体性成新率来表示。

在设备的整个寿命期间，开始时实体性贬值为零，报废时如果没有残值，则实体性贬值为100%，其余时间设备的实体性贬值在0～100%之间。由于机械设备的各种损耗机理较为复杂，所以评估时主要依靠其工作环境、工作量和工作时间，以及维护修理的状况来估算设备的实体性贬值。实体性贬值一般是通过估测设备的实体性贬值率进行计量，其计算公式为：

实体性贬值＝设备重置成本×实体性贬值率　(4-21)

如果不考虑设备的功能性贬值和经济性贬值，则机械设备评估值的计算公式为：

评估值＝设备重置成本－设备重置成本×实体性贬值率　(4-22)

＝设备重置成本×（1－实体性贬值率）　(4-23)

＝设备重置成本×成新率　(4-24)

从上式可以看出，计算设备的实体性贬值，主要在于估算出设备的成新率。设备的成新率是指被评估设备的全新程度，是有形损耗的相反面。

成新率＝ 1－实体性贬值率　(4-25)

成新率的估算一般可以采用以下几种方法。

（1）观察分析法。

观察分析法是指通过观察被评估机械设备的运转状况、整体状态，综合分析其设计、制造、使用、磨损、维护、修理、大修理、改造等情况和物理寿命等因素，并与全新设备进行对比，逐项评分后得出一个总分值（成新率），作为对评估设备实体性贬值的一种判断方法。

在采用观察分析法评估时，要观察和收集的相关信息有设备的现时技术状态、设备的已使用时间、设备的正常负荷率、设备的原始制造质量、设备的维修保养状况、设备重大故障（事故）经历、设备大修和技改情况、设备工作环境和条件、设备的外观和完整性等。如果要将这些信息转换成实体性贬值率，可以参考表4-4所示内容。

表 4-4 机器设备实体性贬值率评估参考表

设备分类	状态说明	实体性贬值率（%）	成新率（%）
新设备及使用不久的设备	全新或刚使用不久的设备，在用状态良好，能按设计要求正常使用，无异常现象	0～10	100～90
较新设备	已使用一年以上或经过第一次大修恢复原设计性能后使用不久的设备，在用状态良好，未出现过较大故障	11～35	89～65
半新设备	已使用两年以上或大修后已使用一段时间的设备，在用状态较好，基本上能达到设备设计要求，能满足工艺要求，需经常维修以保证正常使用	36～60	64～40
旧设备	已使用较长时间或几经大修，目前仍能维持使用的设备，在用状态一般，性能明显下降，使用中故障较多，经维护仍能满足工艺要求，可以安全使用	61～85	39～15
报废待处理设备	已超过规定使用年限或性能严重劣化，目前已不能正常使用或停用，即将报废	86～100	14～0

除此之外，在实际判断机械设备实体性贬值率时，评估人员还应与操作人员、维修人员、设备管理人员进行沟通，听取他们的介绍和评价，加深对设备的了解。在可能的范围之内，尽量做好调查研究是估计设备实体性贬值的关键环节。对重要的、精密的、专业性很强的设备，应该聘请专家，运用他们多年积累的经验，听取他们的意见，使估计的结果更准确。同时还应将实体性贬值与功能性贬值和经济性贬值相区别，以免重复计算。

（2）比率法。

比率法是根据对某一台设备的使用情况或寿命进行分析，确定设备已完成的工作量（或已使用年限）和还能完成的工作量（或尚可使用年限），通过计算比率，进而估算设备实体性贬值率的一种方法。

在实际操作过程中，比率法又可分为以下两种方法。

① 工作量比率法。由于机械设备的使用情况和实体性贬值有着密切的关系，所以设备的实体性贬值率的计算如下：

$$\text{设备实体性贬值率}=\frac{\text{已完成工作量}}{\text{已完成工作量}+\text{尚可完成工作量}} \tag{4-26}$$

【案例 4-9】 某设备预计可生产产品 10 万件，现在已生产 4 万件，则：该设备的实体性贬值率＝（40 000÷100 000）×100％ ＝25％

如果该设备已生产了 100 000，但因为维护较好或因为进行过大修理，各种损耗已得到补偿，预计还可再生产 20 000 件，则其实体性贬值率为：

$$实体性贬值率=100\,000\div(100\,000\div20\,000)\times100\%=83.33\%$$

如果被评估机械设备属运输车辆，已完成工作量和尚可完成工作量可采用已行驶公里数和尚可行驶公里数替代计算。

② 使用年限法。如果工作量法中的计算单位是时间，且是用“年”表示的，则设备的实体性贬值率和成新率的估算公式为：

$$实体性贬值率=\frac{实际已使用年限}{实际已使用年限+尚可使用年限}\times100\% \tag{4-27}$$

$$成新率=\frac{尚可使用年限}{实际已使用年限+尚可使用年限}\times100\% \tag{4-28}$$

综合上述计算公式可以看出，使用年限法的核心是如何计算设备的总使用年限、已使用年限和尚可使用年限。其中，设备的已使用年限与尚可使用年限之和等于总使用年限。因此只要确定了三个指标中的任意两项，即可计算设备的实体性贬值率或成新率。

第一，总使用年限。总使用年限。机械设备的总使用年限，即其使用寿命。机械设备的寿命是指从开始使用到淘汰的整个过程。导致设备淘汰的原因，可能是自然磨损使得设备不能正常工作（有形损耗），或技术进步使得设备功能落后，或经济上不合算等（无形损耗）。因此，设备的寿命可分为物理寿命、技术寿命和经济寿命。物理寿命是指机器设备从全新状态开始使用，直到不能正常工作而予以报废所经历的时间。物理寿命的长短取决于机器设备制造质量、使用强度、使用环境、保养和维护情况。技术寿命是指机器设备从开始使用到技术过时予以淘汰所经历的时间，技术寿命很大程度上取决于社会技术进步和技术更新的速度和周期。经济寿命是指机器设备从开始使用到经济上不合算而停止使用所经历的时间。所谓经济上不合算，即使用该设备收益小于支出。机器设备的经济寿命不但受机器本身的物理性能、技术进步速度、机器设备的使用情况的影响，而且还与原始投资成本、维护使用费以及外部经济环境变化等都有直接联系。国际上资产评估行业普遍首选经济寿命作为其总使用年限，由于测算经济寿命是很困难的，所以在保证确定机器设备评估值的各项参数前后一致、相互匹配的前提下，使用机器设备的物理寿命和技术寿命作为机器设备总使用年限也是可以的。

还有要注意的是：应计折旧年限与设备的总使用年限具有本质不同，评估人员不可以在评估中直接使用会计折旧年限作为机器设备的总使用年限。

第二，已使用年限。它只指机器设备从开始使用到评估基准日所经历的时间。这项指标比较容易确定，因为每个企业机器设备的购入、使用情况都有较为完整的记录，当然，记录的名义使用年限往往与实际损耗有一定的差异，这就要求将名义已使用年限调整为实际已使用年限。其计算公式为：

$$实际已使用年限=名义已使用年限\times设备利用率 \tag{4-29}$$

设备利用率是指设备实际利用时间与额定工作时间的比值：

$$设备利用率=\frac{截止评估基准日累计利用时间}{截止评估基准日额定工作时间} \tag{4-30}$$

上式考虑了机器设备的实际运作。显然，一个每天三班运转的机器设备比每天运转 8 小时的设备磨损要快得多，其实际使用年限也应加倍计算。反之，对开工不足的设备要减少其使用年限。

如果机器设备在使用过程中，曾多次追加投资更新改造，就会延长设备的寿命或缩减已使用年限。此时可以各次投资的重置全价为权数，对多次投资后的"已使用年限"进行加权平均，确定等效的已使用年限。

$$加权投资年限=\sum(复原或更新重置成本\times投资后设备的已使用年限)\div\sum复原或更新重置成本 \tag{4-31}$$

$$实体性贬值率=\frac{加权投资年限}{加权投资年限+尚可使用年限}\times100\% \tag{4-32}$$

$$成新率=\frac{尚可使用年限}{加权投资年限+尚可使用年限}\times100\% \tag{4-33}$$

【案例 4-10】 信达实业公司于 1998 年购建了一套生产线，账面原值为 500 000 元，2002 年和 2003 年进行了两次更新改造，当时投资分别为 70 000 和 15 000 元。2004 年由于上市需要，委托某评估机构对该生产线进行评估，假设从 1998～2004 年每年的价格指数上升率为 2%，该生产线的剩余使用寿命经检测和鉴定为 8 年，试求该生产线的成新率。

【评估过程】

采用价格指数调整法求取重置成本：

$$1998\text{ 年投资的重置成本}=500\,000\times(1+2\%)^6=563\,081\text{（元）}$$

$$2000\text{ 年投资的重置成本}=70\,000\times(1+2\%)^4=75\,770\text{（元）}$$

$$2003\text{ 年投资的重置成本}=15\,000\times(1+2\%)=15\,300\text{（元）}$$

$$加权投资成本=\frac{563\,081\times6+75\,770\times4+15\,300\times1}{563\,081+75\,770+15\,300}=5.65\text{（年）}$$

$$成新率=\frac{8}{5.65+8}\times100\%=58.61\%$$

第三，尚可使用年限。机器设备的尚可使用年限是指机器设备的剩余使用寿命。确定尚可使用年限时，可以采用技术鉴定法，通过对设备的技术监测和专业的技术鉴定，确定其尚可使用物理年限，结合被评估设备尚可使用技术年限和尚可使用经济年限来最终确定机器设备的尚可使用年限。应该注意的是，对于国家明文规定限期淘汰、禁止超期使用的设备，如压力容器、运输车辆、严重污染环境、高能耗等设备，其尚可使用年限不能超过国家规定禁止使用的日期，而不论设备现时技术状态如何。

此外，还可以使用寿命年限平均法。该方法是根据企业已退役的机器设备使用寿命年限的记录，按加权平均法确定机器设备的平均寿命年限，并以此作为被评估机器设备的总寿命年限，扣除已使用年限后即得尚可使用年限。该方法的运用前提是企业机器设备报废资料记录比较完整，且具有一定数量；企业的机器设备使用保养情况正常，或被评估对象与退役的机器设备使用情况、维修保养情况以及运行环境状况基本相同；被评估机器设备与退役的机器设备类型、规格型号、制造质量等方面基本相同。

【案例 4-11】 评估企业一台普通金属切削机床的成新率，该机床已使用年限为 5 年。查阅近 3 年设备退役记录，共报废该类机床 8 台，其中使用寿命 13 年的 1 台，使用寿命 15 年的 2 台，使用寿命 16 年的 3 台，使用寿命 17 年和 20 年的各 1 台。

【评估过程】

被评估设备与退役设备的使用情况、维修保养情况及运行环境状况基本相同，则该类设备的平均使用寿命为：

$$13\times\frac{1}{8}+15\times\frac{2}{8}+16\times\frac{3}{8}+17\times\frac{1}{8}+20\times\frac{1}{8}=16\text{（年）}$$

$$\text{尚可使用年限}=16-5=11\text{（年）}$$

$$\text{成新率}=\frac{11}{16}\times100\%=68.75\%$$

(3) 修复费用法。

修复费用法是按修复磨损部件所需开支来确定有形损耗的一种方法。它是以修复机器设备的实体性贬值使之达到全新状态所需要支出的金额，作为估测被修复机器设备实体性贬值的一种方法。这种方法的使用前提是设备实体性贬值是可补偿的，用于修复实体性贬值的费用就是设备的实体性贬值。

使用修复费用法评估人员要注意区分可补偿性损耗和不可补偿性损耗。这里所说的可补偿性损耗，是指可以用经济上可行的方法修复的损耗。这些损耗尽管可以修复，但从经济上讲不划算。对这种损耗不可用修复费用法来测定损耗。

对于大多数情况，设备的可修复损耗和不可修复损耗是并存的，评估人员应灵活应用各种方法来估算它们的贬值。

$$\text{成新率}=1-\frac{\text{设备修复费用}}{\text{设备重置成本}} \tag{4-34}$$

【案例 4-12】 一台数控折边机，重置成本为 150 万元，已使用 2 年，其经济寿命约 20 年，现该机器数控系统损坏，估计修复费用约 2 万美元（折合人民币 16.5 万元），其他部分工作正常。

【评估过程】

该设备存在可修复性损耗和不可修复性损耗，数控系统损坏是可修复损耗，我们用修复费用法计算其贬值额；此外，该机器运行 2 年，我们用使用年限法来确定由此引起的实体性贬值。计算过程如下。

① 该设备重置成本： 150 万元

② 可修复性损耗引起的贬值： 16.5 万元

③ 不可修复性损耗引起的贬值：(150－16.5) ×2÷20＝13.35（万元）

④ 实体性贬值： 16.5＋13.35＝29.85（万元）

⑤ 贬值率： 29.85÷150＝19.9％

2. 功能性贬值

机器设备的功能性贬值是由于新技术发展的结果导致资产价值的贬损。它包括两个方面：一是超额投资成本造成的功能性贬值。主要是由于新技术引起的布局、设计、材料、产品工艺、制造方法、设备规格和配置等方面的变化和改进，使购建新设备比老设备的投资成本降低；二是超额运营成本造成的功能性贬值。主要是由于技术进步，使原有设备与新式设备相比功能落后，运营成本增加。

估测机器设备的功能性贬值，首先应该对已经确定的重置成本和成新率（实体性贬值）进行分析，看其是否已经扣除了功能性贬值的因素，如采用价格指数法确定的设备重置成本中包含有功能性贬值因素，采用功能价值法确定的设备重置成本就已经扣除了功能性贬值。再如采用使用年限法确定成新率，没有扣除功能性贬值因素，而是采用修复费用法可以扣除全部或部分功能性贬值。因此，机器设备的重置成本和成新率确定后，并不是要匆忙地进行功能性贬值的评估，而是要对重置成本和成新率进行分析，如果已经扣除了功能性贬值，就不要重复计算，如果未扣除功能性贬值，并且功能性贬值存在，则应采取相应的方法估测，其不可漏评。

(1) 超额投资成本造成的功能性贬值的估算。

由于超额投资成本造成的功能性贬值表现为新设备的购建成本比老设备便宜，因此功能性贬值就等于设备的复原重置成本与更新重置成本之间的差额，即：

$$功能性贬值＝设备复原重置成本－设备更新重置成本 \quad (4\text{-}35)$$

在评估操作中应注意的是，如果估测的重置成本是更新重置成本，实际就已经将被评估设备价值中所包含的超额投资成本部分剔除掉了，而不必再去刻意寻找设备的复原重置成本，然后再减掉设备的更新重置成本得到设备的超额投资成本。因此，选择重置成本时，在同时可得复原重置成本和更新重置成本情况下，应选用更新重置成本。当然也存在更新重置成本超过复原重置成本的可能性，这种情况往往是新设备功能更先进，运营成本降低而使老设备额外贬值。

(2) 超额运营成本造成的功能性贬值的测算。

超额运营成本造成的功能性贬值与实体资产的任何有形损耗均无关联，它是由于技术的发展所引起的发生在设备现场的一种贬值。它很容易出现在下列场合。

① 使用高技术设备和制造高技术产品的工业企业。

② 新兴产业。

③ 长期以来不断扩大规模的老企业。

④ 拥有大量相同设备的企业。

⑤ 拥有一些开工不足或闲置设备的企业。

⑥ 加工处理大量材料的企业。

超额运营成本造成的功能性贬值可采用未来超额运营成本净额折现法估测，具体步骤如下。

① 对被评估设备的运营报告和生产统计进行分析。重点分析以下几个方面：操作人员数量；维修保养人员数量和材料；能源和水电消耗和产量。

② 选择参照物，核定参照物与被评估对象在产量、成本方面的差异，并将参照物的年操作运营成本与被评估对象的年操作运营成本比较，计算被评估对象的年超额运营成本。

③ 将年超额运营成本扣减采用新设备生产的新增利润应缴的所得税，得到被评估设备的年净超额运营成本。

④ 估测被评估设备的剩余寿命。

⑤ 选择合适的折现率，把整个剩余寿命期间的各年度净超额运营成本折成现值，其现值和就是功能性贬值额。

【案例 4-13】 对某炼油厂的一个锅炉进行评估。该锅炉正常运转需 7 名操作人员，每名操作人员年工资及福利费约 9 600 元，锅炉的年耗电量为 10 万千瓦时，目前相同能力的新式锅炉只需 4 个人操作，年耗电量为 7.5 万千瓦时，电的价格为 1.2 元/千瓦时，被评估锅炉的尚可使用年限为 8 年，所得税税率为 33%，适用的折现率为 10%。根据上述数据资料，被评估锅炉的功能性贬值估测如下。

① 被评估锅炉的年超额运营成本为：

$$(7-4)\times 9\,600+(100\,000-75\,000)\times 1.2=58\,800\text{（元）}$$

② 被评估锅炉的年净差额运营成本为：

$$58\,800\times(1-33\%)=39\,396\text{（元）}$$

③ 对评估锅炉在剩余寿命年限内的功能性贬值额为：

$$39\,396\times(P/A,10\%,8)=39\,396\times 5.3349=20\,998\text{（元）}$$

3. 经济性贬值

经济性贬值是因外界因素影响而引起的资产贬值。引起经济性贬值的原因很多，主要有下面几个：一是由于市场竞争对手的增加，产品需求减少，导致设备开工不足，生产能力相对过剩；二是原材料、能源价格上升，工资或管理费用增加，而生产的产品售价没有相应提高；三是经济处于紧缩阶段；四是国家相关的法律、法规使产品生产成本提高或者使设备强制报废，缩短了设备的正常使用寿命；五是通货膨胀，等等。不同情况下，机器设备的经济性贬值的测算方法也有所不同，下面分别进行阐述。

(1) 因生产能力降低造成的经济性贬值的测算。

当个别或一组机器设备因外部因素影响出现开工不足，使设备的实际生产能力显著低于其额定或设计能力时，它的价值也就低于能充分利用时的价值，可称其为能力经济性贬值。这种差别可以用经济性贬值率来表示，其公式如下：

$$\text{经济性贬值率}=\left[1-\left(\frac{\text{实际生产能力}}{\text{额定生产能力}}\right)^{x}\right]\times 100\% \tag{4-36}$$

公式其实就是由前面已讨论过的规模经济效益指数法公式演变形成的，其中指数 x 因设备种类不同而有所区别。规模效益指数的取值范围为 0.4 ～1，在机器设备评估中，x 一般选取 0.6～0.70。这种指数函数关系表明：设备的成本和生产能力不是呈线性关系，所以当经济性贬值存在时，设备的价值也不是按线性关系下降而是按指数关系下降。

$$\text{经济性贬值额}=（\text{重置成本}-\text{实体性贬值}-\text{功能性贬值}）\times\text{经济性贬值率} \tag{4-37}$$

【案例 4-14】 对某企业一条生产线进行评估，该生产线的原额定生产能力为 1000 件/天。设备状态良好，技术也很先进，实体性贬值率为 20%，无功能性贬值。由于市场竞争激烈，造成该生产线开工不足，现在生产线的实际产量为 750 件/天，经评估，该生产线的重置成本为 900 万元，评估人员选取 0.7 作为规模经济效益指数。试求该生产线的经济性贬值额。

$$\text{该生产线的经济性贬值率}=\left[1-\left(\frac{750}{1\,000}\right)^{0.7}\right]\times 100\%=18.2\%$$

$$\text{经济性贬值额}=900\times（1-20\%）\times 18.2\%=131.04（\text{万元}）$$

(2) 因收益减少造成的经济性贬值的测算。

由于企业外部的原因，虽然设备生产负荷并未降低，但由于出现原材料或能源等运营费用上升所带来的生产成本的提高得不到补偿，或是竞争必须使产品降价销售等情况时，将会使设备创造的收益减少，进而引起的经济性贬值，可称为营运经济性贬值。

在营运经济性贬值测算过程中，如果设备由于外界因素变化，造成的收益减少额能够直接测算出来的话，可直接按设备尚可使用年限内每年的收益损失额折现累加得到设备的经济性贬值额。其计算公式为：

$$\text{经济性贬值}=\text{设备年收益损失额}\times（1-\text{所得税税率}）\times（P/A,r,n） \tag{4-38}$$

式中，$(P/A, r, n)$ ——年金现值系数

(3) 因环保限制而造成的经济性贬值的估算。

随着环境保护法规越来越严格，有些机器设备在运行中会产生污染环境的有害气体、液体、固体等，从而就会受到环境保护法的约束和管制，使机器设备的使用价值受到影响。因此，在机器设备评估过程中，必须考虑相关法律、法规对污染环境的机器设备价值

所造成的影响，使评估结果能够更全面地反映被评估机器设备的实际价值。

值得注意的是，在实际评估工作中，机器设备的经济性贬值和功能性贬值，有时可以单独测算，而有时是不能进行单独测算的。这主要取决于在设备的重置成本和成新率的测算中考虑了哪些因素。所以，在具体运用成本法评估机器设备时，应时刻注意这一点，避免重复扣减贬值因素或者漏评贬值因素。

【案例 4-15】 某彩电生产厂的一条生产流水线，设计年生产彩电能力为 2 万台，该流水线经评估其价值为 6 000 万元。由于市场上彩电供过于求，市场竞争十分激烈；该流水线目前年生产 1 万台即可满足销售需要。假设每台彩电成本为 2000 元，预计在未来五年内，每台彩电成本上升 15%。而销售单价由于竞争原因只能上升相当于成本的 10%，计算经济性贬值。

（1）计算收益减少造成的经济性贬值。

① 每台彩电成本上升与销售价上升相抵之后的损失额为：

$$2\,000\times(15\%-10\%)=100\text{（元）}$$

② 抵减所得税后（税率为 33%）每台彩电净损失额为：

$$100\times(1-33\%)=67\text{（元）}$$

③ 预计 5 年损失额：假设折现率为 10%，则每台彩电在未来五年内总损失额为：

$$67\times(P/A，10\%，5)=67\times3.790\,8\approx253.984\text{（元）}$$

企业五年内损失额为：

$$253.984\times10\,000=253\,984\text{（元）}=253.984\text{（万元）}$$

（2）计算生产能力降低造成的经济性贬值（假设生产规模效益指数为 0.7），则：

$$6\,000\times\left[1-\left(\frac{1}{2}\right)^{0.7}\right]\approx6\,000\times(1-0.616)=2\,304\text{（万元）}$$

（3）计算总经济性贬值。

总经济性贬值等于营运经济性贬值与能力经济性贬值之和。

$$253.984+2\,304=2\,557.98\text{（万元）}$$

【案例 4-16】 背景材料详见【引例 4-1】

（1）计算该设备的重置成本：

$$100\,000\times(1+10\%)^{10}+50\,000\times(1+10\%)^{5}=339\,900$$

（2）计算加权投资名义年限：

$$10\times100\,000\times(1+10\%)^{10}+5\times50\,000\times(1+10\%)^{5}\div339\,900$$
$$=2\,996\,370\div339\,900=8.82\text{ 年}$$

（3）计算加权投资实际年限：

$$8.82\times50\%=4.41\text{（年）}$$

（4）计算成新率：

$$[5\div(4.41+5)]\times100\%=53\%$$

（5）计算功能性损耗：

$$1\,000\times12\times(1-33\%)\times(P/A,\ 10\%,\ 5)=30\,478\ (\text{元})$$

（6）计算经济性损耗：

该设备在评估后的设计利用率可以达到设计要求，故经济性损耗为0。

（7）计算评估值：

$$\text{评估值}=339\,900\times53\%-30\,478=149\,669\ \text{元}$$

4.3 市场法在机器设备评估中的应用

【引例 4-2】 被评估对象是6年前购进的生产A产品的成套设备，评估人员通过对该设备考察，以及对市场同类设备交易情况的了解选择了两个与被评估设备相类似的近期成交的设备作为参照物，参照物与被评估设备的有关资料见表4-5。

表 4-5 参照物与被评估设备资料表

序号	经济技术参数	参照物 A	参照物 B	被评估对象
1	交易价格（元）	1 100 000	1 800 000	
2	销售条件	公开市场	公开市场	公开市场
3	交易时间	10 个月前	2 个月前	
4	生产能力（台/年）	40 000	60 000	50 000
5	已使用年限（年）	8	6	6
6	尚可使用年限（年）	12	14	14
7	成新率（%）	60	70	70

对于上述评估项目，根据所提供的材料，我们应该选择市场法进行评估。那么怎样才能运用市场法客观准确地估算机器设备价格呢？下面我们来学习市场法在机器设备评估中的基本原理和计算公式。

机械设备评估的市场法，又称现行市价法。它是指在市场上选择近期内交易的若干相同或近似的设备作为参照物，针对各项价值影响因素，将被评估设备分别与参照物逐个进行价格差异的比较调整，然后综合分析各项调整结果，从而确定设备评估值的一种方法。如果被评估机械设备有成熟的市场，用市场法估算设备的评估值与重置成本法相比要简单得多，是一种简便易行的评估方法。

由于该方法直接以市场价格为基础，充分反映了机械设备的现行市场价格，因此其评估值具有较强的可靠性和说服力，该方法在市场经济发达的国家十分流行。

4.3.1　市场法前提条件和评估范围

（1）需要一个充分发育活跃的机器设备交易市场。

这是运用市场法估价的基本前提。充分发育活跃的设备交易市场应包括三种市场：一是全新机器设备市场，它是常规性的生产资料市场；二是二手设备市场，即设备的旧货市场；三是设备的拍卖市场。三种市场中影响设备交易价格的因素各不相同，而二手设备市场是否活跃发达是运用市场法的首要前提。

（2）必须存在具有可比性的市场参照物。

市场发育状况将直接关系到参照物市价的合理性与否，并影响到对机械设备评估值的准确性。在设备市场中与被评估对象完全相同的资产是很难找到的，但与被评估设备相同或相类似的参照物设备能够找到，一般是选择与被评估设备相类似的机器设备作为参照物，参照物与被评估机器设备之间不仅在用途、性能、规格、型号、新旧程度方面应具有可比性，而且在交易背景、交易时间、交易目的、交易数量、付款方式等方面具有可比性，这是决定市场法运用与否的关键。

由此，市场比较法较适合于具备成熟市场的机械设备，如交易活跃、广泛的通用机械设备。我国二手设备市场还不够发达，可比的市场参照物较少，市场资料难以获得，交易背景及条件不清楚，影响了市场法评估的准确性。

4.3.2　市场法评估的步骤

运用市场途径和方法对机器设备进行评估，通常采取以下步骤操作。

（1）根据评估目的选择使用的价值类型。根据机器设备业务要求和评估目的，确定相应的价格类型。机械设备的价格类型大致有：全新设备交易市场价格、旧设备交易市场价格、典当拍卖行交易价格、罚没处置价。

（2）搜集有关机器设备交易资料。市场法的首要工作就是在掌握被评估设备基本情况的基础上，进行市场调查，搜集与被评估对象相同或类似的机器设备交易实例资料。所搜集的资料一般包括设备的交易价格、交易日期、交易目的、交易方式、机器设备的类型、功能、规格型号、已使用年限、设备的实际状态等。对所搜集的资料还应进行查实，确保资料的真实性和可靠性。

（3）选择可供比较的交易实例作为参照物。对所搜集的资料进行分析整理后，按可比性原则，选择所需的参照物。设备的比较因素一般可分为四大类，即个别因素、交易因素、地域因素和时间因素。个别因素，一般是指反映设备在结构、形状、尺寸、性能、生产能力、安装、质量、经济性等方面差异的因素。在评估中，常用于描述机器设备的指标一般包括：名称、型号规格、生产能力、制造厂家、技术指标、附件、设备出厂日期、役龄、安装方式、实体状态等等。交易因素，是指交易动机、交易背景对价格的影响。如清算、快速变现、关联交易等背景下的成交价格与正常市场价格就有很大的差别。时间因素，是指不同交易时间的市场供求关系、物价水平等都会不同。地域因素，是指由于不同地区市场供求条件等因素的不同，设备的交易价格所受到的影响。

在条件允许的情况下，最好选择多个参照物，并且参照物的条件应与被评估设备尽量接近，以增强评估结果的准确性和可靠性。

（4）调整参照物价格及估算被评估设备的价值。参照物通常与被评估设备是可比的，但不是相同的，所以必须按可比因素逐一调整参照物的价格。多个参照设备调整价格的算术平均值或加权平均值即可作为被评估设备的评估值。

4.3.3 市场法评估机器设备的具体方法

在运用市场法评估机器设备时，首先是选取适当的市场参照物，然后对市场参照物进行价值调整，对市场参照物的价值调整恰当与否是市场法评估的关键。常用的有三种调整方法：直接比较法、类比调整法和成本比率调整法。

1. 直接比较法

直接比较法也称直接匹配法。它是根据与评估对象基本相同的市场参照物，通过直接比较来确定评估对象的价值。直接比较法相对比较简单，对市场的反映最为客观，能较精确地反映设备的市场价值。采用这种方法的前提是评估对象与市场参照物基本相同，需要调整的项目较少，差异不大，并且差异对价值的影响可以直接确定，如果差异较大，则无法使用直接比较法。

【案例 4-17】 评估一辆轿车。评估师从市场上获得的市场参照物在型号、购置年月、行驶里程、发动机、底盘及各主要系统的状况基本相同，市场售价为 800 000 元。区别之处在于：① 参照物的右前大灯破损需要更换，更换费用约 300 元；② 被评估车辆后加装 CD 音响一套，价值 1 500 元。则评估值 ＝80 000＋300＋1 500 ＝81 800（元）

2. 类比调整法

类比调整法也称因素调整法。它是通过比较分析相似的市场参照物与被评估设备的可比因素差异，并对这些因素逐项做出调整，由此确定被评估设备的价值。这种方法是在无法获得基本相同的市场参照物的情况下，以相似的参照物作为分析调整的基础。为了减少调整时因主观因素产生的误差，所选择参照物应尽可能与评估对象相似。从时间上来讲，参照物的交易时间应尽可能接近评估基准日；在地域上，尽可能与评估对象在同一地区；另外，评估对象与参照物应具有较强的可比性，实体状态方面比较接近。

【案例 4-18】 对某企业一台 1515 纺织机进行评估，评估人员经过市场调查，选择本地区近几个月已经成交的 1515 纺织机的三个交易实例作为比较参照物，被评估对象及参照物资料如下表 4-6 所示。

表 4-6　参照物与被评估设备资料表

	参照物 A	参照物 B	参照物 C	被评估对象
交易价格（元）	100 000	6 000	9 500	
交易状况	公开市场	公开市场	公开市场	公开市场
生产厂家	上海	济南	上海	沈阳
交易时间	6 个月前	5 个月前	1 个月前	
成新率	80%	60%	75%	70%

【评估过程】

评估人员经过对市场信息进行分析得知，3 个交易实例都是在公开市场条件下销售的，不存在受交易状况影响使价格偏高或偏低现象，影响售价的因素主要是生产厂家（品牌）、交易时间和成新率。

（1）生产厂家（品牌）因素分析和修正。经分析参照物 A 和参照物 C 是上海一家纺织机械厂生产的名牌产品，其价格同一般厂家生产的纺织机相比高 25%左右。则参照物 A，B，C 的修正系数分别为：100/125，100/100，100/125。

（2）交易时间因素的分析和修正。经分析近几个月纺织机械的销售价格每月上升 3%左右。则参照物 A，B，C 的修正系数分别为：118/100，115/100，103/100。

（3）成新率因素分析和修正。

根据公式：成新率修正系数＝被评估对象成新率/参照物成新率

参照物 A，B，C 成新率修正系数分别为：70/80，70/60，70/75

（4）计算参照物 A，B，C 的因素修正后价格，得出初评结果。

参照物 A 修正后的价格为：$10\,000\times\frac{100}{125}\times\frac{118}{100}\times\frac{70}{80}=8\,260$（元）

参照物 B 修正后的价格为：$6\,000\times\frac{100}{100}\times\frac{115}{100}\times\frac{70}{60}=8\,050$（元）

参照物 C 修正后的价格为：$95\,000\times\frac{100}{125}\times\frac{103}{100}\times\frac{70}{75}=7\,306$（元）

（5）确定评估值。对参照物 A，B，C 修正后的价格进行简单算术平均，求得被评估设备的评估值为：

$$(8\,260+8\,050+7\,306)\div 3=7\,872\text{（元）}$$

【案例 4-19】 背景材料详见【引例 4-2】

【评估过程】 根据表 4-5 中的资料及市场调查所掌握的其他资料进行评估，过程如下。

(1) 交易时间因素的分析与量化。经调查分析，近10个月同类设备的价格变化情况大约是每月平均上升0.5%左右。被评估对象与参照物A、参照物B相比，价格分别上升了5%和1%，则参照物A、参照物B的交易时间因素修正系数为：

参照物A：105÷100 = 1.05

参照物B：101÷100 = 1.01

(2) 功能因素的分析与差异量化。经分析，设备的功能与其市场售价呈指数关系，功能价值指数取0.6，则参照物A、参照物B的功能因素修正系数为：

参照物A：$(50\,000 \div 40\,000)^{0.6} = 1.14$

参照物B：$(50\,000 \div 60\,000)^{0.6} = 0.90$

(3) 成新率的因素差异量化。根据资料，参照物B与被评估设备的成新率相同，修正系数为1；参照物A的成新率修正系数为70%÷60% = 1.17。

(4) 调整差异，确定评估结果。对上述分析与量化的各种差异进行调整，参照物A和参照物B因素调整后的价格为：

参照物A：1 100 000×1.05×1.14×1.17= 1 540 539 (元)

参照物B：1 800 000×1.01×0.90×1.00= 1 636 200 (元)

(5) 采用算术平均法求取评估值。被评估设备的评估值为：

(1 540 539+1 636 200) ÷ 2 =1 588 370 (元)

3. 成本比率调整法是通过大量市场交易数据的统计分析，掌握相似的市场参照物的交易价格与全新设备售价的比率关系，用此比率作为确定被评估机器设备价值的依据。

4.4 收益法在机器设备评估中的应用

【引例 4-3】 评估任务是在对一台设备进行投资决策，该设备的售价为150万元，使用寿命为5年，预计该设备未来5年每年净现金流量分别为20万元、50万元、80万元、70万元和60万元。假定折现率为10%，评估人员需要对该设备的投资价值进行分析，以决定是否购买。

对于上述评估项目，根据所提供的材料，我们应该选择收益法进行评估。那么怎样才能运用收益法客观准确地估算机器设备价格呢？下面我们来学习收益法在机器设备评估中的基本原理和计算公式。

4.4.1 基本原理

收益途径及其方法是通过测算由于获取资产所有权而带来的未来收益的现值评估资产

价值的技术思路及其实现该技术思路的各种评估方法的总称。由于机器设备通常都只能在有限年限内获得收益，因此，运用收益法评估机器设备的价值时，要能够确定和量化设备的未来获利能力，能合理测算其尚可使用年限，并确定合理的折现率。基本计算公式如下：

$$P=\sum_{i=1}^{n}\frac{R_i}{(1+r)^i} \tag{4-39}$$

式中，P—机器设备评估值；

R_i—预测年金收益；

r—折现率；

n—收益年限。

【案例 4-20】 背景材料详见【引例 4-3】

评估过程：评估值＝20×（P/F，10%，1）＋50×（P/F，10%，2）＋80×（P/F，10%，3）＋70×（P/F，10%，4）＋60×（P/F，10%，5）

＝20×0.9091＋50×0.8264＋80×0.7513＋70×0.6830＋60×0.6209

＝204.67

可见机器设备投资价值高于投资成本，可以考虑购买。

4.4.2　运用范围

收益途径及其方法要求被评估对象应具有独立的、连续可计量的、可预期收益的能力。该途径及其方法对于单台机器设备评估通常是不适用的，因为要想分别确定各台设备的未来收益相当困难，但对于自成体系的成套设备、生产线，以及可以单独作业的车辆等机器设备，特别是租赁的设备，则还是可以采用收益法进行评估的。此外，作为一种补充方法，可以用来确定设备的功能性贬值和经济性贬值，也可以用来分析企业是否存在无形资产。例如，一个企业的机器设备，使用成本法评估的结果为 1 100 万元，用收益法得到的结果是 600 万元（扣除企业的厂房、流动资产及其他资产），这就表明没有考虑到机器设备可能存在 500 万元的贬值。反之，如果收益法得到的结果大于 1 100 万元，则企业可能存在某种无形资产。

4.5　机器设备评估案例精选

【精选案例 1】

【背景材料】 ××市机械厂与××市机床厂联合办厂，按联营协议机械厂以下列设备作为投资，设备有关资料：三台车床型号为 C631-1，ϕ600 mm×1400 mm，账面原值为 29 500 元，其中，设备购买价格为 28 000 元，安装费为 1 500 元；二台牛头刨床型号 BD6050，500 mm，账面原值为 12 600 元，其中设备购买价格 11 800 元，安装费为 800 元；一台龙门铣床型号为 2010A，1000 mm×3000 mm，账面原值 226 000 元，其中设备购买价格 220 000 元，安装费用 6 000 元；一台吊钩桥式起重机型号为 5T，10.5m（A5），账面原值 103 000 元，其中设备采购价格 98 000 元，安装费为 5 000 元，上述设备均于 2002 年开始使用并在三班条件下工作。请对××市机械厂投入联营厂固定资产价值进行评估。

【评估过程】

根据 2008 年 9 月 20 日×资评立字（××）××号资产评估立项通知书和××市机械厂的委托，本事务所已于 2008 年 10 月 10 日对该厂部分资产的价值实施就地评估，评估结果报告如下。

一、评估目的

为××市机械厂与××市机床厂投入联营厂的固定资产价值进行评估。

二、评估基准日

2008 年 10 月 10 日。

三、评估方法

机械厂投入联营企业的三台车床、二台刨床、一台铣床、一台桥式吊车，经市场调查得知，上述型号设备在市场上仍很流行，且功能未变，但由于近几年钢材、人工费用的上涨，造成上述设备价格上涨，因此对上述设备采用重置成本法进行重估。

机械厂投入三台型号为 C631-1，Φ600 mm×1400 mm 的车床，2000 年市场价格 35 000 元，运费、保险费等占设备价格的 8%，安装费由于人工费和材料费上涨而提高 68.6%，故车床重估原值如下。

车床采购重置全价：35 000 元

运杂费重估价：35 000×8%＝2 800 元

安装费重估价：1 500×（1＋68.6%）＝2 529 元

车床重置全价：40 329 元

车床已在三班制条件下工作 6 年，预计在此条件下尚可使用 6 年。则：

设备的成新率＝预计使用年限/（已使用年限＋预计使用年限）

＝6/（6＋6）＝50%

车床重估净值＝重估全价×成新率＝40 329×50%＝20 164.5 元

三台车床的重估净值＝20 164.5×3＝60 493.5 元

刨床的型号为 BD6050，500 mm，现行出厂价格为 15 800 元，运杂费等约占设备价格 8%，安装费上涨 68.6%。刨床重估原价如下：

刨床采购重置全价：15 800 元

运杂费重估价：15 800×8%＝ 1 264 元

安装费重估价：800×（1＋68.6%）＝1 348.8 元

刨床重估全价：18 412.8 元

刨床已在三班制条件下工作 6 年，经专家测定预计尚可使用 8 年，则：

成新率＝8/（6＋8）×100%＝57%

刨床重估净值＝重估全价×成新率＝18 412.8×57%＝10 495.3 元

二台刨床的净值＝10 495.3×2＝20 990.6 元

铣床的型号为 2010A，1000 mm×3000 mm，现行出厂价格 20 000 元，运杂费约占设备采购价格的 8%，安装费上涨 68.6%，则铣床的重估全价如下：

铣床的采购重估价格：320 000 元

运杂费重估价：320 000×8%＝25 600 元

安装费重估价：6 000×（1＋68.6%）＝10 116 元

铣床重估全价：355 716 元

铣床已在三班制条件下工作 6 年，经专家测定尚可使用 8 年，则：

成新率＝8/（6＋8）×100%＝57%

铣床的重估净价重估全价×成新率＝355 716×57%＝202 758 元

桥式吊车为 5T，10.5m（A5），现行出厂价格为 122 000 元，设备运杂费约占设备价格的 8%，安装费上涨 68.6%，则桥式吊车的重置全价如下：

设备购置重置全价：122 000 元

运杂费重估价：122 000×8%＝9 760 元

安装费重估价：5 000×（1＋68.6%）＝8 430 元

桥式吊车的重置全价：140 190 元

吊车在三班制条件下使用 6 年，预计尚可使用 8 年，则：

成新率＝8/(6＋8)×100%＝57%

桥式吊车的重置净价＝140 190×57%＝79 908.3 元

四、评估结果

机械厂投入联营厂的设备作价为 364 600.4 元，其中 C631-1，Φ600 mm×1400 mm 的车床 3 台，每台重估净值 20 164.5 元；BD6050，500 mm BD6050 刨床 2 台，每台重估净值 10 495.3 元；2010A，1000 mm×3000 mm 铣床 1 台，重估净值 202 758 元 5T，10.5m（A5）桥式吊车 1 台，重估净值 79 908.3 元。

【精选案例 2】

【背景材料】　×市 A 厂与 B 厂联营，按联营协议规定 A 厂以其 2002 年安装使用的一条生产线作为投资，这条生产线的账面原值为 1 210 000 元，其中外购主体设备 867 000 元，自制配套设备 270 000 元，安装调试费用 73 000 元，自制配套设备原值中，钢材占 40%，铸铁占 20%，工人费占 30%，制造费占 10%；安装调试费用中，运杂费占 10%，钢材消耗占 40%，水泥消耗占 20%，人工费占 20%，制造费占 10%。请对××市 A 厂投入联营单位的固定资产价值进行评估。

【评估过程】

根据 2007 年 8 月 12 日×资评立字（××）××号资产评估立项通知书和 A 厂的委托，本事务所已于 2007 年 10 月 15 日对 A 厂投入联营企业的生产线实施了就地评估，评估结果报告如下。

一、评估目的为×市 A 厂与 B 厂联合经营，对 A 厂作为投资的生产线的价值进行评估。

二、评估基准日

2007 年 10 月 15 日。

三、评估方法

经市场调查研究，该生产线的主要外购机器设备均已换代，结构更为合理，用料大为节约，功能基本未变。按现行技术条件，该生产线自制设备的结构也大有改进的必要，由于主体设备换代，运输、安装调试费用也会相应发生变化。根据上述情况采用重置成本法进行评估。

(1) 外购机器设备的采购全价的评估。由销售部门提供资料得知，三个厂家销售相同功能的机械设备，主体设备的售价为 1 200 000 元、1 170 000 元、1 150 000 元，A 厂购买设备的厂家实行成套购买均优惠 10%，验货付款优惠 5%，购货后延期付款加价为 3%，现行报价为 1 170 000 元，为吸引客户在通常价格基础上折让为 4%。A 厂验货后付款，享受上述优惠政策。

外购机器设备的采购重置全价为：

$$1\,170\,000\times(1-4\%-10\%-5\%)=1\,170\,000\times 81\%=947\,700\text{（元）}$$

(2) 自制设备的重置全价的评估。根据最新工程设计更新自制设备，钢材和铸铁均节约 20%，人工费节省 10%，钢材价格上涨 110%，铸铁价格上涨 90%，工时成本上涨 100%，制造费用按工时分摊的额度上涨 40%。根据上述资料计算自制设备重置全价。分项计算如下。

材料成本：钢材 $270\,000\times40\%\times(1-20\%)\times(1+110\%)=181\,440$（元）

铸铁：$270\,000\times20\%\times(1-20\%)\times(1+90\%)=82\,080$（元）

人工成本：$270\,000\times30\%\times(1-10\%)\times(1+100\%)=145\,800$（元）

制造费用：$270\,000\times10\%\times(1-10\%)\times(1+40\%)=34\,020$（元）

(3) 运杂费、安装调试费重置全价的评估。由于主体设备的结构变化，吨位降低及运费价格上涨，经专家测试设备吨位减轻与运价上调相抵后运杂费上升 25%，基础等耗用水泥和钢材分别减少 30%，用工减少 40%，但钢材价格上涨 110%，水泥价格上涨 80%。按照成本构成比加权计算量耗综合下降率和价格（费用）综合上升率。

"量耗"综合下降率为：

$$30\%\times40\%+30\%\times20\%+50\%\times20\%+50\%\times10\%=33\%$$

价格综合上升率为：

$$20\%\times10\%+110\%\times40\%+90\%\times20\%+100\%\times20\%+40\%\times10\%=88\%$$

运杂费、安装调试费重置全价为：

$$73\,000\times(1-33\%)\times(1+88\%)=91\,950.8\text{（元）}$$

生产线重置全价为：1 482 990.8 元

该设备 2002 年安装使用，已使用 5 年，经专家检验，预计尚可使用 7 年，则成新率为 7/（5+7）×100%=58.3%

生产线重估净值=重置全价×成新率=1482990.8×58.3%=864583.6（元）

四、评估结果

该生产线评估原值为 1482 990.8 元，升值率为 30.39%，成新率为 58.3%，重估净值为 864 583.6 元。

【精选案例 3】

【背景材料】　××市 A 厂的一台 1515 织机，因生产转向，不再需要此设备，准备出售，需评估变现价格。1515 织机的基本情况为：该机 2002 年生产的，已使用 5 年，生产厂家是济南一家纺织机械生产企业，属国家定点企业。该设备仍属纺织企业大量采用的专业设备，市场比较活跃。请对某厂 1515 织机转让价格的评估进行评估。

【评估过程】

根据 2008 年 2 月 5 日资评立字（××）××号资产评估立项通知书和 A 厂的委托，本事务所已于 2008 年 3 月 21 日对该厂 1515 织机的价值实施了就地评估，评估结果报告如下。

一、评估目的

为××市 A 厂的一台 1515 织机转让基础价进行评估。

二、评估基准日

2003 年 3 月 21 日。

三、评估方法

对 A 厂的一台 1515 织机的转让基础价采用现行市价法评估。

评估人员对被评估设备实地观测，得知该资产在使用的5年中，生产任务不足、产品质量较好，设备运行状况正常，经评估人员确认成新率为70%。

评估人员选择估价参照物。在本地区市场上近几个月均有1515织机成交的实例，6月前成交3台，价格分别是1万元、0.8万元和0.6万元，成新率分别为80%、80%和6%，其中售价为1万元的是上海一家纺织机械厂的名牌产品。1月前成交两台均是上海名牌设备，成新率分别为75%和60%，售价为0.95万元和0.76万元。从上述市场信息分析得知，影响售价的主要因素是成新率、设备质量、销售时间，当成新率和销售时间均相同时，名牌设备的售价明显上扬。这三个因素都并列影响到资产变现价格，应分别调整，最后确定被估资产的变现价格，具体调整、分析计算如表4-7所示。

表4-7 1515织机变现价格分析表

项　目	交易A	交易B	交易C	交易D	交易E
产地、厂家	名牌	一般	一般	名牌	名牌
成新率/%	80	80	60	75	60
交易时间	6	5	5	1	1
交易价格/万元	1	0.8	0.6	0.95	0.76
名牌加价率/%	25			25	25
成新率每增加10%价格提高额/万元				−0.05	0.1
每日售价上升/%					0.3

普通1515织机成新率为70%，比上月交易的两台织机的成新率分别降低5%和提高10%，根据表中分析，成新率每提高10个百分点售价高0.1万元；名牌织机价格高于普通织机价格的25%；近几个月来每月价格上升0.3%左右，以上月成交的实例为基础来调整被估织机的变现价格。

变现价格＝［0.95÷（1＋25%）－0.1×0.5%＋0.76÷（1＋25%）＋0.1×1］÷2×（1＋0.3%）＝0.71（万元）

四、评估结果

××厂普通1515织机变现价格为0.71万元。

思考与练习题

一、单选题

1. 机器设备评估中的现场阶段的核心工作是（　　）。

A. 指导委托方做好准备工作　　　　B. 收集评估数据资料

C. 落实评估对象　　D. 对机器设备进行技术鉴定

2. 是否完成机器设备评估现场工作的一个重要标志是（　　）。

A. 完成了机器设备成新率的鉴定工作　　B. 完成了评估对象核实工作

C. 完成了机器设备的登记造册工作　　D. 完成了评估数据的搜集工作

3. 重置成本法主要适用于评估（　　）。

A. 可连续计量预期收益的设备　　B. 可正常变现的设备

C. 可获得非正常变现价格的设备　　D. 续用、但无法预测未来收益的设备

4. 计算重置成本时，不应计入的费用是（　　）。

A. 维修费用　　B. 购建费用

C. 安装费用　　D. 调试费用

5. 估测一台在用续用的设备的重置成本，首选方法应该是（　　）。

A. 利用价格指数法　　B. 利用功能价值法

C. 利用重置核算法　　D. 利用询价法询价再考虑其他费用

6. 成新率的关键因素是（　　）。

A. 设备的技术水平　　B. 设备的功能

C. 设备购置的时间　　D. 设备的使用程度

7. 现（　　）时，评估时需要考虑其经济性贬值。

A. 利用率下降　　B. 竞争加剧

C. 使用效益下降　　D. 技术水平相对落后

8. 技术改造的设备进行评估，应根据技术改造的程度适当（　　）。

A. 增加其实际已使用年限　　B. 减少其实际已使用年限

C. 增加其名义已使用年限　　D. 减少其名义已使用年限

9. 鉴定机器设备的实际已经使用的年限，不需要考虑的因素是（　　）。

A. 技术进步因素　　B. 设备使用的日历天数

C. 设备使用强度　　D. 设备的维修保养水平

10. 按照成本法评估设备的重置成本，当评估对象已经不再生产时，评估应当采用（　　）。

A. 替代型设备的价格　　B. 按照被估设备的账面价值

C. 采用现行市价法估价　　D. 参照替代设备价格采用类比法估测

二、多选题

1. 在设备评估中，重置核算法主要适用于（　　）设备重置成本的估算。

A. 通用　　B. 进口　　C. 非标　　D. 自制　　E. 了解市场行情

2. 机器设备的重置成本应该包括（　　）。

A. 机器设备日常维修费用
B. 机器设备的购置费用
C. 设备的大修理费用
D. 设备操作人员的培训费用
E. 设备的调试费用

3. 影响机器设备自然寿命的因素有（ ）。

A. 机器设备的使用强度
B. 机器设备的经济用途
C. 同类设备技术更新速度
D. 机器设备维修保养水平
E. 设备的自身质量

4. 进口设备的重置成本包括（ ）。

A. 设备购置价格
B. 设备运杂费
C. 设备进口关税
D. 银行手续费
E. 设备安装调试费

5. 当利用参照物及比较法估测被评机组的重置成本时，需要考虑的重要参数有（ ）。

A. 设备交易的时间差别因素环境等
B. 设备的生产能力因素，包括年产量、单位时间产量
C. 设备所在地与参照物所在地的地区自然景观
D. 被评估设备所在地与参照物所在地同设备供应地的距离和通达条件

6. 运用使用年限法估测设备的成新率涉及的基本参数是（ ）。

A. 设备的总使用年限
B. 设备的技术水平
C. 设备的使用时间
D. 设备的负荷程度
E. 设备的尚可使用年限

7. 进口设备的重置成本除包括 CIF 价外，还包括（ ）。

A. 银行手续费
B. 进口关税
C. 境外运杂费
D. 境外途中保险费
E. 安装调试费

8. 下列能反映设备使用年限的是（ ）

A. 行驶里程
B. 使用强度
C. 工作时间
D. 工作次数
E. 磨损程度

三、思考题

1. 如何计算机器设备的加权投资年限及其成新率？
2. 机器设备的实体性贬值估算主要有哪些方法？
3. 机器设备的功能性贬值是指什么？怎样进行测算？
4. 机器设备的经济性贬值，在应用成本法的情况下如何估算？

四、基本能力训练题

1. 某被评估的运输设备按行驶里程设计的总使用寿命为 50 万公里，截至评估基准日已经运行了 8 万公里，试计算该运输设备的成新率。

2. 被评估设备为 2000 年从美国引进的设备，进口合同中的 FOB 价是 20 万美元。2005 年 10 月进行评估时美国厂家已不再生产这种待估设备了，其替代产品的 FOB 报价为 35 万美元，而国内其他企业 2005 年 6 月从美国进口同种设备的 CIF 价为 30 万美元。按照通常情况，设备的实际成交价应为报价的 90%，境外运杂费约占 FOB 价的 5%，保险费 FOB 价的 0.5%。被评估设备所在企业，以及与之交易的企业均属于进口关税、增值税免税单位，银行手续费按 CIF 价格的 0.8%计算，国内运杂费按 CIF 价格加银行手续费之和的 3%计算，安装调试费含在设备价格之中不另行计算，被评估设备尚可使用 5 年，年运营成本比其替代设备超支 2 万元人民币，被评估设备所在企业的正常投资报酬率为 10%，评估时人民币与美元的汇率为 8∶1，2000 年 6 月至 10 月进口设备价格没有变化。

要求：(1) 计算被评估进口设备的更新重置 CIF 价格；(2) 计算被评估进口设备的重置成本；(3) 计算被评估进口设备的评估值。

3. 被评估机组为 5 年前购置，账面价值 20 万元人民币，评估时该机组已不再生产了，已经被新型机组所取代。经调查和咨询了解到，在评估时点，其他企业购置新型机组的价格为 30 万元人民币，专家认定被评估机组与新型机组的功能比为 0.8，被评估机组尚可使用 8 年，预计每年超额运营成本为 1 万元。假定其他费用可以忽略不计。

要求：(1) 估测该机组的现时全新价格；(2) 确定该机组的成新率；(3) 确定设备的评估值。

4. 被评估设备购建于 2005 年 6 月，账面原值 100 万元，2008 年 6 月对该设备进行技术改造以使用某种专利技术，改造费用为 10 万元，2009 年 6 月对该设备进行评估，并得到以下数据：(1) 2005 年至 2009 年设备类价格变动指数（定基）分别为 105%、110%、110%、115%、120%；(2) 被估设备的月人工成本比同类设备节约 1000 元；(3) 被估设备所在企业的正常投资报酬率为 10%，规模效益指数为 0.7，该企业为正常纳税企业；(4) 经了解，该设备在评估前使用期间因技术改造等因素，其实际利用率仅为正常利用率的 60%，经评估人员鉴定分析被评估设备尚可使用 6 年，评估基准日后，其利用率可以达到设计要求的 80%。根据上述条件估测该设备的有关经济技术参数和评估值（评估基准日为 2009 年 6 月 30 日）。

第 5 章　房地产评估

学习目标

- 掌握房地产构成要素及其评估的特点。
- 熟悉影响房地产评估价值的因素。
- 熟练掌握运用收益法、市场法、成本法、剩余法等房地产价格评估的过程和方法。
- 掌握在建工程的特点及其估价方法。

任务导入

【引例 5-1】 张某于 2002 年购置了一套底层商品住宅，2003 年改作餐饮营业用房，并办理了相关手续，2008 年，张某欲转让该房地产，特请评估机构对该房产的现时市场价值进行评估。因当地无类似餐饮营业用房参照实例，故估价人员采用收益法估价（估价依据正确），估值为 100 万元，后又将该估价对象视作住宅，采用市场比较法估价，估值为 80 万元。由此确定最终估价结论为（100＋80）/2＝90 万元。试问这样确定评估价格是否合理？目前房地产评估涉及有关房地产产权制度、房地产开发政策、房地产管理制度等政策法规，在运用资产评估原理和技术方面也有独特之处，这就需要评估人员熟悉与房地产评估相关的评估理论和方法。本章主要介绍与房地产评估有关的基本理论与方法。

5.1　房地产评估概述

房地产是房屋建筑物与土地及其权属的总称。房地产通常有三种存在方式，即单纯的地产、单纯的房产、地产和房产的综合物。因土地的所有权属于国家或农村集体所有，土地所有权不能买卖，通常说的地产价格实际是土地使用权的价格。一般在评估土地使用权价格时，往往要同时评估土地上的有关资产，包括房屋建筑物；而在评估房屋建筑物的价格时，又离不开其占用的土地。因此把土地使用权评估与房屋建筑物评估统称为房地产评估。

5.1.1 土地及土地特性

土地是指地球表层的陆地部分，包括内陆水域和滩涂。附着于土地之上，在与土地不可分离的情况下才能使用的物体称为土地的定着物，如建筑物、构筑物等。定着物与土地分离要花费相当大的劳动和费用因而会使地价发生变化，土地及其定着物称为不动产。

土地的特性可以分为土地的自然特性和经济特性两个方面。

1. 土地的自然特性

(1) 位置的固定性。土地交易不是土地作为商品的空间移动，实质是依附于土地之上的权益的转移。依附于土地之上的权益包括了土地所有权、使用权、典权等。土地具有位置的固定性，决定了土地价格具有明显的地域性特征。

(2) 质量的差异性。土地的位置不同，造成了土地之间存在着自然差异，这个差异导致土地级差地租的产生。

(3) 不可再生性。土地作为自然的产物，是不可再生资源，土地资源的利用只有科学合理，才能供人类永续利用。

(4) 效用永续性。只要土地使用得当，土地的效用即使用价值会一直延续下去。

2. 土地的经济特性

(1) 供给的稀缺性。地球提供给人类可利用的土地数量，叫做土地的自然供给，其数量包括已利用的土地和未来可供利用的土地，即后备土地资源。土地的自然供给是相对稳定的、无弹性的。在土地的自然供给的范围内，对土地进行开发、规划和整治，以满足人类不同需求的土地供给称为土地的经济供给。土地的经济供给是有弹性的。因为土地是不可再生资源，因此土地必然是稀缺资源。土地供给的稀缺性与土地总量的有限性、土地位置的固定性及土地质量的差异性等有关。

(2) 可垄断性。通过司法程序和制度规定，土地的所有权和使用权都可以被特定权利主体所垄断，土地权利被特定权利主体的排他性占有是土地具有市场价格的重要条件之一。因此，土地所有权或使用权在让渡时，土地权利人就必然要求在经济上有所体现。

(3) 用途的多方向性。几乎人类所有的社会活动都需要在土地上进行，这就决定了土地的用途具有多样性。一块土地，可以作为农田，也可以建造住宅或办公楼，或者建造商场。土地利用的多样性客观上为在地产估价中选择土地用途提出了要求。

(4) 效益级差性。由于土地质量的差异性使不同区位、不同质量的土地经济效益有所不同，从而产生了土地经济效益上的级差性。

5.1.2 土地使用权

根据我国相关法律，我国土地权利不是孤立的一种权利，而是一个权利束，这个权利束主要包括土地的所有权、使用权、租赁权、抵押权、典权、地役权和空间利用权等。

土地所有权是指在法律规定的范围内自由支配（占有、使用、收益和处分）土地的权利。我国城市土地属国家所有，农村土地除由法律规定属于国家所有的以外属于农民集体所有。土地的国家所有权和集体所有权不可转让，可转让的只能是土地的使用权。

土地使用权是土地使用者依法对土地进行使用和依法对其使用权进行出让、出租、转让、抵押、投资的权利。土地使用权转让时，土地使用权出让合同和登记文件中所载明的权利、义务随之转移，其地上建筑物、其他附着物的所有权随之转让。在我国，境内外的公司、企业及其他组织和个人，除法律另有规定者外，均可以通过政府出让方式取得土地使用权，进行土地开发、利用、经营，但取得的土地使用权中，根据国家规定，不包括地下资源、埋藏物和市政公共设施。

国有土地使用权出让可以采取协议、招标和拍卖三种方式。土地使用权出让最高年限按下列用途确定：① 居住用地 70 年；② 工业用地 50 年；③ 教育、科技、文化、卫生、体育用地 50 年；④ 商业、旅游、娱乐用地 40 年；⑤ 综合或者其他用地 50 年。

土地使用权出租（租赁权）是指土地使用者作为出租人将土地使用权随同地上建筑物、其他附着物租赁给承租人使用，并向承租人收取租金的行为和权利。土地抵押权是指债权人对债务人或者第三人不转移占有而提供担保的地产，在债务人不履行债务时，就该地产的变价款优先受偿的权利。土地使用权抵押时，其地上建筑物、其他附着物随之抵押。地上建筑物、其他附着物抵押时，其使用范围内的土地使用权随之抵押。土地使用权和地上建筑物、其他附着物抵押，应当依照规定办理抵押登记。抵押人到期未能履行债务或者在抵押合同期间宣告解散、破产的，抵押权人有权依照国家法律、法规和抵押合同的规定处分抵押财产。

5.1.3 房地产的特性

房地产是土地和房屋及其权属的总称，亦称不动产。土地是房屋存在的物质基础，任何房屋都不能离开土地而独立存在，我国《中华人民共和国城市房地产管理法》（以下简称《城市房地产管理法》）规定："房地产转让、抵押时，房屋的所有权和该房屋占用范围内的土地使用权同时转让、抵押。"土地的区位决定了房屋的位置，直接影响房地产的价格，因此，在房地产估价中，通常评估房地产的整体价值。在某些特殊情况下也会根据具体情况分别评估房产的价值和地产的价值。

房地产兼有地产与建筑物的特性，而它们的结合又形成了一些新的特性。

（1）位置的固定性。由于房屋建筑物固着在土地上，因此房地产的相对位置是固定不变的。可以说，没有完全相同的房地产，即使地上建筑物完全相同，因土地位置的差异，也会造成房地产的差异。

（2）供求的区域性。由于土地位置的固定性，房地产具有区域性的特点。一个城市房地产的供给过剩并不能解决另一个城市供给不足的问题。同时，由于房地产供求关系的地区差异又造成不同区域之间房地产价格的差异性。

(3) 长期使用性。由于土地可以永续利用，建筑物也是耐用品，使用年限可达数十年，同时建筑物还可以通过不断的翻修和更新来延长它的使用寿命。

(4) 保值与增值趋势。由于土地资源的有限性与社会发展对房地产不断膨胀的需求，特别是对良好地段房地产的需求，导致房地产价格相对稳定并具有增值趋势。同时，房地产的改良和城市基础设施的不断完善，也会导致房地产的增值趋势。

(5) 投资资金需求的大量性。一方面，房地产生产和经营管理要经过一系列过程：取得土地使用权、土地开发和再开发、建筑设计和施工、房地产销售等环节，都要投入大量的资金，从开发、建设到销售时间周期长；另一方面，房地产使用的长期性和保值增值趋势使之成为投资回报率较高的资产，与此同时房地产投资风险也比较大。

(6) 投资风险性。房地产投资的风险主要来自三个方面：首先，房地产的投资额较大，生产周期较长，在此期间影响房地产价值的各种因素都有可能发生变化，都会对房地产的投资收益产生影响；其次，房地产无法移动，如果所在地区的市场销售不好，很容易造成房地产的空置和积压；最后，房地产还有可能面临自然灾害、战争、社会动荡等因素的影响。此外，房地产不像股票和外汇那样，可以迅速变现，其变现性较差，这些都会对房地产的价值产生无法预见的影响。

(7) 政策限制性。土地的供给、用途、使用强度等均受国家和所在地区的城市规划、土地利用规划、土地用途管制等的约束，同时政府的住房政策、房地产信贷政策、房地产税收政策以及强制征收政策等都会对房地产的价值产生直接或间接的影响。

5.1.4　房地产评估的原则

所谓房地产评估，是指专业评估人员为特定目的对房地产的特定权益在某一特定时点上的价值进行估计。评估人员在进行房地产评估时，必须遵循以下基本原则。

1. 一般行业行为准则

由于土地具有固定性、稀缺性、个别性等特性，房地产市场是一个不完全竞争即不充分市场。房地产价格通常依交易要求个别形成，受许多个别因素影响。因此在评估房地产时，是评估人在其自身经验积累的基础上对市场作出判断，评估师在进行评估活动时，必须受到行业行为准则的约束，要遵循适用于资产评估的所有评估技术原则，如预期原则、估价日期原则、供需原则、替代原则、贡献原则等。

2. 合法原则

合法原则是指房地产评估应以评估对象的合法产权、合法使用和合法处分等为前提进行。合法原则还体现在分析房地产的最有效使用时，首先必须执行有关的法律法规，要在遵循城市规划对建筑物的用途、容积率、建筑高度与建筑风格等有关规定的前提下确定该房地产的最有效使用。

3. 最有效使用原则

土地及其建筑物可以有商业、工业、住宅等多种用途。但同一房地产在不同用途状况下，其收益并不相同。房地产权利人为了获得最大收益总是希望房地产达到最佳使用。但是房地产的最佳使用必须在法律、法规允许的范围内，必须受城市规划的制约。在市场经济条件下，房地产用途在合法原则下可以通过竞争决定，使房地产达到最有效使用的目的。因此评估房地产价值时，不能仅仅考虑房地产现时的用途和利用方式，而应结合预期原则考虑何种情况下房地产才能达到最佳使用及实现的可能，以最佳使用所能带来的收益评估房地产的价值。

5.1.5 房地产价格的分类

1. 根据房地产权益的不同分类

(1) 所有权价格。

(2) 使用权价格。一般情况下，房地产所有权价格高于房地产使用权价格。

(3) 其他权利价格。① 抵押价格，是为房地产抵押而评估的房地产价格。抵押价格由于要考虑抵押贷款清偿的安全性，一般要比市场交易价格低。② 租赁价格，是承租方为取得房地产租赁权而向出租方支付的价格。③ 典权价格，要根据典当双方的具体交易情形来决定。

2. 按价格形成方式分类

(1) 市场交易价格，是房地产在市场交易中实际成交的价格。买卖双方均以自身利益为前提，在自愿的条件下，以某一价格完成房地产交易。由于交易的具体环境不同，市场交易价格经常波动。

(2) 评估价格，是对市场交易价格的模拟。由于评估人员的经验、对房地产价格影响因素理解不同，同一宗房地产可能得出不同的评估价格，但在正常的情况下，不论运用何种方法，评估结果不应有太大的差距。

3. 按房地产的实物形态分类

(1) 土地价格。包括基准地价、标定地价和土地交易价格等。

基准地价是按照城市土地级别或均质地域分别评估商业、住宅、工业等各类用地和综合土地级别的土地使用权的平均价格。基准地价评估以城市为单位进行。标定地价是地方政府根据需要评估的正常地产市场中具体宗地在一定使用年限内的价格。标定地价可以以基准地价为依据，根据土地使用年限、地块大小、土地形状、容积率、微观区位等条件，通过系数修正进行评估得到，也可以通过市场交易资料，直接进行评估得到。土地交易价格是指具体宗地的实际成交价格。同一块土地，其开发条件不同，会有不同的价格。如拟作为国家建设用地而未进行征地补偿的农用地，购地者需办理土地征用手续，支付征地补偿费。即使是征为国家所有，尚需看其开发情况，是否达到“三通一平”或“七通一平”等。“三通一平”指通水、通路、通电，平整地面；“七通一平”指通上水、通下水、通电、通讯、通气、通热、通路，平整地面。在其他条件相同的情况下，在城区内附有待拆迁建筑物的土地，与城区内的空地价格亦相差很大。

(2) 建筑物价格。是指纯建筑物部分的价格，不包含其占用的土地的价格。

(3) 房地产价格。是指建筑物连同其占用的土地的价格。

4. 按房地产价格表示单位分类

(1) 房地产总价格。是指一宗房地产的整体价格。

(2) 房地产单位价格。分三种情况：对土地而言，是指单位土地面积的土地价格；对建筑物而言，是指单位建筑面积的建筑物价格；对房地产单位价格而言，是指单位建筑面积的房地产价格。

(3) 楼面地价。又称单位建筑面积地价，是指平均到每单位建筑面积上的土地价格。

$$\text{楼面地价} = \text{土地总价格}/\text{建筑总面积} \tag{5-1}$$

或：

$$\text{楼面地价} = \text{土地单价}/\text{容积率} \tag{5-2}$$

其中，

$$\text{容积率} = \text{建筑总面积}/\text{土地总面积} \tag{5-3}$$

5. 其他价格类型分类

(1) 公告地价。是政府定期公布的土地价格，在有些国家和地区，一般作为征收土地增值税和征用土地补偿的依据。

(2) 申报地价。是土地所有人或使用人向政府申报的土地价格。《城市房地产管理法》第 34 条规定：“国家实行房地产成交价格申报制度。房地产权利人转让房地产，应当向县级以上地方人民政府规定的部门如实申报成交价，不得瞒报或者作不实的申报。”

5.1.6 影响房地产价格的主要因素

影响房地产价格的因素很多，按照它们与房地产的关系通常可划分为：一般因素、区域因素和个别因素。

1. 一般因素

一般因素是指影响一定区域范围内所有房地产价格的一般的、普遍的、共同的因素。这些因素通常会对较广泛地区范围内的各宗房地产的价格产生全局性的影响。这类因素主要包括经济因素、社会因素、行政因素和心理因素等。

2. 区域因素

区域因素是指某一特定的区域内的自然条件与社会、经济、行政、技术等因素相结合所产生的区域特性，影响该区域内各块土地价格水平的因素。这类因素可细分为商业服务繁华因素、道路通达因素、交通便捷因素、城市设施状况因素和环境因素等。一般情况下，商业、服务业繁华程度较高，该地区的房地产价格水平也会较高；道路的级别（主干道、次干道、支路）和交通便捷程度越高，该地区的房地产价格水平也较高；基础设施完善度、生活设施完好度、文体娱乐设施完备度等指标越高，房地产价格也较高；环境状况好，比如绿地充足、公园较多、环境优美地区的房地产价格都会较高。

3. 个别因素

(1) 土地的个别因素。

土地个别因素，也称宗地因素，是宗地自身条件和特征对该地块价格产生影响的因素。如土地的区位、面积、宽度、深度、形状、地力、地质、地势、地形、容积率、用途、土地使用年限等因素都会影响土地价格。

区位也叫宗地位置，当区位由劣变优时，地价会上升；反之则地价下跌。一般来说，宗地面积必须适宜，规模过大或过小都会影响土地效用的充分发挥，从而降低单位地价。

临街宽度过窄，会影响土地使用和土地收益，从而降低地价。宗地临街深度过浅、过深，都不适合土地最佳利用，从而影响地价水平。形状不规则的土地，不便于利用，从而降低地价。一般宗地形状以矩形为佳，当然，在街道的交叉口，三角形等不规则土地的地价也会很高。

地力又称土地肥沃程度或土地肥力，这个因素只与农业用地的价格有关，土地肥沃，地价就高。地质条件决定土地承载力，直接关系到建筑物的造价和建筑结构设计，与地价的关系是正比关系。

容积率越大，地价越高；反之，则相反，但容积率与地价的关系一般不呈线性关系。土地的用途对地价影响相当大。同样一块土地，规划为不同用途，则地价不相同。一般来说，对于同一宗土地而言，商业用地、住宅用地、工业用地的地价是递减的。土地使用年限越长，地价越高。

(2) 建筑物的个别因素。

建筑物的建筑面积、居住面积、高度等不同，则建筑物的重建成本也不相同。建筑物的结构及使用的建筑材料的质量也对建筑物的重建成本有影响，从而影响其价格。建筑物形状、设计风格、建筑装潢应与建筑物的使用目的相适应，建筑物设计、设备是否与其功能相适应，对建筑物价格有很大的影响。

建筑物的施工质量不仅影响建筑物的投入成本，更重要的是影响建筑物的耐用年限和使用的安全性、方便性和舒适性。因此施工质量是否优良，对建筑物的价格亦有很大影响。

有关建筑物方面的具体法律限制，主要是城市规划及建筑法规，如建筑物高度限制、消防管制、环境保护等，对建筑物的价值都可能产生影响。

5.1.7 房地产评估的程序

1. 明确评估事项，接受评估委托

评估基本事项包括以下内容。① 明确评估目的。房地产价值评估有多种目的，如土地使用权出让；房地产转让、租赁、抵押；房地产保险、课税；征地和房屋拆迁补偿等等。不同的评估目的，对应不同的评估价值内涵。② 了解评估对象。了解被评估房地产的实体状态，包括：土地面积、土地形状、临路状态、土地开发程度、地质、地形及水文状况；建筑物的类型、结构、面积、层数、朝向、平面布置、工程质量、新旧程度、装修和室内外设施等。了解房地产的权益状态，包括：土地权利性质、权属、土地使用权的年限、建筑物的权属、评估对象设定的其他权利状况等。③ 确定评估基准日。④ 签订评估合同。

2. 制订评估工作计划

3. 实地勘察与收集资料

房地产市场是地域性很强的市场，房地产交易都是个别交易，非经实地勘察难以对房地产进行评估。获得资料的途径除了委托方提供外，主要通过现场的勘测和必要的调查访问。

评估资料的收集内容包括：① 评估对象的基本情况；② 有关评估对象所在地段的环境和区域因素资料；③ 与评估对象有关的房地产市场资料，如市场供需状况、建造成本、租售价格，等等；④ 国家和地方涉及房地产评估的政策、法规和定额指标。

4. 测算被评估房地产价值

评估的基本方法有：成本法、市场法和收益法。由这几种基本评估方法所派生的其他评估方法有剩余法、路线价法、长期趋势法等。因被估房地产的性质差异和资料取得的难易不同，并非每一种评估方法都适用于各类具体条件下的房地产。为求得一个公平合理的价值，一般以一种评估方法为主，以另一种或几种评估方法为辅，进行互相对照和检验修正。

5. 综合分析，确定评估结果

综合分析是对所选用的评估方法、资料及评估程序的各阶段做客观的分析和检查，最后撰写评估报告，确定评估结果，并对整个评估过程的技术思路、评估方法和评估依据作出说明。

5.2 市场法在房地产评估中的应用

【引例 5-2】 苏州××综合楼建造于1993年，为钢筋混凝土结构的3层（局部4层及地下室）营业服务楼，共计建筑面积3189.45平方米，根据原设计用途，底层为营业用房，2层为办公用房，3层为娱乐用房。

该综合楼沿××街坐北朝南，沿街门面宽约28米，进深约34米，门面采用不锈钢及各类贴面等建材构成的装饰有一定的气氛，内部装修方面使用花岗岩、铝合金等建材，3层舞厅（现在营业）有全套中等装修设备，垂直交通除有正常楼梯外，另有旋转楼梯一部直达3层，冷暖方面设有中央空调系统。该综合楼坐落在本市城内东北面，处在内环路主干道上，其西面有风景名胜北寺塔，东面有世界遗产拙政园，相距均在几百米范围之内。××街目前正处在道路拓宽、街景建设的中期，反映姑苏特色的中小型体量的商业用房已在路南基本形成，路北部分房屋已经改造，最典型的是证券公司营业大楼，若干年后，该地区的商业前景十分看好。

思考：试根据案例的有关情况对该房地产于1999年3月的价格进行估算。学习房地产估价方法，根本的目的就是对具体的房地产进行客观、准确地估算。对于上述引例，根据估价人员对该宗房地产估价所拟定的估价技术路线，判定该宗房地产宜采用市场比较法等方法。那么，怎样才能运用市场比较法客观准确地估算该宗房地产的价格呢？下面就来学习市场比较法在房地产评估中的具体运用。

5.2.1 市场法的适用范围

市场法要选择合适的类似房地产多个交易实例方可进行比较应用。在房地产市场比较发达的情况下，市场法的应用非常广泛。在同一地区或同一供求范围内的类似地区中，与被评估房地产相类似的房地产交易越多，市场法效果越好。

下列情况一般不适用市场法：① 没有发生房地产交易或在房地产交易发生较少的地区；② 某些类型很少见的房地产或交易实例很少的房地产，如古建筑；③ 很难成为交易对象的房地产，如教堂、寺庙等；④ 风景名胜区土地；⑤ 图书馆、体育馆、学校等公共文化教育体育设施。

市场法的优点在于：简单、快捷、易于理解，且评估结果与市场行情相一致。但市场法也有一些其自身无法克服的缺点，如在进行因素比较修正时评估人员掺入的主观成分较多，影响了评估结果的客观真实性。因此，在运用时，要结合待估对象的实际情况扬长避短，选取合适的评估方法。

5.2.2 市场法评估的步骤

运用市场法评估房地产，除遵循一般通用的程序外，要重点做好以下事项。

1. 收集交易实例，选取参照实例

在收集交易实例时，不能太少，太少则可参照性不强。在多个市场交易实例中，一般应当按照一定标准选取 3 个以上的交易实例作为运用市场法的参照实例，参照实例选择是否合适，直接影响到评估结果的准确性与可靠性。理论上，选取的可比实例的数量越多越好，但是如果选取的数量太多，后续进行比较修正的工作量太大。因此，一般要求选取的可比实例数量为 3～10 个（含 3 和 10）比较适中。

在选择参照实例时，应按下列标准和要求进行。① 用途或性质相同。如待估房地产与参照实例同为工业用地，或同为住宅用地，或都属于旧城改造拆迁土地等。② 交易类型相同。这里的交易类型是指买卖、租赁、出让、抵押等形式。③ 处于同一市场供需圈内。如评估某一县级市的房地产时就不能选择大中城市的交易实例作为参照实例。④ 待估房地产与参照实例的区域特性及个别条件要相近。⑤ 参照实例的交易时间应与待估房地产的评估基准日尽可能接近。一般认为，两者间隔的时间不宜超过 2 年，如果市场发展变化很快，则间隔时间应相应缩短。⑥ 选择的参照实例应该属于正常交易或可修正为正常交易。所谓正常交易是指在市场公开、信息充分的情况下双方平等自愿进行的交易。

资料搜集一般应该包括以下内容。

（1）交易双方的基本情况和交易目的。要说明交易双方是否在公开的市场状况下进行公平自愿的交易，即属正常交易还是非正常交易。交易目的指交易双方为什么而交易，一般包括买卖、入股、抵债等。

（2）交易实例房地产的状况。包括坐落位置、形状与面积、用途、地质条件、购物、交通、景观等环境条件，土地利用现状与规划用途，有关地上建筑物的基本情况，权利状况。

（3）成交日期。

（4）成交价格。包括房地总价、房屋总价、土地总价及相应的单价和房屋租金等，同时应说明价格类型、价格水平及货币种类和货币单位等情况。

（5）付款方式。如一次付清、分期付款及比例、抵押贷款比例、租金支付方式等内容。

（6）交易情况。如交易税费的负担方式，有无隐价瞒价、急买急卖、人为哄抬、亲友间的交易等特殊交易情况。

搜集交易实例的资料时，为了避免遗漏重要事项，估价人员应针对不同类型的房地，编制“交易实例调查表”（如表 5-1 所示）。搜集实例时，按表填写，既方便又可以避免遗漏。为了确保估价结果的质量，交易实例及其内容必须真实、可靠。对于搜集到的每个交易实例的每项内容，都应进行调查核实，以保证准确无误。

表 5-1 交易实例调查表

房地产类型：________________

<table>
<tr><td>名称</td><td colspan="3"></td></tr>
<tr><td>坐落</td><td colspan="3"></td></tr>
<tr><td>卖方</td><td colspan="3"></td></tr>
<tr><td>买方</td><td colspan="3"></td></tr>
<tr><td>成交日期</td><td colspan="3"></td></tr>
<tr><td>成交价格</td><td colspan="3"></td></tr>
<tr><td>付款方式</td><td colspan="3"></td></tr>
<tr><td>交易情况说明</td><td colspan="3"></td></tr>
<tr><td rowspan="11">房地产状况说明</td><td rowspan="2">权益状况说明</td><td>土地性质、使用期限</td><td></td></tr>
<tr><td>房产产权情况</td><td></td></tr>
<tr><td rowspan="4">区位状况说明</td><td>地段位置</td><td></td></tr>
<tr><td>商业繁华度</td><td></td></tr>
<tr><td>交通条件</td><td></td></tr>
<tr><td>…</td><td></td></tr>
<tr><td rowspan="5">实物状况说明</td><td>土地用途</td><td></td></tr>
<tr><td>土地面积</td><td></td></tr>
<tr><td>房屋结构</td><td></td></tr>
<tr><td>房屋成新</td><td></td></tr>
<tr><td>…</td><td></td></tr>
<tr><td colspan="3">坐落位置图</td><td>建筑平面图</td></tr>
<tr><td colspan="2">资料来源</td><td colspan="2"></td></tr>
</table>

调查人员：________________ 调查日期：________________

因此，评估人员对【引例 5-2】的被估房地产搜集了很多交易实例，根据比较、分析，选取其中的三宗交易实例作为可比实例，这三宗交易实例的资料如表 5-2 所示。

表 5-2 交易实例资料表

可比实例	A	B	C
建筑面积/m²	2 500	1 800	2 700
单价（元/m²）	4 000	4 000	2 800
临街宽度/m	40	30	30
建造年代	1997	1997	1996

（续表）

可比实例	A	B	C
交易日期	1997.11	1997.11	1998.11
形状	长方形	长方形	长方形
层数	4	4	5
装修情况	未装修	未装修	普通装修
交易情况	正常	正常	内部结算
坐落地区	白塔西路	凤凰街	学生街
交通状况	良好	良好	一般
结构	钢筋混凝土	钢筋混凝土	钢筋混凝土
规划限制	商业用地	商业用地	商业用地
设备情况	普通	普通	普通

2．进行因素修正

（1）交易情况修正。

所谓交易情况修正是指对所选取的房地产参照实例存在的非正常情况所产生的价格偏差进行调整的过程。由于房地产的个体差异性及可垄断性，决定了房地产交易市场不可能是完全竞争的市场，其交易情况往往相当复杂，每个交易实例的交易价格带有较强的个别性，而不能充分反映市场的行情。因此，在运用市场比较法时对参照实例中可能存在的特殊情况予以修正是很必要的，这些特殊情况主要包括以下几种。① 有特殊利害关系的主体之间的交易。如亲友之间、有关联方交易的公司之间、公司与本单位员工之间进行的交易，其价格往往低于正常价格水平。② 交易本身有特别动机。如企业破产清算的房地产，由于急于出售该地产，则其清算价格也会明显偏低。③ 信息不对称时的交易。买方或卖方不了解市场行情，存在欺瞒现象时，其交易价格也会明显偏高或偏低。④ 特殊方式的交易。如拍卖、招标、协议等方式，由于交易情况复杂，其价格也会偏离市场的轨道。

交易情况修正的方法通常采取百分率法。一般公式如下。

可比实例的正常价格＝可比实例的成交价格 × 交易情况修正系数

$$\text{交易情况修正系数}\ A=\frac{\text{正常交易情况指数}}{\text{可比实例交易情况指数}} \tag{5-4}$$

现在我们再回到引例上来，根据引例所给的资料中可比实例 A、B、C 的单价资料，估价人员根据当时的实际情况和估价经验，确定可比实例 A、B 为正常交易，可比实例 C 为内部结算价，估计偏低 10%。故对可比实例进行交易情况修正，交易情况修正系数分别如下：

$$\text{可比实例 A：}\frac{100}{100+0}=\frac{100}{100}$$

$$可比实例 B：\frac{100}{100+0}=\frac{100}{100}$$

$$可比实例 C：\frac{100}{100-10}=\frac{100}{90}$$

交易情况的修正没有非常严格的技术标准，而是更多地依赖于评估人员的职业判断。因此，评估人员应注意积累、整理和分析各种类型的实例，在评估实务中逐步提高自己的经验判断能力。

(2) 交易日期修正。

由于参照实例与待估房地产评估基准日之间总存在一定的时间间隔，而在这期间，房地产市场是不断发展变化的，地价水平可能上涨或下跌。因此，需要根据地产价格的变动幅度，将参照实例的交易价格调整为评估基准日的地价水平。

房地产价格的变化幅度一般用地价指数来衡量，但由于我国房地产市场起步较晚，地价指数还很缺乏或并不能完全反映真实的情况。因此在进行日期修正时，可用房地产行业的物价指数或全社会的平均价格指数代替。

$$交易日期修正系数 B=\frac{评估基准日价格指数}{可比实例交易日价格指数} \tag{5-5}$$

由于不同地区、不同用途或不同类型的房地产，其价格变动的方向和程度并不相同，所以对于具体的可比实例，对其价格进行交易日期调整时，最好选用可比实例所在地区的同类房地产的价格指数或价格变动率。

现在我们再回到【引例 5-2】上来，根据引例所给的资料可比实例 A、B、C 分别成交于 1997 年 11 月末、1997 年 11 月末、1998 年 11 月末，通过调查获知从 1997 年 9 月末至 1998 年 3 月末，同类型综合楼价格平均每月比上月下降 1%，从 1998 年 4 月末至 1999 年 4 月末，同类型综合楼价格平均每月比上月下降 0.5%。因为成交日期不同，所以我们必须对可比实例的交易日期进行调整，以适合估价对象的交易日期。根据上述所学的交易日期修正的方法，我们可以对可比实例的交易日期进行修正，修正系数如下：

可比实例 A：$(1-1\%)^4\times(1-0.5\%)^{12}=90\%$

可比实例 B：$(1-1\%)^4\times(1-0.5\%)^{12}=90\%$

可比实例 C：$(1-0.5\%)^4=98\%$

(3) 房地产状况的修正。

房地产是实物、权益、区位三者的综合体。要弄清楚房地产的状况离不开对房地产的实物、权益、区位三方面状况的分析，这三个方面的修正还可细分为若干因素的修正。

① 个别因素（实物状况）修正的内容。对于土地来说，包括面积、形状、基础设施完备程度、土地平整程度、地势、地质水文状况等对房地产价格的影响；对于建筑物来

说，包括新旧程度、建筑规模、建筑结构、设备、装修、平面布置、工程质量等对房地产价格影响。进行实物状况修正，应根据对房地产价格有影响的房地产实物因素，将可比实例房地产在其实物状况下的价格调整为估价对象房地产实物状况下的价格。

$$容积率修正系数=\frac{待估对象容积率修正系数}{可比实例容积率修正系数} \tag{5-6}$$

② 权益状况修正的内容。包括土地使用年限、城市规划限制条件等因素对房地产价格的影响。进行权益状况修正，应将可比实例房地产在其权益状况下的价格调整为估价对象房地产权益状况下的价格。例如土地使用年限修正系数计算公式为：

$$土地使用年限修正系数=\frac{待估对象使用年限修正系数}{可比实例使用年限修正系数}=\frac{1-\frac{1}{(1+r)^m}}{1-\frac{1}{(1+r)^n}} \tag{5-7}$$

其中，r 为土地的资本化率；m 为待估土地使用权剩余年限；n 为参照实例土地使用权的剩余年限。

③ 区位状况的修正。如果参照实例与待估房地产不是处于同一个区域时，就必须进行区域因素的修正。房地产评估区域因素修正的内容要区分工业用地、商业用地和住宅用地等土地类型而具体确定。区位性特征具体表现为：区域繁华程度、道路通达程度、交通便捷程度、公共设施完备程度等。这些因素都会对区域内的房地产价格及评估值产生影响，但影响的程度与房地产种类有关。例如，繁华程度对商业性房地产的价格及评估价值影响最大；而区域环境对住宅及评估价值影响最大。

进行区域因素比较通常采用多因素评定法，即对不同的因素根据其影响程度分别设定不同权重的标准分值，然后将参照实例或待估房地产与设定的标准房地产进行比较、打分，最后将各自的总分作为它们的区域因素条件指数代入前面的公式确定区域因素修正率。在实际比较时，可以采用直接比较法或间接比较法。直接比较法是将待估房地产设定为标准地产，然后将参照实例与其进行比较、打分。间接比较法是按一定的标准另设一个假想的标准房地产，将参照房地产和待估房地产同时与标准房地产进行比较、打分。

$$区域因素修正系数\ E=\frac{待估对象所处区域因素条件指数}{可比实例所处区域因素条件指数} \tag{5-8}$$

现在我们再回到【引例 5-2】上来，根据引例所给的资料中可比实例 A、B、C 的状况资料，估价人员根据调查的情况，了解到可比实例与估价对象之间主要存在区位因素和实物状况两方面的差异，故对可比实例进行房地产状况修正。

首先，修正区位因素方面的差异。现将可比实例 A、B、C 与估价对象之间的区位因素比较资料用表 5-3 表示出来。

表 5-3　区位因素比较表

区位因素	可比实例 A	可比实例 B	可比实例 C
交通条件	稍好	相同	稍差
繁华程度	稍好	相同	稍差
景观	相同	相同	相同
周边环境	相同	相同	相同

可比实例 A：$\dfrac{100}{100-2}=\dfrac{100}{98}$

可比实例 B：$\dfrac{100}{100-0}=\dfrac{100}{100}$

可比实例 C：$\dfrac{100}{100+2}=\dfrac{100}{102}$

然后，我们来分析比较估价对象与可比实例在实物状况方面的差异。根据估价人员调查的情况，我们获知可比实例 A 和 B 最大的优点是房屋沿街面宽度较大，且可分成若干单元单独出售，而估价对象房地产沿街宽度与深度比例为 14：17（估价对象沿街门面宽约 28 m，进深约 34m）且分割性差，这是调整中的最大的实物状况。可比实例 C 与估价对象差别不大。其他方一面因素比较相似，可以忽略。根据比较，对可比实例的实物状况修正系数如下。

可比实例 A：$\dfrac{100}{100+13}=\dfrac{100}{113}$

可比实例 B：$\dfrac{100}{100+15}=\dfrac{100}{115}$

可比实例 C：$\dfrac{100}{100+0}=\dfrac{100}{100}$

3. 确定房地产价格

参照实例的交易价格经过上述多项修正以后，就可以得到评估基准日待估房地产的若干个评估价格，运用市场法评估房地产价格的基本公式可以表示如下：

$$\text{待估房地产价格}=\text{交易实例交易价格}\times\text{修正系数}\ K \tag{5-9}$$

式中修正系数，包括交易情况、交易日期、区域因素、个别因素、使用年限等各种因素修正。各种因素的组成因子还可以独立扩展出来进行单独修正。

一般的，修正系数　$K=A\times B\times C\times D\times E$　(5-10)

式中，A 为交易情况修正系数；B 为交易日期修正系数；C 为个别因素修正系数；D 为使用年限修正系数；E 为区域因素修正系数。

现在我们再回到【引例 5-2】上来，根据前文我们在各个环节对引例所给的可比实例 A、B、C 的交易日期、交易情况、房地产状况等方面的调整、修正，我们现在可以采用直接比较修正法来计算可比实例 A、B、C 的修正后的单价，即比准价格。

可比实例 A：$4000 \times 90\% \times \frac{100}{100} \times \frac{100}{98} \times \frac{100}{113} = 3250.86$（元/平方米）

可比实例 B：$4000 \times 90\% \times \frac{100}{100} \times \frac{100}{100} \times \frac{100}{115} = 3130.43$（元/平方米）

可比实例 C：$2800 \times 98\% \times \frac{100}{90} \times \frac{100}{102} \times \frac{100}{100} = 2989.11$（元/平方米）

现在我们有了 3 个比准价格，到底哪个价格能作为我们估价对象的客观、合理的价格呢？大家都知道，采用市场比较法通常需要的可比实例为 3～10 个，我们对这些可比实例进行了上述的综合修正后，得出了每个可比实例的比准价格，而每个比准价格不可能完全一致，这需要我们将它们综合成一个比准价格，以此作为估价对象房地产的价格。进行综合处理可采用统计学的方法求取最终评估价格。常用的统计学方法有：算术平均法、加权平均法、众数法、中位数法等。在计算综合比准价格时，我们最常用的是简单算术平均法，在此，我们采用简单算术平均法来计算。

估价对象的比准价格＝（3250.86＋3130.43＋2989.11）÷3 ＝ 3123.47（元/平方米）

估价对象的总价格＝ 3123.47×3189.45 ＝ 996.22（万元）

根据以上的分析和计算，引例中的估价对象 1999 年 3 月的价格为 996.22 万元。

5.2.3　市场法评估案例

【案例 5-1】　有一待估宗地 A，与待估宗地条件类似的宗地为甲，交易修正系数资料如下表 5-4 所示。

表 5-4　交易修正系数资料表

宗地	成交价	交易时间	交易情况	容积率	区域因素	个别因素	交易时间地价指数
A		2000.10	0	1.1	0	0	108
甲	780	1999.2	+1%	1.2	-2%	0	102

表中百分比指标为参照物与待估宗地相比增减变动幅度。据调查，该市此类用地容积率每增加 0.1，宗地单位地价比容积率为 1 时的地价增加 5%。要求如下。

(1) 计算参照物和待估宗地的容积率为与地价相关系数。

(2) 计算参照物修正系数；交易情况修正系数、交易时间修正系数、区域因素修正系数、个别因素修正系数、容积率修正系数。

(3) 计算参照物修正后地价。

【评估过程】

(1) 建立容积率修正系数表。

容积率	1	1.1	1.2	1.3
修正系数	100	105	110	115

A 宗地容积率地价指数为 105，甲宗地的容积率地价指数为 110。

（2）交易情况修正系数为$\frac{100}{101}$；

交易时间修正系数为$\frac{108}{102}$；

区域因素修正系数为$\frac{100}{98}$；

个别因素修正系数为$\frac{100}{100}$；

容积率修正系数为$\frac{105}{110}$。

（3）参照物修正后地价$=780\times\frac{100}{101}\times\frac{108}{102}\times\frac{100}{98}\times\frac{100}{100}\times\frac{105}{110}=796.47$。

【案例 5-2】 某房地产估价所拟采用市场比较法评估某宗房地产价格，从众多交易实例中选取了 A 、B、C 共 3 宗可比实例，有关可比实例的资料如表 5-5 所示。

表 5-5　可比实例资料

项目		可比实例 A	可比实例 B	可比实例 C
成交价格（元/平方米）		3800	4100	3950
成交日期		2005 年 9 月末	2006 年 4 月末	2006 年 5 月末
交易情况		+2%	+3%	-3%
房地产状况	区位状况	+3%	0	-2%
	权益状况	0	+2%	-1%
	实物状况	+2%	0	+2%

上表中各百分数均以估价对象为标准，正数表示比估价对象好，负数表示比估价对象差。2005 年 6 月初至 2006 年 3 初，该类房地产市场价格每月平均比上月上涨 1.5%。以 2006 年 3 月初为基准，以后每月递减 1%。试利用上述资料评估该房地产在 2006 年 9 月末的正常价格。

【评估过程】 该宗房地产 2006 年 9 月末的正常单价测算如下。

（1）测算公式

估价对象的价格＝可比实例的价格×交易情况修正系数×交易日期修正系数×房地产状况修正系数

（2）求取交易情况修正系数

可比实例 A：$\frac{100}{100+2}=\frac{100}{102}$

可比实例 B：$\frac{100}{100+3}=\frac{100}{103}$

可比实例 C：$\frac{100}{100-3}=\frac{100}{97}$

(3) 求取交易日期修正系数

可比实例 A：$(1+1.5\%)^5\times(1-1\%)^7=100.41\%$

可比实例 B：$(1-1\%)^5=95.10\%$

可比实例 C：$(1-1\%)^4=96.06\%$

(4) 求取房地产状况修正系数

可比实例 A：$\frac{100}{100+3}\times\frac{100}{100+0}\times\frac{100}{100-2}=0.99$

可比实例 B：$\frac{100}{100+0}\times\frac{100}{98+2}\times\frac{100}{100+0}=0.98$

可比实例 C：$\frac{100}{100-2}\times\frac{100}{100-1}\times\frac{100}{100+2}=1.01$

(5) 求取可比实例 A、B、C 的比准价格

可比实例 A 的比准价格 $=3800\times\frac{100}{102}\times100.4\%\times0.99=3702.99$（元/平方米）

可比实例 B 的比准价格 $=4100\times\frac{100}{103}\times95.10\%\times0.98=3709.82$（元/平方米）

可比实例 C 的比准价格 $=3950\times\frac{100}{97}\times96.06\%\times1.01=3950.84$（元/平方米）

(6) 将上述 3 个比准价格的简单算术平均数作为市场比较法的测算结果

估价对象房地产的价格 $=(3702.99+3709.82+3950.84)\div3$

$=3787.88$（元/平方米）

5.3 收益法在房地产评估中的应用

【引例 5-3】 上海市现有一座供出租的写字楼，土地总面积为 12000 平方米，总建筑面积为 52000 平方米，建筑物层数为地上 22 层、地下 2 层，建筑结构为钢筋混凝土结构，土地使用年限为 50 年，从 2003 年 10 月 1 日起。

请思考：试根据案例的有关情况对该写字楼于 2008 年 10 月 1 日的价格进行估算。

常用的房地产估价方法中收益还原法也很重要。它是目前国际上流行的资产评估三大方法之一，该方法是利用资金时间价值原理，将房地产未来收益折现求其现在市值的一种评估方法。在房地产估价常用的方法中，收益还原法相对较难，但在国外它却以其充分的理论依据被广泛应用于收益性或有潜在收益性房地产的估价中并被许多房地产估价专家尊崇为房地产估价法中的“王后”。

对于上述引例，如何对该估价对象写字楼进行估价呢？根据估价人员对该宗房地产估价所拟定的估价技术路线，该宗房地产是供出租的写字楼，所以为收益性房地产，适宜采用收益还原法等方法估价。那么，怎样才能运用收益还原法客观准确地估算该宗房地产的价格呢？下面就来学习收益还原法的基本原理和计算公式。

5.3.1 基本原理

收益法在国外被广泛地运用于收益性房地产价值的评估，大多不适用对于学校、政府机关、教堂、公园等公用或公益性房地产的评估，因为这些房地产的收益不容易确定。

5.3.2 收益法评估的计算方法

1. 计算公式

收益性房地产的理论价格，分两种情况。

(1) 收益为无限年期的房地产价值计算公式为：

$$P=\frac{A}{r} \tag{5-11}$$

式中，P 为房地产价格；A 为房地产每年的收益；r 为资本化率。

这种情况包含三个假设前提：① 纯收益每年不变；② 资本化率固定；③ 收益为无限年期。

(2) 收益为有限年期的房地产价值计算公式为：

$$P=\frac{A}{r}\left[1-\frac{1}{(1+r)^n}\right] \tag{5-12}$$

这种情况包含的假设条件为：① 纯收益 A 每年不变；② 折现率 r 固定且大于零；③ 收益年期有限为 n。

2. 计算类型

运用收益法既可以评估单独的土地价值，也可以评估单独的地上建筑物价值，还可以评估房地合在一起的房地产整体价值。

(1) 评估房地产整体价值

$$房地产价值=\frac{房地产整体纯收益}{综合资本化率} \tag{5-13}$$

式中，房地产整体纯收益=房地产总收益修费+保险费+税金；

房地产总费用=管理费+维修费+保险费+税金。

（2）单独评估土地的价值

① 空地出租时土地价值的评估

$$土地价值=\frac{土地纯收益}{土地资本化率} \tag{5-14}$$

式中，土地纯收益=土地总收益－土地总费用；土地总费用=管理费+维修费+税金。

② 土地上附着建筑物时的土地价值。

方法一：

$$土地价值=\frac{房地产纯收益-建筑物纯收益}{土地资本化率} \tag{5-15}$$

式中，房地产纯收益=房地产总收益－房地产总费用；建筑物纯收益=建筑物现值×建筑物资本化率；建筑物现值=建筑物重置价值－年贬值额 ×已使用年数。其中，年贬值额=（建筑物重置价－残值）/耐用年限=建筑物重置价×（1－残值率）/ 耐用年限。

方法二：

土地价值=房地产价值－建筑物现值

（3）单独评估建筑物的价值

建筑物价值=房地产价值－土地价值

或：

$$建筑物价值=\frac{房地产纯收益-土地纯收益}{建筑物资本化率} \tag{5-16}$$

注意：计算房地产纯收益中的房地产总费用并不包含房地产折旧费。以上所列计算公式均假设土地使用年期为无限年期，但在评估实务中应注意土地使用的年期是有限的。

5.3.3 收益法评估的主要因素

1. 纯收益

纯收益是指归属于房地产的总收入减去总费用后的收益。一般以年为时间单位。在确定纯收益时，要注意实际纯收益和客观纯收益的区别。

（1）实际纯收益。

实际纯收益指在现状下被估房地产实际取得的纯收益，它是个别企业在个别的经营管理等情况下的实际收入水平，未排除个别因素对房地产价格的影响，所以实际纯收益一般不能直接用于评估。例如，因房地产所有人经营管理不善，导致收益为零甚至为负值时，实际纯收益就不能作为评估依据。

(2) 客观纯收益。

客观纯收益指将实际纯收益进行修正，剔除其中特殊的、偶然的因素，取得房地产在正常的市场条件下用于法律上允许的最佳利用方向上的纯收益值，其中还应包含对未来收益和风险的合理预期。客观纯收益由客观总收益扣除客观总费用求得。

① 客观总收益。被估房地产在一年内所能获取的所有收益称为实际总收益。而以客观收益即正常的合理收益为基础，对实际总收益进行必要的修正后就是客观总收益。

在计算以客观收益为基础的总收益时，房地产所产生的正常收益必须是其处于最佳利用状态下的收益。在现实经济生活中，应为正常使用下的正常收益。在确定客观总收益值时，必须考虑以下三个因素：一、以类似房地产的收益作比较；二、对市场走势作准确的预测；三、必须考虑收益的风险性和可实现性。

② 客观总费用。客观总费用是指为取得该客观总收益时必须支出的各项费用。如维修费、管理费等。客观总费用并不等同于实际总费用，在实际总费用中有些费用是正常支出，有些费用是非正常支出，计算客观总费用时要剔除不正常的费用支出，同时也要注意未考虑到的可能发生的正常费用。一般总费用的计算可以分为房地产出租和经营两种情况。

2. 资本化率

在运用收益法进行房地产价值评估时，资本化率是决定评估价值的关键因素，评估价值对资本化率最为敏感。例如，假设房地产使用寿命无限期，每年收益固定为1 000元，资本化率由5%增加到6%，评估价值则由20 000元降低到16 667元，减少了16.7%。即资本化率增加1个百分点，评估价值就减少了16.7个百分点。因此，在房地产价值评估中应用收益法时，要综合各种因素审慎确定资本化率。

(1) 资本化率的确定方法。

① 纯收益与售价比率法。

根据式 (5-11)，通过搜集市场上近期交易的与待估房地产相同或相近似的房地产的纯收益 A，价格 P，代入式 (5-11)，可反算出它们各自的资本化率；将各个资本化率 r 进行算术平均可求得近似的待估对象资本化率。

【案例 5-3】 在房地产市场中收集到5个与待估房地产类似的交易实例，见表5-6。假设交易中收益为无限年期，求待估房地产的资本化率。

表 5-6　交易实例资本化率测算

交易实例	纯收益（万元）	交易价格（万元）	资本化率（%）
A	1 580	19 500	8.10
B	1 780	21 450	8.30
C	890	11 125	8.00
D	980	12 054	8.13
E	1 300	15 470	8.40

$$r=(8.1\%+8.3\%+8.0\%+8.13\%+8.4\%)/5=8.19\%$$

②安全利率加风险调整值法。选择市场上无风险的资本投资收益率作为安全利率，一般选择短期国债利率或者 1 年期银行存款利率。然后根据影响被评估房地产的社会经济环境状况，估计投资风险程度。确定一个调整值，把它与安全利率相加作为资本化率。这种方法中风险调整值的确定主观性较强，不容易掌握。

③排序插入法。搜集市场上各种投资的收益率资料，然后把各项投资按收益率的大小排队，估计被评估房地产投资风险范围，并将它插入其中，然后确定资本化率的大小。

（2）资本化率的种类。

①综合资本化率。综合资本化率是指将土地和建筑物作为一个整体评估时综合考虑的资本化率。此时评估的是房地产整体的价值，相应采用的纯收益也是房地产整体的纯收益。

②个别资本化率。它包括建筑物资本化率和土地资本化率。建筑物资本化率用于评估建筑物的价值，这时采用的纯收益是建筑物自身所产生的纯收益；土地资本化率用于评估土地的价值，这时采用的纯收益是来自土地的纯收益。

综合资本化率、建筑物资本化率和土地资本化率之间有着内在的关系，其关系可用以下的公式表示：

$$r=\frac{r_1L+r_2B}{L+B} \tag{5-17}$$

$$r_1=\frac{r(L+B)-r_2B}{L} \tag{5-18}$$

$$r_2=\frac{r(L+B)-r_1B}{L} \tag{5-19}$$

式中，r——综合资本化率；

r_1——土地资本化率；

r_2——建筑物资本化率；

L——土地价值；

B 表示建筑物价值。

5.3.4 收益法评估操作步骤

1. 搜集整理资料

房地产估价所需的资料，主要通过走访有关部门及个人，搜集现有资料、实地调查获取。在资料调查的基础上，应根据样本资料的类别和特点分级别归档。对于应用收益还原法评估时，应根据待估房地产的位置和特点，选择同一级别，相同性质的适宜调查样本作为下一步计算的依据。房地产交易资料调查途径如表 5-7 所示。

表 5-7 房地产交易资料调查途径一览表

房地产转移类型	资料来源
房地产租赁	租赁双方及主管部门、各省市建筑定额标准、各地房屋拆迁补偿标准、工商、建设、物价等部门、街道办事处、房地产开发公司
商品房出售	各省市建筑定额标准、房地产开发公司、买房单位、房地产交易所、物价、税务、建行及规划部门
房屋买卖	交易双方及主管部门、各省市建筑定额标准、各地房屋拆迁补偿标准、房地产交易所、公证处、物价、税务、建行等部门
土地使用权出租	租赁双方及主管部门、公证处、税务局、街道办事处
土地使用权转让	交易双方及主管部门、公证处、税务局、财政部门、街道办事处
企业效益资料	企业、工商、税务、财政部门

根据资料收集这一步骤，我们【引例 5-3】的写字楼也要进行资料的收集。通过调查研究，收集的资料如下。

（1）租金按净使用面积计。可供出租的净使用面积总计为 31 200 平方米，占总建筑面积的 60%，其余部分为大厅、公共过道、楼梯、电梯、公共卫生间、大楼管理人员用房、设备用房等占用的面积。

（2）租金平均为 35 元/（平方米/月）。

（3）空房率年平均为 10%，即出租率年平均为 90%。

（4）建筑物原值 5 500 万元。

（5）家具设备原值 500 万元。

（6）费用支出平均每月 10 万元，包括人员工资、水电、空调、维修、清洁、保安等费用支出。

（7）房产税依照建筑物原值减去 30%后的余值的 1.2%计算缴纳（每年）。

（8）其他税费约为月总收入的 6%（每月）。

2. 确定总收益

房地产的客观收益是指排除了各个企业实际收益中特殊的、偶然的因素对实际收益的影响后得到的一般正常收益，它可直接应用于估价中。房地产收益分为有形收益和无形收益。在估价过程中既要考虑企业的有形收益，还要考虑企业的各种无形收益。但值得注意的是，如果无形收益已通过有形收益得到体现，如在当地能显示其形象、地位的写字楼，承租者租用该写字楼办公可显示其实力，该因素往往会包含在写字楼的较高租金中，则不应再单独考虑，以免重复。在确定房地产客观收益时，应根据一定的原则，全面分析各种因素对收益的影响，从而确定出合理的客观收益。房地产总收益产生的形式有以下两种情况。

(1) 房地产出租的租金，是指房地产出租过程中，出租方获得的实际租金额以及其他有关的收益，如押金利息等。客观收益水平的确定，要通过对实际租赁合同金额与当地估价期日同类型房地产的租金额、租赁市场状况以及同类型的租赁市场状况综合分析后得到。

(2) 企业经营收益，是指企业在正常经营管理水平下，每年所获得的与同类型企业相类似的客观收益。排除企业中的不正常收益，还应当考虑估价对象所引起的其他衍生收益，如房地产租赁过程中承租方所支付的押金的利息收益、企业生产经营过程中的副产品销售收益等，同时还应充分考虑收益的损失，如房地产租赁的出租率或空房损失率等对总收益的影响。

3. 确定总费用

总费用是指出租或经营房地产期间，房地产拥有者取得总收益而必须支付的有关费用。根据总收益获取的形式不同，总费用的内涵和计算也有所不同，总费用计算可分为以下两种情形。

(1) 房地产出租中总费用的计算。

根据房地产出租中租金的构成因素分析，计算房地产的总费用主要包括以下几项。

① 管理费，是指出租房地产要进行的必要管理所需的费用，如管理人员的工资和出租过程中所消耗的公共设施的费用。管理费的计算方法在我国有两种，一种是按照可出租面积平均计算；另一种是依据租金的一定比例计算，通常为年租金的 2%～5%。

② 维修费，是指为保证房屋正常使用每年所支付的房屋的维护费用（修缮费用）。此费用计算起来十分复杂，维护并不一定每年一样，为了计算方便，我国通常按建筑物重置价格的一定比例计算。

③ 保险费，是指房地产拥有者为防止拥有的房产免遭意外（火灾等）而向保险公司支付的费用。我国一般按房屋重置价格或现值的 0.15%～0.2%计。

④ 税金，是指房地产拥有者由于房地产出租而应按照国家有关规定向税务机关缴纳的房产税和营业税等。关于纳税标准，国家和各省市县均有具体规定。营业税、城市建设附加税和教育附加税国家均为统一标准，它们分别为房地产租金的5%、0.35%、0.05%。

⑤ 中介费用，是指通过中介机构发生租赁的，应当由房地产所有者支付给中介机构的费用。一般为一个月的租金额。

(2) 企业经营费用的计算。

企业经营费用是指企业在经营过程中为获得经营效益而必须支付的一切费用。由于企业的性质不同，费用的构成也不同，但主要有两大类，即商品经营服务型企业和生产型企业。商业经营服务型房地产在经营过程中的费用主要有商品销售成本、经营费用、管理费用、商品销售税金及附加、财务费用和商业利润等；生产型房地产在经营过程中的费用主要有生产成本、产品销售费用、产品销售税金及附加、财务费用、管理费用和厂商利润等。这里要注意的是费用是以年计的，而且是每年都持续、有规则产生的，如扣除建筑物折旧是年折旧而不是总折旧。在计算总收益和总费用时，一是要避免漏算，二是要避免扩大化。

4. 计算纯收益、资本化率等参数

计算纯收益根据具体估价对象选择不同的计算方法，按照总费用介绍的两种形式，纯收益的计算公式也有以下两种。

(1) 房地产出租中纯收益的计算。

出租型房地产是收益还原法估价的典型对象，包括出租的住宅（公寓）、写字楼、商场、停车场、标准工业厂房、仓库和土地等，其净收益根据租赁资料来索取，通常为租赁收入扣除维修费、管理费、保险费（如房屋火灾保险费）、房地产税（如房产税、城镇土地使用税）和租赁代理费等后的余额。租赁收入包括有效毛租金收入和租赁保证金、押金等的利息收入。在实际求取时，维修费、管理费、保险费、房地产税和租赁代理费是否要扣除应在分析租赁契约的基础上决定。如果保证合法、安全、正常使用所需的费用都由出租方负担，则应将它们全部扣除；如果维修、管理等费用全部或部分由承租方负担，则出租方所得的租金就接近于净收益，此时扣除的项目要相应的减少。另外，如果租金中包含了无偿提供使用水、电、燃气、空调、暖气等，则要扣除水、电、燃气、空调、暖气等费用。还要考虑是否连同家具等房地产以外的物品一起出租。如果是，则租赁收入中包含了家具等的贡献，这部分是否扣除要视评估价格是否需要包含此部分的价值来定。

房地产纯收益＝房地产总收益－房地产总费用

若费用都由房地产出租方承担，计算纯收益时则应全部扣除；若维修费、管理费等费用的全都或部分由承租方负担，计算纯收益时，费用中由承租方负担的部分不计入总费用，予以扣除。

(2) 企业经营中的房地产纯收益的计算。

企业经营中的房地产年纯收益＝年总收益－年经营总费用　　(5-20)

(3) 尚未使用和自用的房地产纯收益的计算。

可比较有收益的类似房地产的有关资料，按上述相应的方式计算净收益，或直接比较得到净收益。

根据上述内容，我们来计算【引例 5-3】中的写字楼年净收益。净收益的计算需要计算年有效毛收入和年运营费用，两者相减即可得到年净收益。

① 年有效毛收入

年有效毛收入＝31 200×35×12×90％ ＝ 1179.36（万元）

② 年运营费用

- 经营费。年经营费＝10×12＝120（万元）
- 房产税。年房产税＝ 5 500×（1－30％）×1.2％ ＝ 46.20（万元）
- 家具设备折旧费。这可采用直线折旧法计算每年家具设备的折旧费。家具设备的经济寿命推定平均为 10 年，残值率为 4％。

年家具设备折旧费＝ 500×（1－4％）÷10 ＝ 48（万元）

- 其他费用。

年其他费用＝ 31 200×35×90％ ×6％×12 ＝70.76（万元）

- 年运营费用。

年运营费用＝ ① ＋② ＋③ ＋④

＝ 120＋46.20＋48＋70.76

＝ 284.96（万元）

③ 年净收益年净收益＝ 年有效毛收入－年运营费用

＝1 179.36－284.96

＝ 894.40（万元）

资本化率是将房地产的净收益转换成价值的比率。收益还原法中资本化率究竟应该如何选取，是很重要又比较困难的问题。由于资本化率的微小变化会导致价值的很大变化，资本化率如果选取不当（如大 1％或小 1％），计算结果就会出现很大的差异，从而即使净收益的估算很精确，计算结果仍然不可信任，因此确定时一定要慎重。

对于引例中估价对象写字楼的资本化率，通过市场调查，在市场上类似风险的投资所要求的资本化率的基础上，确定资本化率为 10％。

5. 求取收益价格

应选择适当的资本化率对房地产纯收益进行还原，从而求取房地产价格。通常选取多个可行的资本化率，计算得到几个价格，对它们与其他估价方法的估价结果进行比较分析，最终确定可能的价格，作为此方法的估计价格。

当建筑物耐用年限短于土地使用年限时，先根据建筑物耐用年限确定未来可获收益的年限，选用有限年的收益还原法计算公式，净收益中不应扣除建筑物的折旧和土地取得费用的摊销；然后再加上土地使用权年限超出建筑物耐用年限的土地剩余使用年限价值的现值。当建筑物耐用年限长于土地使用年限时，根据《中华人民共和国城镇国有土地使用权出让和转让暂行条例》(1990 年 5 月 19 日国务院令第 55 号）规定，土地使用期满而使用者未申请续期的，土地使用权由国家无偿收回，《城市房地产管理法》未作具体规定。因此，房地产使用者可使用房屋的年限不得超过土地使用权出让年限。故而房屋的耐用年限只能按土地使用权出让年限计算。

根据上述内容，【引例 5-3】中的写字楼的估价进行到最后一步，即计算该房地产的收益价格。现判断净收益基本上每年不变，且因收益年限为有限年，那么具体的计算公式如下。

$$P=\frac{A}{r}\left[1-\frac{1}{(1+r)^n}\right] \tag{5-21}$$

根据【引例 5-3】所给的资料和信息，该写字楼的收益年限为 45 年（即从 2003 年 10 月 1 日起计土地使用年限为 50 年，2003 年 10 月 1 日到 2008 年 10 月 1 日为 5 年，此后的收益年限为 45 年)，则有

$$P=\frac{894.4}{10\%}\left[1-\frac{1}{(1+10\%)^{45}}\right]=8\,821.30\text{（万元）}$$

写字楼建筑面积下的单价为：

$$\text{写字楼的单价}=8\,821.30\div 5.2=1\,696.40\text{（元/平方米）}$$

那么，本估价对象写字楼的估价结果为：根据上述的计算结果，并参考估价人员的估价经验，确定本估价对象 2008 年 10 月 1 日的购买总价为 8 821.30 万元，每平方米建筑面积的价格为 1 696.40 元。

5.3.5 收益法评估案例

【案例 5-4】 某房地产开发公司于 2002 年 3 月以有偿出让方式取得一块土地 50 年的使用权，并于 2004 年 3 月在此地块上建成一座砖混结构的写字楼，当时造价为每平方米 2 000 元，经济耐用年限为 55 年，残值率为 2%。目前，该类建筑重置价格为每平方米 2 500 元。该建筑物占地面积为 500 平方米，建筑面积为 900 平方米，现用于出租，每月平均实收租金为 3 万元。另据调查，当地同类写字楼的出租租金一般为每月每建筑平方米 50 元，空置率为 10%，每年需支付的管理费为年租金的 3.5%，维修费为建筑重置价格的1.5%，土地使用税及房产税合计为每建筑平方米 20 元，保险费为建筑重置价格的 0.2%，土地资本化率为 7%，建筑物资本化率为 8%。假设该土地使用权出让年限届满，土地使用权及地上建筑物将由国家无偿收回。试根据以上资料评估该宗土地 2008 年土地使用权价值。

【评估过程】

(1) 选定评估方法。

该宗房地产有经济收益，适宜采用收益法。

(2) 计算总收益。

总收益应该为客观收益而不是实际收益。

年总收益＝50×12×900×（1－10%）＝486 000（元）

(3) 计算总费用。

① 年管理费＝486 000×3.5%＝17 010（元）

② 年维修费＝2 500×900×1.5%＝33 750（元）

③ 年税金＝20×900＝18 000（元）

④ 年保险费＝2 500×900×0.2%＝ 4 500（元）

年总费用＝① ＋② ＋③ ＋④

＝17 010＋33 750＋18 000＋4 500＝73 260（元）

(4) 计算房地产净收益。

年房地产净收益＝年总收益－年总费用＝486 000－73 260＝412 740（元）

(5) 计算房屋净收益。

① 计算年贬值额。年贬值额本来是应该根据房屋的耐用年限确定，但是，在本例中，土地使用年限小于房屋耐用年限，土地使用权出让年限届满，土地使用权及地上建筑物将由国家无偿收回。这样，房屋的重置价必须在可使用期限内全部收回。因此，房地产使用者可使用的年期为 48 年（50－2），并且不计残值，视为土地使用权年期届满，与地上建筑物一并由国家无偿收回。

年贬值额＝建筑物重置价/使用年限＝（2 500×900）/48＝46 875（元）

② 计算房屋现值

房屋现值＝房屋重置价×年贬值额×已使用年数

＝2 500×900－46 875×4＝2 062 500（元）

③ 计算房屋净收益（假设房屋收益年期为无限年期）

房屋年净收益＝房屋现值×房屋资本化率

＝2 062 500×8%＝165 000（元）

5.4　成本法在房地产评估中的应用

【引例 5-4】　××房地产估价有限公司，2006 年 3 月 17 日接受××公司房地产抵押价值评估业务委托，其中估价对象坐落于××市××镇，根据委托方提供的资料获悉，估价对象为公司厂内三栋厂房、一栋办公楼、一栋宿舍、二栋附属用房及厂区所占土地，具体情况如表 5-8 所示。

表 5-8 交易实例资料表

序号	权证号	用途	建筑年代	层数	层高	结构	建筑/土地面积/m^2
1	00022832	厂房	2003	1	9	钢结构	3 809.72
2	00008656	厂房	2002	1	9	钢结构	1 443.27
3	00022833	厂房	2003	1	9	钢结构	927.47
4	00008655	办公	2002	1	3	混合结构	396.75
5	00008657	宿舍	2002	1	3	钢结构	150.23
6	00008653	传达室	2002	1	3	混合结构	24.08
7	00008654	附属用房	2002	1	3.5	混合结构	37.03
8	国用 165	土地					9 578.00

国有土地使用证证号为长国用（2003）字第 165 号，土地使用者为××有限公司，用途为工业用地，使用权类型为出让，使用权面积为 9 578.00 万平方米，终止日期为 2053 年 8 月 17 日。

思考：评估适用主要的估价方法是什么？为什么？成本法也是常用的房地产估价方法之一。《房地产估价规范》5.1.7 条指出："在无市场依据或市场依据不充分而不宜采用市场比较法、收益法、假设开发法进行估价的情况下，可采用成本法作为主要的估价方法。"从这里可以看出成本法虽然在房地产估价中的地位较低，但在某些方面却是不可替代的。对于【引例 5-4】，根据估价人员对该宗房地产估价所拟定的估价技术路线，该宗房地产宜采用成本法方法。那么，怎样才能运用成本法客观准确地估算该宗房地产的价格呢？下面我们就来学习成本法在房地产估价中的具体运用。

5.4.1 成本法评估房地产价格的基本思路及应用范围

成本法是依据开发和建造被估房地产所耗各项费用，包括合理的利息、利润、税费等来确定房地产评估价值的一系列评估方法。

成本法的理论基础是生产费用价值论，即认为费用是价值的主体，价值是由费用与利税之和所构成的。但在现行市场条件下，房地产的市场价值受到土地位置、用途、规划限制、使用强度、建筑物结构、建筑物质量等多种因素的影响，房地产的取得费用加利税并不一定能客观反映其市场价值。因此，在进行房地产估价时，成本途径及其方法的运用范围受到了限制。成本途径及其方法主要应用于下列条件的房地产估价：

（1）房地产市场狭小，房地产交易实例较少，难以运用市场途径及其方法和收益途径及其方法的房地产估价；

(2) 开发后供公益事业使用的房地产估价；

(3) 新近开发房地产的估价；

(4) 具有特殊性用途，缺乏比较实例的房地产估价，如工业用房地产等。

成本途径的基本数学表达式为：

房地产的评估价值＝房地产的重置成本－房地产的有形损耗－房地产的功能性贬值－房地产的经济性贬值　(5-22)

其中：土地使用权的重置成本＝土地取得费用＋土地开发费用＋利息＋利润＋土地增值收益

房地产的重置成本＝土地取得费用＋房地产开发成本＋管理费用＋投资利息＋销售税费＋正常利润　(5-23)

土地使用权从形式上讲无实体性有形损耗，但土地使用权会随其使用权年限的减少丧失其价值，在这里我们称之为土地使用权功效损失。土地使用权不存在功能性贬值，土地使用权会因闲置而发生经济性贬值。房地产会因使用和自然力的作用而发生实体性有形损耗，也会因使用用途、使用强度、建筑结构等方面的不当，以及闲置而产生功能性和经济性贬值。

5.4.2　成本法评估土地使用权价格的步骤

(1) 计算土地取得费。如果土地是以征用农地方式取得的，土地取得费主要包括以下内容。

①土地补偿费。征用耕地的补偿费，一般按该耕地被征用前 3 年平均年产值的 3～6 倍计算。

②青苗补偿费。一般根据青苗的生长阶段按规定幅度计算。

③树木补偿费。据实评估予以补偿。

④安置补助费。征用耕地安置补助费，一般每一农业人口按该耕地征用前 3 年平均每亩产值 2～3 倍计算补偿，最高不超过 10 倍。

⑤房屋及地上物拆迁补偿费。按实际评估价值予以补偿。

⑥新菜田开发建设基金。如果征用城市郊区菜地，用地单位应当按照国家有关规定交纳新菜田开发建设基金，其标准由各地方政府规定，如北京市征用近郊区菜地的，每亩交纳 3 万元。

⑦耕地占用税。按税法的有关规定计算，如辽宁省平均 5 元/平方米。

总体来讲，上述土地取得费具有很强的地域性，其费用项目和费用标准各地区不尽统一，在具体估价时，应按当地政府有关规定及标准测算。如果是以受让方式取得的城镇国有土地，则土地取得费包括土地出让金和动迁费。

(2) 计算土地开发费用。土地开发费主要包括基础设施配套费、公共事业配套费和小区开发配套费。

①基础设施配套费。基础设施配套常常概括为“三通一平”或“七通一平”。“三通一平”指通水、通路、通电、平整土地。“七通一平”指通上水、通下水、通电、通讯、通气、通热、通路、平整土地。评估时，通常以土地“七通一平”为标准计算。

②公共事业配套费。其主要包括公共建筑配套费、公共交通配套费、绿化费、自来水建设费、污水处理建设费、供电建设费、煤气建设费、人防工程费、商业网点费等。一般根据当地政府规定的费用标准计算。

③小区配套费。它是指建造小区内的道路、供水、供电、排污、排水、照明、通讯、绿化、环卫及非营业性的公共配套设施建设费用。按当地政府的有关规定计算。

(3) 计算投资利息。在土地估价时，应按投资总额计算利息，而不论其资金是银行贷款还是自有资金。投资总额包括土地取得费和土地开发费两大部分。由于两部分资金的投入时间和占用时间不同，土地取得费在土地开发动工前即要全部付清，在开发完成销售后才能收回，因此，计息期为整个开发期和销售期。土地开发费在开发过程中逐步投入，销售后收回，若土地开发费是均匀投入，则计息期为开发期的一半。

(4) 计算投资利润。投资利润以土地取得费和土地开发费之和为基数，按行业平均投资利润率水平计算。

(5) 确定土地增值收益。土地增值收益是指土地开发改变用途后超过土地成本价格的增值额，由政府收取。土地增值收益可以理解为土地所有权收益，它可用土地成本价值乘以土地增值收益率计算。土地成本价值通常是以土地取得费用、土地开发费用、利息和利润四部分组成，土地增值收益率一般用与待估土地相类似的成交土地价格与成本价格进行比较后确定。

(6) 土地使用权的功效损失是由土地使用权的重置成本与其功效损失率的乘积求得。其中：

土地使用权功效损失率＝土地已使用年限÷（土地已使用年限＋土地剩余使用年限）×100％

(7) 土地的经济性贬值＝土地年收益损失额×（1－所得税税率）×土地剩余使用年期的年金现值系数（P/A，r，n）。

(8) 根据成本途径的基本数学表达式，求取待估土地使用权的评估值。

5.4.3 成本法评估房地产价格的步骤

1. 新建房地产的评估

房地产项目，如果估价基准日为房地产开发建成日，在正常情况下无须考虑房地产的有形损耗、功能性贬值和经济性贬值，可直接用房地产重置成本计算其评估值。房地产重置成本为房地产开发过程中所发生的各种费用，房地产开发过程中发生的各项费用，包括土地征用及拆迁补偿费、前期工程费、基础设施费、建筑安装工程费、配套设施费和管理费用等。

价值用数学式表示为：

新建房地产评估价值＝土地取得费用＋开发成本＋
管理费用＋投资利息＋销售税费＋正常利润

（1）土地取得费用土地取得的途径有征用、拆迁改造和购买等，根据取得土地的不同途径，分别测算取得土地的费用，包括有关土地取得的手续费及税金。

（2）开发成本主要由 5 个方面构成。

① 勘察设计和前期工程费：包括临时用地、水、电、路、场地平整费；工程勘察测量及工程设计费；城市规划设计、咨询、可行性研究费、建设工程许可证执照费等。

② 基础设施建设费：包括由开发商承担的红线内外的自来水、雨水、污水、煤气、热力、供电、电信、道路、绿化、环境卫生、照明等建设费用。

③ 房屋建筑安装工程费：可假设为开发商取得土地后将建筑工程全部委托给建筑商施工，开发商应当付给建筑商的全部费用，包括建筑安装工程费、招投标费、预算审查费、质量监督费、竣工图费、三材差价、定额调整系数、建材发展基金等。

④ 公共配套设施建设费：包括由开发商支付的非经营性用房，如居委会、派出所、托幼所、自行车棚、信报箱、公厕等；附属工程如锅炉房、热力点、变电室、开闭所、煤气调压站的费用和电贴费等；文教卫系统如中小学、文化站、门诊部、卫生所用房的建设费用。而商业网点如粮店、副食店、菜店、小百货店等经营性用房的建设费用应由经营者负担，按规定不计人商品房价格。

⑤ 开发过程中的税费及其他间接费用。

（3）开发利润以土地取得费用和开发费用之和作为利润计算的基数。利润率应根据开发类似房地产的平均利润率来确定。

（4）管理费用主要是指开办费和开发过程中管理人员的工资等。

（5）投资利息以土地取得费用和开发成本之和作为计算利息的基数。

（6）销售税费主要包括以下几种。

① 销售费用：包括销售广告宣传费、委托销售代理费等。

② 销售税金及附加（即两税一费）：包括营业税、城市维护建设税、教育费附加。

③ 其他销售税费：包括应当由卖方负担的印花税、交易手续费、产权转移登记费等。

当被估房地产是在过去某时点建造的，其评估价值就不能按房地产的重置成本为准，而应以估价时点的重新成本为基础，扣除评估对象的有形损耗、功能性贬值和经济性贬值来估测房地产的评估价值。

2. 旧房地产的评估

旧房地产与新房地产的重置成本的构成和计算方法大同小异，而房地产的实体有形损耗可以通过观测法、使用年限法和修复费用法等方法估测。以使用年限法为例：

房地产有形损耗率 = 房地产已使用年限 ÷
(房地产已使用年限 + 房地产剩余使用年限) × 100% (5-24)

房地产有形损耗额=房地产重置成本×房地产有形损耗率 (5-25)

房地产的功能性贬值是指由于技术革新、建筑工艺改进或人们观念的变化，引起建筑设备陈旧落后、设计风格落后，由此引起房地产陈旧、落后，致使其价值降低。房地产因外部原因而闲置造成的价值损失则被称为房地产的经济性贬值。房地产的功能性和经济性贬值可以通过房地产的租金水平和空置情况判断。

房地产功能性、房地产年经济性贬值 =
租金损失额 ×（1 − 所得税税率）× 房地产剩余使用年期的年金现值系数 (5-26)

从房地产重置成本中扣除房地产实体有形损耗、功能性和经济性贬值即为房地产评估价值。

5.4.4 成本法评估案例

【案例 5-5】 待估地块为征用农地，面积为 500 平方米。土地取得费为 230 元/平方米，土地开发费为 246 元/平方米。土地开发周期为 2 年，第一年投资占总投资的 3/4，第二年投资占总投资的 1/4；银行贷款年利率为 8%，土地开发投资的平均利润率为 10%，土地增值收益率为 20%，计算待估土地开发后的评估价值。

【评估过程】

(1) 计算土地取得费

土地取得费=500×230=115 000（元）

(2) 计算土地开发费

土地开发费=500×246=123 000（元）

(3) 计算投资利息

土地取得费的计息期为 2 年，土地开发费为分段均匀投入，则：

$$土地取得费利息=115\,000\times[(1+8\%)^{2}-1]=19\,136\ (元)$$

$$土地开发费利息=123\,000\times3/4\times[(1+8\%)^{1.5}-1]+123\,000\times1/4\,[(1+8\%)^{0.5}-1]=11\,289+1\,206=12\,495\ (元)$$

$$利息合计=19\,136+12\,495=31\,631\ (元)$$

(4) 计算开发利润

开发利润＝（115 000＋123 000）×10％ ＝23 800（元）

（5）计算土地增值收益

土地增值收益＝（115 000＋123 000＋31 631＋23 800）×20％＝58 686（元）

（6）计算土地评估价值

土地评估价值＝115 000＋123 000＋31 631＋23 800＋58 686＝352 117（元）

土地单价＝ 352 117÷500＝704（元）

【特别提示】 运用成本途径评估房地产的价值并不是房地产的成本价，而是从再取得房地产的角度评判其交换价值，这个交换价值也应该是市场活动的结果的估计值，它与一般意义上的成本价是不同的。

5.5　基准地价修正法在房地产评估中的应用

5.5.1　基本概念

基准地价修正系数法，是目前我国宗地地价评估的主要方法之一。它是利用城镇基准地价和基准地价修正表等评估结果，按照替代原则，将待估宗地的区域条件和个别条件与区域内的平均条件相比较，并对照因素修正系数表选取适宜的修正系数对基准地价进行修正，进而求出待估宗地在估价期日的地价。可以看出，基准地价修正法实质上就是市场比较法。

基准地价修正系数法里的基准地价是由政府制定的城镇国有土地的基本标准价格，是不同区域、不同用途土地的一级市场平均价格。它一般由三个部分组成。①土地出让金，是指国家作为土地所有者向受让者收取的一定年限的土地使用费中的纯收入部分。②基础设施配套费，是指政府用于城市基础设施配套建设已经投入和近期预期投入的费用部分，包括市政公用设施配套费、四源费（自来水、污水处理、供热、供气建设费）、小区建设配套费等。③土地开发及其他费用，包括平整土地费用、征地拆迁费用等。目前全国的许多城市都制定了基准地价，但在基准地价的构成上并不完全一致，因此，在具体应用基准地价修正系数法时要注意当地基准地价的构成，不可以机械地套用公式。

5.5.2　操作步骤

1. 收集、整理当地的土地定级估价成果资料

估价前必须收集当地土地定级估价的成果资料作为估价基础，主要包括：土地级别图、基准地价图、样点地价分布图、基准地价表、基准地价修正系数表和相应的因素条件说明表等，并归纳、整理和分析，作为宗地估价的基本资料。

2. 确定修正系数表

根据待估宗地的位置、用途，并对照前面所收集的资料，确定待估宗地所处的土地级别、基准地价和相应的因素条件说明表、因素修正系数表、该级别土地平均开发程度，以确定地价修正的基准和需要调查的影响因素项目。

3. 调查宗地地价影响因素的指标条件

按照与待估宗地所处级别和用途相对应的基准地价修正系数表和因素条件说明表中所要求的因素条件，确定宗地的调整因素，调整因素应与修正系数表中的因素一致。

4. 土地开发程度差异修正

当待估宗地与该级别土地平均开发程度相同时，则不必进行土地开发程度修正；当二者不一致时，则要进行土地开发程度差异修正，将基准地价修正为与待估宗地地价设定的土地开发程度条件下的地价。例如，某市二级住宅用地基准地价为1000元/平方米，程度为“五通一平”，而待估宗地为“六通一平”（多通气一项），需要进行开发程度修正。据调查，该级别煤气管道安装费为60元/平方米，则该级别“六通一平”条件下的基准地价应为1000+60=1060（元/平方米），以此价作为下一步宗地地价评估的基准。

5. 确定待估宗地因素修正系数

按调查结果，先根据每个因素的指标值，确定因素指标对应的优劣状况；按优劣状况再查对基准地价修正系数表，得到该因素的修正系数。某一宗地的总修正系数按下式计算：

$$K = \sum_{i=1}^{n} K_i \tag{5-27}$$

式中：K——某一宗地所有地价影响因素总修正值；

K_i——宗地在第 i 个因素条件下的修正值；

n——修正因素个数。

6. 对于出让或使用年期不一致的土地进行年期修正

7. 对宗地估价期日与基准地价估价期日之间地价水平有变动的进行期日修正

8. 对于在系数修正时未被考虑的其他影响地价的因素进行修正

9. 确定宗地地价

$$\begin{aligned}\text{宗地地价} = &\text{基准地价} \times (1+K) \times \text{使用年期修正系数} \times \\ &\text{期日修正系数} \times \text{容积率修正系数}\end{aligned} \tag{5-28}$$

5.5.3 适用范围

1. 该方法适用于具备基准地价和相应修正体系成果的城镇土地估价。

2. 该方法是对市场法变形、量化及系统化后的一种估价方法，是在短时间内对数量众多的宗地进行评估的有效手段，可快速方便地评估多宗土地的价格。

3. 该方法估价的精度与基准地价及修正体系的精度密切相关。

5.6　路线价法在房地产评估中的应用

5.6.1　路线价法评估土地使用权的基本思路及应用范围

路线价估价法是对面临特定街道、接近性相等的城镇土地，设定标准深度，求取在该深度上数宗地块的平均单价并附设于该特定街道上，此单价称为路线价，然后据此路线价，再配合深度指数表，用数学方法求算出面临该街道的其他各宗土地价格的一种估价方法。

路线价估价法的基本思路是，城市内各宗地的价格随其离开街道的距离（即临街深度）的增加而递减，而在同一路线价区段内各宗地块，又因其深度、宽度、形状、位置和面积的差异使价格有所不同，要进行合理修正才能最终得到宗地价格，因此，路线价、深度指数及各种修正系数合理与否，是采用路线价估价法进行土地估价的关键。

路线价估价法的基本数学表达式为：

$$宗地价格=路线价\times深度指数\times宗地面积 \tag{5-29}$$

采用此方法估价时，如果街道两边的土地另有特殊条件存在，如街角地、两面临街地、不规则形地等，则还要进行因素的加减修正，数学表达式为：

$$宗地价格=路线价\times深度指数\times宗地面积\pm修正额 \tag{5-30}$$

路线价估价法对于城市土地价格评估具有普遍的适用性。它特别适用于土地课税、征地拆迁、土地重划或其他需要对大宗土地进行估价。该方法具有公平合理、简便易行的特点，因此被英、美、日及中国台湾等许多国家和地区所采用。但此方法在我国目前的土地估价中还不具备使用的基本条件，在这里只是作为一种评估技术方法加以介绍，目前该方法并没有实际使用价值。

5.6.2　路线价法评估土地使用权的步骤

路线价估价法的基本步骤如下。

(1) 划分路线价区段。一个路线价区段是指具有同一路线价的地段。在划分路线价区段时，应将接近性大致相等的地段划分为同一路线价区段。一般以一街廓长为一路线价区段，但在繁华街道有时需将街廓划分多段，设定不同的路线价。而在某些不繁华的街道，有时需将数个街廓划分为一个路线价区段。此外，在同一街道上，两侧繁华程度有显著差异时，应视为两个路线价区段考虑。

(2) 设定标准深度。设定的标准深度通常是路线价区段内临街各宗土地的深度的众数。如某路线价区段的临街宗地大部分深度为 18 米，则标准深度应设定为 18 米。

(3) 确定路线价。路线价是设定在路线上的标准地块的单位地价。路线价的求取通常是在同一路线价区段内选择若干标准地块作样本，然后用市场售价类比法、预期收益还原法等具体评估方法，分别求出各样本的单位地价，并把各样本的单位地价算术平均（或取众数），最终得出路线价。

(4) 制定深度指数表和其他修正率表。深度指数是指宗地地价随临街深度的差异的变化程度。深度指数表是将土地随距街深度的不同而引起相对价格差异的关系编制成的表格。制作深度指数表的原则是，地块的各部分价格随街道的程度而有递减的趋势，即深度越深，接近性越差，价格就越低。此外，根据其他因素，如角地、形状、宽窄等的影响，还应编制其他修正率表。

(5) 计算各地块的价格。根据路线价、深度指数表和其他修正率表以及宗地面积就可计算各地块的价格。

5.6.3 路线价法评估案例

【案例 5-6】 某路线价区段，标准深度为 18 米，路线价为 1 000 元/平方米，待估临街各宗地块情况如表 5-9 所示，临街深度指数如表 5-10 所示。假设各宗地的宽度都为 6 米，计算各宗地的评估价值。

表 5-9 待估临街各宗地块情况表

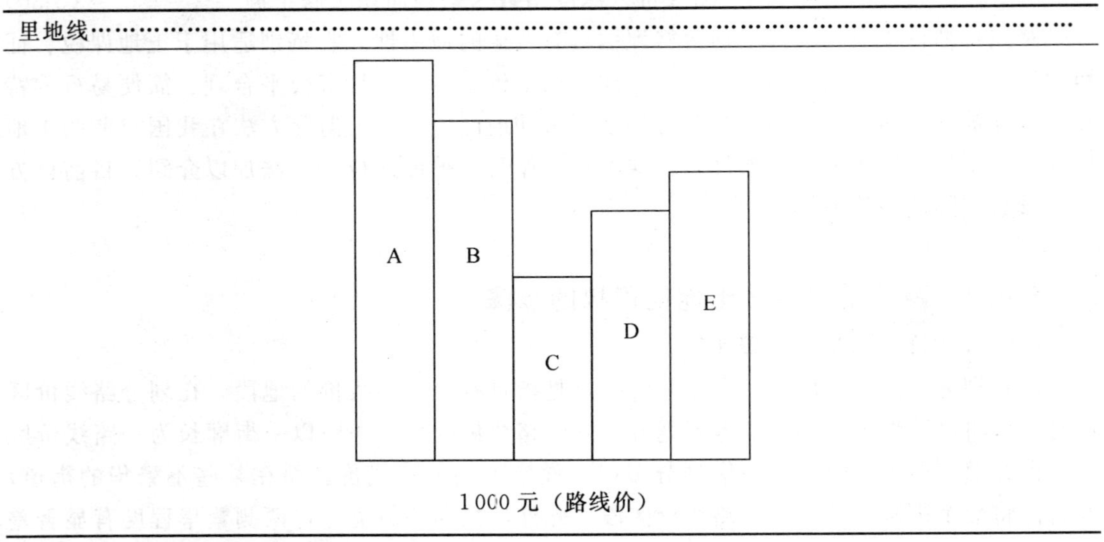

注：超过标准深度 18 米以后的地块为里地

表 5-10　临街深度指数表

深度（米）	4 以下	4—8	8—12	12—16	16—18	18 以上
指数（%）	130	125	120	110	100	40

【评估过程】

（1）宗地 A 为临街地，临街深度为 17.5 米，查临街深度指数表得其深度指数为 100，则宗地的价格为：

$$1\,000\times1\times(17.5\times6)=105\,000\text{（元）}$$

（2）宗地 B 为临街地，临街深度为 13.5 米，查临街深度指数表得其深度指数为 110，则宗地的价格为：

$$1\,000\times1.10\times(13.5\times6)=891\,000\text{（元）}$$

（3）宗地 C 为临街地，临街深度为 3 米，查临街深度指数表得其深度指数为 130，则宗地的价格为：

$$1\,000\times1.30\times(3\times6)=23\,400\text{（元）}$$

（4）宗地 D 为临街地，临街深度为 7 米，查临街深度指数表得其深度指数为 125，则宗地的价格为：

$$1\,000\times1.25\times(7\times6)=52\,500\text{（元）}$$

（5）宗地 E 为临街地，临街深度为 11 米，查临街深度指数表得其深度指数为 120，则宗地的价格为：

$$1\,000\times1.20\times(11\times6)=79\,200\text{（元）}$$

5.7　剩余法在房地产评估中的应用

5.7.1　剩余法评估的基本思路及应用范围

剩余法又称假设开发法或倒算法，它是将待估土地预期开发后的全部建筑物的租售价格减去建造费用、利息、利润、税金、租售费用等来确定待估土地评估价值的一种具体方法。

剩余法的基本思路是，开发商欲投资开发一宗土地，由于存在竞争，其投资目的是希望获取社会正常利润。因此，他首先得仔细研究这块土地的内外条件，如坐落位置、面积大小、周围环境、交通状况、规划所允许的用途、覆盖率、容积率等，然后进行最有效利用方式的设计，包括使用用途和使用强度，同时，预测开发完成最有效设计后的建筑连同土地一起转让或租赁出去的预计价格是多少，以及为了建造该建筑物发生的建设费用（包括设计费、建筑费、测量咨询费等）、投资利息（自有资金投入或银行贷款均考虑投资利息）、正常利润、租售费用和税费等。这样开发商就会知道自己愿意为这块土地支付的最高价格是多少，这个最高价格等于楼价（预测的未来房地产混合价）减去开发建设费、投资利息、开发利润和其他税费后的余额。

剩余法的运用范围如下。(1) 待开发土地，包括未开发的生地经“三通一平”或“七通一平”变成熟地和在生地或熟地上开发建造建筑物然后出售或出租。(2) 对原有旧建筑物拆迁，重新进行土地开发，此种情况下开发建设费中还应包括拆迁等费用。

5.7.2 剩余法评估的数学表达式及估价步骤

1. 剩余法的数学表达式

剩余法的基本数学表达式为：

地价＝楼价－建筑费－专业费用－利息－利润－税费 (5-31)

式中：楼价为土地建设后的房地混合价，包括售楼价或租楼价；

建筑费为开发建设待估地产所支出的建筑安装费用；

专业费用为开发建设待估土地所需要的测量、设计、工程预算编制等专业技术费用；

利息是指全部预付资本的资金成本，全部预付资本包括买地价、建筑费和专业费用；

利润为开发商全部投资的正常投资利润；

税费包括两部分内容，一是土地开发产品的租售费用，二是开发建设过程中及完成后应缴的各种税费，如土地使用税、土地增值税、营业税、城市维护建设税、教育费附加等。

2. 剩余法的估价步骤

(1) 调查待估土地的基本情况。包括：① 土地位置；② 土地面积大小、形状、平整情况、地质状态、基础设施状况、交通状况等；③ 政府规划限制，如土地规定的用途、容积率、覆盖率、建筑高度等；④ 土地使用权的限制，如使用年限、可否续期，以及对转让抵押等的有关规定。

(2) 选择最佳的开发利用方式。包括土地用途、建筑容积率、覆盖率、建筑高度、建筑式样等，这些内容的确定都要在政府城市规划所允许的范围内选取，即在这个许可范围内最佳。在选择最佳的开发利用方式中，最重要的是选择最佳的土地用途。土地用途选择，要考虑到这种用途的现实社会需要程度和未来发展趋势。

(3) 估计建设期。包括整个土地开发过程周期，以及在土地开发过程的各个不同时期的各项费用投入时间，目的在于考虑货币的时间价值。建设期可根据其他相同类型、同等规模的建筑物已有的正常建设期来估计确定。

(4) 预测土地开发完成后的楼价。通常可以利用长期趋势预测法与市场比较法相结合的方法预测楼价，即同类用途和性质的建筑物过去与现在的价格，再考虑该类建筑物的发展趋势推测其价格。

（5）估测各项成本费用。

① 建筑费的估算可采用市场比较法和重置核算法确定，即通过同类建筑物当前市场的建筑费水平推算；也可根据建筑设计图纸，按国家规定的建筑工程预算定额和取费标准来测算。

② 专业费用一般根据建筑费的一定比率估算，即：

$$专业费用=建筑费\times专业费用率 \tag{5-32}$$

③ 利息、利润根据全部预付资本的多少乘以适当的利息率、利润率计算，即：

$$利息=（地价+建筑费+专业费用）\times利息率$$

$$利润=（地价+建筑费+专业费用）\times利润率 \tag{5-33}$$

④ 税费根据当时政府的税费政策，估算从获得土地至出售房地产期间可能发生的税费额度，也可以根据过去或其他类似开发经营活动所需支付的税费情况来估算。实际中还有一些其他需发生的费用，如建筑物销售或出租的中介代理费、市场营销广告费、买卖手续费等，一般以建筑物总售价的一定比例计算。

（6）计算并确定地价。上述各项指标确定后，可根据剩余法的评估技术思路测算地价。在地价测算过程中应注意：无论是地价、楼价，还是建筑费、专业费用、税费、利息、利润，实际发生的时间并不相同。在地价评估过程中通常有两种评估方案：其一是不需考虑货币的时间价值因素，按楼价、建筑费、专业费用、利息、利润、税费等预计发生的数额测算土地评估价值；其二是考虑货币的时间价值因素，先将发生在各个不同时间的费用与收入统一折现到评估基准日，使它们可以直接比较和运算，在此基础上再按剩余法评估技术思路估测土地价值。

5.7.3　剩余法评估案例

【案例 5-7】 估价对象概况：待估地块为七通一平的空地，面积为 1 000 平方米，且土地形状规则，允许用途为商住混合，允许建筑容积率为 7，覆盖率为≤50%，土地使用年限为 50 年。出售时间为 2003 年 10 月 8 日。要求评估出该地块 2003 年 10 月 8 日出售时的市场价值。

【评估过程】

（1）确定评估方法。该地块为待建筑土地，可采用剩余法评估。

（2）选取最佳开发方式。根据规划的要求和市场调查，该地块最佳开发方式为：建造商业居住混合楼。该建筑为框架结构，共 14 层，总建筑面积为 7 000 平方米，单层建筑面积均为 500 平方米，其中 1～2 层为商业用房，共 1 000 平方米，3～4 层为住宅，共 6 000 平方米。

(3) 预计建设期。预计共 2 年完成，即 2005 年 10 月完成。

(4) 预计售楼价。预计建造完成后，其中的商业楼即可全部售出，住宅楼的 80%在建造完成后可售出，20%半年后才能售出。预计当时售价，商业楼为 4 000 元/平方米，住宅楼为 2 500 元/平方米，折现率为 10%，评估过程如下：

$$\text{楼价}=\frac{4\,000\times1\,000}{(1+10\%)^2}+\frac{2\,500\times6\,000}{(1+10\%)^2}+\left(\frac{80\%}{(1+10\%)^0}+\frac{20\%}{(1+10\%)^{0.5}}\right)$$
$$=3\,305\,785+12\,281\,312$$
$$=15\,587\,097$$

(5) 估计开发费用及应获得的利润。总建筑费为 600 万元；专业费用为建筑费的 6%，利息率为 8%；利润率为 20%；税费估计为楼价的 4%。

在未来 2 年的建设期内，开发费用的投入情况为：第一年投入 60%的建筑费及相应的专业费，第二年投入 40%的建筑费及相应的专业费，则：

$$\text{建筑费}=\frac{6\,000\,000\times60\%}{(1+10\%)^{0.5}}+\frac{6\,000\,000\times40\%}{(1+10\%)^{1.5}}$$
$$=3\,432\,465+2\,080\,282$$
$$=5\,512\,747\ (\text{元})$$

专业费用＝5 512 747×6%＝330 765（元）

税费＝15 587 097×4%＝ 623 484（元）

利润＝（地价＋建筑费用＋专业费用）×20%

＝（地价×20%）＋（5 512 747＋330 765）×20%

＝（地价×20%）＋11 687

由于在估算建筑费、专业费用以及售楼价时均考虑了货币的时间价值，上述各种费用都表现为现值，这其中已经包含了投资利息的因素，因此，不必再单独计算投资利息。

(6) 求取地价。

地价＝15 587 097－5 512 747－330 765－623 484－（地价×20%）－1 168 702

地价＝6 626 166÷1 000＝6 626（元）

单位地价＝6 626 166÷1 000＝6 626（元）

【案例 5-8】 有一宗七通一平的待开发建筑用地，土地面积为 3 000 平方米，建筑容积率为 3，拟开发建设写字楼，建设期为 2 年，建筑费为 2 000 元/平方米，专业费为建筑费的 10%，建筑费和专业费在建设期内均匀投入。该写字楼建成后即出售，预计售价为 8 000元/平方米，销售费用为楼价的 4%，销售税费为楼价的 6.5%，当地银行年贷款利率为6%，开发商要求的投资利润率为20%。试估算该宗土地目前的总地价和单位地价。

【评估过程】

（1）计算楼价。

楼价＝3 000×3×8 000＝72 000 000（元）

（2）计算建筑费。

建筑费＝3 000×2 000×3＝18 000 000（元）

（3）计算专业费用。

专业费＝建筑费×10%＝1 800 000（元）

（4）计算销售费用和税费。

销售费用＝ 72 000 000×4%＝2 880 000（元）

销售税费＝72 000 000×6.5%＝4 680 000（元）

（5）计算利润。

利润＝（地价＋建筑费＋专业费）×20%

＝（地价＋19 800 000）×20%

＝20%×地价＋3 960 000

（6）计算利息。

利息＝地价×$[(1+6\%)^2-1]$＋（18 000 000＋1 800 000）×$[(1+6\%)^1-1]$

＝0.1236× 地价＋1 188 000

（7）求取总地价。

地价＝72 000 000－19 800 000－2 880 000－4 680 000－0.2×地价－3 960 000－0.1236×地价－1 188 000

地价＝39 492 000÷1.3236＝29 836 809（元）

（8）求取单位地价。

单位地价＝29 836 809÷3 000＝ 9 946（元/平方米）

由于在估算建筑费、专业费用以及售楼价时均未考虑货币的时间价值，上述各种费用都表现为未来值，因此，必须单独计算投资利息。

5.8　在建工程评估

5.8.1　在建工程的含义及特点

在建工程是指在资产评估时尚未完工或虽然已经完工，但尚未交付使用的建设项目、建设项目备用材料、工程用设备等资产。在建工程的特点如下。

(1) 在建工程所涉及的资产种类比较多，其中建筑工程包括各种在建的房屋、建筑物及构筑物，如围墙、涵洞、码头、烟囱、道路、地基、工作台等，以及用于建筑上述工程的专用材料物资。此外，在建工程资产还包括所需安装的工程用设备、器具，如给排水管道、电灯、电路、电梯、消防安全装置等。

(2) 在建工程的完工程度不一，时间跨度大。从刚开始筹备建设到整个工程竣工准备交付使用，都称为在建工程。由于施工情况复杂，给确定在建工程完工程度带来了许多困难。在评估实践中，评估机构通常聘请经验丰富的建筑工程师一同参加评估，依靠他们的经验和所掌握的工程资料确定完工程度，并对评估结果进行检验，保证评估工作的真实性、合理性、合法性。

5.8.2 在建工程评估的特点

由于在建工程资产的特殊性，使得在建工程的评估具有以下四个特点。

(1) 在进行在建工程评估前，必须清理账目。一般资产的评估，如果账目零乱不清，无法利用，评估人员可以脱离账目，通过盘点实物，列出资产清单，据以评估。如果在建工程的账目不清，资料不全，不能列出工程准确的用款数，就很难确定项目的完工程度，从而无法得出准确的评估结果。

(2) 在建工程的评估值受后续工程的影响。对于建设工期较长的在建工程，建造期间材料、工费价格等等都可能发生变化，使在建工程的成本以及建成后带来的效益都具有许多不确定性，因此，在建工程的评估值与后续工程的进度和质量之间都有着非常密切的关系，评估人员应该注意分析后续工程对评估值的影响程度。

(3) 在建工程的评估不存在成新率，只存在完工程度，而其他资产的评估不存在完工程度，有的只是表明资产损耗程度的成新率。在建工程完工程度应以工程的形象进度和用款进度两方面结合起来进行测定。

(4) 在建工程评估缺少可用于比较的参照物。在相邻的地区和相近的时间内，很难找到设计相同，完工程度和所支付各项费用也相同的在建工程，因此很难采用市场法对在建工程进行评估。

5.8.3 在建工程的评估步骤

在建工程按照形象进度可分为三个阶段：施工前期准备阶段、施工进行阶段和已完工尚未交付使用阶段。通常意义上的在建工程是指施工进行阶段的未完工程。对在建工程的评估主要指对未完工程的评估，其具体步骤通常如下。

(1) 搜集与在建工程相关的资料。在评估实践中，可以要求企业编制在建工程评估申报表，评估人员在审核后加以利用。申报表中至少要包括以下内容：各项工程的名称、建筑面积、结构、项目预算、实际用款数、工程完工程度等。此外，有关在建工程的会计账簿、原始记录、工程图纸、施工方案、项目预算资料、安装设备的订货合同及付款到货情况、出包方式下与建设单位签订的施工合同及预付工程款情况等，也要由企业提供。另外，评估人员还应掌握有关建设部门规定的当年当地的建筑工程预算定额、建筑工程间接费用标准、地方建筑材料价差指数、建筑工程预算外费用、建筑工程的不可预见费用和基础工程费用等。

（2）审核资料。用有关会计账簿和原始记录，核对评估申报表中的项目，验证在建工程项目的真实性、完整性，将账面用款数与预算资料进行核对，检查预算的执行情况。

（3）建筑工程师现场勘察，核实施工进度，评价工程质量，结合工程的付款进度确定完工程度。

（4）评估人员根据掌握的资料，核定工程单位成本（如单位面积造价），根据建筑工程师给出的完工程度和测算出的工程预算造价或单位造价，确定在建工程的评估值。

5.8.4　在建工程的评估方法

在建工程的评估一般是为资产转让服务的，原则上适用收益法，可以与企业整体资产一起进行评估，也可以单独进行评估。但是，由于在建工程尚未投入运营，很难确定预期的收益和风险，因而一般采用成本法进行评估，交易双方易于接受。

1. 形象进度法

形象进度法是选择足够的可比销售资料，根据在建工程建造完成后的预计市场价格，结合工程形象进度即完工程度和考虑一定风险的折扣率进行在建工程评估的方法。其公式为：

在建工程评估值＝建造完成的房地产市场单价×在建工程完工程度×（1－折扣率）　（5-34）

在建工程完工程度＝（实际完成建筑工程量＋实际完成安装工程量）÷总工程量　（5-35）

2. 重置核算法

重置核算法是根据工程的实际建设情况和现行物价与费用标准，分别确定直接费用和间接费用，并对不可预见费用和预算外费用按实际发生数参照现实条件加以适当调整的方法。这种方法的重点是按照现行物价和费用标准对直接费用进行核算。由于一般的在建工程都有完整的用料和用工记录，所以按重置成本核算直接费用是可能的。对于间接费用的核算，一般是按重置直接费用的一定标准计提，如果工程建设单位能够提供分部分项工程的决算资料，就为重置核算法提供了条件。重置核算法的公式为：

$$\begin{aligned}\text{重置成本} = &\sum(\text{各项直接费用量耗} \times \text{单价或费用标准}) + \\ &\sum(\text{应计提间接费用的重置直接费用} \times \text{适用的间接费率}) + \\ &\text{不可预见费用和预算外费用调整项}\end{aligned} \quad (5\text{-}36)$$

3. 剩余法

采用剩余法评估在建工程，是将被估在建工程预期开发完成后的价值，扣除后续的正常的开发费用、销售费用、销售税金及开发利润，以确定被评估在建工程价值的一种方法。被估在建工程预期开发完成后的价值，可以采用市场法或收益法来求取。

剩余法公式为：

在建工程价值＝房地产预期售价－（后续工程成本＋后续工程费用＋正常利税）（5-37）

5.9 房地产评估精选综合案例

【背景材料】 详见【引例 5-3】

【评估过程】

1. 因素分析与现场勘察。

经评估基准日现场勘察及了解，估价对象 7 栋建筑物基本情况为：3 栋厂房均为 9 米左右高钢结构；办公楼为混合结构，外墙粉刷，内部中档装修；宿舍也为 3 米左右高钢结构；所有建筑均属完好房。

（1）交通条件。

公路：估价对象临××国道以及长永高速公路。

铁路：估价对象铁路运输方便，距火车站十多千米。

航空：估价对象航空运输便利，距××国际机场仅 1.5 千米，该机场客货运量较大，有航线 39 条，现正在建设成为现代化国际空港。

（2）基础设施与公用设施条件。

估价对象所处区域内基础设施条件达到“五通一平”（通上水、通下水、通电、通路、通信、场地平整），水、电、煤气保障度高，双环形供电；电信、网络畅通完善，城市干道四通八达；有建行、工行等多家银行营业网点，并且学校、医院、邮电网点、超市、菜市场、酒店等公用配套设施较齐全。

（3）环境质量。

估价对象所处区域内没有严重的水污染及大气污染，也无周期性洪水灾害。

2. 市场背景分析（略）。

3. 估价方法选用根据《房地产估价规范》，通常的房地产估价方法有比较法、收益法、假设开发法、成本法几种。

估价对象为工业厂房、集体宿舍、办公楼，市场交易案例不多，宜采用成本法进行评估，采取“房地分估”方式分别计算出土地价格和建筑物价格，然后加总求出房地产总值；土地价格采用成本法，建筑物价格采用重置成本结合成新率的方法求得。

4. 估价测算过程。

(1) 建筑物现值成本法计算公式

建筑物价格＝重置价格×成新率×建筑面积

1) 重置价格的确定。

根据估价对象房地产的特点宜采用重置成本法评估，即：依据现场勘察情况，判断出估价对象结构类型，然后按《建筑工程造价手册》中的有关规定、数据并结合市场行情测算出同类型建筑物定额直接费用，并依据现行取费文件计算出工程成本，再考虑前期费用、资金成本等测算出建筑物重置全价。计算过程见表5-11、5-12和5-13。

表5-11 建筑物部分钢结构重量单价的确定 （单位：元/m^2）

项目	计算基础与计算公式		费率（%）
A直接工程费	（一）＋（二）＋（三）	845.20	
（一）直接费		780.00	
（二）其他直接费	（一）×费率	23.40	3.00
（三）现场经费	（一）×费率	42.12	5.40
B间接费	A×费率	64.34	7.61
C利润	A×费率	50.73	6
E税前工程造价	A＋B＋C	960.60	
F税金	E×费率	32.79	3.41
G劳保基金	（E＋F）×费率	30.30	3.05
H工程造价	E＋F＋G	1 023.68	
I前期费用	H×费率	225.21	22.00
J资金成本	H×费率	57.12	0.055
K重置单价	H×I＋G	1 306.01	

即估价对象所属的钢结构类型，其建筑物重置单价为1 306元/m^2。

表 5-12 建筑物部分混合结构重量单价的确定 （单位：元/m²）

项目	计算基础与计算公式		费率（%）
A 直接工程费	（一）＋（二）＋（三）	542.00	
（一）直接费		500.00	
（二）其他直接费	（一）×费率	15.00	3.00
（三）现场经费	（一）×费率	27.00	5.40
B 间接费	A×费率	41.25	7.61
C 利润	A×费率	32.52	6
E 税前工程造价	A＋B＋C	615.77	
F 税金	E×费率	21.02	3.41
G 劳保基金	（E＋F）×费率	19.42	3.05
H 工程造价	E＋F＋G	656.20	
I 前期费用	H×费率	144.36	22.00
J 资金成本	H×费率	36.62	0.055
K 重置单价	H×I＋G	837.19	

即估价对象所属的混合结构类型，其建筑物重置单价为 837 元/m²。

表 5-13 建筑物价格的确定 （综合成新率：0.82）

序号	权证号	用途	结构	单价/元	建筑面积/m²	总价/元
1	00022832	厂房	钢结构	1306×0.82	3 809.72	4 079 905
2	00008656	厂房	钢结构	1 306×0.82	1 443.27	1 545 626
3	00022833	厂房	钢结构	1 306×0.82	927.47	993 246
4	00008655	办公	混合结构	837×0.82	396.75	272 305
5	00008657	宿舍	钢结构	1 000×0.82	150.23	123 189
6	00008653	传达室	混合结构	837×0.82	24.08	16 527
7	00008654	附属用房	混合结构	837×0.82	37.03	25 415
合计					6 788.55	7056213

注：1 宿舍为简易钢结构。

2）综合成新率的计算。

① 按使用年限计算成新率。

2003 年至 2006 年评估基准日已使用了 3 年，钢结构生产用房屋其经济使用年限可按 50 年计，则尚可使用 47 年，其年限成新率＝（1－3/50）＝94％。

② 按完损等级法计算成新率为 66.76％，分项计分见表 5-14。

③ 综合成新率的确定综合成新率＝完好率×60％＋年限成新率×40％

＝73.8％×60％＋94％×40％

＝0.4428＋0.376

＝0.8188

取整为 82%。

表 5-14　建筑物完损等级分项记分表

分类	项目	分值	实际完损情况	记分	成新率/%
结构部分	基础	0.19	较好	80	15.2
	承载构件	0.19	较好	80	15.2
	非承载构件	0.11	一般	80	8.8
	屋面	0.15	无渗漏	90	13.5
	楼面	0.11	无破损	90	0.99
装饰部分	门窗	0.03	陈旧	75	2.25
	外粉刷	0.024	无破损	80	1.92
	内粉刷	0.042	较好	80	3.36
	顶棚	0.024	无脱落	90	2.16
设备部分	水卫	0.07	较好	80	5.6
	电气	0.06	较好	80	4.8
合计		1.00			73.8

(2) 成本逼近法评估土地价格

估价方法如下。

根据《城镇土地估价规程》，通行的地价评估方法有市场比较法、收益还原法、剩余法、成本逼近法、基准地价修正系数法等。在充分收集估价所需资料的前提下，根据此次评估目的和评估对象区位条件，评估宗地处于××市××镇内，可运用成本逼近法进行评估。

成本逼近法是以土地取得费、土地开发所耗各项费用之和为主要依据，再加上一定的利润、利息、应缴纳的税金和土地增值收益来确定土地价格的估价方法。

其计算公式为：

土地价格＝土地取得费＋税费＋土地开发费＋投资利息＋投资利润＋土地增值收益

1) 土地取得费。评估宗地位于××市××镇内，根据评估人员实地调查勘察，评估宗地周边的土地利用状况，目前宗地所在区域农用地大多为一类耕地；本次评估征用土地类型为一类耕地。根据《中华人民共和国土地管理法》、《××市征地补偿安置条例》及《××市征地补偿安置条例实施办法》，目前征用上述土地的土地取得费包括：土地补偿费、青苗及地上附着物补偿费、劳动力安置补助费等。

① 土地补偿费。

根据《××市征地补偿安置条例》第二十条土地补偿费“征用水田、旱土、专业菜地、专鱼池，按该土地被征用前 3 年平均年产值标准的 8～10 倍补偿”；根据《××市征地补偿安置条例实施办法》附件一，一类耕地前 3 年平均年产值 1 330 元/亩，人均耕地面积（亩/人）＜0.5，土地补偿费标准为 10 倍，则土地补偿费＝1 330×10（元/亩），合 19.95 元/m^2。

② 安置补助费。根据《××市征地补偿安置条例实施办法》附件二，一类耕地人均耕地面积（亩/人）＜0.35，土地安置补助费标准为前 3 年平均年产值的 12～15 倍，则

土地安置补助费＝1330×15（元/亩），合 29.92 元/m^2。

③ 青苗补偿费。

根据《××市征地补偿安置条例》第二十三条“青苗（包括各类蔬菜、稻谷、麦、薯类作物等），生长期不到一年的按被征用前 3 年平均年产值标准的百分之五十补偿”，

青苗补偿费＝1330×0.5（元/亩），合 1 元/m^2。

土地取得费＝①＋②＋③＝50.87（元/m^2）

2）有关税费。

① 土地管理费。

根据××省物价局、××省财政厅［1994］第 78 号《关于发布国土系统行政事业性收费项目和标准的通知》及《××市人民政府关于规范和降低基本建设项目收费的通告》（［1997］21 号），征用划拨土地时土地管理费按土地取得费的 1.48～3.94％征收，此次评估取 3.94％，则：土地管理费＝50.87×3.94％＝2（元/m^2）。

② 防洪保安基金。

根据××省人民政府［1994］31 号文件及“××市人民政府关于规范和降低基本建设项目收费的通告”，征用划拨土地时防洪保安基金按每亩 984 元征收，即防洪保安基金＝1.48（元/m^2）。

③ 耕地占用税。

考虑征用的土地为耕地，根据××省人民政府发［1987］35 号文件规定，耕地占用税收取标准为 5～10 元/m^2，结合目前××市耕地占用税的实际收取标准，此次评估耕地占用税取 10 元/m^2。

④ 耕地开垦费。

根据［2001］25 号文件《××省关于进一步加强耕地开垦费征收使用管理的通知》，非农业建设占菜地，标准征收根据××市实际执行标准，此次评估耕地开垦费 1.6 万元/亩计算，合 23.94 元/m^2。

有关税费＝①＋②＋③＋④＝37.42（元/m^2）

3）土地开发费。

根据委托方提供的资料及受托方评估人员实地勘察、市场调查，考虑到评估宗地所处位置为××市××镇，并参照《××市城关镇基准地价评估技术报告》，评估地块所在区域宗地红线外“四通”（通路、通电、红线外通水、通信），红线内场地平整的土地开发费

平均为 150 元/m^2，则本次评估取土地开发费为 150 元/m^2。

4）投资利息。

××市工业用地土地开发期一般为一年，评估设定土地取得费及有关税费为征地时一次性投入，土地开发费为建设周期内平均投入，以估价基准日银行一年期贷款利息率5.31%作为土地投资利息率，则

投资利息＝土地取得费及有关税费×开发周期×投资利息率＋
土地开发费×开发周期×1/2×投资利息率
＝8.67(元/m^2)

5）投资利润。

土地作为一种生产要素进入企业的生产过程，根据等量资金得到相应收益的原理，土地资产与其他生产要素相结合产生了利润，土地投资应获得与其资产量相对应的回报，根据××市土地开发及该区域企业投资利润率情况，决定取土地投资开发利润率为10%，则

投资利润＝（土地取得费＋有关税费＋土地开发费）×10%＝23.83 元/m^2

6）土地成本价格计算。

土地成本价格＝土地取得费＋相关税费＋土地开发费＋投资利息＋投资利润
＝270.79（元/m^2）

7）土地增值收益。

根据对××市土地增值收益情况及目前××市土地出让金收取情况的调查测算，目前××市土地增值收益率为土地成本价格（土地取得费及有关税费＋土地开发费＋投资利息＋投资利润）的 25%左右，此次评估确定取土地成本的 25%为土地增值收益率。

土地增值收益＝土地成本价格×土地增值收益率
＝270.79×25%＝67.7（元/m^2）

8）土地使用年期修正。

$$土地使用年期修正系数=1-\frac{1}{(1+r)^n}=0.9353$$

式中：r——土地还原利率，根据银行贷款利率，综合考虑土地开发投资风险，取 6%；

n——剩余土地使用年期，本次评估设定剩余土地使用年期 47 年。

9）区位条件修正。

成本逼近法测算价格为区域的一般价格，考虑到各宗地之间的差异，取宗地形状、临路宽度、环境污染程度等因素对宗地进行修正。修正系数确定见表 5-15 至表 5-19。

表 5-15 宗地形状的修正

宗地形状	规则	较规则	不规则
修正系数	1.01	1.0	0.99

表 5-16 临路宽度的修正

交通条件	三面临路	二面临路	一面临路	不临路
修正系数	1.04	1.02	1.0	0.98

表 5-17 环境污染程度修正

污染程度	有严重污染	有较重污染	有一定污染	污染小	无污染
修正系数	0.98	0.99	1.0	1.01	1.02

表 5-18 产业聚集度

产业聚集度	产业聚集度高	产业聚集度一般	产业聚集度低
修正系数	1.03	1.0	0.97

表 5-19 评估宗地条件说明表及修正系数、地价的确定

宗地形状	交通条件	污染程度	产业聚集度	合计	修正前价格/（元/m²）	修正后价格/（元/m²）
较规则 1.0	一面临路 1.0	无污染 1.02	一般 1.0	1.02	338.49	345.26

10）地价计算。

根据《城镇土地估价规程》，土地单价计算公式为：

土地单价＝宗地条件修正后价格×土地使用年期修正系数

＝345.26×0.9353 ＝323（元/m²）

成本逼近法评估结果为：估价基准日 2006 年 4 月 17 日，评估设定土地用途为工业用地，土地开发程度为宗地红线外“四通”（通电、通路、红线外通水、通信）及红线内场地平整，设定剩余土地使用年限 47 年的土地使用权价格。

土地总价＝9 578×323＝309（万元）

（3）房地产总价值

房地产总价值＝土地价格＋建筑物价格

＝309＋706＝1 015（万元）

5. 估价结果确定。

根据上述步骤，对建筑物和土地采用重置成本法进行测算，综合得出 7 栋总建筑面积 6 788.55 平方米的建筑物及其所占 9 578 平方米土地使用权的市场价值为 1 015 万元（大写：人民币壹仟零壹拾伍万元整）。

思考与练习题

一、单选题

1. 在资产评估中，土地使用权的评估通常是按照最佳用途为依据进行的，对于土地与建筑物用途不相协调所造成的价值损失一般以（　　）体现出来。

   A. 建筑物的经济性贬值　B. 建筑物的功能性贬值

   C. 土地的经济性贬值　D. 土地的功能性贬值

2. 在房地产评估中，当无参照物和无法预测未来收益时，则运用（　　）评估较为合适。

   A. 成本法　B. 市场比较法　C. 残余估价法　D. 收益法

3. 运用收益法评估房地产时，房地产总费用的公式正确的是（　　）。

   A. 房地产总费用＝管理费＋折旧费＋保险费＋税金

   B. 房地产总费用＝管理费＋折旧费＋保险费＋税金＋空房损失费

   C. 房地产总费用＝管理费＋维修费＋折旧费＋保险费＋税金＋空房损失费

   D. 房地产总费用＝管理费＋维修费＋保险费＋税金＋空房损失费

4. 有一宗土地，出让年期为 40 年，资本化率为 10%，预计未来 5 年的纯收益分别为 20 万元、22 万元、24 万元、21 万元、25 万元，并从第 6 年起开始稳定在 30 万元的水平上，那么该宗土地的收益价格接近于（　　）万元。

   A. 263.9065　B. 266.4212　C. 373.5815　D. 102.226

5. 下表为搜集到的纯收益与售价的交易实例，则应用纯收益与售价比率法确定评估标的的资本化率为（　　）。

交易实例	纯收益（元/平方米/年）	售价（元/平方米）
1	419	5，900
2	450	6，000
3	394	5，700
4	460	6，300

   A. 6.8%　B. 7%　C. 7.1%　D. 7.2%

6. 待估建筑物账面原值 150 万元，竣工于 1995 年年底，假设 1995 年的价格指数为 100%，从 1996 年到 2000 年的价格指数每年增长幅度分别是 11.7%、17%、20.5%、6.9%、4.8%，问 2000 年年底该建筑物的重置成本最有可能是（　　）万元。

   A. 2 650　B. 265　C. 2 410　D. 241

7. 某宗土地，土地单价为10000元/平方米，规划容积率为8，建筑密度为0.5，则其楼面地价为（　　）元/平方米。

A. 5000　　B. 1250　　C. 800　　D. 20000

8. 某待估宗地剩余使用年限为30年，还原利率为6%，比较实例价格为3000元/平方米，剩余使用年限为40年，若不考虑其他因素，则评估标的的单价接近于（　　）元/平方米。

A. 3279　　B. 2250　　C. 2744　　D. 4000

9. 我国土地使用权出让的最高年限由（　　）确定并公布。

A. 国土资源部　　B. 建设部　　C. 省、自治区、直辖市政府　　D. 国务院

10. 若某房地产的售价为1000万元，其中建筑物价格为600万元，地价为400万元，该房地产的年客观收益为72万元，建筑物的资本化率为8%，那么土地的资本化率最接近于（　　）。

A. 8%　　B. 6%　　C. 7.5%　　D. 5%

二、多选题

1. 土地的经济特性是（　　）。

A. 供给的稀缺性　　B. 可垄断性
C. 不可再生性　　D. 土地利用多方向性
E. 效益级差性

2. 地价的特征包括（　　）。

A. 地价是地租的资本化　　B. 地价是权益价格
C. 土地具有增值性　　D. 效益级差性
E. 地价与用途有关

3. 新建房地产的开发成本包括（　　）。

A. 可行性研究费　　B. 设计费
C. 土地出让金　　D. 场地平整费
E. 勘察费

4. 房地产评估的原则包括（　　）。

A. 可比原则　　B. 替代原则
C. 最有效使用原则　　D. 贡献原则
E. 合法原则

5. 运用基准地价评估宗地价格时，需要修正的因素包括（　　）。

A. 土地出让金　　B. 土地使用年限
C. 拆迁费用　　D. 土地等级
E. 容积率

三、思考题

1. 房地产评估应遵循的原则。

2. 影响房地产评估的区域因素主要有哪些？

3. 房地产评估的基本方法有哪些？

四、基本能力训练题

1. 投资者面对甲、乙两幅土地。甲地容积率为 5，单价为 1 000 元/平方米，乙地容积率为 3，单价为 800 元/平方米，两幅土地其他条件相同，问投资者应选择哪一幅土地进行投资更为经济？

2. 有一宗土地，出让年限为 40 年，资本化率为 6%，预计未来 5 年的纯收益分别为 30 万元、32 万元、35 万元、33 万元、38 万元，从第 6 年开始，将稳定保持在 40 万元左右。试用收益法评估该宗地价格。

3. 有一栋钢筋混凝土结构住宅，建筑层数为 18 层，地区级别为 6 级，现空置，要求用市场比较法估算其出售价格。现有 A、B、C、D、E、F 共六宗交易实例 9（见下表），要求从中选取合适的可比实例。

交易实例资料表

房屋性质	是否空置	估价时间、目的	地区级别	市场价格（元/平方米）
A 钢筋混凝土结构的 19 层住宅	空置	近期出售	6 级	4 500
B 钢筋混凝土结构的 8 层住宅	空置	近期出售	6 级	3 800
C 砖混结构的 7 层住宅	空置	近期出售	3 级	3 200
D 钢筋混凝土结构的 26 层住宅	空置	近期拍卖	6 级	3 800
E 钢筋混凝土结构的 18 层住宅	空置	近期出售	6 级	4 800
F 钢筋混凝土结构的 18 层住宅	空置	2 年前出售	6 级	3 500

4. 有一待估宗地，剩余使用年限为 40 年，还原利率为 6%，现搜集到 A、B、C、D 四宗地交易实例，具体情况见下表，表中交易情况、区域因素和个别因素都是参照物与评估标的相比较、以评估标的为基准确定的数值。该城市此类用地容积率与地价的关系为：当容积率在 1.5～2 之间时，容积率每增加 0.1，宗地地价比容积率为 1.5 时增加 2%。该城市从 1998 年到 2002 年，每年地价指数上升 1%。

试根据上述条件评估待估宗地 2002 年 1 月的评估价值。

宗地	成交价	交易时间	交易情况	容积率	区域因素	个别因素	剩余年限
评估标的		2002.1	0	1.7	0	0	40
A	2 200	2001.1	−1%	1.6	0	−1%	38
B	2 400	2001.1	0	1.8	+2%	0	40
C	2 300	2001.1	0	1.7	0	0	39
D	2 100	2000.1	−2%	1.6	0	−1%	38

5. 某房地产公司于2000年1月以有偿出让方式取得一块土地（50年使用权），并于2002年1月在此地块上建成一座框架结构的写字楼，经济耐用年限为60年，残值率为0。该类建筑重置价格为每平方米2 500元。该建筑物占地面积1 000 m^2，建筑面积为1 800 m^2，现用于出租，每年实收租金为72万元。另据调查，当地同类写字楼租金一般为每月每建筑平方米50元，空置率为10%，每年需支付的管理费为年租金的3%，维修费为重置价的1.5%，土地使用税及房产税为每建筑平方米25元，保险费为重置价的0.2%，土地资本化率6%，建筑物资本化率8%。试根据以上资料评估该宗地2003年1月土地使用权的收益价格。

第 6 章　流动资产评估

学习目标

➢ 理解流动资产的评估特点。

➢ 运用成本法和市场法评估实物类流动资产的价值。

➢ 掌握应收账款、预付账款、应收票据、待摊费用及预付费用和其他资产的价值评估。

任务导入

【引例导入】 上海某汽车空调有限公司委托评估机构对上海 S 汽车空调有限公司进行评估，拟收购该公司另一股东日本 S 株式会社在该公司 25%的股权。经查，该公司有 10 483.15 万元的存货，其账面价值占总资产的 34.11%，占净资产的 92.91%。其主要构成为原材料和产成品，该公司的产品主要为汽车空调用压缩机，每台售价约为 1 000 元左右。对如此大量的存货，评估机构该如何比较准确客观的评估其价值?

存货作为企业重要的一项流动资产，其评估的准确与否，直接影响到整体的评估结果。流动资产相对于长期资产来说，评估并不困难，但因种类繁多，评估时比较麻烦。一般的，可以将流动资产分成以下四类，即实物类流动资产、债权类流动资产、货币类流动资产和其他流动资产。下面我们就来学习流动资产的评估。

6.1　流动资产评估概述

流动资产是指企业在生产经营活动中，可以在 1 年内或超过 1 年的一个经营周期内变现或者耗用的资产。流动资产是企业资产的组成部分，在企业资产评估中把它作为单独的评估对象。

6.1.1　流动资产类型与特点

1. 流动资产的类型

在实际评估工作中，一般将流动资产分为以下 3 种类型。

（1）实物类流动资产，是指企业在生产经营过程中为销售或耗用而储备的具有实物形态的资产，主要包括各种材料、在产品、半成品、低值易耗品、包装物等。

（2）货币类流动资产，是指现金和各项存款等具有现金等价物性质的流动资产。货币类流动资产包括现金、银行存款和短期内准备变现的短期投资。

（3）债权类流动资产，是指没有一定的实物形态的具有债权性质的流动资产。债权类流动资产主要包括各种应收预付款项、待摊费用等。

2. 流动资产的特点

与固定资产相比，流动资产的特点主要表现在以下几个方面。

（1）周转速度快。周转速度快是流动资产最主要的特征。流动资产在使用中只经历一个生产经营周期，就改变其实物形态，并将其全部价值转移到所形成的产品中去，构成成本费用的一个组成部分，然后从营业收入中得到补偿。判断一项资产是否是流动资产，关键是看其周转情况。

（2）变现能力强。变现能力强是流动资产的一个显著的标志。各种形态的流动资产都可以在较短的时间内出售或变卖，具有较强的变现能力，是企业对外支付和偿还债务的物质基础。当然不同形态的流动资产，其变现速度是有区别的。按变现能力强弱排序，首先是货币资产；其次是短期投资；然后是较易变现的应收账款；最后是存货。

（3）形态多样性。流动资产存在的形态呈现多样性的特点。不同行业流动资产的存在形态千差万别，即使在同一行业的不同部门，流动资产的存在形态也有很大的差别。但总的来说，流动资产总是处于储备形态、生产形态、成品形态、货币资金形态及结算资金形态。流动资产按其存在形态，可以归结为货币类流动资产、债权类流动资产、实物类流动资产和其他流动资产等几种类型。

6.1.2 流动资产评估特点

流动资产的特点使流动资产评估与其他资产评估相比，具有以下特点。

1. 流动资产评估是单项评估

流动资产评估是以单项资产为评估对象，根据其本身的特点进行评估，不需要以其综合获利能力进行综合价值评估。

2. 流动资产评估要合理确定评估基准日

资产评估是确定资产在某一时点上的价值，而流动资产由于其流动性和波动性，使得不同形态的流动资产随时都在变化，不可能人为地停止流动资产的运转。因此，流动资产评估对时点的要求比较严格，所选评估基准日应尽可能在会计期末，或尽可能与资产评估结论利用的时间相一致，并在规定的时间进行盘点和清查，确定流动资产的数量和账面价值，防止重复和遗漏。

3. 评估要分清主次，掌握重点

在流动资产评估之前必须认真进行资产清查，这直接影响着评估质量的好坏。但是，由于流动资产往往数量较大、种类较多，清查工作量很大。因此，需要同时考虑评估的时间要求和评估成本。流动资产评估往往需要根据不同企业的生产经营特点和流动资产分布的特点，对其分清主次、重点和一般，选择不同的方法进行清查和评估。清查采用的方法可以是抽查、重点清查和全面盘点。当抽查核实中发现原始资料或清查盘点工作可靠性较差时，要扩大抽查范围，直至核查全部流动资产。

4. 流动资产的账面价值基本上可以反映其现值

由于流动资产周转速度快，变现能力强，无须考虑资产的功能性贬值因素（资产的实体性损耗的计算也只适用于低值易耗品、包装物以及呆滞、积压物资的评估），在价格变化不大的情况下，资产的账面价值基本上可以反映流动资产的现值，因此，在特定的情况下，对流动资产较适合采用历史成本法评估。这就必然使流动资产的评估对企业会计核算资料的依赖性比较高。

总之，流动资产中有相当一部分是以货币形态存在的。以货币形态存在的流动资产并不存在价值评估问题，需要评估人员做的只是一种核实。即使是以实物形态存在的流动资产，由于其周转速度快和接近现值，如没有实体上的损坏，或冷背残次，其价值评估也与不动产等的评估有着较大差别，审核是非常重要的手段。

6.1.3 流动资产评估程序

1. 确定评估对象和评估范围

被评估对象和评估范围应依据经济活动所涉及的资产范围而定。要注意考虑以下两点。

（1）界定流动资产的范围。必须注意划清流动资产与非流动资产的界限，防止将不属于流动资产的机器设备等作为流动资产，也不得把属于流动资产的低值易耗品等作为非流动资产，以避免重复评估和漏评估。

（2）核实待评估流动资产的产权。企业在进行资产评估前，必须先应核实流动资产的产权。如企业中存放的外单位委托加工材料、代为保管的材料物资等，尽管存在于该企业中，但由于其产权不属于被评估单位，故不得将其列入流动资产的评估范围，已作为抵押物的流动资产也不能列入评估范围。

2. 合理确定评估时点

基于流动资产的特点，确定评估时点时要尽可能兼顾以下 3 个因素。

（1）为便于利用会计信息，评估时点尽可能与会计报表的时间接近。

（2）评估时点最好在评估期间或尽可能靠近。

（3）尽可能接近资产业务的发生时效，以利于保证评估结果的可用性，避免或减少再次进行价格调整。

3. 对被评估流动资产进行查验核实

一般分 3 种类型进行查核：实物类流动资产、资金类流动资产和债权债务类流动资产。

（1）实物类流动资产的查核。实物类流动资产包括：原材料、辅助材料、燃料、修理用备件、低值易耗品、包装物、外购半成品等储备性的资产；加工中的产品和自制半成品等在产品；已验收入库的产成品。实物类流动资产的核查一般是采用清点、测量等方法进行实地清点，对不同的实物类型，可采用推算或估算的方法核实。查核中要注意是否有变质、损毁、废品或贬值等情况，必要时要进行质量检测和技术鉴定，以便了解资产的质量状况，确定其是否还具有使用价值，并核对其技术情况和等级与被评估资产清单的记录是否一致。这一环节是正确评估实物类流动资产价值的重要基础。特别是对那些时效性较强的存货，如有保鲜期要求的食品、有有效期要求的药品、化学试剂等，对其进行技术检测尤为重要。对各类存货进行技术质量调查检测，可由被评估企业的有关技术人员、管理人员与评估人员合作完成。

（2）货币资产的查核。货币资产包括现金、银行存款和其他货币资产。现金应进行现场清点核算，银行存款是通过银行对账的方法核实，其他票据要通过银行核对或向有关单位询证。

（3）债权、债务的查核。属于流动资产的债权债务包括银行借款、应收货款、应付货款、其他应收款、其他应付款、暂收款、暂付款、预收款和预付款等。对所有债权债务必须按户核对或实地清查，然后据实对账务进行调整。要重点对企业的债权情况进行分析，根据对被评估企业与债务经济往来活动中的资信情况的调查了解，以及对每项债权资产的经济内容、发生时间的长短及未清理的原因等因素进行核查，综合分析确定各项债权回收的可能性、回收的时间、回收时将要发生的费用等。

4. 合理选择评估方法

流动资产的类型影响评估方法的选择。选择评估方法时，要考虑评估目的和不同种类流动资产的特点。

（1）对于实物类流动资产，可以采用市场法或成本法。对存货类流动资产，如果其价格变动较大，则以市场价格为基础，对购入价格较低的存货，按现行市价进行调整；对购入价格较高的存货，除考虑现行市价外，还要分析最终产品价格是否能够相应提高，或存货本身是否具有按现行市价出售的可能性。

（2）对于货币类流动资产，其清查核实后的账面价值本身就是现值，无须用特殊方法进行评估。只是对外币存款应按评估基准日的汇率折算。

(3) 对于债权类流动资产评估，宜采用可变现净值进行评估。

5. 评定估算流动资产，出具评估结论

经过上述评估程序对有关流动资产进行评估后，即可得出相应的评估结论。

6.2 实物类流动资产的评估

实物类流动资产主要包括各种材料、在产品、产成品、低值易耗品、包装物等。实物类流动资产是流动资产评估中的主要对象。

6.2.1 库存材料的评估

企业中的材料按其存放地点，可以分为库存材料和在用材料。在用材料在生产过程中已经形成产品或半成品，不再作为单独的材料存在，因此这里所说的材料评估主要是对库存材料的评估。库存材料包括原材料、各种主要材料、辅助材料、燃料、修理用备件、包装物、低值易耗品等。低值易耗品的评估在后面有专门的介绍，这里主要介绍对前面几种材料的评估。

库存材料具有品种多、数量大、金额大，而且计量单位、购进时间和自然损耗等各不相同的特点，在评估时注意以下几点。

(1) 进行实物盘点，使其账实相符。

在进行材料的价值评估前，首先应进行材料清查，做到账实相符。与此同时，还应查明材料有无霉烂、变质、呆滞、毁损等情况。

(2) 根据不同评估目的和待估资产的特点，选择相应的评估方法。在评估方法的选择上更多的是采用成本法或市场法。因为材料等流动资产的功效高低取决于其自身，而且是生产过程中的“消费性”资产，所以，即使在发生投资行为的情况下，仍可采用成本法或市场法。就这两种方法而言，在某种材料存在活跃市场、供求基本平衡的情况下，成本法和市场法二者可以替代使用。如不具备上述条件，则应分析使用。

(3) 运用存货管理的ABC分析法，突出重点。

由于企业的材料品种、规格繁多，而且单位价值不等，在实际进行资产评估时，可按照一定的目的和要求，对材料按照ABC分析法进行排队，分清主次，突出重点，着重对重点材料进行评估。

对库存材料进行评估时，可以根据材料购进情况的不同选择合适的评估方法。

1. 近期购进库存材料的评估。近期购进库存材料的库存时间较短，在市场价格变化不大的情况下，其账面值与现行市价基本接近，评估时可以采用市场法或成本法，这两种评估方法得出的评估结果相差不大。

【案例 6-1】 被评估企业中 A 材料系两个月前从外地购进，材料明细账的记载为：数量 6 000 公斤，单价 500 元/公斤，运杂费为 600 元。根据材料消耗的原始记录和清查盘点，评估时库存尚有 1 000 公斤。根据以上资料，可以确定材料的评估值为多少。注意：各项综合费用的分摊问题。

材料评估值＝1 000×（500＋600/6 000）＝500 100（元）

2. 购进批次间隔时间长、价格变化较大的库存材料的评估。这种库存材料的评估可以采用以下两种方法：一种是以最接近市场价格的那批材料的价格作为评估的计价基础；另一种是直接以评估基准日时的市场价格作为评估的计价基础。

这里需要注意的是，各企业对材料的购进时间和购进批次等的核算在会计上采用不同的方法，如先进先出法、后进先出法、加权平均法等，这使得材料的账面余额不尽相同。但核算方法的差异对评估结果并无影响，评估时的关键还是准确核查库存材料的实际数量，在此基础上确定库存材料的评估价值。

【案例 6-2】 要对被评估企业的库存 B 材料进行评估，评估基准日为 2003 年 12 月 31 日。该材料分两批购进，第一批购进时间为 2002 年 1 月，购进 1 500 吨，单价为 450 元/吨，第二批购进时间为 2003 年 11 月，购进 2 000 吨，单价为 300 元/吨。截至评估基准日，2002 年购入的还剩 100 吨，2003 年购入的还没有使用。因此，尚需评估的材料数量为 2 100 吨，应按照现行的市场价格 300 元/吨计算评估值如下：

材料评估值＝300×（100＋2 000）＝630 000（元）

3. 购进时间较早，市场上已脱销，没有现行市价的库存材料的评估。这类库存材料无法直接从市场上找到它的现行价格，只能采用其他的方法来确定。

（1）通过寻找替代品的价格变动资料来修正该材料的价格。

（2）通过分析该材料在市场上的供需情况的变化来修正该材料的价格。

（3）通过市场上同类材料的平均物价指数来修正该材料的价格。

4. 呆滞材料（超储积压物资）价值的评估。

呆滞材料是指企业从库存材料中清理出来需要进行处理的材料。这部分材料由于长期积压或保管不善等问题使使用价值下降。对这类材料的评估首先是对其数量和质量进行核查和鉴定，然后区别不同情况来进行评估。对其中失效、变质、残损、报废、无用的，应通过分析计算，扣除相应的贬值数额后，确定其评估值。

5. 盘盈、盘亏材料的评估。

（1）盘亏材料的评估。盘亏材料并无实物，不存在评估的问题，应直接从待估材料申报中剔除。

（2）盘盈材料的评估。因为盘盈材料并没有历史成本资料，应采用现行市价法或重置成本法进行评估。

6.2.2 在产品价值的评估

企业的在产品包括产品生产过程中尚未加工完毕的在制品和已加工完毕但不能单独对外销售的半成品。其中，外购的半成品视同材料评估；可直接对外销售的自制半成品视同产成品评估。

在产品的评估应注意以下几个问题：首先，在产品变动频繁，流动性大，数量不太容易核查清楚，要合理地选择评估时点，力求核实准确；其次，在产品是未完工产品，在评估时应注意确定其完工程度，第三，注意企业成本核算资料是否真实可靠，与同行业一般产品成本是否相一致，以及社会平均成本水平如何，所以对在产品的评估应结合它的特点，采用成本法或市场法。

1. 成本法在产品评估中的应用

成本法是指根据清查核实、技术鉴定和质量检测的结果，按评估时的相关市场价格及费用水平重置同等级在产品所需要的合理的料、工、费来确定在产品的评估值。这种方法适用于仍需继续生产、销售并有盈利的在产品的评估，而且主要适用于生产周期较长的在产品的评估。对于生产周期较短的在产品，主要以其实际发生的成本作为评估依据，在变现风险很小的情况下，也可以根据其账面值进行调整。成本法中的具体方法有以下 3 种。

（1）价格变动系数调整法

价格变动系数调整法是指以产成品实际发生的成本为基础，根据评估基准日的市场价格变动情况进行调整，得出产成品的重置成本的方法。这种方法主要适用于生产经营正常，会计核算水平较高的企业。具体评估方法和步骤是：

① 对被评估在产品进行技术鉴定，将不合格在产品的成本从总成本中剔除；

② 分析原来成本的构成，将不合理的费用从总成本中剔除；

③ 分析构成在产品的材料从生产准备开始到评估基准日的价格变动情况，测算出价格变动系数；

④ 分析在产品中的工资、燃料、动力及制造费用等从开始生产到评估基准日的变动情况，测算出调整系数；

⑤ 根据技术鉴定、原始成本的构成分析和组成部分的价值变动系数的测算，调整成本，确定评估值，必要时，从变现的角度修正评估值。

需要说明的是，在产品的成本包括直接材料、直接人工和制造费用和借款费用 4 部分。制造费用属间接费用，直接人工尽管是直接费用，但在实际计算中较难确定，所以在评估时把它和制造费用等合并作为一项费用来进行测算。借款费用一般用于需要经过相当长时间的构建或者生产活动才能达到预定可使用或者销售状态的存货。

计算公式如下：

在产品的评估值＝原合理材料成本×(1＋价格变动系数)＋原合理工资、费用(含借款费用)×(1＋合理工资、费用变动系数) (6-1)

公式中工资虽为直接费用，但在实际计算中较难确定，所以把它和费用等合并作为费用来计算。

【案例 6-3】 某企业处于某一生产阶段的在产品 300 件，已知每件的铝材消耗 50 公斤，每公斤市场单价 5.00 元；在产品累计单位工时定额 20 小时，每定额小时的燃料和动力费用定额 0.45 元、工资及附加费定额 10.00 元、车间经费定额 2.00 元，企业管理费用定额 4.00 元，该在产品不存在变现风险。则该在产品的评估值计算如下：

原材料成本＝300×50×5.00＝75 000（元）

工资成本＝300×20×10.00＝60 000（元）

费用成本＝300×20×(2.00＋4.00)＝36 000（元）

燃料和动力成本＝300×20×0.45＝2 700（元）

该在产品评估值＝75 000＋60 000＋36 000＋700＝173 700（元）

(2) 社会平均工艺消耗定额和现行市价法

这种方法是指按照重置同类资产的社会平均成本确定被评估资产的价值。在用此方法之前先要掌握以下几点：

第一，被评估在产品的完工程度；

第二，被评估在产品有关工序的工艺定额；

第三，被评估在产品耗用材料的近期市场价格；

第四，被评估在产品的合理工时取费标准。

此方法的基本计算公式如下：

在产品的评估值＝在产品实有数量×(该工序单件材料工艺定额×单位材料现行市价＋该工序单件工时定额×正常工资费用) (6-2)

对于工艺定额的选取，首先考虑行业统一标准；没有行业统一标准的，按照企业的现行标准。

(3) 约当产量法

约当产量法是指将在产品的数量，按其完工程度折算为相当于完工产品的数量（即约当产量），然后根据产成品的重置成本和约当产量计算在产品评估值的方法。计算公式为：

在产品评估值＝产成品重置成本×在产品约当产量 (6-3)

在产品约当产量＝在产品数量×在产品完工程度 (6-4)

其中在产品的完工程度有很多种确定方法，可以根据已完成工序（工时）与全部工序

（工时）的比例来确定，也可根据生产完成时间与生产周期的比例来确定。

【案例 6-4】 某工厂在评估时，有在产品 20 件，材料随生产过程陆续投入。已知这批在产品的材料投入量为 75%，完工程度为 60%，该产品的单位定额成本为：材料定额 3 800 元，工资定额为 400 元，费用定额为 620 元。现确定该批在产品的评估价值如下：

在产品材料约当产量＝20×75%＝15（件）

在产品工资、费用约当产量＝20×60%＝12（件）

在产品评估值＝15×3 800＋12×（400＋620）＝69 240（元）

2．*市场法在在产品评估中的应用*

市场法是用同类在产品的市场销售价格，扣除销售过程中预计发生的费用后确定在产品评估值的方法。一般来说，在产品的通用性强，能用于产品配件更换或用于维修等情况下，其评估价值也较高；若在产品属于很难通过市场出售或调剂出去的专用配件等，则只能按废料回收价格进行评估。

基本计算公式如下：

（1）在产品评估值＝在产品数量×市场可接受的不含税价格－预计销售过程中发生的税费　（6-5）

（2）报废在产品的评估值＝可回收废料的数量×废料的单位现行回收价格　（6-6）

6.2.3　产成品及库存产品的评估

产成品及库存产品，是指企业已经完工入库和已经完工并经过质量检验但尚未办理入库手续的产成品和商品流通企业的库存商品等。对于此类存货应依据其变现的可能和市场接受的价格进行评估，通常可采用成本法和市场法进行评估。

1．*成本法在产成品及库存产品的评估中的应用*

用成本法来进行评估，主要根据生产、制造该项产成品全过程中发生的成本费用来确定产成品评估值。具体可分为以下两种情况进行。

（1）历史成本法

评估基准日与产成品完工时间较接近，且物价变动不大时。这时可以直接按产成品账面成本确定，计算公式为：

产成品评估值＝产成品数量×产成品账面单位成本　（6-7）

（2）重置成本法

评估基准日与产成品完工时间相距较长，成本费用变化较大时。这时的产成品评估值可按下面两种方法进行。

（1）产成品评估值＝产成品实有数量×（合理材料工艺定额×材料单位现行价格＋合理工时定额×单位工时合理工资及费用开支）　（6-8）

（2）产成品评估值＝产成品实际成本×（材料成本比率×材料综合调整系数＋工资、费用成本比率×工资费用综合调整系数） (6-9)

借款费用一般用于需要经过相当长时间的构建或者生产活动才能达到预定可使用或者销售状态的存货。

【案例 6-5】 某企业评估时产成品实有数量为 100 台，每台实际成本 500 元，根据会计核算资料，该产品生产成本中材料与工资、其他费用的比例为 3∶2，根据目前价格变动情况和其他相关资料，确定材料综合调整系数为 1.20，工资、费用综合调整系数为 1.10，由此可以确定该产品评估值为：

产成品评估值＝100× 500×（60％×1.2＋40％×1.1）＝58 000（元）

2. 市场法在产成品及库存产品的评估中的应用

市场法是指按不含税的可接受市场价格，扣除相关费用后确定产成品评估价值的方法。

产成品评估值＝产成品实有数量×产成品不含税的现行市价－减值因素 (6-10)

运用市场法评估产成品，原则上可根据《资产评估操作规范意见（试行）》第四十三条的要求，对于十分畅销的产品，根据其出厂销售价格减去销售费用和全部税金确定评估值；对于正常销售的产品，根据其出厂销售价格减去销售费用、全部税金和适当数额的税后净利润确定评估值；对于勉强能销售出去的产品，根据其出厂销售价格减去销售费用、全部税金和税后净利润确定评估值；对于滞销、积压、降价销售产品，应根据其可收回净收益确定评估值。

运用市场法评估时应注意以下几点。

（1）产成品的使用价值。评估人员要对产品本身的技术水平和内在质量进行鉴定，明确产品的使用价值及技术等级，进而确定合理的市场价格。

（2）分析产品的市场供求关系和被评估产品的前景。这样做也有利于产品的市场价格的合理确定。

（3）市场价格的选择应以公开市场上形成的产品近期交易价格为准，非正常交易情况下的交易价格不能作为评估的依据。

（4）对于产成品的实体性损耗，如表面的残缺等可以据其损坏程度，确定适当的调整系数来进行调整。

采用市场法进行评估时，市场价格中包含了成本、税金、利润的因素，对这部分利润和税金的处理，应视产成品评估的目的和评估性质而定。

（1）如果产成品的评估是为了销售，应直接以现行的市场价格作为评估值，不需要考虑销售费用和税金的问题。

（2）如果产成品的评估是为了投资等，这时税金要流出企业，销售费用也可得到补偿，应从市价中扣除各种税金作为产成品的评估价值。

【案例 6-6】 某厂生产的产品，评估基准日的账面价值为 392 500.54 元，评估中根据厂方提供的年度会计报表及评估人员的清查得知，评估基准日该产品的库存数量为 50 000 件，单位成本 50 元/件，出厂价 60 元/件（含增值税），该产品的销售费用率为 3%，销售税金及附加占销售收入的 2%，利润率为 15%，该企业的增值税率为 17%。计算过程如下：

$$\text{产品的评估值} = 50\,000 \times (60/1.17) \times (1-3\%-2\%-15\%)$$
$$= 50\,000 \times 51.28 \times 0.8 = 2\,051\,200\ (\text{元})$$

6.2.4 低值易耗品价值的评估

低值易耗品是指虽不构成固定资产，但能多次使用而基本保持其实物形态的劳动资料。特点：一方面，低值易耗品能多次使用并基本保持其实物形态，在使用过程中需要进行维修，报废时也有一定的残值，这与固定资产类似；另一方面，因为低值易耗品的价值较低，常作为材料进行管理。

可见，低值易耗品是一种特殊的劳动资料。不同行业对固定资产和低值易耗品的划分标准是不完全相同的，在评估过程中判断劳动资料是否是低值易耗品，应视其在企业中的作用来定。

1. 低值易耗品的分类

低值易耗品的种类很多，从评估的角度主要按以下标准进行分类。

（1）易耗品的用途分类。可以分为一般工具、专用工具、替换设备、管理用具、劳动保护用品和其他低值易耗品等。

（2）易耗品的使用情况分类。可以分为在库低值易耗品和在用低值易耗品。

2. 低值易耗品的评估方法

（1）在库低值易耗品的评估

在库低值易耗品的评估可以根据具体情况，采用与库存材料评估相同的方法。库存材料评估的方法前面已进行了介绍，这里不再赘述。

（2）在用低值易耗品的评估

在用低值易耗品的评估，可以采用成本法进行评估。计算公式为：

$$\text{在用低值易耗品评估值} = \text{全新低值易耗品的成本价值} \times \text{成新率} \qquad (6\text{-}11)$$

全新低值易耗品的成本价值可以按以下方法进行确定：

1）在物价变动很小的情况下，直接采用低值易耗品的账目价值；

2）在物价变动较大的情况下，可直接用评估基准日的市场价格，还可以用账目价值乘以物价变动指数来确定。

由于低值易耗品的使用期限比较短，一般不考虑其功能性损耗和经济性损耗，在确定成新率时，应根据其实际损耗确定，不能按照其摊销方法（一次摊销或分次摊销）确定。成新率的计算公式为：

成新率＝（1－实际已使用月份/可使用月份）×100％ (6-12)

【案例 6-7】 某企业的某项低值易耗品原价为 800 元，预计使用期限为 1 年，截止到评估基准日已使用了 9 个月，该低值易耗品的现行市场价格为 1 000 元，则该项低值易耗品的评估值为：

低值易耗品的评估值＝1 000×（1－9/12）＝250（元）

6.3 货币类资产及债权类流动资产的评估

6.3.1 货币类资产的评估

货币类资产是指以货币形态存在的资产，包括现金、银行存款和短期内准备变现的短期投资。

1. 现金、银行存款的评估

资产评估主要是对非货币性资产而言，货币性资产不会因时间的变化而发生差异，因此对于货币资金的评估，尤其是对现金、银行存款的评估，主要是对数额的清查确认。要对现金进行盘点，并与现金日记账和现金总账核对，实现账实相符；对银行存款要进行函证，核实其实有数额。评估时要以核实后的实有值作为评估值，如有外汇存款，应按评估基准日的国家外汇牌价折算成人民币计算。

2. 短期投资的评估

短期投资主要是企业为了利用正常营运中暂时多余的资金，购入一些可随时变现的有价证券。这样做可以一定程度上提高资金的使用效益。对于在证券市场上公开交易的有价证券，可按评估基准日的收盘价计算确定评估值；对于不能公开交易的有价证券，可按其本金加持有期利息计算评估值。

6.3.2 债权类流动资产的评估

债权类流动资产主要包括应收账款、预付账款、应收票据、待摊费用及预付账款等。

1. 应收账款和预付账款的评估

应收账款和预付账款是指企业在经营过程中由于赊销等原因形成的尚未收回的款项及根据合同规定预付给供货单位的货款等。由于应收账款存在回收风险，因此评估时需要判断估计坏账损失，然后确定应收账款的评估值，基本计算公式为：

$$应收(预付)账款评估值 = 评估时应收(预付)账款额 - 已确定的坏账损失 - 预计坏账损失 \quad (6-13)$$

具体评估时，其基本程序如下。

(1) 应收（预付）账款额的确定

对应收（预付）账款进行评估时，要进行清查核实，确定应收（预付）账款的数额。评估人员要进行账证核对、账表核对，还要尽可能的按客户名单发询证函，查明每项应收（预付）账款的发生时间、金额、债务人单位的基本情况等，为预计坏账损失提供依据。对机构内部独立核算单位间的往来要进行双向核对，以避免重记、漏记。

(2) 已确认坏账损失的确认

已确定的坏账损失是指在评估时可以确认不能收回的应收（预付）账款。《企业会计制度》(2001 年版) 规定符合下列条件之一的，应确认为坏账损失：

1) 债务人死亡，以其遗产清偿后仍无法收回的应收账款；

2) 债务人破产，以其破产财产清偿后仍无法收回的应收账款；

3) 债务人在较长时间内未履行其偿债义务，并有足够证据表明无法收回或收回的可能性极小；

对于已确认的坏账损失，在评估其价值时，必须从应收（预付）账款价值中扣除。

(3) 预计坏账损失的确认

确定预计坏账损失，即判断应收（预付）账款回收的可能性。对于被评估企业的应收（预付）账款，应根据应收（预付）账款收回的可能性进行判断。一般可以根据企业与债务人的业务往来和债务人的信用情况将应收（预付）账款分为几类，并按不同类别估计坏账损失发生的可能性及其数额。应收（预付）账款的分类情况如下。

第一类：业务往来较多，债务人结算信用好。这类应收（预付）账款一般能够如期全部收回。

第二类：业务往来少，债务人结算信用一般。该类应收（预付）账款收回的可能性很大，但收回时间不能完全确定。

第三类：偶然发生业务往来，债务人信用状况未能调查清楚。这类应收（预付）账款可能只收回一部分。

第四类：有业务往来，但债务人信用状况较差，有长期拖欠货款的记录。这类应收（预付）账款可能无法收回。

上述分类方法，既是对应收（预付）账款坏账损失可能性的判断过程，也是对预计坏账损失定量分析的准备过程。对预计坏账损失的估计方法主要有如下几种。

1) 坏账比例法

坏账比例法是指根据被评估企业前若干年（一般为 3～5 年）的实际坏账损失额和应

收（预付）账款发生额确定坏账的发生比例，然后根据这一比例和全部应收（预付）账款的数额来确定其预计坏账损失。坏账比例的计算公式为：

坏账比例＝评估前若干年发生的坏账数额/评估前若干年应收（预付）账款余额 （6-14）

【案例 6-8】 对某企业的应收账款进行评估时，根据账面的记载，截至评估基准日应收账款的账面余额为 500 万元，前四年的应收账款发生情况及坏账损失情况如表 6-1 所示。

表 6-1 前四年的应收账款发生情况及坏账损失情况 （单位：万元）

	应收账款余额	处理坏账金额	备注
第一年	150	20	
第二年	245	7.2	
第三年	250	12	
第四年	355	10.8	
合计	1 000	50	

解：计算前四年坏账比例为

坏账比例＝（50/1 000）×100％＝5％

预计坏账损失额＝500×5％＝25（万元）

当然，如果企业的应收账款多年未清理，账面上找不到坏账的处理金额，这时坏账比例法就不适用了，就要寻求其他的方法。

2）账龄分析法

账龄分析法是指按应收（预付）账款拖欠时间的长短，分析应收（预付）账款预计可收回的金额及其产生坏账的可能性。应收（预付）账款能否顺利回收，与应收（预付）账款拖欠的时间长短有很大关系。一般来说，应收（预付）账款的账龄越长，产生坏账的可能性越大，可收回的金额就越低。因此，这种方法主要是将应收（预付）账款按账龄分类，对各类应收（预付）账款分别估计其坏账损失的可能性，从而估计坏账损失金额。

【案例 6-9】 某企业以 2003 年 12 月 31 日为评估基准日，经核实其应收账款的实有数额为 35 000 元，具体情况如表 6-2 所示。

表 6-2 应收账款情况表 （单位：元）

应收账款账龄（单位：元）	余额	估计坏账损失率	坏账损失额
未到期	18 000	1％	180
过期一个月	10 000	3％	300
过期二个月	4 350	10％	435
过期三个月	1 000	20％	200
过期三个月以上	1 650	50％	825
合计	35 000		1 940

解：应收账款评估值＝35 000－1 940＝33 060（元）

应收（预付）账款评估以后，账面上的“坏账准备”科目按零值计算。因为“坏账准备”科目是应收（预付）账款的备抵账户，其金额是按会计制度规定的一定比例计提的，而对应收（预付）账款进行评估时，是按照应收（预付）账款实际可收回的可能性进行的，这时已经考虑了坏账损失的因素，因此，应收（预付）账款评估值就不应再包括坏账准备数额。

2. 应收票据的评估

应收票据是由付款人或收款人签发的，由付款人承诺到期无条件付款的一种书面凭证。我国的应收票据主要指商业汇票。商业汇票可以依法背书转让，也可以向银行申请贴现。应收票据按承兑人的不同分为商业承兑汇票和银行承兑汇票；按其是否带息分为带息商业汇票和不带息商业汇票。

应收票据的评估可采用下列两种方法进行。

（1）按票据的本利和计算

由于商业汇票有带息和不带息之分，所以对于不带息的商业汇票，其票面金额即为评估值；对于带息商业汇票的评估值则是本金和利息的和。计算公式为：

1）无息票据评估值＝票面金额；　(6-15)

2）有息票据评估值＝票面金额×（1＋利息率×时间）。　(6-16)

【案例 6-10】 某企业拥有一张期限为一年的票据，票面金额为 6 万元，月利息率为 10‰，截至评估基准日离付款期尚差 3 个月的时间。由此确定票据的评估值为：

评估值＝6×（1＋10‰×9）＝6 054（万元）

（2）按票据的贴现值计算（未到期应收票据的评估）

这种方法下应收票据的评估值即为按评估基准日到银行贴现可获得的贴现额。计算公式为：

应收票据评估值＝票据到期价值－贴现息　(6-17)

其中不带息票据的到期价值为票据的面值；带息票据的到期价值则为票据到期时的本利和金额。

贴现息＝票据到期价值×贴现率×贴现期　(6-18)

【案例 6-11】 仍以上例的数据为例，假定银行的贴现率为月息 12‰，则应收票据的评估值计算为：

贴现息＝6×（1＋10‰×12）×12‰×3＝0.24（万元）

应收票据评估值＝6×（1＋1％×12）－0.24＝6.48（万元）

3. 待摊及预付款项的评估

（1）待摊费用的评估

待摊费用（2006 年《企业会计准则》将其包含在“1 年内到期的非流动资产”科目

中）是指企业已经支付或发生，但是应由本月和以后各个月份负担的费用。待摊费用本身不是资产，它是已耗用资产的反映，但是它的支出可以形成一定形态的资产。所以，对待摊费用的评估，应按其形成的具体资产的价值来确定。

这里应当注意的是当这种具体资产的价值已计入其他资产的评估值时，就不能再在待摊费用中重复评估。

例如，某企业待摊费用中发生的待摊修理费用 2 万元，由于使机器设备的使用寿命或功能等有所改进，在机器设备评估时已计入机器设备，在机器设备价值中已得到体现，就无须再在待摊费用中反映。

（2）预付费用的评估

预付费用与待摊费用类似，预付费用是在评估日之前企业已经支出，但在评估日之后才能产生效益的特殊资产，如预付的租金、预付保险费等。它是一种未来可取得服务的权利，所以预付费用的评估也就是对未来可取得服务的权利价值进行评估，其依据主要是未来可产生效益的时间。如果预付费用的效益已在评估日前全部体现，只因发生的数额过大而采取分期摊销的方法，这种预付费用不应在评估中作价，只有那些在评估日之后仍将发挥作用的预付费用，才是评估的真正对象。

【案例 6-12】 某企业评估基准日为 2003 年 6 月 30 日，经核实发现评估基准日待摊和预付费用情况如下：预付一年的保险金 60 万元；尚待摊销的低值易耗品余额为 15.9 元；预付的房租 45 万元，租期为 5 年，尚有 3 年的使用权。

【评估过程】

（1）预付保险金的评估

根据保险金全年支付金额计算每月的分摊数额为：

月分摊数额＝60/12＝5（万元）

保险金评估值＝6×5＝30（万元）

（2）低值易耗品的评估

低值易耗品根据实有数量和现行市场价格，确定其评估值为 13 万元。

（3）房屋租金的评估

按总租金数额和合约规定的租期计算得出每年的租金为 9 万元，房屋的租期还有三年。

房租评估值＝9×3＝27（万元）

该企业在评估基准日的待摊和预付费用的评估值＝30＋13＋27＝70（万元）

思考与练习题

一、单选题

1. 对外币存款折算为人民币时，一般应按照（　　）折算。
   A. 月平均外汇牌价　B. 年平均外汇牌价
   C. 当日外汇牌价　D. 当年最低外汇牌价
2. 采用成本法对在低值易耗品评估时，成新率的确定应当根据（　　）。
   A. 已使用月数量　B. 已摊销数额
   C. 实际损耗程度　D. 尚未摊销数额
3. 2002年3月1日对库存甲种材料进行评估，库存该材料共两批，2001年10月购入500公斤，单价为1200元已经领用400公斤，结存100公斤，2002年2月购入200公斤，单价为1500元，尚未领用。企业会计采用先进先出法，该库存材料评估值为（　　）。
   A. 450000　B. 420000　C. 390000　D. 360000
4. 某被评估企业截至评估基准日为止，经过核实后的应收账款余额为146万元，该企业前5年的应收账款累计余额为7200000元，处理坏账累计额610000元，按坏账估计法确定该企业应收款的评估值最接近（　　）元。
   A. 1336320　B. 7200000　C. 36000　D. 1365630
5. 某企业向甲公司售出材料，价款500万元，商定6个月后收款，采取商业承兑汇票结算。该企业于4月10日开出汇票，并往甲企业承兑，汇票到期日为10月10日。现对该企业进行评估，基准日定在6月10日，由此确定贴现日期为120天，贴现率按照月息为6‰计算，因此该应收票据的评估值为（　　）万元。
   A. 12　B. 500　C. 488　D. 450
6. 对上市有价证券评估时，一般可按照评估基准日的相关有价证券的（　　）计算评估值。
   A. 最高价　B. 最低价　C. 中间价　D. 收盘价
7. 企业的应收账款评估值的一般计算公式为（　　）。
   A. 应收账款账面值－已确定坏账损失－预计坏账损失
   B. 应收账款账面值－坏账准备－预计坏账损失
   C. 应收账款账面值－已确定坏账损失
   D. 应收账款账面值－预计坏账损失

8. 一般来说，应收账款评估后，账面上的“坏账准备”科目应为（　　）。

A. 零　　B. 应收账款的3～5‰

C. 按账龄分析确定　　D. 评估确定的坏账数字

9. 某企业三月初预付6个月的房屋租金90万元，当年5月1日对该企业评估时，该预付费用评估值为（　　）万元。

A. 35　　B. 60　　C. 45　　D. 30

10. 流动资产评估无须考虑功能性贬值是因为（　　）。

A. 周转速度快　　B. 变现能力强　　C. 形态多样化　　D. 库存数量少

二、多选题

1. 下列各项是关于存货评估计价的说法，说法正确的是（　　）。

A. 不同的存货计价方法会影响评估结果

B. 对于购进时间早，市场上已经脱销的材料，应以其成本价作为评估值

C. 存货计价方法的差异不会影响评估结果

D. 对呆滞材料进行评估时，首先应对其数量和质量进行核实和鉴定，对其中失效、变质、残损、报废、无用的材料，应通过分析计算，扣除相应的贬值数额后，确定其评估值

E. 在库存存货评估过程中，可能存在盘亏的情况，此种情况可以不需考虑有无实物存在就进行评估

2. 流动资产的实体性贬值可能会出现在（　　）。

A. 在产品　　B. 应收账款

C. 在用低值易耗品　　D. 呆滞、积压物资

E. 银行存款

3. 对低值易耗品进行评估时，应考虑的因素主要有（　　）。

A. 市场价格　　B. 重置成本

C. 实体性损耗　　D. 功能性损耗

E. 经济性损耗

4. 下列说法正确的是（　　）。

A. 对于实物类流动资产，可以采用市场法或成本法进行评估

B. 关于存货类流动资产的评估，对购入价格较高的存货，按现行市价进行调整；而对于购入价格较低的存货，要分析最终产品价格是否能够相应提高

C. 对于货币类流动资产，其清查核实后的账面价值本身就是现值，无须采用特殊方法进行评估

D. 关于债权类流动资产的评估，宜采用变现净值进行评估

E. 对于其他流动资产，应根据不同情况进行评估，其中有物质实体的流动资产，应视其价值情形，采用与机器设备等相同或相似的方法进行评估

5. 下列说法中正确的是（　　）。

A. 在市场价格变化不大的情况下，近期购进的库存材料的评估只可采用市场法

B. 对于从外地购进的材料，由于发生的运费数额较大，评估时应将由被评估材料分扣的运杂费计入评估值

C. 关于购进材料发生的运杂费，评估时必须将应由被评估材料分担的部分计入评估值

D. 关于购进批次间隔时间长、价格变化较大的库存材料的评估，应采用最接近市场价格的材料价格或直接以市场价格作为其评估值

E. 近期购进的材料库存时间较短，在市场价格变化不大的情况下，其账面值与现行市价基本相近

6. 关于预付费用的评估，下列说法正确的是（　　）。

A. 对评估基准日前已经支付的预付费用的评估，应区别其在评估基准日之前和之后发生效益的情况，分别按零值和预留值（评估值）进行评定

B. 预付费用在评估基准日前已经支付，但在评估基准日后才能产生效益的价值，才能成为预付费用的评估值

C. 预付费用的评估应按核实后实际支付值为其评估值

D. 预付费用的评估依据其未来可产生效益的时间

E. 预付费用在评估基准日前已经支付，其产生的效益在评估基准日前已全部体现的，其预付费用的评估值应为零

7. 关于流动资产的评估，下列说法正确的有（　　）。

A. 评估流动资产一般不需考虑资产的功能性贬值因素

B. 通常情况下，货币类流动资产以账面原值作为评估值最为合理

C. 实物类流动资产的评估方法通常采用市场法和成本法

D. 对于其他流动资产，应根据不同情况进行评估

E. 债权类流动资产按可变现净值进行评估

8. 对于购进时间长，市场已脱销，没有准确市场现价的库存材料的评估，可以采用的评估方法有（　　）。

A. 通过寻找替代品的价格变动资料来修正材料价格

B. 在市场供需分析的基础上，确定该项材料的供需关系，并以此修正材料价格

C. 把材料的账面价值作为评估值

D. 通过市场同类商品的平均物价指数进行评估

E. 把材料的账面价值扣减各种损耗作为评估值

三、思考题

1. 什么是流动资产？流动资产的特点主要表现在哪些方面？

2. 如何理解流动资产评估的特点？流动资产评估的基本程序是什么？

3. 为确定可能发生的坏账损失，对应收账款如何分类？

4. 采用市场法对产成品评估，选择市场价格应考虑哪些因素？

四、基本能力训练题

1. 企业两个月以前从外地购进某材料，数量 300 公斤，单价 150 元，当时支付的运杂费为 1 500 元。根据原始记录和清查盘点，评估时库存尚有 100 公斤这种材料。试评估该材料的价值。

2. 某企业要对其库存的某种钢材进行评估。该种钢材是分两批购进的，第一批购进时间是上年 10 月，购进 1 000 吨，每吨 3 800 元；第二批是今年 4 月购进的，数量 100 吨，每吨 4 500 元。今年 5 月 1 日评估时，经核实去年购进的此种钢材尚存 500 吨，今年 4 月购进的尚未使用。因此，需评估的钢材数量是 600 吨，价格可采用每吨 4 500 元计算，试计算其评估值。

3. 某企业向甲企业售出材料，价款 1 000 万元，商议 9 个月后收款，采取商业承兑汇票结算，该企业于 3 月 10 日开出汇票并将甲企业承兑。汇票到期日为 12 月 10 日。现对该企业进行评估，评估基准日为 6 月 10 日。贴现率为月利息 0.6%，试评估该汇票的价值。

第 7 章　无形资产评估

学习目标

➢ 掌握无形资产的基本概念和内容；

➢ 掌握无形资产评估的基本思路和方法；

➢ 熟悉各类无形资产的评估特点，以及各种评估方法在无形资产评估中的应用。

任务导入

【引例导入】 S科技有限公司研制开发了高品质铜金粉生产技术，高品质铜金粉属于国家高新技术超微功能粉体材料领域。S公司在借鉴国外先进技术的基础上，运用多学科、多领域前沿技术的交叉综合，于1998年12月成功研制了高品质铜金粉的生产技术。权威部门的检测报告和用户试用报告表明，技术水平达到国际先进水平。该产品具有分散性好、附着力强、稳定性好、色泽逼真，酷似黄金，且光亮持久等特点，产品各项性能远优于国内低品质产品，可与国外进口产品相比，已成为高档金色包装印刷廉价代金最理想的材料。为加快公司的高品质铜金粉技术的产业化进程，拟以该技术成果与D上市公司合资，发挥各自的技术优势和资金优势。为合理确定双方所占的股份，委托评估机构对该技术无形资产的价值进行评估。

无形资产评估中，上例要如何估算以投资转让为目的的成熟技术？评估该采取何种方法，评估的依据、评估中起关键作用的因素是什么？此外，对于专利权、商标权、特许权、著作权、租赁权、商誉等无形资产的价值进行评估各有什么特点。下面我们就来学习无形资产评估的基本原理和方法。

7.1　无形资产评估概述

7.1.1　无形资产的定义与特性

1. 无形资产的界定

资产评估中无形资产的界定：依据我国2001年颁布的《资产评估准则——无形资产》，无形资产是指特定主体所控制的，不具有实物形态，对生产经营长期发挥作用且能带来经济利益的资源。

2. 无形资产的特性

(1) 无形资产的形式特征

① 非实体性（无形性）。无形资产没有具体的物质实体形态，是隐形存在的资产。但是无形资产也有其一定的有形表现形式，如专利证书、商标标记、技术图纸、工艺文件、软盘等。无形资产与有形资产的根本区别在于有形资产的价值取决于有形要素的贡献，无形资产的价值则取决于无形要素的贡献。

② 排他性。无形资产往往是由特定主体排他占有，凡不能排他或者不需要任何代价即能获得的，都不是无形资产。无形资产的这种排他性，有的是通过企业自身保护取得，有的则是以适当公开其内容作为代价来取得广泛而普遍的法律保护，有的则是借助法律保护并以长期生产经营服务中的信誉取得社会的公认。

③ 效益性。并非任何无形的事物都是无形资产，成为无形资产的前提是其必须能够以一定的方式，直接或间接地为其控制主体（所有者、使用者或投资者）创造效益。

④ 长期性。无形资产应当在企业长期生产经营中发挥作用，而且必须能够在较长时期内持续产生经济效益。

(2) 无形资产功能特性

无形资产功能的发挥明显区别于有形资产，因而在评估时需牢牢把握其功能特性。

① 附着性。附着性是指无形资产往往附着于有形资产而发挥其固有功能。例如，制造某产品的专有技术要体现在专用机械生产线、工艺设计之上。各种知识性的资产一般都要物化在一定的实体之中。因此，评估中确定无形资产的收益时，一方面要考虑与无形资产共同发挥作用的有形资产的范围，另一方面要辨识、区别有形资产和无形资产带来的收益。

② 共益性。无形资产区别于有形资产的一个重要特点是，它可以作为共同财富，由不同的主体同时共享。通过合法的程序，一项无形资产可以为不同的权利主体共同享用，也可以在其所有者继续使用的前提下，多次转让其使用权。例如，一项先进技术可以使一系列企业提高产品质量、降低产品成本；一项技术专利在一个企业使用的同时，并不影响转让给其他企业使用。但是，无形资产的共益性也受到市场有限性和竞争性的制约，例如，由于追求自身利益的需要，各主体对无形资产的使用还必须受相关合约的限制。因而，评估无形资产，必须考虑无形资产的保密程度和作用环境。在转让方继续使用该项无形资产的情形下，也要考虑由于无形资产的转让形成竞争对手，从而增加竞争压力的机会成本。

③ 积累性。无形资产的积累性体现在两个方面，一是无形资产的形成基于其他无形资产的发展。二是无形资产自身的发展也是一个不断积累和演进的过程。因此，一方面，无形资产总是在生产经营的一定范围内发挥特定的作用，另一方面，无形资产的成熟程

度、影响范围和获利能力也处在变化之中。

④ 替代性。在承认无形资产具有积累性的同时，还要考虑到它的替代性。例如一种技术取代另一种技术，一种工艺替代另一种工艺等，其特性不是共存或积累，而是替代、更新。一种无形资产总会由更新的无形资产所取代，因而必须在无形资产评估中考虑它的作用期间，尤其是尚可使用年限。

7.1.2　无形资产的分类

无形资产种类很多，可以按不同标准进行分类。

1. 按企业取得无形资产的方式分类

按企业取得无形资产的方式，无形资产可分为企业自创的无形资产和外购的无形资产。前者是由企业自己研制创造获得的，以及由于客观原因形成的，如自创专利、非专利技术、商标权、商誉等；后者则是企业以一定代价从其他单位购入的，如外购专利权、商标权等。

2. 按无形资产有无专门法律保护分类

按有无专门法律保护分类，无形资产可以分为有专门法律保护的无形资产和无专门法律保护的无形资产。专利权、商标权等均受到国家专门法律保护，无专门法律保护的无形资产有非专利技术等。

3. 按无形资产能否独立存在分类

按能否独立存在，无形资产可以分为可确指无形资产和不可确指无形资产。凡是那些具有专门名称，可单独取得、转让或出售的无形资产，称为可确指的无形资产，如专利权、商标权等；那些不可辨认、不可单独取得，离开企业整体就不复存在的无形资产，称为不可确指的无形资产，如商誉。

国际评估准则委员会在其颁布的《无形资产评估指南》中，将无形资产分为权利型无形资产（如租赁权）、关系型无形资产（如顾客关系、客户名单等）、组合型无形资产（如商誉）和知识产权（包括专利权、商标权和版权等）。

目前，我国作为评估对象的无形资产通常包括：专利权、非专利技术、生产许可证、特许经营权、租赁权、土地使用权、矿产资源勘探权和采矿权、商标权、版权、计算机软件及商誉等。

7.1.3　影响无形资产评估价值的因素

进行无形资产评估，首先要明确影响无形资产评估价值的因素。一般说来，影响无形资产评估价值的因素主要有以下几个。

(1) 产权因素

知识产权是无形资产的主要组成部分，作为一种法律赋予的权利，知识产权的获得及在经济活动中的运用，必然受到相关法律条款的影响，从而影响知识产权的价值。知识产权的权属属性直接影响知识产权的价值。如，评估的是知识产权的所有权还是知识产权的使用权；知识产权的使用权是独占许可使用还是普通许可使用。不同的权属范围，知识产权的价值不同。

(2) 无形资产的取得成本

无形资产与有形资产一样，其取得也有成本。只是相对有形资产而言，其成本的确定不是十分明晰和易于计量。对企业无形资产来说，外购无形资产较易确定成本，自创无形资产的成本计量较为困难。无形资产价值的成本主要包括开发成本、转化成本、获权及维权成本、交易成本等。一般来说，一项无形资产成本越高，价值越高，这是运用成本法估算无形资产价值的理论基础。但是，这个规律并不是绝对的。

(3) 机会成本

无形资产的机会成本是指因将无形资产用于某一确定用途后所导致的将无形资产不能用于其他用途所受的损失。

(4) 使用期限

每一项无形资产一般都有一定的使用期限。无形资产的使用期限，除了应考虑法律保护期限外，更主要的是考虑其具有实际超额收益的期限。例如，某项发明专利保护期 20 年，但由于无形损耗较大，拥有该项专利实际能获超额收益期限为 10 年，则这 10 年即为评估该项专利时所应考虑的期限。商标权法律保护为 10 年，但可以续展。对于某种产品的商标，其商标的使用期限受产品寿命影响；企业的商标受企业寿命的影响。对商誉的评估，商誉使用期限受企业的寿命影响。

(5) 转让内容因素

从转让内容看，无形资产转让有完全产权转让和部分产权转让。在转让过程中有关条款的规定，会直接影响其评估值。同一无形资产的完全产权转让的评估值高于部分产权转让的评估值。在技术贸易中，同是使用权转让，由于许可程度和范围不同，评估值也应不同。

(6) 技术因素

技术因素主要影响技术型无形资产的评估价值，技术类无形资产包括专利权和专有技术等。对于商标等知识产权的价值，技术因素的影响程度较小。技术成熟程度及国内外该种无形资产的发展趋势、更新换代情况和速度等因素都将影响技术型无形资产的价值。专利技术和专有技术的成熟程度如何，也会直接影响到技术类无形资产的评估值。

(7) 获利能力因素

获利能力因素主要是指无形资产的预期收益能力，也就是一项无形资产预期所能带来的超额收益。这是影响无形资产评估价值的最重要的因素之一。一项无形资产，在环境、制度允许的条件下，获利能力越强，其价值越高；获利能力越弱，价值越低。有的无形资产，尽管其创造成本很高，但不为市场所需求，或收益能力低微，其价值就很低。

（8）风险因素

无形资产从开发到受益会遇到多种类型的风险，包括：开发风险、转化风险、实施风险、市场风险等，这些风险因素使无形资产价值的实现存在一定的不确定性，从而对无形资产价值产生影响。

（9）市场因素

① 市场供需状况。无形资产的评估价值也会受到市场因素的制约和影响。例如，市场供需状况，它一般反映在两个方面：一是无形资产市场需求情况及无形资产的适用程度。对于可出售、转让的无形资产，其价值随市场需求的变动而变动。市场需求大，则评估价值就高；市场需求小，评估价值就低。二是无形资产的供给，即是否有同类无形资产替代，供给越大，替代无形资产越多，无形资产的评估价值就越低。

② 同类无形资产的价格水平。同类无形资产的市场价格与无形资产相关产品或行业的市场状况也会影响无形资产的价值。待估无形资产相关无形资产的市场价格，直接制约着待估无形资产的价值。

此外，无形资产评估值的高低，还取决于无形资产交易、转让的价款支付方式、各种支付方式的提成基数、提成比例等。在评估无形资产时，应综合考虑。

7.1.4　无形资产评估的前提及实质

1．无形资产评估的前提——一般为无形资产的产权变动

《资产评估准则——无形资产》中指出：当出现无形资产转让和投资、企业整体或部分资产收购处置及类似经济活动时，注册资产评估人员可以接受委托，执行无形资产评估业务。这里强调无形资产评估业务发生的两种常态，一是指无形资产的拥有者或控制者以无形资产的完全产权或部分产权进行转让交易或对外投资，需要对无形资产进行评估，这种情况一般表现为单项无形资产的评估；二是指在企业整体或部分发生变动时，如企业股份制改、合作、兼并等，对企业资产中包括的无形资产进行评估，这种情况可能复杂一些。对于以无形资产进行成本核算摊销为目的的评估，因受到现行财务会计制度和税收制度的限制和约束，除非得到有关部门的批准，通常不能开展。因此，无形资产评估应主要以产权变动为前提。

2．无形资产评估的实质——无形资产的获利能力

无形资产的价值从本质上来说，是能为特定持有主体带来经济利益的能力，亦即无形资产的获利能力。在通常情况下，这种获利能力表现为企业的超常收益能力，或者表现为

能够给企业带来超额收益。因此，无形资产评估就是对获利能力的评估。无形资产只有能给购买者带来新增收益，才能根据带来的新增收益确定无形资产的价值。需要说明的是，无形资产能够带来超额收益，是一种理论抽象，即指在其他条件保持社会平均水平的情况下，能够获得高于社会平均水平的收益。而在实际生活中，由于评估参照对象并不一定保持着社会平均经营水平，因而超额收益也就不一定表现为高于社会平均水平的利润，往往表现为带来的追加利润。在实践中常有这种情形，获得和运用某无形资产是该企业正常运行必不可少的条件，特别是使企业起死回生时更为典型。在这类情形下应根据无形资产对利润增长的影响来评估无形资产的价值。还有一种情形就是能够带来垄断利润，这是指购买方由于购入和运用无形资产形成市场垄断，通过垄断价格实现垄断利润。在这种情况下，就可以根据市场垄断的不同条件，通过利润的测算，评估无形资产的价值。

7.1.5 无形资产评估的程序

无形资产评估一般按下列程序进行。

1. 明确评估目的

无形资产因其评估目的不同，其评估的价值类型和选择的方法也不一样，评估结果也会不同。评估目的由发生的经济行为决定，一般来说无形资产评估须以产权利益主体变动为前提。从目前所发生的情况看，主要有无形资产的转让、无形资产投资、股份制改造中无形资产的作价、合资、合作中无形资产的计价、法律诉讼等。在明确目的的同时，还须了解被评无形资产的转让内容及转让过程中的有关条款，这样评估人员才能正确确定无形资产的评估范围、基础数据及参数的选取。

2. 鉴定无形资产

对无形资产进行评估时，评估人员首先应对被评估的无形资产进行鉴定。这是进行无形资产评估的基础工作，直接影响到评估范围和评估价值的科学性。通过无形资产的鉴定，可以解决以下问题。

(1) 确认无形资产存在

主要是验证无形资产来源是否合法，产权是否明确，经济行为是否合法、有效。

(2) 鉴别无形资产种类

主要是确定无形资产的种类、具体名称、存在形式。有些无形资产是由若干项无形资产综合构成，应加以确认和分离，避免重复评估和漏评估。

(3) 确定无形资产有效期限

无形资产有效期限是其存在的前提。某项专利权，如超过法律保护期限，就不能作为专利权评估。有效期限对无形资产评估值具有很大影响，例如有的商标，历史越悠久，价值越高；有的商标历史并不悠久，也可能具有较高价值。

3. 收集相关资料

收集无形资产的相关资料，一般来说这些资料的内容包括以下几点。

(1) 无形资产的法律文件或其他证明材料。

(2) 成本。这里是指无形资产的自创(制)成本或外购成本。

(3) 效益。这里是指使用无形资产给受益主体带来的经济效益。

(4) 期限。这里是指无形资产的存续期、法定期限、受益年限、技术寿命期等。

(5) 技术成熟程度。这里是指技术性无形资产在所处技术领域中所处的发展阶段、开发程度、领先程度以及替代技术的现状等。

(6) 权属转让内容与条件。无形资产的转让有完全产权转让与部分产权转让之别，在转让过程中往往有相应条款规定，这些都是确定无形资产评估价值的重要因素，应详细了解。

(7) 市场供需情况。这里是指同类无形资产在市场上的需求、范围、活跃程度、变动情况等。

(8) 行业盈利水平及风险。根据无形资产评估的具体类型，还需有针对性地收集有关资料。

4. 确定评估方法

应根据评估无形资产的具体类型、特点、评估目的及外部市场环境等具体情况，选用合适的评估方法。无形资产的评估方法主要包括市场法、收益法和成本法。

采用市场法评估无形资产，特别要注意被评无形资产必须确实适合运用市场法的前提，确定具有合理比较基础的类似无形资产交易参照对象，搜集类似无形资产交易的市场信息和被评估无形资产以往的交易信息。当类似无形资产之间具有可比性时，根据宏观经济、行业和无形资产变化情况，考虑交易条件、时间因素和影响价值的各种因素的差异，调整确定评估值。

采用收益法时，要注意合理确定超额获利能力和预期收益，分析与之有关的预期变动，受益期限，与收益有关的资金规模、配套资产、现金流量、风险因素及货币时间价值。注意收益额的计算口径与被评估无形资产折现率口径保持一致，不要将其他资产带来的收益误算到被评估无形资产收益中；要充分考虑法律法规、宏观经济环境、技术进步、行业发展变化、企业经营管理，产品更新和替代等因素对无形资产收益期、收益额和折现率的影响，当与实际情况明显不符时，要分析产生差异的原因。

当被评估无形资产的确具有超额获利能力，但不宜采用市场法和收益法时，可采用成本法进行评估，但要注意根据现行条件下重新形成或取得该项无形资产所需的全部费用(含资金成本和合理利润)确定评估值，在评估中要注意扣除实际存在的功能性贬值和经济性贬值。

5. 整理并撰写报告，做出评估结论

无形资产评估报告书，是无形资产评估过程的总结，也是评估者承担法律责任的依据。评估报告书要简洁、明确、避免误导。

无形资产的评估报告基本要求应符合《资产评估准则——无形资产》的要求。应当强调的是无形资产评估报告中要注重评估推理过程的陈述，明确阐释评估结论产生的前提、假设及限定条件，各种参数的选用依据，评估方法使用的理由及逻辑推理方式。一般要根据评估对象进行以下三个方面的陈述：① 描述性陈述；② 分析性陈述；③ 综合性陈述。

7.2 收益法在无形资产评估中的应用

7.2.1 无形资产中收益法评估的应用形式

在使用收益法进行评估时，必须满足两个前提条件：一是无形资产的未来预期收益能够以货币计量；二是无形资产带来的风险能够计量。

无形资产的预期经济收益包括：① 从与无形资产有关的收入增长中获得收益；② 从与无形资产有关的生产费用减少中获得的收益；③ 从与无形资产有关的投资减少中获得收益。

无形资产收益的创造是通过无形资产的所有者对无形资产的使用、对无形资产的拥有、对无形资产的暂不使用等方式实现。拥有但不使用无形资产，可以阻止竞争对手使用该项资产，从而起到保护无形资产所有者的竞争地位和市场份额的作用，在这种情况下该无形资产的经济收益不是直接产生于其本身使用的作用，与它有关的经济收益就等于无形资产的所有者如果不拥有该无形资产而可能产生的损失。

1. 根据无形资产转让计价方式不同，收益法在应用上可以表示为下列两种方式。

(1) 无最低收费、直接按分成率分成的情况：

$$\text{无形资产评估值} = \sum_{t=1}^{n} \frac{K \cdot R_t(1-T)}{(1+r)^t} \tag{7-1}$$

(2) 先收取最低收费，然后按分成率分成的情况：

$$\text{无形资产评估值} = Y + \sum_{t=1}^{n} \frac{K \cdot R_t(1-T)}{(1+r)^t} \tag{7-2}$$

式中：K——无形资产分成率；

K_t——第 t 年分成基数（可以是销售收入或销售利润）；

t——收益期限；

r——折现率；

Y——最低收费额（保本收费）；

T——所得税税率。

上述两个公式不同处在于：公式（7-2）多一项最低收费额，然而在后项计算无形资产的分成率时，是按扣除最低收费额后测算的，本质上与公式（7-1）是一致的。通常称公式（7-1）为收益模式，公式（7-2）为成本-收益模式。

公式（7-2）中的最低收费额，是指在无形资产转让中，视购买方实际生产和销售情况收取转让费的场合所确定的“旱涝保收”收入，并在确定比例收费时预先扣除，有时称之为“入门费”。在某些无形资产转让中，转让方按固定额收费时把最低收费规定为转让最低价，也可作为无形资产竞卖的底价。

2. 最低收费额的确定

由于无形资产具有垄断性，当该项无形资产是购买方必不可少的生产经营的条件，或者购买方运用无形资产所增加的效益具有足够的支付能力时，无形资产转让的最低收费额由以下因素决定。其最低收费应当保的“本”包括两部分：重置成本净值和机会成本。

（1）重置成本净值

购买方使用无形资产，就应由购买方补偿成本费用。当购买方与转让方共同使用该项无形资产时，则由双方按运用规模、受益范围等来分摊。

（2）机会成本

由于无形资产的转让，可能会因停业而使由该无形资产支撑的营业收益减少，也可能会因为自己制造了竞争对手而减少利润或是增加开发支出。这些构成无形资产转让的机会成本，应由无形资产购买方来补偿。

综合考虑以上两大因素评估最低收费额，可得到如下一组公式：

$$\text{无形资产最低收费额}=\text{重置成本净值}\times\text{转让成本分摊率}+\text{无形资产转让的机会成本} \tag{7-3}$$

其中：

$$\text{转让成本分摊率}=\frac{\text{购买方运用无形资产的设计能力}}{\text{运用无形资产的总计能力}}\times 100\%$$

$$\text{无形资产转让的机会成本}=\text{无形资产转让的净减收益}+\text{无形资产再开发净增费用}$$

式中：

“购买方运用无形资产的设计能力”，可根据设计产量或按设计产量计算的销售收入确定。“运用无形资产的总设计能力”，指运用无形资产的各方汇总的设计能力，由于是分摊无形资产的重置成本净值，因而不是按照实际运用无形资产的规模，而是按照设计规模来确定权重。当购买方独家使用该无形资产时，转让成本分摊率为1。

“无形资产转出的净减收益”，一般指在无形资产尚能发挥作用期间减少的净现金流量。“再开发净增费用”，包括保护和维持该无形资产追加的科研费用和其他费用、员工再培训费用等。以上各项经过认真细致的分析测算是可以确定的。

【案例 7-1】 某企业转让浮法玻璃生产全套技术，经搜集和初步测算已知如下资料：

(1) 该企业与购买企业共同享用浮法玻璃生产技术，双方设计能力分别为 600 万和 400 万标箱；

(2) 浮法玻璃生产全套技术系国外引进，账面价格 200 万元，已使用 2 年，尚可使用 8 年，2 年通货膨胀率累计为 10%；

(3) 该项技术转出对该企业生产经营有较大影响。由于市场竞争加剧，产品价格下降，在以后 8 年减少销售收入按折现值计算为 80 万元，增加开发费用以提高质量、保住市场的追加成本按现值计算为 20 万元。试评估该项无形资产转让的最低收费额。

【评估过程】

(1) 两年来通货膨胀率为 10%，对外购无形资产的重置成本可按物价指数法调整，并根据成新率确定净值，可得浮法玻璃生产全套技术的重置成本净值为：

$$200\times(1+10\%)\times\frac{8}{2+8}=176\text{（万元）}$$

(2) 因转让双方共同使用该无形资产，设计能力分别为 600 万和 400 万标箱，评估重置成本净值分摊率为：

$$\frac{400}{600+400}\times100\%=40\%$$

(3) 由于无形资产转让后加剧了市场竞争，在该无形资产的寿命期间，销售收入减少和费用增加的折现值是转让无形资产的机会成本，以上所给资料为：

$$80+20=100\text{（万元）}$$

故该无形资产转让的最低收费额评估值为：

$$176\times40\%+100=170.4\text{（万元）}$$

7.2.2 收益法应用中各项技术经济指标的确定

1. 无形资产收益额的确定

无形资产收益额的测算，是采用收益法评估无形资产的关键步骤。无形资产收益额是由无形资产带来的超额收益。无形资产附着于有形资产发挥作用并产生共同收益。因此，关键问题是如何从这些收益中分离出无形资产带来的收益额。下面介绍一些常用的方法。

(1) 直接估算法

通过未使用无形资产与使用无形资产的前后收益情况对比分析，确定无形资产带来的收益额。在许多情况下，从无形资产为特定持有主体带来的经济利益上看，我们可以将无形资产划分为收入增长型和费用节约型。

收入增长型无形资产是指无形资产应用于生产经营过程，能够使得产品的销售收入大幅度增大。增大的原因在于：一是生产的产品能够以高出同类产品的价格销售；二是在生产的产品采用与同类产品相同价格的情况下，销售数量大幅度增加，市场占有率扩大，从而获得超额收益。

第一种原因，在销售量不变、单位成本不变的情况下，形成的超额收益可以用下式计算：

$$R=(P_2-P_1)Q(1-T) \tag{7-4}$$

式中：R——超额收益；

P_2——使用无形资产后单位产品的价格；

P_1——未使用无形资产前单位产品的价格；

Q——产品销售量（此处假定销售量不变）；

T——所得税税率。

第二种原因，在单位价格和单位成本不变的情况下，形成的超额收益可以用下列公式计算：

$$R=(Q_2-Q_1)(P-C)(1-T) \tag{7-5}$$

式中：R——超额收益；

Q_2——使用无形资产产品的销售量；

Q_1——未使用无形资产前产品的销售量；

P——产品价格（此处假定价格不变）；

C——产品的单位成本；

T——所得税税率。

应该注意：销售量增加不仅可以增加销售收入，而且还会引起成本的增加。因此，估算销售量增加形成收入增加，从而形成超额收益时，必须扣减由于销售量增加而增加的成本。同时应该注意的是，销售收入增加可以引起收益的增加，它们是同方向的，由于存在经营杠杆和财务杠杆效应，销售收入和收益一般不是同比例变动，这在计算中应予以考虑。

费用节约型无形资产，是指无形资产的应用，使得生产产品中的成本费用降低，从而形成超额收益。可以用下列公式计算为投资者带来的超额收益。

$$R=(C_2-C_1)Q(1-T) \tag{7-6}$$

式中：R——超额收益；

C_1——未使用无形资产前的产品单位成本；

C_2——使用无形资产后产品的单位成本；

Q——产品销售量（此处假定销售量不变）；

T——所得税税率。

实际上，收入增长型和费用节约型无形资产的划分，是一种为了明晰无形资产形成超额收益来源情况的人为划分方法。通常，无形资产应用后，其超额收益是收入变动和成本变动共同形成的结果。评估者应根据上述特殊情况，加以综合性的运用和测算，以科学地测算超额收益。

（2）差额法

当无法将使用无形资产和没有使用无形资产的收益情况进行对比时，采用将无形资产和其他类型资产在经济活动中的综合收益与行业平均水平进行比较的方法，可得到无形资产获利能力，即“超额收益”。

第一，收集有关使用无形资产的产品生产经营活动财务资料，进行营利分析，得到经营利润和销售利润率等基本数据。

第二，对上述生产经营活动中的资金占用情况（固定资产、流动资产和已有账面价值的其他无形资产）进行统计。

第三，收集行业平均资金利润率等指标。

第四，计算无形资产带来的超额收益。

$$\begin{matrix}\text{无形资产带}\\\text{来超额收益}\end{matrix}=\begin{matrix}\text{经营}\\\text{利润}\end{matrix}-\begin{matrix}\text{资产}\\\text{总额}\end{matrix}\times\begin{matrix}\text{行业平均}\\\text{资金利润率}\end{matrix}\tag{7-7}$$

或：

$$\begin{matrix}\text{无形资产带}\\\text{来超额收益}\end{matrix}=\begin{matrix}\text{销售}\\\text{收入}\end{matrix}\times\begin{matrix}\text{销售}\\\text{利润率}\end{matrix}-\begin{matrix}\text{销售}\\\text{收入}\end{matrix}\times\begin{matrix}\text{每元销售收入}\\\text{平均占用资金}\end{matrix}\times\begin{matrix}\text{行业平均}\\\text{资金利润率}\end{matrix}\tag{7-8}$$

使用这种方法，应注意这样计算出来的超额收益，有时不完全由被评估无形资产带来（除非能够认定只有这种无形资产存在），往往是一种组合无形资产超额收益，还须进行分解处理。

（3）分成率法

无形资产收益通过分成率来获得，是目前国际和国内技术交易中常用的一种实用方法。即：

$$\begin{matrix}\text{无形资产}\\\text{收益额}\end{matrix}=\begin{matrix}\text{销售收入}\\\text{（利润）}\end{matrix}\times\begin{matrix}\text{销售收入}\\\text{（利润）分成率}\end{matrix}\tag{7-9}$$

对于销售收入（利润）的测算已不是较难解决的问题，重要的是确定无形资产分成率。

既然分成对象是销售收入或销售利润，因而，就有两个不同的分成率。而实际上，由于销售收入与销售利润有内在的联系，可以根据销售利润分成率推算出销售收入分成率，反之亦然。

因为：

$$收益额=销售收入\times销售收入分成率 \tag{7-10}$$

$$收益额=销售利润\times销售利润分成率 \tag{7-11}$$

所以：

$$销售收入分成率=销售利润分成率\times销售利润率 \tag{7-12}$$

$$销售利润分成率=销售收入分成率\div销售利润率 \tag{7-13}$$

在资产转让实务上，一般是确定一定的销售收入分成率，俗称“抽头”。例如，在国际市场上一般技术转让费不超过销售收入的1%～10%，如果按社会平均销售利润率10%推算，则技术转让费为销售收入的3%的利润分成率为30%。从销售收入分成率本身很难看出转让价格是否合理，但是，若换算成利润分成率，则可以加以判断。实际转让实务上因利润额不够稳定也不容易控制和核实，因而，按销售收入分成是可行的。而在评估中则应以评估利润分成率为基础，至于换算成销售收入分成率，只需要掌握销售利润率及各年度利润的变化情况就行了。

利润分成率的确定，是以无形资产带来的追加利润在利润总额中的比重为基础的。有的情况下容易直接计算，而在不容易区别追加利润的情况下，往往要采取迂回的方法，因而，评估无形资产转让的利润分成率有多种方法，主要介绍如下几种。

1）边际分析法。边际分析法是选择两种不同的生产经营方式比较：一种是运用普通生产技术或企业原有技术进行经营；一种是运用转让的无形资产进行经营，后者的利润大于前者利润的差额，就是投资于无形资产所带来的追加利润；然后测算各年度追加利润占总利润的比重，并按各年度利润现值的权重，求出无形资产经济寿命期间追加利润占总利润的比重，即评估的利润分成率。这种方法的关键是科学分析追加无形资产投入可以带来的净追加利润，这也是购买无形资产所必须进行决策分析的内容。

边际分析法的步骤如下。

第一，对无形资产边际贡献因素进行分析。

① 新市场的开辟，垄断加价的因素；

② 消耗量的降低，成本费用降低；

③ 产品结构优化，质量改进，功能费用降低，成本销售收入率提高。

第二，测算无形资产寿命期间的利润总额及追加利润总额，并进行折现处理。

第三，按利润总额现值和追加利润总额现值计算利润分成率。

$$利润分成率=\sum追加利润现值\div\sum利润总额现值 \tag{7-14}$$

【案例7-2】 企业转让彩电显像管新技术，购买方用于改造10万只彩电显像管生产线。经对无形资产边际贡献因素的分析，测算在其寿命期间各年度分别可带来追加利润

100 万元、120 万元、90 万元、70 万元，分别占当年利润总额的 40%、30%、20%、15%，试评估无形资产利润分成率。

【评估过程】

本例所给条件已经完成了边际分析法第一步的工作。只需计算出各年限的利润总额，并与追加利润一同折现即可得出利润分成率。

各年度利润总额现值之和（折现率为 10%）为：

$$\frac{100\div40\%}{1+10\%}+\frac{120\div30\%}{(1+10\%)^2}+\frac{90\div20\%}{(1+10\%)^3}+\frac{70\div15\%}{(1+10\%)^4}$$

$$=250\times0.9091+400\times0.8264+450\times0.7513+467\times0.6830$$

$$=227.275+330.56+338.085+318.961$$

$$=1214.881\text{（万元）}$$

追加利润现值之和为：

$$\frac{100}{1+10\%}+\frac{120}{(1+10\%)^2}+\frac{90}{(1+10\%)^3}+\frac{70}{(1+10\%)^4}$$

$$=100\times0.9091+120\times0.8264+90\times0.7513+70\times0.6830$$

$$=90.91+99.168+67.617+47.81$$

$$=305.505\text{（万元）}$$

$$\text{无形资产利润分成率}=\frac{305.505}{1214.881}\times100\%=25\%$$

2）约当投资分成法。边际分析法是根据各种生产要素对提高生产率的贡献来计算，道理明了，易于被人接受。但是由于无形资产与有形资产的作用往往互为条件，在许多场合下较难确定购置的无形资产贡献率。因而，还需寻求其他途径。由于利润往往是无形资产与其他资产共同作用的结果，而无形资产通常具有较高的成本利润率，可以考虑采取在成本的基础上附加相应的成本利润率，折合成约当投资的办法，按无形资产的折合约当投资与购买方投入的资产约当投资的比例确定利润分成率。其计算公式为：

$$\text{无形资产利润分成率}=\frac{\text{无形资产约当投资量}}{\text{购买方约当投资量}+\text{无形资产约当投资量}}\times100\% \tag{7-15}$$

$$\text{无形资产约当投资量}=\frac{\text{无形资产}}{\text{重置成本}}\times\text{（1+适当成本利润率）} \tag{7-16}$$

$$\text{购买方约当投资量}=\frac{\text{购买方投入的总}}{\text{总资产重置成本}}\times\text{（1+适当成本利润率）} \tag{7-17}$$

确定无形资产约当投资量时，适用成本利润率按转让方无形资产带来的利润与其成本之比计算。没有企业的实际数时，按社会平均水平确定。确定购买方约当投资量时，适用的成本利润率，按购买方的现有水平测算。

【案例 7-3】 甲企业以制造四轮驱动汽车的技术向乙企业投资，该技术的重置成本为100 万元，乙企业拟投入合营的资产重置成本 8000 万元，甲企业无形资产成本利润率为500%，乙企业拟合作的资产原利润率为 12.5%。试评估无形资产投资的利润分成率。

【评估过程】

如果按投资双方的投资品的成本价格折算利润分成率，就不能体现无形资产作为知识智能密集型资产的较高生产率。因而应采用约当投资分成法评估利润分成率。

据题意，

(1) 无形资产的约当投资量为：

$$100 \times (1+500\%) = 600\text{（万元）}$$

(2) 企业约当投资量为：

$$8000 \times (1+12.5\%) = 9000\text{（万元）}$$

(3) 甲企业投资无形资产的利润的分成率为：

$$600/(9000+600) = 6.25\%$$

应该指出的是，在国内外技术交易中，提成率不是一个固定的值，它会随着受让与使用无形资产生产的产品产量的增加而递减。我国某技术转让规定的提成递减率如表 7-1 所示，它是提成率递减的一个例子。

表 7-1　我国某技术转让规定的提成递减率

年产量（万套）	占规定提成率（%）
1—10	100
10—20	75
20—50	25

评估人员在利用提成率法确定无形资产收益额时要根据实际情况分析，合理确定提成收益。

(4) 要素贡献法

有些无形资产，已经成为了生产经营的必要条件，由于某些原因不可能或很难确定其带来的超额收益，这时可以根据构成生产经营的要素在生产经营活动中的贡献，从正常利润中粗略估计出无形资产带来的收益。我国理论界通常采用“三分法”，即主要考虑生产经营活动中的三大要素：资金，技术和管理，这三种要素的贡献在不同行业是不一样的。一般认为，对资金密集型行业，三者的贡献依次是 50%、30%、20%；技术密集型行业，依次是 40%、40%、20%；一般行业，依次是 30%、40%、30%；高科技行业，依次是

30%、50%、20%。这些数据，也可供确定无形资产收益额时参考。

2. 无形资产评估中折现率的确定

折现率的内涵是指与投资于该无形资产相适应的投资报酬率。折现率的一般理论已在本书第二章中做了详细介绍，需要进一步说明的是，折现率一般包括无风险利率和风险报酬率。一般来说，无形资产投资收益高，风险性强，因此，无形资产评估中折现率往往要高于有形资产评估的折现率。评估时，评估者应根据该项无形资产的功能、投资条件、收益获得的可能性条件和形成概率等因素，科学地测算其风险利率，以进一步测算出其适合的折现率。另外，折现率的口径应与无形资产评估中采用的收益额的口径保持一致。

3. 无形资产收益期限的确定

无形资产收益期限或称有效期限，是指无形资产发挥作用，并具有超额获利能力的时间。无形资产在发挥作用的过程中，其损耗是客观存在的。无形资产损耗的价值量，是确定无形资产有效期限的前提。无形资产因为没有物质实体，所以，它的价值不会由于它的使用期的延长发生实体上的变化，即它不像有形资产那样存在由于使用或自然力作用形成的有形损耗。然而，无形资产价值降低是由于无形损耗形成的，即由于科学技术进步而引起价值减少，具体来说，主要由下列三种情况决定产生。

(1) 新的、更为先进、更经济的无形资产出现，这种新的无形资产可以替代旧的无形资产，这样原无形资产无利可图时，原有无形资产价值就丧失了。

(2) 因为无形资产传播面扩大，其他企业普遍掌握这种无形资产，获得这项无形资产已不需要任何成本，当拥有这种无形资产的企业不再具有获取超收益的能力时，它的价值也就大幅度贬低或丧失。

(3) 企业拥有的某项无形资产所决定的产品销售量骤减，需求大幅度下降时，这种无形资产价值就会减少，以致完全丧失。

以上说明的是确定无形资产的有效期限的理论依据。需要强调的是，无形资产具有获得超额收益能力的时间才是真正的无形资产有效期限。资产评估实践中，预计和确定无形资产的有效期限，可依照下列方法确定。

(1) 法律或合同、企业申请书分别规定有法定有效期限和受益年限的，可按照法定有效期限与受益年限孰短的原则确定。

(2) 法律未规定有效期，企业合同或企业申请书中规定有受益年限的，可按照规定的受益年限确定。

(3) 法律和企业合同或申请书均未规定有效期限和受益年限的，按预计受益期限确定。预计受益期限可以采用统计分析或与同类资产比较得出。

同时应该注意的是，无形资产的有效期限可能比其法定保护期限短，因为它们要受许多因素的影响，如废弃不用、人们爱好的转变以及经济形势变化等，特别是科学技术发达的今天，无形资产更新周期加快，使得其经济寿命缩短。评估时，对这种情况都应给予足够的重视。

7.3 成本法在无形资产评估中的应用

7.3.1 无形资产的成本特性

无形资产成本包括研制或取得、持有期间的全部物化劳动和活劳动的费用支出。其成本特性，尤其就研制、形成费用而言，明显区别于有形资产。

1. 不完整性

与购创无形资产相对应的各项费用是否计入无形资产的成本，是以费用支出资本化为条件的。在企业生产经营过程中，科研费用一般都是比较均衡地发生的，并且比较稳定地为生产经营服务，因而我国现行财务制度一般把科研费用从当期生产经营费用中列支，而不是先对科研成果进行费用资本化处理，再按无形资产折旧或摊销的办法从生产经营费用中补偿。这种办法简便易行，大体上符合实际，并不影响无形资产的再生产。但这样一来，企业账簿上反映的无形资产成本就是不完整的，大量账外无形资产的存在是不可忽视的客观事实。同时，即使是按国家规定进行费用支出资本化的无形资产的成本核算一般也是不完整的。

因为无形资产的创立具有特殊性，有大量的前期费用，如培训、基础开发或相关试验等往往不计入该无形资产的成本，而是通过其他途径进行补偿。

2. 弱对应性

无形资产的创建经历基础研究、应用研究和工艺生产开发等漫长过程，成果的出现带有较大的随机性和偶然性，其价值并不与其开发费用和时间产生某种既定的关系。如果在一系列的研究失败之后偶尔出现一些成果，由这些成果承担所有的研究费用显然不够合理。而在大量的先行研究（无论是成功，还是失败）成果的积累之上，往往可能产生一系列的无形资产，然而，继起的这些研究成果是否应该以及如何承担先行研究的费用也很难明断。

3. 虚拟性

既然无形资产的成本具有不完整性，弱对应性的特点，因此无形资产的成本往往是相对的。特别是一些无形资产的内涵已经远远超出了它的外在形式的含义，这种无形资产的成本只具有象征意义。例如商标，其成本核算的是商标设计费，登记注册费、广告费等，而商标的内涵是标示商品内在质量信誉。这种无形资产实际上包括了该商品使用的特种技术、配方和多年的经验积累，而商标形式本身所费的成本只具有象征性或称虚拟性。

7.3.2 无形资产中成本法的应用形式

成本法评估无形资产的基本公式：

$$无形资产评估值=无形资产重置成本\times成新率 \quad (7\text{-}18)$$

从这一公式看出，估算无形资产重置成本（或称重置完全成本）和成新率，从而科学确定无形资产评估值，是评估者所面临的重要工作。就无形资产重置成本而言，它是指现时市场条件下重新创造或购置一项全新无形资产所耗费的全部货币总额。根据企业取得无形资产的来源情况，无形资产可以划分为自创无形资产和外购无形资产。不同类型的无形资产，其重置成本构成和评估方式不同，需要分别进行估算。

7.3.3 成本法应用中各项技术经济指标的确定

1. *无形资产重置成本的估算*

（1）自创无形资产重置成本的估算

自创无形资产的成本是由创制该资产所消耗的物化劳动和活劳动费用构成的，自创无形资产如果已有账面价格，由于它在全部资产中的比重一般不大，可以按照定基物价指数作相应调整，即得到重置成本。在实务上，自创无形资产往往无账面价格，需要进行评估。其方法主要有两种。

1）核算法

核算法的基本计算公式为：

$$无形资产重置成本=直接成本+间接成本+资金成本+合理利润 \quad (7\text{-}19)$$

$$\begin{aligned}无形资产直接成本 &= \sum(物质资料实际耗费量\times现行价格)+\\ &\quad \sum(实耗工时\times现行费用标准)\end{aligned} \quad (7\text{-}20)$$

直接成本按无形资产创制过程中实际发生的材料、工时消耗量，应按现行价格和费用标准进行估算。究其原因：一是因为无形资产是创造性的成果，一般不能原样复制，从而不能模拟在现有生产条件下再生产的消耗量；二是无形资产生产过程是创造性智力劳动过程，技术进步的作用最为明显，如果按模拟现有条件下的复制消耗量来估价重置成本，必然影响到无形资产的价值形态的补偿，从而影响到无形资产的创制。从评估实务来说，由于无形资产开发的各项支出均有原始会计记录，只要按国家规定的范围计算消耗量，并按现行价格和费用标准计价就可以了。

自创无形资产重置成本计算中一般需要考虑合理利润，合理利润来源于自创无形资产的直接成本、间接成本和资金成本之和与外购同样的无形资产的平均市场价格之间的差额。基于一些特定的评估目的之上的无形资产重置成本计算可以不考虑合理利润。

2）倍加系数法

对于投入智力比较多的技术型无形资产，考虑到科研劳动的复杂性和风险，可用以下公式估算无形资产重置成本：

$$无形资产重置成本=\frac{C+B_1V}{1-B_2}\times(1+L) \quad (7\text{-}21)$$

式中：C——无形资产研制开发中的物化劳动消耗；

V——无形资产研制开发中活劳动消耗；

B_1——科研人员创造性劳动倍加系数；

B_2——科研的平均风险系数；

L——无形资产投资报酬率。

（2）外购无形资产重置成本的估算

外购无形资产一般有购置费用的原始记录，也可能有可以参照的现行交易价格，评估相对比较容易。外购无形资产的重置成本包括购买价和购置费用两部分，一般可以采用以下两种方法。

1）市价类比法。在无形资产交易市场中选择类似的参照物，再根据功能和技术先进性、适用性对其进行调整，从而确定其现行购买价格，购置费用可根据现行标准和实际情况核定。

2）物价指数法。它是以无形资产的账面历史成本为依据，用物价指数进行调整，进而估算其重置成本。其计算公式为：

$$无形资产重置成本=无形资产账面成本\times\frac{评估时物价指数}{购置时物价指数} \quad (7\text{-}22)$$

从无形资产价值构成来看，主要有两类费用，一类是物质消耗费用，另一类是人工消耗费用，前者与生产资料物价指数相关度较高，后者与生活资料物价指数相关度较高，并且最终通过工资、福利标准的调整体现出来。不同的无形资产两类费用的比重可能有较大差别，一些需利用现代科研和实验手段的无形资产，物质消耗的比重就比较大。在生产资料物价指数与生活资料物价指数差别较大的情况下，可按两类费用的大致比例按结构分别适用生产资料物价指数与生活资料物价指数估算。两种价格指数比较接近，且两类费用的比重有较大倾斜时，可按比重较大费用类适用的物价指数来估算。

【案例7-4】 某企业1993年外购的一项无形资产账面值80万元，1995年进行评估，试按物价指数法估算其重置完全成本。

【评估过程】

经鉴定，该无形资产系运用现代先进的实验仪器经反复试验研制而成，物化劳动耗费的比重较大，可适用生产资料物价指数。根据资料，此项无形资产购置时物价指数和评估时物价指数分别为120%和150%，故该项无形资产的重置完全成本为：

$$80\times150\%/120\%=100\text{（万元）}$$

2. 无形资产成新率的估算

无形资产的贬值一般不考虑实体性贬值，主要考虑功能性贬值，也有可能存在经济性贬值，如企业开工不足导致无形资产闲置，以及国家产业政策改变导致某些无形资产收益下降等。评估人员应根据具体情况进行分析和测算。当企业生产活动比较正常时，不考虑经济性贬值。通常，无形资产成新率的确定，可以采用专家鉴定法和剩余经济寿命预测法进行。

（1）专家鉴定法。专家鉴定法是指邀请有关技术领域的专家，对被评估无形资产的先进性、适用性做出判断，从而确定其成新率的方法。

（2）剩余经济寿命预测法。它是由评估人员通过对无形资产剩余经济寿命的预测和判断，从而确定其成新率的方法。其计算公式为：

$$\text{成新率}=\text{剩余使用寿命}/（\text{已使用年限}+\text{剩余使用年限}）\times100\% \tag{7-23}$$

公式中，已使用年限比较容易确定，剩余使用年限应由评估人员根据无形资产的特征，分析判断获得。

成新率是运用成本法评估有形资产时使用的一个重要概念，无形资产不存在有形损耗，成本法评估无形资产时只是为了操作上的方便借用这一概念，因此它的运用也受到较大程度的限制，在评估实践中，一般选择综合考虑了被评无形资产的各种无形损耗（功能和经济方面的）后的折算比率。在确定适用的成新率时应注意无形资产使用效用与时间的关系，这种关系通常是非线性的。有的无形资产其效用是非线性递减（如技术型无形资产），有的无形资产其效用在一定时间内呈非线性递增（如商标、商誉等）。评估人员应对这种变化趋势进行分析并予以说明。

7.4 市场法在无形资产评估中的应用

7.4.1 无形资产市场法的制约因素

无形资产评估中运用市场法受到诸多因素的限制。

1. 无形资产具有非标准性，不可能像有形资产一样被大量复制。这就直接制约了无形资产交易市场上参照物的选择。

2. 无形资产具有唯一性。完全相同的无形资产如相同的技术专利几乎是不存在的。这也使得市场参照物的选择变的比较困难。

3. 无形资产没有实物形态，且其框架不可能像有形资产一样有针对性地进行比较。

即使同样类型的技术，其思路和框架也可能各不相同。这就使得无形资产可供比较相关指标的搜集变的比较困难。

因此，从我国目前的实际情况出发，运用现行市价法评估无形资产的情况并不普遍。当然，如果条件具备的话，也可以采取现行市价法来评估无形资产，其基本程序和方法与有形资产评估的现行市价法基本相同。

7.4.2　无形资产市场法评估的注意事项

市场法强调的是具有合理竞争能力的财产的可比性特征。如果有充分的源于市场的交易案例，可以从中取得作为比较分析的参照物，并能对评估对象与可比参照物之间的差异做出合适的调整，就可应用市场法。如果需要使用市场法评估无形资产，评估人员应注意以下事项。

1. 具有合理比较基础的类似无形资产

作为参照物的无形资产与被评估无形资产至少要满足形式相似、功能相似、载体相似及交易条件相似的要求。

所谓形式相似，是指参照物与被评估资产按照无形资产分类原则，可以归并为同一类。

所谓功能相似，是指尽管参照物与被评估资产的设计和结构不可避免地存在差异，但它们的功能和效用应该相同和近似。

所谓载体相似，是指参照物与被评估资产所依附的产品或服务应满足同质性要求，所依附的企业则应满足同行业与同规模的要求。

所谓交易条件相似，是指参照物的成交条件与被评估资产模拟的成交条件在宏观、中观和微观层面上都应大体接近。

关于上述要求，国际资产评估准则委员会颁布的《无形资产评估指南》指出："使用市场法必须具备合理的比较依据和可进行比较的类似的无形资产。参照物与被评估无形资产必须处于同一行业，或处于对相同经济变量有类似反应的行业。这种比较必须具有意义，并且不能引起误解。"

2. 收集类似的无形资产交易的市场信息进行横向比较，收集被评估无形资产以往的交易信息进行纵向比较

关于横向比较，评估人员在参照物与被评估无形资产在形式、功能和载体方面满足可比性的基础上，应尽量收集致使交易达成的市场信息，即要涉及供求关系、产业政策、市场结构、企业行为和市场绩效的内容。其中对市场结构的分析尤为重要，即需要分析卖方之间，买方之间，买卖双方，市场内已有的买方和卖方与正在进入或可能进入市场的买方和卖方之间的关系。评估人员应熟悉经济学市场结构做出的完全竞争、完全垄断、垄断竞

争和寡头垄断的分类。对于纵向比较，评估人员既要看到无形资产具有依法实施多元和多次授权经营的特征，使得过去交易的案例成为未来交易的参照依据。同时也应看到，时间、地点、交易主体和条件的变化也会影响被评估无形资产的未来交易价格。

3. 价格信息应满足相关、合理、可靠和有效的要求

相关是指所收集的价格信息与需要做出判断的被评估无形资产的价值有较强的关联性；合理是指所收集的价格信息能反映被评估无形资产载体结构和市场结构特征，不能简单地用行业或社会平均的价格信息推理具有明显结构异质特征的被评估无形资产的价值；可靠是指所收集的价格信息经过对信息来源和收集过程的质量控制，具有较高的置信度；有效是指所收集的价格信息能够有效地反映评估基准日的被评估资产在模拟条件下的可能的价格水平。

4. 评估人员应对参照物与被评估无形资产之间的差异做出合理调整

国际评估准则委员会颁布的《无形资产评估指南》强调指出："当以被评估无形资产以往的交易记录作为评估的参照依据时，则可能需要根据时间的推移、经济、行业和无形资产的环境变化进行调整。"

7.5 专利权和专有技术评估

7.5.1 专利权概述

1. 专利权的内涵

专利权是经过政府的专门机构认定，根据国家有关法律批准授予专利所有人在一定期限内对其发明创造所享有的独占使用权、转让权、许可权、标记权和放弃权。

2. 专利权的主要类别

(1) 发明专利。是指对产品、方法或者其改进提出新的技术方案。也可以说就是设计或制造出前所未有的东西，而且必须先进实用，能降低成本或提高效率，带来更高的经济收益。

(2) 实用新型专利。指的是对产品的形态、结构或者其结合所提出的适于实用的新的技术方案。

(3) 外观设计专利。国外通常称之为工业产品外观设计，指的是对产品的形状、色彩、图案或者其结合所做出的富于美感并适于工业上应用的新设计。

3. 专利权的特点

专利权是国家专利机关依法批准的发明人或其权利受让人对其发明成果，在一定期间内享有的独占权或专有权，任何人如果要利用该项专利进行生产经营活动或出售使用该项

专利制造的产品，需事先征得专利权所有者的许可，并付给报酬。专利权一般包括发明专利、实用新型和外观设计。专利权具有以下特点。

（1）独占性。独占性，也称排他性。同一内容的技术发明只授予一次专利，对于已取得专利权的技术，任何人未经许可不得进行营利性实施。

（2）地域性。任何一项专利只在其授权范围内才有法律效力，在其他地域范围内不具有法律效力。

（3）时间性。依法取得的专利权在法定期限内有效，受法律保护。期满后，专利权人的权利自行终止。我国专利法规定，发明专利的保护期限为 20 年，实用新型和外观设计保护期限为 10 年。

（4）可转让性。

4. 专利权的转让

专利权的转让一般有两种情形：一种是刚刚研究开发的新专利技术，专利权人尚未投入使用就直接转让给接受方；另一种情形是转让的专利已经过长期的或一段时间的生产，是行之有效的成熟技术，而且转让方仍在继续使用。

专利权可以转让，由当事人订立合同，并经原专利登记机关或相应机构登记和公告后生效，专利权一经转让，原发明者不再拥有专利权，购入者继承专利权。

专利权转让形式很多，但总的来说，可以分为所有权转让和使用权转让。使用权转让往往通过技术许可贸易形式进行，这种使用权的权限、时间期限、地域范围和处理纠纷的仲裁程序都是在许可证合同中加以确认的。

（1）使用权限。使用权限，按技术使用权限的大小，可分为以下几种。

1）独家使用权，是指在许可证合同所规定的时间和地域范围内卖方只把技术转让给某一特定买主，买方不得卖给第二家买主。同时卖主自己也不得在合同规定范围内使用该技术和销售该技术生产的产品。显然，这种转让的卖方索价会比较高。

2）排他使用权，指卖方在合同规定的时间和地域范围内只把技术授予买方使用，同时卖方自己保留使用权和产品销售权，不再将该技术转让给第三者。

3）普通使用权，是指卖方在合同规定的时间和地域范围内可以向多家买主转让技术，同时卖方自己也保留技术使用权和产品销售权。

4）回馈转让权，是指卖方要求买方在使用过程中对转让技术的改进和发展反馈给卖方的权利。

（2）地域范围。技术许可证大多数都规定明确的地域范围，如某个国家或地区，买方的使用权不得超过这个地域范围。

（3）时间期限。技术许可证合同一般都规定有效期限，时间的长短，因技术而异。一项专利技术的许可期限一般要和该专利的法律保护期相适应。

(4) 法律和仲裁。技术许可证合同是法律文件，是依照参与双方所在国的法律来制定的，因此受法律保护。当一方违约时另一方可循法律程序追回损失的权益。

(5) 评估目的。专利权评估依专利权发生的经济行为，即特定目的确定其评估的价值类型和方法。不同情形下的专利权以及转让形式不同，确定的评估方法也不相同。

5. 专利权评估程序

资产评估机构接受委托者委托以后，一般按下列程序进行评估。

(1) 证明和鉴定专利权的存在。一般应搜集证明专利权存在的资料有：1) 专利说明书；2) 权利要求书；3) 专利证书；4) 有关法律性文件、当年度缴费证明等。另外，应由有关专家鉴定该项专利的有效性和可用性。专利检索是实施鉴定的重要环节。

(2) 收集相关资料，确定评估方法。专利权评估最常用的评估方法是收益法。收益法的运算过程在前面已经详述，重要的任务是收集相关资料，分析确定方法运用中的各项技术参数和指标。这些分析包括以下几种。

1) 技术状况分析。技术状况分析，包括对技术先进性确认、技术成熟程度与寿命周期的分析等。

2) 收益能力分析。收益能力分析，包括是否具有获利能力，获利表现为收入增长型或费用降低型等分析。

3) 市场分析。市场分析，包括应用该专利技术的产品市场需求总量分析、市场占有率分析、风险分析等。

4) 投资可行性分析。通过分析确定各有关技术参数、指标，最后进行评定估算，确定评估值。

(3) 完成评估报告，并加以详尽说明。评估报告是专利权评估结果的最终反映，但这种结果是建立在各种分析、假设基础之上的，为了说明评估结果的有效性和适用性，评估报告中应详尽说明评估中的各有关内容，这些内容如下。

1) 专利技术成熟度。如该专利技术已经付诸实施，应说明其实施运用情况、技术本身先进程度、有无转让记录等；如该专利尚未实施，应说明评估值测定中的依托条件，包括技术本身、受让方条件、市场预测等。

2) 接受方可受度的分析。成熟的专利技术对接受方的要求，即可受度。包括对接受方基础设施、技术素质、投资规模、资金需求等方面的要求和预测。

这些分析不仅有助于说明评估结果的有效性和适用性，还可以用以说明报告者承担法律责任和义务的区间，同时也为买卖双方提供分析的依据。

7.5.2 收益法在专利权评估中的各项技术指标的确定

专利权评估主要采用收益法。收益法应用于专利权评估，计算技巧已在前面的有关章节中做了详细介绍，根本的问题还是如何寻找、判断、选择和测算评估中的各项技术指标和参数，即专利权的收益额、折现率和获利期限。

1. 专利权的收益额的确定

专利权的收益额是指直接由专利权带来的预期收益，对于收益额的测算，通常可以通过直接测算超额收益和通过利润分成率测算获得。由于专利权收益的来源不同，我们可以将专利权划分为收入增长型专利和费用节约型专利来测算，也可以用分成率方法测算。

采用利润分成率测算专利技术收益额，即以专利技术投资产生的收益为基础，按一定比例（利润分成率）分成确定专利技术的收益。利润分成率反映专利技术对整个利润额的贡献程度。利润分成率确定为多少合适，据联合国工业发展组织对印度等发展中国家引进技术价格的分析，认为利润分成率在16%～27%之间是合理的，1972年在挪威召开的许可贸易执行协会上，多数代表提出利润分成率为25%左右较为合理。美国一般认为10%～30%之间是合理的。我国理论工作者和评估人员通常认为利润分成率在25%～33%之间较合适。这些基本分析在实际评估业务过程中具有参考价值，但更重要的是对被评估专利技术进行切合实际的分析，确定合理的、准确的利润分成率。

利润分成是将资产组合中专利对利润的贡献分割出来，实际操作过程中通常采用一种变通的方法，即以销售收入分成率替代利润分成率，相应的分成基础也就由利润变成销售收入了。尽管销售收入分成率和利润分成率之间存在一定关系，并可以通过数学关系进行互换，但销售收入分成率合理性的基础仍然是利润分成率，这是必须明确的。

2. 专利权的折现率的确定

折现率根据资产评估特点和收集资料的情况，可采用国际通用的社会平均收益率法模型来估测评估中的适用折现率。即：

$$折现率=无风险报酬率+风险报酬率 \tag{7-24}$$

无风险报酬率一般应考虑社会平均报酬率，对我国的资产进行评估时，一般选取当年中国人民银行发行的国债利率，换算为复利计算的年利率。

风险报酬率（风险系数）的确定。对专利权投资而言，风险系数由技术风险系数、市场风险系数、资金风险系数及管理风险系数之和确定。根据无形资产的特点及目前评估惯例，各个风险系数的取值范围在一定范围之内，而具体的数值则根据评测表求得。而任何一项风险大到一定程度，不论该项风险在总风险中的比重多低，该项目都没有意义。即任一风险达到一定程度都是否定性指标。

下面是对风险系数中技术风险系数、市场风险系数、资金风险系数及经营管理风险系数中应考虑的各因素对风险系数选取的影响。

（1）专利技术风险。取值时应考虑的因素包括：技术转化风险、技术替代风险、技术权利风险及技术成熟风险。

（2）市场风险。取值时应考虑的因素：市场容量风险及市场竞争风险。

（3）资金风险。取值时应考虑的因素包括：融资固定资产风险及流动资金风险。

（4）经营管理风险。取值时应考虑的因素包括：经营管理团队风险、生产控制风险及经营管理制度。

3. 专利权收益期限的确定

前面在收益法中已经讲述，此处不再重复叙述。下面通过案例说明专利权评估过程。

【案例 7-5】 北京某科技发展公司五年前自行开发了一项大功率电热转换体及其处理技术，并获得发明专利证书，专利保护期 20 年。现在，该公司准备将该专利技术出售给京郊某乡镇企业，现需要对该项专利技术进行评估。

【评估过程】

（1）评估对象和评估目的。由于北京某科技发展公司系出售该项专利，因此，转让的是专利技术的所有权。

（2）专利技术鉴定。该项技术已申请专利，该技术所具备的基本功能可以从专利说明书以及有关专家鉴定书中得到。此外，该项技术已在北京某科技发展公司使用了 5 年，产品已进入市场，并深受消费者欢迎，市场潜力较大。因此，该项专利技术的有效功能较好。

（3）评估方法选择。该项专利技术具有较强的获利能力，而且，同类型技术在市场上被授权使用情况较多，分成率容易获得，从而为测算收益额提供了保证。因此，决定采用收益法进行评估。

（4）判断确定评估参数。根据对该类专利技术的更新周期以及市场上产品更新周期的分析，确定该专利技术的剩余使用期限为 4 年。根据对该类技术的交易实例的分析，以及该技术对产品生产的贡献性分析，采用对销售收入的分成率为 3%。

根据过去经营绩效以及对未来市场需求的分析，评估人员对未来 4 年的销售收入进行预测，结果如表 7-2 所示。

表 7-2　预期销售收入测算结果

年 份	销售收入（万元）
2001	600
2002	750
2003	900
2004	900

根据当期的市场投资收益率，确定该专利技术评估中采用的折现率为 15%。

（5）计算评估值。得出结论见表 7-3。

表 7-3　评估值计算表　（单位：万元）

年份	销售收入①	分成率② =① ×3%	税后净额③ =② ×（1−33%）	收益总额（r=15%）
2001	600	18	12.06	10.487
2002	750	22.5	15.075	11.398
2003	900	27	18.09	11.894
2004	900	27	18.09	10.344
合计				44.123

因此，该专利技术的评估值为 44.123 万元。

7.5.3　成本法在专利权评估中的各项技术指标的确定

成本法应用于专利技术的评估，重要的在于分析计算其重置完全成本构成、数额以及相应的成新率。专利分为外购和自创两种，外购专利技术的重置成本确定比较容易。自创专利技术的成本一般由研制成本、交易成本及专利费三部分组成。

1. 研制成本

研制成本包括直接成本和间接成本两大类。直接成本是指研制过程中直接投入发生的费用，间接成本是指与研制开发有关的费用。

（1）直接成本。直接成本一般包括：

① 材料费用，即为完成技术研制所耗费的各种材料费用；

② 工资费用，即参与研制技术的科研人员和相关人员的费用；

③ 专用设备费．即为研制开发技术所购置或专用设备的摊销；

④ 资料费，即研制开发技术所需的图书、资料、文献、印刷等费用；

⑤ 咨询鉴定费，即为完成该项目发生的技术咨询、技术鉴定费用；

⑥ 协作费，即项目研制开发过程中某些零部件的外加工费以及使用外单位资源的费用；

⑦ 培训费，即为完成本项目，委派有关人员接受技术培训的各种费用；差旅费，即为完成本项目发生的差旅费用；其他费用。

（2）间接成本。间接成本主要包括：

① 管理费，即为管理、组织本项目开发所负担的管理费用；

② 非专用设备折旧费，即采用通用设备，其他设备所负担的折旧费；

③ 应分摊的公共费用及能源费用。

2. 交易成本

发生在交易过程中的费用支出，主要包括：

技术服务费，即卖方为买方提供专家指导、技术培训、设备仪器安装调试及市场开拓费；

交易过程中的差旅费，即谈判人员和管理人员参加技术洽谈会及在交易过程中发生的食宿及交通费等；

手续费，即指有关的公证费、审查注册费、法律咨询费等；

税金，即无形资产交易、转让过程中应缴纳的营业税。

3. 专利费

即为申请和维护专利权所发生的费用，包括专利代理费、专利申请费、实质性审查请求费、维护费、证书费、年费。

由于评估目的不同，其成本构成内涵也不一样，在评估时应视不同情形考虑以上成本的全部或一部分。

专利权评估中成新率的估算方法，详见本章第三节的内容。

下面举例说明成本法用于专利技术评估的过程。

【案例 7-6】 某实业股份有限公司由于经营管理不善，企业经济效益不佳，亏损严重，将要被同行业的利达股份有限公司兼并，需要对利发实业股份有限公司全部资产进行评估。该公司有一项专利技术（实用新型），两年前自行研制开发并获得专利证书。现需要对该专利技术进行评估。

【评估过程】

(1) 确定评估对象。该项专利技术系利发实业股份有限公司自行研制开发并申请的专利权，该公司对其拥有所有权。被兼并企业资产中包括该项专利技术，因此，确定的评估对象是专利技术的完全产权。

(2) 技术功能鉴定。该专利技术的专利权证书、技术检验报告书均齐全。根据专家鉴定和现场勘察，表明该项专利技术应用中对于提高产品质量，降低产品成本均有很大作用，效果良好，与同行业同类技术相比较，处于领先水平。经分析，企业经济效益不佳，产品滞销为企业管理人员素质较低，管理混乱所致。

(3) 评估方法选择。由于该公司经济效益欠佳，很难确切地预计该项专利技术的超额收益；同类技术在市场上尚未发现有交易案例，因此，决定选用成本法。

(4) 各项评估参数的估算。首先，分析测算其重置完全成本。该项专利技术系自创形成，其开发形成过程中的成本资料可从企业中获得。具体如表 7-4 所示。

表 7-4 成本资料

材料费用	45 000 元
工资费用	10 000 元
专用设备费	6 000 元
资料费	1 000 元

（续表）

咨询鉴定费	5 000 元
专利申请费	3 600 元
培训费	2 500 元
差旅费	3 100 元
管理费分摊	2 000 元
非专用设备折旧费分摊	9 600 元
合计	87 800 元

因为专利技术难以复制，各类消耗仍按过去实际发生定额计算，对其价格可按现行价格计算。根据考察、分析和测算，近两年生产资料价格上涨指数分别为5%和8%。因生活资料物价指数资料难以获得，该专利技术开发中工资费用所占份额很少，因此，可以将全部成本按生产资料价格指数调整，即可估算出重置完全成本。

$$重置完全成本=87\,800\times(1+5\%)\times(1+8\%)=99\,565.2（元）$$

其次，确定该项专利技术的成新率。该项实用新型的专利技术，法律保护期限为10年，尽管还有8年保护期限，但根据专家鉴定分析和预测，该项专利技术的剩余使用期限仅为6年，由此可以计算成新率为：

$$成新率=6\div(2+6)\times100\%=75\%$$

（5）计算评估值，做出结论。

$$评估值=99\,565.20\times75\%=74\,673.90（元）$$

最后，确定该项专利技术的评估值为74 673.90元。

7.5.4　非专利技术评估概述及主要评估方法

1. 非专利技术的含义

非专利技术，又称专有技术、技术秘密，是指未经公开、未申请专利的知识和技巧，主要包括设计资料、技术规范、工艺流程、材料配方、经营诀窍和图纸、数据等技术资料。

2. 非专利技术判断依据

一般来说，企业中的某些设计资料、技术规范、工艺流程、配方等之所以能作为非专利技术存在，是根据以下特性判断的。

（1）实用性。非专利技术的价值取决于其是否能够在生产实践过程中操作，不能应用的技术不能称为非专利技术。

（2）新颖性（先进性）。非专利技术所要求的新颖性与专利技术的新颖性不同，非专利技术并非要具备独一无二的特性不可，但它也决不能是任何人都可以随意得到的东西。

（3）获利性。非专利技术必须有价值，表现在它能为企业带来超额利润。价值是非专利技术能够转让的基础。

（4）保密性。保密性是非专利技术的最主要特性。如前所述，非专利技术不是一种法定的权利，其自我保护是通过保密性进行的。

（5）可转让性。

3. 非专利技术与专利权的主要区别

非专利技术与专利权不同，从法律角度讲，它不是一种法定的权利，而仅仅是一种自然的权利，是一项收益性无形资产。从这一角度来说，进行非专利技术的评估，首先应该鉴定非专利技术，分析、判断其存在的客观性。这一判断要比专利权的判断略显复杂些。

另外，非专利技术与专利技术的区别表现在以下几方面。

（1）非专利技术具有保密性，而专利技术则是在专利法规定范围内公开的。一项技术一经公开，获取它所耗费的时间与投资远远小于研制它所耗费的时间与投资，必须要有法律手段保护发明者的所有权。而没有专利权又不公开的技术，所有者只有通过保密手段进行自我保护。

（2）非专利技术的内容范围很广，包括设计资料、技术规范、工艺流程、材料配方、经营诀窍和图纸等，专利技术通常包括三种，即发明、外观设计和实用新型。

（3）专利技术有明确的法律保护期限，非专利技术没有法律保护期限。

（4）对专利技术的保护通常按《中华人民共和国专利法》（以下简称《专利法》）条文进行，对非利技术保护的法律主要有《中华人民共和国合同法》（以下简称《合同法》）、《中华人民共和国反不正当竞争法》（以下简称《反不正当竞争法》）等。

4. 影响非专利技术评估值的因素

在非专利技术评估中，应注意研究影响非专利技术评估值各项因素。这些因素包括以下几种。

（1）非专利技术的使用期限

非专利技术依靠保密手段进行自我保护，没有法定保护期限。但是，非专利技术作为一种知识和技巧，会因技术进步、市场变化等原因被先进技术所替代。作为非专利技术本身，一旦成为一项公认的使用技术，它就不存在价值了。因此，非专利技术的使用期限应由评估者根据本领域的技术发展情况、市场需求情况及技术保密情况进行估算，也可以根据双方合同的规定期限、协议情况估算。

（2）非专利技术的预期获利能力

非专利技术具有使用价值和价值，使用价值是非专利技术本身应具有的，而非专利技术的价值则在于非专利技术的使用所能产生的超额获利能力。因此，评估时应充分研究分析非专利技术的直接和间接获利能力，这是确定非专利技术评估值的关键，也是评估过程中的困难所在。

（3）分析非专利技术的市场情况

技术商品的价格也取决于市场供求情况。市场需求越大，其价格越高，反之则低。从非专利技术本身来说，一项非专利技术的价值高低取决于其技术水平在同类技术中的领先程度。在科学技术高速发展的情况下，技术的更新换代的速度加快，无形损耗加大，一项非专利技术很难持久处于领先水平；另外，非专利技术的成熟程度和可靠程度对其价值量也有很大的影响。技术越成熟、可靠，其获利能力越强，风险越小，卖价越高。

（4）非专利技术的开发成本

非专利技术取得的成本，也是影响非专利技术价值的因素。评估中应根据不同技术特点，研究开发成本和其获利能力的关系。

5．非专利技术的评估方法

非专利技术的评估方法与专利权评估方法基本相同。下面分别介绍非专利技术评估中几种方法的应用。

（1）运用成本法对非专利技术评估

【案例 7-7】 某企业现有不同类型的设计工艺图纸 5 000 张，已经使用 5 年。经专家从工艺设计图纸的设计先进性和保密性等方面鉴定认为，有 4 500 张图纸仍然可以作为有效的非专利技术资产，预计剩余经济使用年限为 4 年。根据该类图纸的设计、制作耗费估算，当前每张图纸的重置成本为 25 元。求该批图纸价值。

【评估过程】

该批图纸的重置成本为：4 500×250＝1 125 000（元）

该批图纸的成新率为：4÷(4＋5) ＝44.44%

该批图纸的价值为：1 125 000×44.44%＝499 950（元）

（2）运用收益法对非专利技术评估

【案例 7-8】 某评估公司对中佳股份有限公司准备投入中外合资企业的一项非专利技术进行评估。根据双方协议，确定该非专利技术收益期限 5 年，试根据有关资料确定该非专利技术评估值。

【评估过程】

（1）预测、计算未来 5 年的收益，（假定评估基准日为 ××××年 12 月 31 日）。预测结果见表 7-5。

表 7-5　未来 5 年非专利技术收益预测表

项目	第一年	第二年	第三年	第四年	第五年	合计
销售量（件）	35	45	45	45	45	215
销售单价（万元）	2.2	2.2	2.2	2.2	2.2	
销售收入（万元）	77	99	99	99	99	473
减：成本、费用（万元）	21.84	27.935	27.935	27.935	27.935	133.58
利润总额（万元）	55.16	71.065	71.065	71.065	71.065	339.42

（续表）

项目	第一年	第二年	第三年	第四年	第五年	合计
减：所得税（万元）	0	0	0	12.4425	12.4425	24.885
税后利润（万元）	55.16	71.065	71.065	58.6225	58.6225	314.535
非专利技术分成率（%）	40	40	40	40	40	
非专利技术收益（万元）	22.064	28.426	28.426	23.449	23.449	125.814

（2）确定折现率。根据银行利率确定安全利率6%，根据技术所属行业及市场表况确定风险率为14%，由此确定折现率为20%。

（3）计算确定评估值。

$$
\begin{aligned}
\text{非专利技术评估值} &= \sum_{n=1}^{5} \frac{\text{各年非专利技术收益}}{(1+r)^n} \\
&= 22.064 \times 0.833 + 28.426 \times 0.694 + 28.426 \\
&\quad \times 0.579 + 23.449 \times 0.482 + 23.449 \times 0.402 \\
&= 75.29(\text{万元})
\end{aligned}
$$

7.6 商标资产评估

7.6.1 商标概述

1. 商标的含义

商标是企业在其生产经营的商品上或其提供的服务中使用，以其特殊的视觉、听觉、触觉、嗅觉等认知方式标记，并使之区别于其他企业所生产经营的同类商品或提供的同类服务的一种特殊标记。这种标记一般是由文字、图案或两者组合而成。

2. 商标的分类

商标的种类很多，可以依照不同标准予以分类。

（1）按商标是否具有法律的专用权分类，可以分为注册商标和未注册商标。我国《中华人民共和国商标法》（以下简称《商标法》）规定："经商标局核准注册的商标为注册商标，包括商品商标、服务商标和集体商标、证明商标；商标注册人享有商标专用权，受法律保护。"我们所说的商标权的评估，指的是注册商标专用权的评估。

（2）按商标的构成，可以划分为文字商标、图形商标、符号商标、文字图形组合商标、色彩商标、三维标志商标等。

（3）按商标的不同作用分类，可以分为商品商标、服务商标、集体商标和证明商标等。在这里，集体商标是指以团体、协会或者其他组织名义注册，供该组织成员在商事活动中使用，以表明使用者在该组织中的成员资格的标志。证明商标，是指由对某种商品或者服务具有监督能力的组织所控制，而由该组织以外的单位或者个人使用于其商品或者服务，用以证明该商品或者服务的原产地、原料、制造方法、质量或者其他特定品质的标志。

3. 商标的特点

商标权是商标注册后，商标所有者依法享有的权益，它受到法律保护，未注册商标不受法律保护。商标权是以申请注册的时间先后为审批依据，而不以使用时间先后为审批依据。

商标权一般包括有排他专用权（或独占权）、转让权、许可使用权、继承权等。

① 排他专用权是指注册商标的所有者享有禁止他人未经其许可而在同一种商品劳务或类似商品劳务上使用其商标的权利。

② 转让权是商标所有者作为商标权人，享有将其拥有的商标转让给他人的权利。我国《商标法》规定："转让注册商标的，转让人和受让人应当签订转让协议，并共同向商标局提出申请。受让人应当保证使用该注册商标的商品质量。""转让注册商标经核准后，予以公告。"

③ 许可使用权是指商标权人依法通过商标使用许可合同允许他人使用其注册商标。商标权人通过使用许可合同，转让的是注册商标的使用权。

④ 继承权是指商标权人将自己的注册商标交给指定的继承人继承的权利，但这种继承必须依法办理有关手续。

商标权和专利权都属于知识产权中的工业产权，它和专利权一样需要经过申请、审批、核准、公告等法定程序才能获得。商标权同样具有专有性、地域性和时间性的特点。但取得商标权与专利权的实质性条件不同，表现在以下几方面。

①《专利法》规定取得专利权的技术要求具有新颖性、创造性和实用性；而商标权取得的条件是具有显著性、不重复性和不违反禁用条款。

② 商标权具有专有性、独占性的特征。但商标权的专有性与专利权的专有性不完全相同。已取得的发明专利可以绝对排除第三者的同一发明在同一国家取得专利权。但对商标权来说，第三者如果不是在相同或类似的商品上使用与注册商标相同或者近似的商标，则不影响商标的专有性，注册商标所有人无权请求加以排除，而且第三者还可以通过将该商标申请注册而取得商标权。

③ 专利权有法定的有效保护期限，一般不准续展；而商标权尽管在注册时需要规定有效期（例如，我国商标法规定 10 年）但可以按照每一期 10 年无限续展。

4. 商标权的价值及影响因素

商标权的价值是由商标所带来的效益决定的，带来的效益越大，商标价值就越高，反之则低。而商标带来效益的原因，在于它所代表的企业的产品质量、信誉、经营状况的提高。表面上看，商标价值来自于设计和广告宣传，但实际并非如此。尽管在商标设计、制作、注册和保护等方面都需要耗费一定的费用，广告宣传有利于扩大商标知名度，为此需支付很高的费用，但这些花费只对商标价值起影响作用，而不是起决定作用，起决定作用的是商标所能带来的超额收益。

在商标权价值评估中，要充分注意影响商标权价值的重要因素。这些因素有以下几种。

(1) 商标的权利状况。主要如商标的注册情况、注册商标的有效期限、商标权的地域范围、商标注册的商品种类及范围等。

(2) 商标所依托的商品状况。主要是：① 产品的外观设计、功能与质量、销售网络、售后服务等；② 商品的市场地位、竞争状况和生命周期等；③ 商品的经营业绩和利润情况。

(3) 商标拥有企业的状况。包括企业人员素质、研究开发能力、生产创新能力、市场开发能力、资金筹措与运用能力等。

(4) 商品所在的行业状况。主要看行业的成长周期、全行业经营及效益概况、行业竞争格局等。

(5) 商标的广告宣传和知名度。商标的知名度越大，其价值就越高。

(6) 商标资产评估目的。商标资产转让方式不同，评估价值也不一样。一般来说，商标所有权转让的评估值高于商标许可权使用的评估值。

5. 商标权评估的程序

商标资产评估可按下列程序进行。

(1) 接受评估委托，明确评估目的。商标资产评估目的即商标权发生的经济行为。从商标权转让方式来说，可以分为商标权转让和商标权许可使用。商标权转让是指转让方放弃商标权，转归受让方所有，实际上是商标所有权出售。商标权许可使用则是拥有商标权的商标权人在不放弃商标所有权的前提下，特许他人按照许可合同规定的条款使用商标。企业商标权评估目的一般包括：以商标权投资入股，商标权许可使用，商标权转让，等等。在接受评估委托时，要明确商标评估的范围，确定评估基准日。

(2) 向委托方收集有关资料。收集的资料包括：① 委托方概况。包括经营历史、现状以及经营业绩（包括近 3～5 年财务报表）。② 商标概况。包括商标注册有关的法律性证件、注册时间、注册地点、注册证书号、保护内容、商标的适用范围、商标的种类、商标的法律诉讼情况、商标的知名度、商标有无其他协议等。③ 商标产品的历史、现状与展望。包括市场环境、同行业情况、商标产品的信誉、市场占有率情况等。④ 商标的广告宣传等情况。⑤ 委托方未来经营规划。⑥ 未来财务数据预测。包括：生产、销售预测，成本费用预测，损益预测，等等。⑦ 相关产业政策、财税政策等宏观经济政策的影响。

(3) 市场调研和分析。市场调研和分析的主要内容包括：① 产品市场需求量的调研和分析；② 商标现状和前景的分析；③ 商标产品在客户中的信誉、竞争情况的分析；④ 商标产品市场占有率的分析；⑤ 财务状况分析；主要分析判断商标产品现有获利能力，为未来收益发展趋势预测提供依据；⑥ 市场环境变化的风险分析；⑦ 其他相关信息资料的分析。

(4) 选择评估方法，确定有关参数。商标权评估较多采用收益法，但也不排斥采用市场法和成本法。根据不同的评估方法，收集确定有关的参数和指标。由于商标的单一性，同类商标价格获取的难度，使得市场法应用受到限制；商标权的投入与产出具有弱对应性，有时设计创造商标的成本费用较低，其带来收益却很大，相反，有时为设计、创造某种商标成本费用较高，比如为宣传商标投入了巨额的广告费，但带来的收益却不高，因此，采用成本法评估商标权时必须慎重。

收益法评估商标权主要是分析确定收益额、折现率和收益期限三项指标。收益额、折现率的分析测算前面已述及，不再赘述。收益期限的确定是商标权评估时十分重要的问题。按照《商标法》的规定，商标权法律保护期限（注册）是 10 年，到期后可以续展。因此，评估实践中，有人主张商标权收益期限为 10 年，有人则认为商标权收益期限应为无限长。其实，上述两种做法都是欠妥的。商标权之所以有价值，是因为通过它能够带来超额收益，如果注册商标所代表的产品并不能带来超额收益，该商标同样不值钱。因此，确定商标权未来获利期限的依据是其获得超额收益的时间，注册年限仅供分析参考，不应作为直接依据。

(5) 进行计算和分析，得出评估结论，完成评估报告。

7.6.2 收益法在商标资产评估中的应用

商标权评估采用的方法一般多为收益法，计算原理和方法前面都已作过具体介绍。下面通过案例说明收益法在商标权评估中的应用。

1. 商标资产所有权转让价值的评估

【案例 7-9】 某企业将一种已经使用 25 年的注册商标转让。根据历史资料，该企业近 5 年使用这一商标的产品比同类产品的价格，每吨高出 500 元，该企业每年生产 5 000 吨。该商标目前在市场上有良好趋势，产品基本上供求平衡。预计该商标能够继续获取超额利润的时间是 10 年。前 4 年保持目前超额利润水平，后 6 年其每吨高出其他品牌的幅度会下降为 300 元，不过产量可能会扩大到 5 400 吨，评估这项商标的转让价值。

【评估过程】

(1) 首先计算其预测期内前 4 年中每年的超额利润：

$$500\times 0.5=250\ (\text{万元})$$

(2) 预期后六年的年超额利润为：$300\times 0.54=162$（万元）。

(3) 根据企业的资金成本率及相应的风险率，确定其折现率为 10%。

(4) 确定该项商标权价值:

$$评估值=\frac{250\times[(1+10\%)^4-1]}{10\%\times(1+10\%)^4}+\frac{162\times[(1+10\%)^6-1]}{10\%\times(1+10\%)^6}\times\frac{1}{(1+10\%)^6}$$

$$=250\times3.1699+162\times4.3553\times0.5645$$

$$=792.475+398.288=1\,190.763\text{(万元)}$$

由此确定商标权转让评估值为 1 190.763 万元。

2. 商标使用权价值评估

【案例 7-10】 甲自行车厂将红鸟牌自行车的注册商标使用权通过许可使用合同允许给乙厂使用，使用时间为 5 年。双方约定由乙厂每年按使用该商标新增利润的 27%支付给甲厂，作为商标使用费，试评估该商标使用权价值。

【评估过程】

首先，预测使用期限内新增利润总额取决于每辆车的新增利润和预计产量。对于产量的预测，应根据许可合同的有关规定及市场情况进行。如果许可合同中规定有地域界限，在预测时必须予以考虑。否则就可能导致预测量过多，引致评估值失实。根据评估人员预测，每辆车可新增净利润 5 元，第一年至第五年生产的自行车分别是 40 万辆、45 万辆、55 万辆、60 万辆、65 万辆。

由此确定每年新增净利润如下。

第一年：40×5=200 万元。

第二年：45×5=225 万元。

第三年：55×5=275 万元。

第四年：60×5=300 万元。

第五年：65×5=325 万元。

其次，确定分成率。按许可合同中确定的 27%作为分成率。

再次，确定折现率。假设折现率为 14%。

由此，可以计算出每年新增净利润的折现值（见表 7-6)。

表 7-6 每年新增净利润的折现值

年份	新增净利润额（万元）	折现系数	折现值（万元）
1	200	0.8772	175.44
2	225	0.7695	173.14
3	275	0.6750	185.63
4	300	0.5921	177.63
5	325	0.5194	168.81
合计			880.65

最后，按27%的分成率计算确定商标使用权的评估值为：

880.65×27%×（1－6 666 633%）≈159.31（万元）

7.7　商誉的评估

7.7.1　商誉概述

1. 商誉的含义

商誉通常是指企业在一定条件下，能获取高于正常投资报酬率的收益所形成的价值。这是企业由于所处地理位置的优势，或由于经营效率高，管理基础好，生产历史悠久，人员素质高等多种原因，与同行业企业相比较，可获得超额利润。20世纪70年代以后，随着对无形资产确认、计量的需要，无形资产以不同的划分标准，形成各项独立的无形资产。现在所称的商誉，则是指企业所有无形资产扣除各单项可确指无形资产以后的剩余部分。因此，商誉是不可确指的无形资产。

2. 商誉的特性

（1）商誉不能离开企业而单独存在，不能与企业可确指的资产分开出售。

（2）商誉是多项因素作用形成的结果，但形成商誉的个别因素，不能以任何方法单独计价。

（3）商誉本身不是一项单独的、能产生收益的无形资产，而只是超过企业可确指的各单项资产价值之和的价值。

（4）商誉是企业长期积累起来的一项价值。

7.7.2　商誉评估的主要方法

1. 割差法

割差法是根据企业整体评估价值与各单项资产评估值之和进行比较确定商誉评估的方法。基本公式是：

商誉的评估值＝企业整体资产评估值－企业各单项资产评估值之和　　(7-25)

企业整体资产评估值可以通过预测企业未来预期收益并进行折现或资本化获取；对于上市公司，也可以按股票市价总额确定。

采取上述评估方法的理论依据是，企业价值与企业可确指的各单项产价值之和是两个不同的概念。如果有两个企业，企业可确指的各单项资产价值之和大体相当，但由于经营业绩悬殊，预期收益悬殊，其企业价值自然相去甚远。企业中的各项资产，包括有形资产和可确指的无形资产，由于其可以独立存在和转让，评估价值在不同企业中趋同。但它们由于不同的组合，不同的使用情况和管理，使之运行效果不同，导致其组合的企业价值不同，使各类资产组合后产生的超过各项单项资产价值之和的价值，即为商誉的评估值可能是正值，也可能是负值，当商誉为负值时，有两种可能：一种是亏损企业，另一种是收益水平低于行业或社会平均收益水平的企业。

【案例 7-11】 某企业进行股份制改组，根据企业过去经营情况和未来市场形势、预测其未来 5 年的净利润分别是 13 万元、14 万元、11 万元、12 万元和 15 万元，并假定从 6 年开始，以后各年净利润均为 15 万元。根据银行利率及企业经营风险情况确定的折现率和本金化率均为 10%。并且，采用单项资产评估方法，评估确定该企业各单项资产评估之和（包括有形资产和可确指的无形资产）为 90 万元，试确定该企业商誉评估值。

【评估过程】

首先，采用收益法确定该企业整体评估值。

$$
\begin{aligned}
\text{企业整体评估值} &= 13\times 0.909+14\times 0.826+11\times 0.751+\\
&\quad 12\times 0.6830+15\times 0.6209+15\div 10\%\times 0.6209\\
&= 49.1617+93.135=142.2967(\text{万元})
\end{aligned}
$$

因为该企业各单项资产评估值之和为 90 万元，由此可以确定商誉评估值，即：

$$\text{商誉的价值}=142.2967-90=52.2967\ (\text{万元})$$

2. 超额收益法

商誉评估值指的是企业超额收益的本金化价格。把企业超额收益作为评估对象进行商誉评估的方法称为超额收益法。超额收益法视被评估企业的不同又可分为超额收益本金化价格法和超额收益折现法两种具体方法。

（1）超额收益年金法

超额收益年金法是把被评估企业的超额收益经本金化还原来确定该企业商誉价值的一种方法。计算公式为：

$$\text{商誉的价值}=\frac{\text{企业预期年收益额}-\text{行业平均收益率}\times\text{该企业的单项资产评估值之和}}{\text{适用本金化率}} \tag{7-26}$$

或

$$\text{商誉的价值}=\frac{\text{被评估企业的单项资产评估值之和}\times(\text{被评估企业预期收益率}-\text{行业平均收益率})}{\text{适用本金化率}} \tag{7-27}$$

式中：

$$\text{被评估企业预期收益率}=\frac{\text{企业预期年收益额}}{\text{企业的单项资产评估价值之和}}\times 100\% \tag{7-28}$$

【案例 7-12】 某企业的预期年收益额为 20 万元，该企业的各单项资产的评估价值之和为 80 万元，企业所在行业的平均收益率为 20%，并以此作为适用资产收益率。

$$商誉的价值=(200\,000-800\,000\times 20\%)\div 20\%$$
$$=40\,000\div 20\%=200\,000（元）$$

或：

$$商誉的价值=800\,000\times(200\,000/800\,000-20\%)\div 20\%$$
$$=800\,000\times(25\%-20\%)\div 20\%=200\,000（元）$$

超额收益年金法主要适用于经营状况一直较好，超额收益比较稳定的企业。如果在预测企业预期收益时，发现企业的超额收益能维持有限期的若干年，这类企业的商誉评估不宜采用超额收益本金化价格法，而应改按超额收益折现法进行评估。

（2）超额收益折现法

超额收益折现法是把企业可预测的若干年预期超额收益进行折现，把其折现值确定为企业商誉价值的一种方法。其计算公式是：

$$商誉的价值=\sum_{t=1}^{n} R_t(1+r)^{-t} \tag{7-29}$$

式中：R_t——第 t 年企业预期超额收益；

r——折现率；

n——收益年限；

$(1+r)^{-t}$——折现系数。

【案例 7-13】 某企业预计将在今后 5 年内保持其具有超额收益的经营态势。估计预期年超额收益额保持在 22 500 元的水平上，该企业所在行业的平均收益率为 12%，则：

$$商誉的价值=22\,500\times 0.8929+22\,500\times 0.7972+22\,500\times 0.7118+$$
$$22\,500\times 0.6355+22\,500\times 0.5674=81\,108（元）$$
$$商誉的价值=22\,500\times 3.6048=81\,108（元）$$

7.7.3 商誉评估需要注意的几个问题

由于商誉本身的特性，决定了商誉评估的困难性。商誉评估的理论和操作方法争议较大，现在虽然尚难定论，但在商誉评估中，至少下列问题应予以明确。

（1）不是所有企业都有商誉，商誉只存在于那些长期具有超额收益的少数企业之中。一个企业在同类型企业中超额收益越高，商誉评估值越大。因此，商誉评估过程中，如果不能对被评估企业所属行业收益水平有全面的了解和掌握，也就无法评估出该企业商誉的价值。

（2）商誉评估必须坚持预期原则，企业是否拥有超额收益是判断企业有无商誉和商誉大小的标志，这里所说的超额收益指的是企业未来的预期超额收益，并不是企业过去或现在的超额收益。在评估过程中，对于目前亏损的企业，经分析预测，如果其未来超额收益潜力很大，则该企业也会有商誉存在，这在评估时必须加以综合分析和预测。

(3) 商誉价值形成既然是建立在企业预期超额收益基础之上，那么，商誉评估值高低与企业中为形成商誉投入的费用和劳务没有直接联系，并不会因为企业为形成商誉投资越多，其评估值就越高。尽管所发生投资费用和劳务会影响商誉评估值，但它是通过未来预期收益的增加得以体现的。因此，商誉评估不能采用投入费用累加的方法进行。

(4) 商誉是由众多因素共同作用的结果，但形成商誉的个别因素具有不能够单独计量的特征，致使各项因素的定量差异调整难以运作，所以商誉评估也不能采用市场类比的方法进行。当然，完全相同的商誉更为鲜见。在对商誉评估方法的研究中，有一种观点主张按形成商誉的因素分解成为地缘商誉、人缘商誉、质量商誉、组织商誉和其他商誉等，然后分别测定每个因素带来的超额收益，最后分别进行收益折现或本金化后汇总计算商誉的价值。这种观点是值得商榷的，从定性分析角度，可以将形成商誉的因素加以分解和列举，用以说明商誉形成的内涵和构成因素。但要定量分析确定，在实际操作过程中，仍然存在较大的技术障碍。

(5) 企业负债与否、负债规模大小与企业商誉没有直接关系。有观点认为，企业负债累累，不可能有商誉。这种认识显然有失偏颇。市场经济条件下，负债经营是企业融资策略之一。从财务学原理分析，企业负债不影响资产收益率，而影响投资者收益率，即资本金收益率。资本金收益率与资产收益率的关系可以表述为：在资产收益率一定且超过负债资金成本的条件下，增大负债比率，可以增加资本金收益率，并不直接影响资产收益率。资产收益率高低受制于投资方向、规模以及投资过程中的组织管理措施。商誉评估值取决于预期资产收益率，而非资本金收益率。当然，资产负债率应保持一定的限度，负债比例增大会增大企业风险，最终会对资产收益率产生影响。这在商誉评估时应有所考虑，但不能因此得出负债企业就没有商誉的结论。

(6) 商誉与商标是有区别的，反映两个不同的价值内涵。企业中拥有某项评估值很高的知名商标，但并不意味着该企业一定就有商誉，为了科学地确定商誉的评估值，注意商誉与商标的区别是必要的。

① 商标是产品的标志，而商誉则是企业整体声誉的体现。商标与其产品相结合，它所代表的产品质量越好，市场需求越大，商标的信誉越高，据此带来的超额收益越大，其评估值也就越大。而商誉则是与企业密切相关的，企业经营机制完善并且运转效率高，企业的经济效益就高，信誉就好，其商誉评估值也就越大。可见，商标价值来自于产品所具有的超额获利能力，商誉价值则来自于企业所具有的超额获利能力。

② 商誉作为不可确指的无形资产，是与企业及其超额获利能力结合在一起的，不能够脱离企业而单独存在。商标则是可确指的无形资产，可以在原组织继续存在的同时，转让给另一个组织。

③ 商标可以转让其所有权，也可以转让其使用权。而商誉只有随企业行为的发生实

现其转移或转让，没有所有权与使用权之分。

尽管商誉与商标的区别可以列举许多，但商誉与商标在许多方面是密切关联的，二者之间有时存在有相互包含的因素。例如，与商誉相对应的企业超额收益中包含有商标作用的因素，这也是需要在评估中必须加以分析确定的。

思考与练习题

一、单选题

1. 对占有单位外购无形资产，可以根据（　　）以及该项资产具有的获利能力评定重估价值。
   A. 生产成本　　B. 形成时所需实际成本
   C. 预计价格　　D. 折余价值
2. 确定无形资产转让的最低收费额，不需要考虑的因素是（　　）。
   A. 转让成本分摊率　　B. 重置成本净值
   C. 成新率　　D. 转让的机会成本
3. 采用收益法评估无形资产时采用的折现率应包括（　　）。
   A. 资金利润率、行业平均利润率　　B. 银行贴现率
   C. 超额收益率、通货膨胀率　　D. 无风险利率、风险报酬率和通货膨胀率
4. 下列公式能够成立的是（　　）。
   A. 销售收入分成率＝销售利润分成率/销售利润率
   B. 销售利润分成率＝销售收入分成率/销售利润率
   C. 销售利润分成率＝销售收入分成率×销售利润率
   D. 销售收入分成率＝1－销售利润分成率
5. 某发明专利已经使用4年，尚可使用2年，目前该无形资产的贬值率为（　　）。
   A. 25%　　B. 66.7%　　C. 33.3%　　D. 50%
6. 某企业的预期年收益额为15万元，该企业的各单项资产的重估价值之和为60万元，企业所在行业的平均收益率为20%，以此作为适用本金化率计算出来的商誉的价值为（　　）万元。
   A. 75　　B. 12　　C. 15　　D. 45
7. 因转让双方共同使用该无形资产，评估重置成本净值分摊率应当以双方利用无形资产的（　　）为标准。
   A. 尚可使用年限　　B. 设计能力
   C. 账面价值　　D. 最低收费额

8. 某企业研制出一种含锌矿泉粉材料，研制过程中共消耗物料及其他费用 50 万元，人员开支 20 万元。评估人员通过分析测算，确定科研人员创造性劳动倍加系数为 1.5，科研平均风险系数为 0.2，该无形资产投资报酬率为 30%，采用倍加系数法估算其重置成本为（　　）万元。

A. 70　　B. 91　　C. 120　　D. 130

9. 无形资产的最低收费额＝重置成本净值×转让成本分摊率＋无形资产转让的机会成本。假定买卖双方利用无形资产（设计）生产能力为 1 000 万件，购买方运用无形资产的设计能力为 500 万件，则无形资产转让成本分摊率为（　　）。

A. 1　　B. 2　　C. 0.5　　D. 1.5

10. （　　）是评估无形资产使用频率最高的方法。

A. 成本法　　B. 市场法　　C. 收益法　　D. 市场法和成本法

二、多选题

1. 商誉的特征包括（　　）。

A. 形成商誉的个别因素不能单独计价

B. 商誉是企业整体价值扣除全部有形资产以后的差额

C. 商誉不能与企业可确指的资产分开出售

D. 商誉是企业长期积累起来的一项价值

E. 商誉是超过企业可确指的各单项资产价值之和的价值

2. 无形资产的财务成本特性表现为（　　）。

A. 弱对应性　　B. 共益性

C. 积累性　　D. 虚拟性

E. 不完整性

3. 下列说法中正确的是（　　）。

A. 商标可以转让其使用权，但不能转让其所有权

B. 如果企业拥有某项评估值很高的知名商标，则其一定具有商誉

C. 商标可以转让其使用权，也可以转让其所有权

D. 商誉只有随企业行为的发生实现其转移或转让，没有使用权与所有权之分

E. 商誉与商标是两种互不相干的无形资产

4. 无形资产的功能特性有（　　）。

A. 排他性　　B. 替代性

C. 积累性　　D. 共益性

E. 非实体性

5. 商誉与商标的合理表述是（　）。

A. 商标是企业投入资金的无形资产，而商誉不是

B. 企业全部商标价值之和等于商誉

C. 商誉与企业相联系，商标与产品相联系

D. 商誉是不可确指资产，商标是可确指资产

E. 商标有所有权和使用权，而商誉没有所有权和使用权之分

6. 专利权的特点有（　）。

A. 独特性　B. 地域性　C 通用性　D. 时间性　E. 共享性

7. 按专利使用权限的大小可分为（　）。

A. 独家使用　B. 共同使用权

C. 排他使用权　D. 普通使用权

E. 任意使用权

8. 在资产评估实践中，预计和确定无形资产的有效期限，通常采取的方法是（　）。

A. 选择适当的指标体系

B. 按照法定有效期限与收益年限谁短的原则确定

C. 合同或企业申请书规定有受益年限的，按受益年限确定

D. 无法律或合同规定的，按预计受益期限确定

E. 按照国际惯例确定

9. 影响无形资产评估价值的因素是（　）。

A. 效益因素　B. 机会成本

C. 技术成熟程度　D. 市场供需状况

E. 评估方法

10. 专利权评估程序中需要分析确定各项技术参数和指标，这些分析主要包括（　）。

A. 技术状况分析　B. 收益能力分析

C. 投资可行性分析　D. 接受方可受度分析

E. 风险分析

三、思考题

1. 影响无形资产价值的因素有哪些？

2. 用市场法评估无形资产应注意哪些问题？

3. 专利权的评估程序和方法？

4. 商标权的评估程序和方法？

5. 商誉评估的方法？

四、基本能力训练题

1. 某企业转让制药生产全套技术，经收集和初步测算已知下列资料：一是该企业与购买企业共同享受该制药生产技术，双方设计能力分别为900万箱和600万箱；二是该制药生产全套技术系国外引进，账面价格400万元，已使用3年，尚可使用9年，3年来通货膨胀累计为10%；三是该项技术转让对该企业生产经营有较大影响，由于市场竞争，产品价格下降，在以后9年中减少的销售收入按折现值计算为10万元，增加开发费以保住市场的追加成本按现值计算为30万元。根据上述资料，计算确定：(1) 该制药生产全套技术的重置成本净值；(2) 该无形资产转让的最低收费额评估值。

2. 某企业拟转让其拥有的某产品的商标使用权，该商标产品市场售价为1 000元/台，比普通商标同类产品单位售价高100元。拟购买商标企业年生产能力100 000台，双方商定商标使用许可期限为3年，被许可方按使用该商标的产品年销售利润的30%作为商标特许权使用费，每年支付一次，3年支付完价款。被许可方的正常销售利润率为10%，收益率按10%计算。试根据上述条件计算该商标使用权的价格。

3. 试用超额收益法评估一项技术。该技术为一项新产品设计及工艺技术，已使用3年，证明技术可靠，产品比同类产品性能优越。经了解，同类产品平均价格为150元/件，该产品价格为180元/件。目前该产品年销售为2万件。经分析，产品寿命还可以维持8年，但竞争者将会介入。由于该企业已较稳固地占领了市场，竞争者估计将采取扩大市场范围的市场策略，预计该企业将会维持目前的市场占有，但价格将呈下降趋势。产品价格预计为：今后1～3年维持现行价格；4～5年降为170元/件；6～8年降为160元/件。估计成本变化不大，故不考虑其变化（折现率为12%，所得税税率为15%）。

4. 甲企业将一项专利使用权转让给乙公司使用5年，拟采用利润分成的方式收取转让费。该专利的开发研制成本为100万元，专利成本利润率为500%，乙公司的资产重置成本为3000万元，成本利润率为15%。乙公司的实际年生产能力为20万件，每件生产成本为50元，预计未来5年的市场出售价格分别为90元、90元、85元、75元、75元。折现率为10%，所得税税率为33%。试确定该专利的使用权转让费。

第 8 章　企业价值评估

学习目标

➢ 熟悉企业价值评估及其特点；

➢ 熟悉企业价值评估的范围；

➢ 掌握收益法在企业价值评估中的应用。

任务导入

【引入案例】 S公司是2002年10月经省人民政府批准，由台湾S集团公司投资设立于英属百慕大群岛之J公司100%控股投资的外商独资企业。S公司位于K市经济技术开发区，注册资本2200万美元，经营范围为生产销售陶瓷制品、美术陶瓷、精密陶瓷。2009年9月，S公司董事会决议将公司改制为股份有限公司，遂聘请资产评估机构对S公司所拥有的整体资产进行评估。

企业价值评估是市场经济和现代企业制度的产物，在西方发达国家已有近百年的历史，已形成了多种模式，发展日趋成熟。但在我国的发展历史较短，企业价值评估的理论和实践尚处在不断的完善和创新的过程中。中国资产评估协会于2004年12月30日颁布的《企业价值评估指导意见（试行）》对我国企业价值评估提供了规范性的指导意见，从而为我国企业价值评估的理论和实践水平的不断提高打下了较好的基础。对于上述引例，评估人员如何根据S公司所处的具体环境和经济背景，结合特定的评估目的和评估方法的特点，选择具体评估方法进行价值评估呢？本章主要根据企业价值评估的特点、基本理论、评估方法等方面对企业价值评估进行阐述，并着重探讨运用收益法评估企业价值中的重点和难点，以利于对企业价值评估的准确理解和在实践中的具体应用。

8.1　企业价值评估概述

企业价值评估是现代市场经济的产物，它适应频繁发生的企业改制、公司上市、企业购并和跨国经营等经济活动的需要而产生和发展。由于评估对象的特殊性和复杂性，使其成为一项涉及面较广和技术性较强的资产评估业务。

8.1.1 企业及企业价值评估

1. 企业的定义及特点

现代企业不仅是一个经济组织，它的存在还必须接受一定的法律法规的约束。世界上各个国家均对企业从法律角度进行界定，如我国的《中华人民共和国公司法》（以下简称《公司法》）、《中华人民共和国企业法》（以下简称《企业法》）。

企业是以营利为目的，按照法律程序建立，由各个要素资产围绕一个系统目标，发挥各自特定功能，共同构成一个有机的具有生产经营能力和获利能力的经济实体。企业作为一类特殊的资产，其特点主要表现在以下几方面。

(1) 盈利性。企业的经营目的就是获得盈利。企业的功能是以企业的生产经营范围为依据，以其生产工艺或服务流程为主线，将各类要素资产有机地组合起来，形成自己的产品或服务提供给销售者，并从中获取利润。

(2) 持续经营性。企业要获取盈利，必须进行经营，而且要在经营过程中努力降低成本和费用。为此，企业要对各种生产经营要素进行有效组合并保持在最佳利用状态。影响生产经营要素最佳利用的因素很多，持续经营是保证正常盈利的一个重要方面。如果企业生产经营断断续续，而固定费用不会因经营间断而减少，必然相对加大经营费用，影响盈利。所以，持续经营就成为企业的一个重要特征。

(3) 整体性。构成企业的各个要素资产虽然各自具有不同性能，但它们是在服从特定系统的目标前提下而构成企业整体。构成企业各个要素资产功能可能不会个个都很健全，但它们可以综合在一起，成为具有良好整体功能的资产综合体。当然，即使构成企业的各个要素资产的个体功能良好，但如果它们之间的功能不匹配，由此组合而成的企业整体功能也未必很好。

(4) 权益可分性。作为生产经营能力载体和获利能力载体的企业具有整体性的特点，而与载体相对应的企业权益具有可分性的特点，企业的权益可分为股东全部权益和股东部分权益。

2. 企业价值评估定义及特点

企业价值评估就是由专业机构和人员按照特定的目的，遵循客观经济规律和公正的原则，依照国家规定的法定标准与程序，运用科学的方法，对企业的持续获利能力的评定和估算。不论企业价值评估的是哪一种价值，它们都是企业在特定时期、地点和条件约束下所具有的持续获利能力的市场表现。企业价值评估具有以下特点。

(1) 评估对象是由多个或多种单项资产组成的资产综合体。

(2) 决定企业价值高低的因素，是企业的整体获利能力。

(3) 企业价值评估是一种整体性评估。

(4) 企业价值评估是一种整体性评估，它与构成企业的各个单项资产的评估值简单加和是有区别的，这些区别主要表现为以下几点。

1）评估对象的差别。企业价值评估的对象是按特定生产工艺或经营目标有机结合的资产综合体，而各个单项资产的评估值的加和，是将各个单项资产作为独立的评估对象进行评估，然后再加总。

2）评估思路和方法的区别。企业价值评估的思路上是将各个单项资产进行整合后的获利能力的评估，基本方法是收益法。

3）影响因素的差异。企业价值评估是以企业的获利能力为核心，综合考虑影响企业获利能力的各种因素以及企业面临的各种风险进行评估。而将企业单项资产的评估值加和，是在评估时针对影响各个单项资产价值的各种因素展开的。

4）评估结果的差异。由于企业价值评估与构成企业的单项资产的评估值加和在评估对象、影响因素等方面存在差异，两种评估的结果亦会有所不同。其不同之处主要表现在企业的评估值中包含不可确指的无形资产——商誉的价值。

8.1.2 企业价值评估的基本假设

1. 继续使用假设。假定被评估的整体资产仍然按原来设计和建造的目的使用，包括保持整体资产当前所在位置、保持其原有的经营方式和经营风格以及按原设计的用途使用等

2. 有机组合增殖假设。企业中的各类单项资产经过合理的组合可以实现一定程度的增殖，这种增殖可以是正向的，也可以是负向的。

8.1.3 企业价值评估对象界定

企业价值是一个复合的概念，它包含了企业整体价值、企业投资资本价值、企业股东全部权益价值和企业股东部分权益价值等。因此，在进行企业价值评估时，首先界定清楚评估标的物或评估对象，以及评估的价值目标是非常重要的。

企业价值评估的对象通常是指企业整体价值、股东全部权益价值和股东部分权益价值。在中国资产评估协会2004年12月30日颁布的《企业价值评估指导意见（试行）》第3条中明确指出：“本指导意见所称企业价值评估，是指注册资产评估师对评估基准日特定目的下企业整体价值、股东全部权益价值或部分权益价值进行分析、估算并发表专业意见的行为和过程。”企业整体价值是企业总资产价值减去企业负债中的非付息债务价值后的余值，或用企业所有者权益价值加上企业的全部付息债务价值表示。

企业股东全部权益价值就是企业的所有者权益价值或净资产价值。

股东部分权益价值其实就是企业一部分股权的价值，或股东全部权益价值的一部分。

股东部分权益价值概念并不难以理解，但由于存在着控股权溢价和少数股权折价因素，资产评估人员应当知晓股东部分权益价值并不必然等于股东全部权益价值与股权比例的乘积。在资产评估实务中，股东部分权益价值的评估通常是在得到股东全部权益价值后再来评定，评估人员应当在适当及切实可行的情况下考虑由于控股权和少数股权等因素产生的溢价或折价，应当在评估报告中披露是否考虑了控股权和少数股权等因素产生的溢价或折价。

由于企业价值的表现形式是多层次的，资产评估人员在评估企业价值时，应当根据评估目的的不同、委托方的要求等谨慎区分本次评估的是企业整体价值、股东全部权益价值，还是股东部分权益价值，并在评估报告中明确说明。

8.1.4 企业价值评估的范围界定

企业价值评估范围是指为了合理评价企业价值，以评估对象为标的及其延伸的需要进行评估的对象范围和工作范围。

1. 企业价值评估的一般范围

企业价值评估的一般范围，就一般意义上讲，是为进行企业价值评估所应进行的具体工作范围，通常是指企业产权涉及的具体资产范围。不论是进行企业整体价值评估、股东全部权益价值评估，还是进行股东部分权益价值的评估，其实都要求对企业进行整体性评估，企业价值评估的工作范围必然要涉及企业产权内的所有资产。从产权的角度界定，企业价值评估的一般范围应该是企业产权涉及的全部资产。包括企业产权主体自身拥有并投入经营的部分、企业产权主体自身拥有未投入经营部分、虽不为企业产权主体自身占用及经营，但可以由企业产权主体控制的部分，如全资子公司、控股子公司以及非控股公司中的投资部分；企业拥有的非法人资格的派出机构、分部及第三产业；企业实际拥有但尚未办理产权的资产等。在具体界定企业价值评估的一般范围时，应根据以下有关数据资料进行：

（1）企业价值评估申请报告及上级主管部门批复文件所规定的评估范围；

（2）企业有关产权转让或产权变动的协议、合同、章程中规定的企业资产变动的范围；

（3）企业有关资产产权证明、账簿、投资协议、财务报表；

（4）其他相关资料等。

2. 企业价值评估中的有效资产和无效资产

企业价值的形成基于企业整体盈利能力，评估人员判断估计企业价值，就是要正确分析和判断企业的盈利能力。企业是由各类单项资产组合而成的资产综合体，这些单项资产对企业盈利能力的形成具有不同的作用和贡献。在对企业价值评估的一般范围进行界定之后，并不一定要将所界定的企业价值评估一般范围内的所有具体资产都按一种评估思路进行评估，通常需要将企业价值评估一般范围内的具体资产按照其在企业中发挥的功效，划分为有效资产和无效资产。在企业价值评估中有效资产和无效资产的划分及其定义都是特指的，仅仅在企业价值评估具体操作中使用，这些定义并不具有一般性。其中，有效资产是指企业中正在运营或虽未正在运营但具有潜在运营经营能力，并能对企业盈利能力做出贡献、发挥作用的资产。无效资产是指企业中不能参与生产经营，不能对企业盈利能力做出贡献的非经营性资产、闲置资产，以及虽然是经营性的资产，但在被评估企业已失去经营能力和获利能力的资产的总称。企业的盈利能力是企业中有效资产共同作用的结果，有效资产是企业价值评估的基础，无效资产虽然也可能有交换价值，但无效资产的交换价值与有效资产价值的决定因素、形成路径是有差别的。要正确揭示和评价企业价值，就需要将企业价值评估一般范围内的有效资产和无效资产进行正确界定与区分，将企业的有效资产作为运用各种评估途径与方法评估企业价值的基本范围或具体操作范围，对无效资产单独进行评估或其他技术处理。有效资产和无效资产划分得是否合理将直接影响运用不同评估途径与方法评估企业价值结果的合理性和可信程度，有效资产和无效资产的正确划分也是运用多种评估途径与方法对进行企业价值评估的重要前提。

在界定企业价值评估一般范围及有效资产与无效资产时，应注意以下几点。

(1) 对于在评估时点产权不清的资产，应划为“待定产权资产”，可以列入企业价值评估的一般范围，但在具体操作时，应做特殊处理和说明，并需要在评估报告中披露。

(2) 在产权清晰的基础上，对企业的有效资产和无效资产进行区分。在进行区分时应注意把握以下几点：第一，对企业有效资产的判断，应以该资产对企业盈利能力形成的贡献为基础，不能背离这一原则；第二，在有效资产的贡献下形成的企业的盈利能力，应是企业的正常盈利能力，由于偶然因素而形成的短期盈利及相关资产，不能作为判断企业盈利能力和划分有效资产的依据；第三，评估人员应对企业价值进行客观揭示，如企业的出售方拟进行企业资产重组，则应以不影响企业盈利能力为前提。

(3) 对资产综合体中的无效资产进行剥离。在企业价值评估中，对无效资产有两种处理方式：一是进行“资产剥离”，将企业的无效资产在运用多种评估途径及其方法进行有效资产及其企业价值评估前单独剥离出去，无效资产的价值不作为企业价值的组成部分，作为独立的部分进行单独处理，并在评估报告中予以披露；二是将企业的无效资产在运用多种评估途径及其方法进行有效资产及其企业价值评估前单独剥离出去，用适合无效资产的评估方法对其进行单独评估，将评估值加总到企业价值评估的最终结果之中，并在评估报告中予以披露。

(4) 如企业出售方拟通过“填平补齐”的方法对影响企业盈利能力的薄弱环节进行改进时，评估人员应着重判断该改进对正确揭示企业盈利能力的影响。

8.1.5 企业价值评估的基本要求

企业价值评估具有所有资产评估的共性，又有其特殊性。所以对企业价值评估的要求除了一般资产评估的基本要求外，还必须明确企业价值评估的主要内容和要求。

(1) 从事企业价值评估的注册资产评估师应当经过企业价值评估方面的专门教育和培训，具备相应的专业知识和经验，能够胜任所执行的企业价值评估业务。

(2) 注册资产评估师执行企业价值评估业务时，应当收集并分析被评估企业的信息资料和与被评估企业相关的其他信息资料，通常包括：

① 被评估企业类型、评估对象相关权益状况及有关法律文件；

② 被评估企业的历史沿革、现状和前景；

③ 被评估企业内部管理制度、核心技术、研发状况、销售网络、特许经营权、管理层构成等经营管理状况；

④ 被评估企业历史财务资料和财务预测信息资料；

⑤ 被评估企业资产、负债、权益、盈利、利润分配、现金流量等财务状况；

⑥ 评估对象以往的评估及交易情况；

⑦ 可能影响被评估企业生产经营状况的宏观、区域经济因素；

⑧ 被评估企业所在行业的发展状况及前景；

⑨ 参考企业的财务信息、股票价格或股权交易价格等市场信息，以及以往的评估情况等；

⑩ 资本市场、产权交易市场的有关信息；

⑪ 注册资产评估师认为需要收集分析的其他相关信息资料。

(3) 注册资产评估师应当尽可能获取被评估企业和参照企业经过审计的财务报表。无论财务报表是否经过审计，注册资产评估师都应当对其进行分析，履行应有的专业判断程序。

(4) 注册资产评估师应当根据评估对象、所选择的价值类型和评估方法等相关条件，在与委托方和相关当事方协商并获得有关信息的基础上，采用适当的方法，对被评估企业和参考企业的财务报表中对评估过程和评估结论具有影响的相关事项进行必要的分析调整，以合理反映企业的财务状况和盈利能力。

根据评估项目的具体情况，注册资产评估师可在适当的情况下考虑以下分析调整事项：

① 调整被评估企业和参照企业财务报表的编制基础；

② 调整不具有代表性的收入和支出，如非正常和偶然的收入和支出；

③ 调整非经营性资产、负债和溢余资产及与其相关的收入和支出；

④ 注册资产评估师认为需要调整的其他事项。

(5) 注册资产评估师应当与委托方进行沟通，获得委托方关于被评估企业资产配置和使用情况的说明，包括对非经营性资产、负债和溢余资产状况的说明；应当在适当及切实可行的情况下对被评估企业的非经营性资产、负债和溢余资产进行单独分析和评估。

（6）注册资产评估师应当知晓评估对象在持续经营前提下的价值并不必然大于在清算前提下的价值。如果相关权益人有权启动被评估企业清算程序，注册资产评估师应当根据委托，分析评估对象在清算前提下价值大于在持续经营前提下价值的可能性。

（7）注册资产评估师在对具有多种经营业务、涉及多种行业的企业进行企业价值评估时，应当针对各种业务类型，分别进行分析。

（8）注册资产评估师应当根据评估对象的不同，谨慎区分企业整体价值、股东全部权益价值和股东部分权益价值，并在评估报告中明确说明。

（9）注册资产评估师应当知晓股东部分权益价值并不必然等于股东全部权益价值与股权比例的乘积。在评估股东部分权益价值时，应当在适当及切实可行的情况下考虑由于控股权和少数股权等因素产生的溢价或折价。注册资产评估师应当在评估报告中披露是否考虑了控股权和少数股权等因素产生的溢价或折价。

（10）注册资产评估师执行企业价值评估业务，应当在适当及切实可行的情况下考虑流动性对评估对象价值的影响，应当在评估报告中披露是否考虑了流动性对评估对象价值的影响。

8.1.6　企业价值评估报告的主要内容和披露事项

企业价值评估报告除遵循资产评估报告的一般要求和通用程序外，应着重表述和披露以下主要内容。

（1）根据评估项目的具体情况，在评估报告中对被评估企业的基本情况进行说明。通常包括：① 企业名称、类型与组织形式；② 企业历史状况；③ 企业主要产品或服务；④ 市场和客户状况；⑤ 企业管理状况；⑥ 季节或周期因素对企业运营的影响；⑦ 企业运营常规流程；⑧ 企业主要资产状况，包括有形资产、无形资产以及主要负债；⑨ 企业、股权等以往市场交易情况；⑩ 相关竞争状况；⑪ 影响企业生产经营的宏观经济因素；⑫ 企业发展前景；⑬ 影响企业生产经营的行业发展前景；⑭ 其他需要说明的企业状况。

（2）在评估报告中明确说明评估对象及其存在状况、权利状况和受到的限制。

（3）在评估报告中披露所有影响评估分析、判断和结论的评估假设和限定条件，并就其对评估结论的影响进行必要说明。

（4）在评估报告的评估程序实施过程和情况说明部分，重点披露被评估企业的财务分析、调整以及评估方法的运用实施过程。

（5）在评估报告中披露财务分析、调整情况时，通常应当包括下列内容：① 被评估企业历史财务资料分析总结，列示能够充分满足评估目的的需要和揭示被评估企业特性的若干年度的资产负债表和损益表的汇总资料；② 对财务报告、企业申报资料所作的重大或实质性调整；③ 相关预测所涉及的关键性评估假设和限定条件；④ 被评估企业与其所在行业平均经济效益状况比较。

(6) 在评估报告中披露评估方法运用实施过程和情况时，通常应当包括下列内容：① 选择评估方法的过程和依据；② 评估方法的运用和逻辑推理计算过程；③ 资本化率、折现率、价值比率等重要参数的获取来源和形成过程；④ 对初步评估结论进行综合分析，形成最终评估结论的过程。

8.2 收益法在企业价值评估中的应用

8.2.1 收益法评估企业价值的核心问题

企业价值评估中的收益法，是指通过将被评估企业预期收益资本化或折现以确定评估对象价值的评估方法。收益法是国际上通行的企业价值评估方法，也是我国在现有条件下可以采用的企业价值评估方法，适用于持续经营假设前提下的企业价值评估。在运用收益法对企业价值进行评估时，一个必要的前提是判断企业是否具有持续的盈利能力。只有当企业具有持续的盈利能力时，运用收益法对企业进行价值评估才有意义。因此，运用收益法对企业进行价值评估，关键在于对以下三个问题的解决。

1. 要对企业或资产的综合体的收益予以界定。企业的收益能以多种形式出现，包括净利润、净现金流、息前净利润和息前净现金流。选择以何种形式的收益作为收益法中的企业收益，直接影响对企业价值的最终判断。

2. 要对企业的收益进行合理的预测。要求评估人员对企业的将来收益进行精确预测是不现实的。但是，由于企业收益的预测直接影响对企业盈利能力的判断，是决定企业最终评估值的关键因素，所以，在评估中应全面考虑影响企业盈利能力的因素，客观、公正地对企业的收益作出合理的预测。

3. 在对企业的收益作出合理的预测后，要选择合适的折现率。合适的折现率的选择直接关系到对企业未来收益风险的判断。由于不确定性的客观存在，对企业未来收益的风险进行判断至关重要。能否对企业未来收益的风险作出恰当的判断，从而选择合适的折现率，对企业的最终评估值具有较大影响。

8.2.2 收益法的计算公式及其说明

1. 企业永续经营假设前提下的收益法

(1) 永续年金法。用于企业价值评估的年金法，是将已处于均衡状态，其未来收益具有充分的稳定性和可预测性的企业收益进行年金化处理，然后再把已年金化的企业预期收益进行收益还原，估测企业的价值。该方法适用于未来预期收益相对稳定、所在行业发展相对稳定的企业价值评估。年金法的计算公式为：

$$P=\frac{A}{r} \tag{8-1}$$

式中：P——企业评估价值；

A——企业每年的年金收益；

r——本金化率。

如果企业未来收益虽然比较稳定，但在大多数情况下，并不是表现为等额的年金收益，而是表现为有窄幅波动的非年金收益。如果每年的预期收益波动的范围不大，可以利用年金现值系数将每年不等额的非年金收益转化为年金收益，再进行资本化处理求取评估值。其公式为：

$$P=\sum_{t=1}^{n}[R_t\times(1+r)^{-t}]\div\sum_{t=1}^{n}[(1+t)^{-t}]\div r \tag{8-2}$$

【案例 8-1】 预计某企业未来 5 年的预期收益额分别为 1 000 万元、1 200 万元、1 100 万元、1 300 万元、1 200 万元，假定本金化率为 10%，试用年金法估测该企业价值。

$$\begin{aligned}P&=\sum_{t=1}^{n}[R_t\times(1+r)^{-t}]\div\sum_{t=1}^{n}[(1+t)^{-t}]\div r\\&=(1\,000\times0.9091+1\,200\times0.8264+1\,100\times0.7513+1\,300\times0.6830+\\&\quad 1\,200\times0.6209)\div(0.9091+0.8264+0.7513+0.6830+0.6209)\div10\%\\&=11\,530\text{ 万元}\end{aligned}$$

（2）分段法

分段法是将持续经营的企业的收益预测分为前后两段。将企业的收益预测分为前后两段的理由在于：在企业发展的前一个期间，企业处于不稳定状态，因此企业的收益是不稳定的；而在该期间之后，企业处于均衡状态，其收益是稳定的或按某种规律进行变化。对于前段企业的预期收益采取逐年预测，并折现累加的方法。而对于后段的企业收益，则针对企业具体情况：并按企业的收益变化规律，对企业后段的预期收益进行折现和还原处理。将企业前后两段收益现值加在一起便构成企业的收益现值。

假设以前段最后一年的收益作为后段各年的年金收益，分段法的公式可写成：

$$P=\sum_{i=1}^{N}\frac{R_i}{(1+r_1)^i}+\frac{R_{N+1}}{r_2}\times\frac{1}{(1+r_1)^N} \tag{8-3}$$

式中：P——企业评估值；

R_i——前 N 年内各年度预测收益额；

r_1——折现率；

r_2——资本化率。

假设从（$N+1$）年起的后段，企业预期年收益将按一固定比率（g）增长，则分段法的公式可写成：

$$P=\sum_{i=1}^{N}\frac{R_i}{(1+r_1)^i}+\frac{R_N(1+g)}{r_2-g}\times\frac{1}{(1+r_1)^N} \tag{8-4}$$

或：

$$P=\sum_{t=1}^{n}[R_t\times(1+r)^{-t}]+\frac{R_n}{r}\times(1+r)^{-n} \tag{8-5}$$

【案例 8-2】 待估企业预计未来 5 年的预期收益额为 100 万元、120 万元、150 万元、160 万元、200 万元，并根据企业的实际情况推断，从第六年开始，企业的年收益额将维持在 200 万元水平上，假定本金化率为 10%，使用分段法估测企业的价值。

运用公式：

$$\begin{aligned}P&=\sum_{i=1}^{N}\frac{R_i}{(1+r_1)^i}+\frac{R_{N+1}}{r_2}\times\frac{1}{(1+r_1)^N}\\&=(100\times0.9091+120\times0.8264+150\times0.7513\\&\quad+160\times0.683+200\times0.6209)+200/10\%\times0.6209\\&=536+2\,000\times0.6209\\&=1\,778(\text{万元})\end{aligned}$$

承上例资料，假如评估人员根据企业的实际情况推断，企业从第六年起，收益额将在第五年的水平上以 2%的增长率保持增长，其他条件不变，试估测待估企业的价值。

运用公式：

$$\begin{aligned}P&=\sum_{i=1}^{N}\frac{R_i}{(1+r_1)^i}+\frac{R_N(1+g)}{r_2-g}\times\frac{1}{(1+r_1)^N}\\&=(100\times0.9091+120\times0.8264+150\times0.7513+160\times0.683+\\&\quad200\times0.6209)+200(1+2\%)/(10\%-2\%)\times0.6209\\&=536+204/8\%\times0.6209\\&=536+2550\times0.6209\\&=536+1\,583\\&=2\,119(\text{万元})\end{aligned}$$

2. 企业有限持续经营假设前提下的收益法

（1）关于企业有限持续经营假设的适用。对企业而言，它的价值在于其所具有的持续盈利能力。一般而言，对企业价值的评估应该在持续经营前提下进行。只有在特殊的情况下，才能在有限持续经营假设前提下对企业价值进行评估。如企业章程已对企业经营期限做出规定，而企业的所有者无意逾期继续经营企业，则可在该假设前提下对企业进行价值评估。评估人员在运用该假设对企业价值进行评估时，应对企业能否适用该假设做出合理判断。

（2）企业有限持续经营假设是从最有利于回收企业投资的角度，争取在不追加资本性投资的前提下，充分利用企业现有的资源，最大限度地获取投资收益，直至企业无法持续经营为止。

（3）对于有限持续经营假设前提下企业价值评估的收益法，其评估思路与分段法类似。首先，将企业在可预期的经营期限内的收益加以估测并折现；其次，将企业在经营期限后的残余资产的价值加以估测及折现。而后，将两者相加。其数学表达式为：

$$P = \sum_{i=1}^{N} \frac{R_i}{(1+r_1)^i} + P_N \times \frac{1}{(1+r_1)^N} \tag{8-6}$$

式中：P_N——第 n 年时企业资产的变现值；

其他符号含义同前。

8.2.3　企业收益及其预测

在企业的价值评估中，企业的收益是指在正常条件下，企业所获得的归企业所有的所得额。在企业的价值评估中，企业的收益额需要从两个方面来认识：一是在将企业收益额作为企业获利能力的标志来认识时，企业的收益额是指企业在合法的前提下，所获得的归企业所有的所得额，这是评估人员把握衡量企业价值的根本依据。二是在将企业收益额作为运用收益法评价企业价值时，企业的收益额可以是广义上的企业收益额，如息税前利润、企业自由现金流量等，这是评估人员把握衡量和判断企业价值的工具。

1. 企业收益的界定

企业的收益额是运用收益法对企业价值进行评估的关键参数。在对企业收益进行具体界定时，应首先注意以下两个方面：其一，收益额应当归企业权益主体所有的收益。企业创造的不归企业权益主体所有的收入，不能作为企业价值评估中的企业收益，如税收，不论是流转税还是所得税都不能视为企业收益；其二，凡是归企业权益主体所有的企业收支净额，都可视为企业的收益。无论是营业收支、资产收支，还是投资收支，只要形成净现金流入量，就可视为企业收益。

（1）收益额形式的界定。

企业的收益企业有净利润和企业净现金流量两种表现形式。一般而言，应选择企业的净现金流作为用收益法进行企业价值评估的收益基础。

（2）收益额口径的界定

在企业价值的具体评估中，还需要根据评估目的的不同，对不同口径的收益做出选择。如净现金流量（股权自由现金流量）、净利润、息前净现金流量（企业自由现金流量）等的选择。因为不同口径的收益额，其折现值的价值内涵是完全不同的。比如：① 净利润或净现金流量折现或资本化为企业股东全部权益价值（净资产价值或所有者权益价值）；

② 净现金流量（净利润）＋长期负债利息（1－所得税税率）折现或资本化为企业投资资本价值（所有者权益＋长期负债）；③ 净现金流量（净利润）＋利息（1－所得税税率）折现或资本化为企业整体价值（所有者权益价值和付息债务之和）。

选择什么口径的企业收益作为收益法评估企业价值的基础，首先应服从企业价值评估的目的；其次，对企业收益口径的选择，应在不影响企业价值评估目的的前提下，选择最能客观反映企业正常盈利能力的收益额作为对企业进行价值评估的收益基础。

2．企业收益预测

企业的收益预测大致分为三个阶段：首先，是对企业收益的历史及现状的分析与判断；其次，是对企业未来可预测的若干年的预期收益的预测；最后，是对企业未来持续经营条件下的长期预期收益趋势的判断。

（1）对企业收益的历史与现状进行分析和判断的目的，是对企业正常的盈利能力进行掌握和了解，为企业收益的预测创造一个工作平台。

通过对企业收益的历史及现状的分析来判断企业的正常盈利能力，首先要根据企业的具体情况确定分析的重点。对于已有较长经营历史且收益稳定的企业，应着重对其历史收益进行分析，并在该企业历史收益平均趋势的基础上判断企业的盈利能力。而对于发展历史不长的企业，就要着重对其现状进行分析并主要在分析该企业未来发展机会的基础上判断企业的盈利能力。此外，还要对财务数据并结合企业的实际生产经营情况加以综合分析。可以作为分析判断企业盈利能力参考依据的财务指标有：企业资金利润率；投资资本利润率、净资产利润率、成本利润率、销售收入利润率、企业资金收益率、投资资本收益率、净资产收益率、成本收益率、销售收入收益率等。有关利润率指标与收益率指标的区别主要在于：前者是企业的利润总额与企业资金占用额之比，而后者是企业的净利润与企业的资金占用额之比。

为较为客观地判断企业的正常盈利能力，还必须结合影响企业盈利能力的内部及外部因素进行分析。首先，要对影响企业盈利能力的关键因素进行分析与判断。评估人员应通过与企业管理人员的充分交流和自身的分析判断，对企业的核心竞争力存在一个较为清晰的认识。其次，要对企业所处的产业及市场地位有个客观的认识。企业所处产业的发展前景、企业在该产业及市场中的地位、企业的主要竞争对手的情况等都是评估人员应该了解和掌握的。再次，对影响企业发展的可以预见的宏观因素，评估人员也应该加以分析和考虑。如对某家污染严重的企业价值进行评估时，评估人员就应该考虑国家的环境政策对企业未来盈利的影响。总之，只有结合企业内部与外部的因素进行分析，才能对企业的正常盈利能力做出正确的判断。

（2）企业收益预测的基础

对用于衡量企业盈利能力的企业收益不仅存在不同形式及口径上的界定问题，还存在收益预测基础的问题。企业收益预测的基础存在以下两个方面的问题。

① 什么是预期收益预测的出发点，即是否以企业的实际收益为出发点。企业在评估时点的实际收益是企业内部与外部各种因素共同作用的结果。在这些因素中，许多是属于一次性的或偶然性的因素。如果以企业评估时点的实际收益作为预测企业未来预期收益的基础而不加以调整；这便意味着将在企业未来经营中不复存在的因素仍然作为影响企业未来预期收益的因素加以考虑。因此，企业价值评估的预期收益的基础，应该是在正常的经营条件下，排除影响企业盈利能力的偶然因素和不可比因素之后的企业正常收益。

② 如何客观把握新的产权主体的行为对企业预期收益的影响。企业的预期收益既是企业存量资产运作的函数，又是未来新产权主体经营管理的函数。但评估人员对企业价值的判断，只能基于对企业存量资产运作的合理判断，而不能基于对新产权主体行为的估测。因此，新产权主体的行为对企业预期收益的影响，也不应成为预测企业预期收益的影响因素。从此角度而言，对于企业预期收益的预测，应以企业的存量资产为出发点，可以考虑对存量资产的合理改进乃至合理重组，但必须以反映企业的正常盈利能力为基础，任何不正常的个人因素或新产权主体的超常行为等因素对企业预期收益的影响不应予以考虑。

(3) 企业收益预测的基本步骤。

企业预期收益的预测大致可分为以下几个步骤：评估基准日审计后企业收益的调整，企业预期收益趋势的总体分析和判断，企业预期收益预测。

①评估基准日审计后企业收益的调整。

评估基准日审计后企业收益的调整包括两部分工作。其一是对审计后的财务报表进行非正常因素调整，主要是损益表和现金流量表的调整。将一次性、偶发性，或以后不再发生的收入或费用进行剔除，把企业评估基准日的利润和现金流量调整到正常状态下的数量，为企业预期收益的趋势分析打好基础。其二是研究审计后报表的附注和相关揭示，对在相关报表中揭示的影响企业预期收益的非财务因素进行分析，并在该分析的基础上对企业的收益进行调整，使之能反映企业的正常盈利能力。

②企业预期收益趋势的总体分析和判断。

企业预期收益趋势的总体分析和判断，是在对企业评估基准日审计后实际收益调整的基础上，结合企业提供的预期收益预测和评估机构调查搜集到的有关信息的资料进行的。这里需要强调指出：第一，对企业评估基准日审计后的调整财务报表，尤其是客观收益的调整仅作为评估人员进行企业预期收益预测的参考依据，不能用于其他目的。第二，企业提供的关于预期收益的预测是评估人员预测企业未来预期收益的重要参考资料。但是，评估人员不可以仅仅凭企业提供的收益预测作为对企业未来预期收益预测的唯一根据，评估人员应在自身专业知识和所搜集的其他资料的基础上做出客观、独立的判断。第三，尽管对企业在评估基准日的财务报表进行了必要的调整，并掌握了企业提供的收益预测，评估人员还必须深入到企业现场进行实地考察和现场调研，与企业的核心管理层进行充分交流，了解企业的生产工艺过程、设备状况、生产能力和经营管理水平，再辅之以其他数据资料对企业未来收益趋势做出合乎逻辑的总体判断。

③企业预期收益的预测。

企业预期收益的预测是在前两个步骤完成的前提下，运用具体的技术方法和手段进行测算。在一般情况下，企业的收益预测也分两个时间段。对于已步入稳定期的企业而言，收益预测的分段较为简单：一是对企业未来 3～5 年的收益预测；二是对企业未来 3～5 年后的各年收益预测。而对于仍处于发展期，其收益尚不稳定的企业而言，对其收益预测的分段应是首先判断出企业在何时步入稳定期，其收益呈现稳定性。而后将其步入稳定期的前一年作为收益预测分段的时点。对企业何时步入稳定期的判断，应在与企业管理人员的充分沟通和占有大量资料并加以理性分析的基础上进行，其确定较为复杂。

8.2.4 折现率和资本化率及其估测

折现率是将未来收益还原或转换为现值的比率。它在资产评估业务中有着不同的称谓：资本化率、本金化率、还原利率等。但其本质是相同的，都属于投资报酬率。作为投资报酬率通常由两部分组成：一是正常投资报酬率；二是风险投资报酬率。正常报酬率亦称为无风险报酬率，它取决于资金的机会成本，即正常的投资报酬率不能低于该投资的机会成本。这个机会成本通常以政府发行的国库券利率和银行储蓄利率作为参照依据。风险报酬率的高低主要取决于投资的风险的大小，风险大的投资，要求的风险报酬率就高。

1. 企业评估中选择折现率的基本原则

在运用收益法评估企业价值时，折现率起着至关重要的作用，它的微小变化会对评估结果产生较大的影响。因此，在选择和确定折现率时，必须注意以下几方面的问题。

(1) 折现率不低于无风险投资报酬率。

在存在着正常的资本市场和产权市场的条件下，任何一项投资的回报率不应低于无风险投资报酬率。我国的银行仍属国家垄断或严格监控，其信誉也非常高，储蓄也是一种风险极小的投资。因此，国库券和银行储蓄利率可看成是其他投资的机会成本，相当于无风险投资报酬率。

(2) 行业基准收益率不宜直接作为折现率，但行业平均收益率可作为确定折现率的重要参考指标。

行业基准收益率旨在反映拟建项目对国民经济的净贡献的高低，包括拟建项目可能提供的税收收入和利润，而不是对投资者的净贡献。因此，不宜直接将其作为企业产权变动时价值评估的折现率。再者，行业基准收益率的高低也体现着国家的产业政策。因此，行业基准收益率不宜直接作为企业评估中的折现率。

(3) 贴现率不宜直接作为折现率

贴现率是商业银行对未到期票据提前兑现所扣金额（贴现息）与期票票面金额的比率。贴现率虽然也是将未来值换算成现值的比率，但贴现率通常是银行根据市场利率和贴现票据的信誉程度来确定的。从本质上讲，贴现率接近于市场利率。而折现率是针对具体评估对象的风险而生成的期望投资报酬率。从内容上讲，折现率与贴现率并不一致，简单地把银行贴现率直接作为企业评估的折现率是不妥当的。

2. 风险报酬率及折现率的测算

就企业而言，在未来的经营过程中要面临着经营风险、财务早险、行业风险、通货膨胀风险等。从投资者的角度，要投资者承担一定的风险，就要有相对应的风险补偿。风险越大，要求补偿的数额也就越大。风险补偿额相对于风险投资额的比率就叫风险报酬率。

在测算风险报酬率的时候，评估人员应注意以下因素：① 国民经济增长率及被评估企业所在行业在国民经济中的地位；② 被评估企业所在行业的发展状况及被评估企业在行业中的地位；③ 被评估企业所在行业的投资风险；④ 企业在未来的经营中可能承担的风险等。

在充分考虑和分析了以上各因素以后，风险报酬率可通过以下三种方法估测。

(1) 风险累加法

企业在其持续经营过程可能要面临着许多风险，像前面已经提到的行业风险、经营风险、财务风险、通货膨胀等。将企业可能面临的风险对回报率的要求予以量化并累加，便可得到企业评折现率中的风险报酬率。用公式表示为：

$$本金化率或折现率=无风险报酬率+风险报酬率 \tag{8-7}$$

式中：无风险报酬率以国债利率或银行利率为基准

$$\begin{aligned}风险报酬率=&行业风险报酬率+经营风险报酬率+\\&财务风险报酬率+其他风险报酬率\end{aligned} \tag{8-8}$$

行业风险主要指企业所在行业的市场特点、投资开发特点，以及国家产业政策调整等因素造成的行业发展不确定性给企业预期收益带来的影响。

经营风险是指企业在经营过程中，由于市场需求变化、生产要素供给条件变化以及同类企业间的竞争给企业的未来预期收益带来的不确定性影响。

财务风险是指企业在经营过程中的资金融通、资金调度、资金周转可能出现的不确定性因素影响企业的预期收益。

其他风险包括了国民经济景气状况、通货膨胀等因素的变化可能对企业预期收益的影响。

量化上述各种风险所要求的回报率，主要是采取经验判断。它要求评估人员充分了解国民经济的运行态势、行业发展方向、市场状况、同类企业竞争情况等。只有在充分了解和掌握上述数据资料的基础上，对于风险报酬率的判断才能较为客观合理。当然，在条件许可的情况下，评估人员应尽量采取统计和数理分析方法对风险回报率进行量化。

（2）β系数法

β系数法用于估算企业所在行业的风险报酬率。其基本思路是，行业风险报酬率是社会平均风险报酬率与被评估企业所在行业平均风险和社会平均风险的比率系数（β系数）的乘积。

β系数法估算风险报酬率的步骤为：

①将社会平均收益率扣除无风险报酬率，求出社会平均风险报酬率；

②将企业所在行业的平均风险与社会平均风险进行比求出企业所在行业的β系数；

③用社会平均风险报酬率乘以企业所在行业的β系数，可得到被评估企业所在行业的风险报酬率。

用公式表示为：

$$R_r = (R_m - R_g) \times \beta \tag{8-9}$$

式中：

R_r——被评估企业所在行业的风险报酬率；

R_m——社会平均收益率；

R_g——无风险报酬率；

β——被评估企业所在行业的β系数。

在评估某一具体的企业价值时，应再考虑企业的规模、经营状况及财务状况确定，企业在其所在的行业中的地位系数（α），然后与企业所在行业的风险报酬率相乘，得到该企业的风险报酬率。如下式表示：

$$R_r = (R_m - R_g) \times \beta \times \alpha \tag{8-10}$$

如果能通过一系列方法测算出风险报酬率，则企业评估的折现率的测算就相对简单了。

（3）加权平均资本模型

加权平均资本模型是测算企业评估中的折现率的一种较为常用的方法。

加权平均资本成本模型是以企业的所有者权益和长期负债所构成的投资成本，以及投资资本所需求的回报率；经加权平均计算来获得企业评估所需折现率的一种数学模型。用公式表示为：

企业评估的折现率＝长期负债要求的回报率×长期负债占投资资本的比重＋所有者权益占投资资本比重×所有者权益要求的回报率　（8-11）

其中：所有者权益要求的回报率表现为无风险收益率与风险收益率之和。

3. 收益额与折现率对应的问题

在具体的资产评估中，由于资产评估师所选的收益额有不同的口径，折现率的选定必须与收益额的口径一致，而选用不同口径的收益额和相应的折现率，收益还原的结果具有不同的含义。

（1）如果选用企业利润系列指标作为收益额，则折现率应选用相应的资产收益率；而如以净现金流量为收益额，则以投资回收率（即净现金流量/平均占用资产）为折现率，因为投资回收率是以收付实现制为基础的资产收益率。

（2）在同一系列中，收益额指标又有不同的口径，如在利润系列指标中，可作为收益额的指标有税后利润和息前税后利润。而净现金流量系列中，也有净现金流量和息前净现金流量。

它们具有如下关系：

息前税后利润＝税后利润＋长期负债利息×（1－所得税税率）　(8-12)

息前净现金流量＝净现金流量＋长期负债利息×（1－所得税税率）　(8-13)

收益额、折现率以及评估结果的含义关系如表 8-1 所示。

表 8-1　收益额、折现率及评估值内涵的关系

收益额	折现率	评估值内涵	评估值的资产构成
税后利润	净资产收益率	所有者权益价格	资产－负债
息前税后利润	加权平均资本成本	含长期负债的企业投资价格	资产－短期负债
净现金流量	净资产投资回收率	所有者权益价格	资产－负债
息前净现金流量	净资产投资回收率	含长期负债的企业投资价格	资产－短期负债

4. 确定折现率应注意的有关问题

在用收益法评估整体资产时，要根据产权交易的特征，从实际出发，通过测算资产报酬率、投资机会成本，来确定适用资本化率。产权交易的目的不同，选择适用资本化率也应不同，以下根据产权交易目的提供几种不同的选择资本化率的标准，供评估时参考。

（1）中外合资及中外合作时，对企业资产评估目的是公平估价，所要求的适用资本化率，原则上是由国际资本市场平均收益率决定，也可根据国际金融市场资本化率，并考虑我国投资风险报酬率决定。

（2）不同企业之间，或不同所有制企业之间的产权交易，应根据社会平均资产收益率，并考虑被评估企业的风险因素，附加风险报酬率，作为资本化率来确定企业的收益现值。

（3）企业面向社会发行股票，评估企业收益现值的资本化率，要根据无风险国债利率，并考虑投资风险报酬率来确定。

（4）对发生政策性低利和亏损行业的企业发生产权交易，通常在国有企业内部进行，原则L适用行业平均资产收益率进行本金化。

在用收益法进行资产评估时，不仅要十分注意参数的计算与选择，而且要仔细使用这些参数，注意所用参数适用场合及参数的匹配。

8.2.5 收益期的确定

收益期的确定通常要考虑企业的固定资产使用年限，主要产品所处的生命周期，经营者的素质，外部环境的影响，如竞争对手的变化，国家投资政策的变化等等，确定的方法主要有3种。

（1）合同年限法。企业整体发生产权变动后，如中外合资企业，在确定其收益期时，应以中外合资双方共同签订的合同规定的期限作为企业资产收益期。

（2）企业整体资产经营寿命法。企业产权发生变动后，没有规定经营期限的按其正常经济寿命测算，通常可按企业的土地使用权的有效使用年限作为其预期经济寿命期。

（3）永续法。如果企业经营正常，且没有对足以影响企业继续经营的某项资产的使用年限进行规定，或者这种限定是可以解除的，并可以通过续延方式永续适用，则在测算企业资产收益时，收益期的确定可采用永续法。

8.2.6 确定收益法主要参数时应注意的其他事项

（1）企业未来的生产能力预测不能无限上升，因为预测的基础是现有规模，如果企业生产能力能够不断大幅度上升，说明现有资产未发挥出正常生产水平，存在经济性贬值。

（2）市场的承受力有限，应将企业状况和所处市场环境结合分析。

（3）收入与成本费用支出不会同比例增长，因为企业的成本费用支出分为变动成本和固定成本两部分。固定成本随生产量增加会跳跃式增加，而不是均匀增加。

（4）如企业存在大量在建工程或其他无关资产（指与现有的主营业务收入无直接关系，在未来收益预期时无法考虑该资产所带来的收益）时，应在评估时予以扣除，并单独予以评估计算。

【案例8-3】 某大型化工企业有与外商合资的意向（已签订意向书），需要了解企业股东全部权益价值，因此要进行企业价值评估。评估基准日为2006年1月1日。根据委托方的要求，以及评估人员对本次评估目的及相关条件的分析，同意将持续经营价值作为本次评估结果的价值类型。评估过程和结果如下。

【评估过程】

1．*被评估企业有关历史资料的统计分析*

根据本次评估目的及价值类型对评估信息资料的要求，对被评估企业评估基准日以前年度的财务决算和有关资料进行了整理分析，2000—2005 年收支情况见表 8-2 和表 8-3。评估人员采用的主要指标有：销售收入、成本、利润以及企业净现金流分析结果如下：

表 8-2　企业 2000—2005 年各项收入支出在年度与年度之间的比较　（单位：万元）

项目	2005 年		2004 年		2003 年		2002 年		2001 年		2000 年	
	金额	增长比例(%)	金额	增长比例(%)	金额	增长比例(%)	金额	增长比例(%)	金额	增长比例(%)	金额	增长比例(%)
销售收入	4200	14.5	3668.3	9	3366.6	18.8	2834.9	17.8	2406.5	－5	2533	100
销售税金	626.6	14.5	547.3	11.2	492.3	15.9	424.6	23.7	343.3	－1.4	348.3	100
销售成本	2283.7	18.2	1932.6	31.1	1473.8	30	1133.7	15.6	980.9	1.4	967.1	100
其中：折旧	374		354		303		254		238		214	100
销售及其他费用	162.3	－5.3	171.3	3.8	165.1	69.5	97.4	135.3	41.4	7.5	38.5	100
产品销售利润	1127.4	10.8	1017	－17.7	1235	4.8	1179.2	13.3	1040.9	－11.7	1179.2	100
其他销售利润			306.8	9024	3.4	54.1	7.4	3700	0.2	－88.9	1.8	100
营业外支出	100	4.9	95.3	29.8	73.4	33	55.2	129.1	24.1	84	13.1	100
营业外收入	22	－39.6	36.4	413.64	8.8	49.7	17.5	32.6	13.2	26.9	10.4	100
利润总额	1049.4	－16.5	1264.9	7	1174	2.2	1148.9	11.5	1030.2	－12.6	1178.3	100
税款（按实际税额）	356.07	－32.1	524.3	4.4	502.1	－0.9	506.6	2.5	494.3	－4.8	519	100
净利润	693.33	6.4	740.6	10.2	672	4.6	642.3	19.9	535.9	－18.7	659.3	100
（＋）折旧	374		354		303		254		238		214	100
（－）追加投资	662.5	27.6	519.2	27.1	408.6	27.9	319.5	18.4	269.9	15.3	234	100
企业净现金流量	404.83	－29.7	575.4	1.6	566.4	1.8	576.8	14.4	504	－21.2	639.3	100

表 8-3　企业 2000—2005 年各年收入支出结构比例　（单位：万元）

项目	2005 年		2004 年		2003 年		2002 年		2001 年		2000 年	
	金额	占销售额比例(%)	金额	占销售额比例(%)	金额	占销售额比例(%)	金额	占销售额比例(%)	金额	占销售额比例(%)	金额	占销售额比例(%)
销售收入	4200	100	3668.3	100	3366.6	100	2834.9	100	2406.5	100	2533	100
销售税金	626.6	14.6	547.3	14.9	492.3	14.6	424.6	15	343.3	14.3	348.3	13.7
销售成本	2283.7	54.4	1932.6	53	1473.8	43.8	1133.7	40	980.9	40.7	967.1	38.2
其中：折旧	374	8.9	354	9.6	303	9	254	9	238	9.9	214	8.4
销售及其他费用	162.3	3.9	171.3	5	165.1	4.9	97.4	3.4	41.4	1.7	38.5	1.5
产品销售利润	1127.4	26.8	1017	27.7	1235	36.7	1179.2	41.6	1040.9	43.3	1179.2	46.5
其他销售利润			306.8	8.4	3.4	0.1	7.4	0.3	0.2		1.8	0.1
营业外支出	100	2.4	95.3	2.6	73.4	2.2	55.2	1.9	24.1	1	13.1	0.6
营业外收入	22	0.5	36.4	1	8.8	0.3	17.5	0.6	13.2	0.5	10.4	0.4
利润总额	1049.4	25	1264.9	34.2	1174	34.8	1148.9	40.5	1030.2	47	1178.3	46.5
税款（按实际税额）	356.07	8.5	524.3	14.3	502.1	14.9	506.6	17.9	494.3	20.5	519	20.5
净利润	693.33	16.5	740.6	20.2	672	20	642.3	22.7	535.9	22.3	659.3	26

（续表）

项目	2005 年		2004 年		2003 年		2002 年		2001 年		2000 年	
	金额	占销售额比例（%）	金额	占销售额比例（%）	金额	占销售额比例（%）	金额	占销售额比例（%）	金额	占销售额比例（%）	金额	占销售额比例（%）
（+）折旧	374	8.9	354	9.6	303	9	254	9	238	9.9	214	8.5
（-）追加投资	662.5		519.2		408.6		319.5	20.4	269.9		234	
企业净现金流量	404.83	9.6	575.4	15.7	566.4	16.8	576.8		504	21	639.3	25.3

（1）从近几年被评估企业的发展情况看，只有 2001 年出现过负增长，但下降幅度很小，销售收入下降 4%左右。从 2002 年开始出现稳定的增长趋势。

（2）2000—2005 年企业收支结构的比例没有太大的变化，销售成本占销售收入的比例基本上维持在 40%左右。

2. 分析、预测企业未来发展情况

根据本次评估目的及价值类型对评估信息资料预测的要求，对被评估企业评估基准日以后年度的相关资料进行了分析预测，分析预测都是基于被评估企业现有的经营方向、经营能力、管理能力及合理的改进的前提下进行的，具体情况如下。

（1）按被评估企业目前设备使用状况及其他生产条件分析，被评估企业每年只要有 200 万元左右的技术改造资金投入，企业的生产经营就能长期进行下去，并能保持略有增长的势头。

（2）对被评估企业未来市场预测。从目前及可用预测的年份来看，被评估企业生产的主要产品具有较高的声誉，产品行销全国 20 多个省市，现有用户 15 000 多个。企业所在地区有 23 条送货上门的供应渠道，其他地区有 31 个代销售网点。该企业产品的主要用户均为重点骨干企业，从经济发展的趋势来看，市场对该企业产品的需求还会进一步增加。因此，被评估企业拥有一个比较稳定且能发展的销售市场。

（3）未来产品成本预测。该企业产品的主要原料来源并不稀缺，也不受季节影响，故未来市场物价变动对其产品的影响不大。占成本比重较大的电费，在 2004 年和 2005 年已做了较大的调整，在今后一段时间里不会有太大的升幅。如果以后电价继续调整，产品价格也会相应调整，从而电价因素不会对企业未来收益造成太大的影响。

（4）从目前情况分析，在今后一段时间里，国家主要经济政策不会有太大变化，经济继续保持平稳增长。

（5）未来 5 年（2006—2010 年）企业收益情况预测如表 8-4 所示。

表 8-4　对企业未来收益的预测　（单位：万元）

项目 \ 年份	2006	2007	2008	2009	2010
销售收入	4 437.6	4 705.8	5 213.8	5 473.9	5 730.9
销售税金	670.8	704.9	746.6	775.1	813.5

（续表）

项目 \ 年份	2006	2007	2008	2009	2010
销售成本	2 350	2 500	2 700	2 900	3 100
销售及其他费用	200.9	211.7	222.4	233	223.7
产品销售利润	1 215.9	1 289.2	1 544.8	1 565.8	1 593.7
其他销售利润					
营业外收入	8	8	8	8	8
营业外支出	90	95	100	105	110
利润总额	1 133.9	1 202.2	1 452.8	1 468.8	1 491.7
税款（按实际税额）	374.2	396.7	479.4	484.7	492.3
净利润	759.7	805.5	973.4	984.1	999.4
（＋）折旧	385	410	442	475	508
（－）追加投资	655.2	425.4	454.1	521	541
企业净现金流量	489.5	790.1	961.3	938.1	966.4
折现系数（按9%）	0.917	0.842	0.772	0.708	0.65
净现值	448.9	655.3	742.1	664.2	628.2

3. 评定估算

（1）依据企业以前年度生产增减变化及企业财务收支分析，以及对未来市场的预测，评估人员认为被评估企业未来5年的销售收入，将在2005年的基础上略有增长，增长速度将保持在4%～6%之间。

（2）根据企业的生产能力状况，从2007年开始需要追加的投资将会减少（2001—2002年追加的投资高于正常年份水平），即从2007年起企业的净现金流量将会增加，2011年及以后各年的预期收益将维持在2010年的收益水平上。

（3）适用的折现率及资本化率的确定。因为本次评估目标是企业股东全部权益价值，适用的折现率及资本化率的测算方式采用了资本资产定价模型。

根据评估人员对资本市场的深入调查分析，初步测算证券市场平均期望报酬率为10%，被评估企业所在行业对于风险分散的市场投资组合的系统风险水平β值为0.8，无风险报酬率取3%，由于被评估企业是一个非上市公司，股权的流动性不强，且企业规模不大，在行业中的地位并不突出。但由于被评估企业产品信誉较高，生产经营稳步增长，而且未来市场潜力很大，企业的投资风险并不很大。所以，确定企业在其所在的行业中的地位系数，即企业特定风险调整系数α为1.07。依据资本资产定价模型测算被评估企业的折现率为9%。

$$
\begin{aligned}
R &= R_g + (R_m - R_g) \times \beta \times \alpha \\
&= 3\% + (10\% - 3\%) \times 0.8 \times 1.07 \\
&= 9\%
\end{aligned}
$$

(4) 所得税税率按当时适用的税率 33%进行计算。

(5) 评估人员根据现有掌握的数据对被评估企业永续经营期间的风险因素进行了初步的分析，没有发现明显高于已预测年份的风险迹象，因此假设资本化率与折现率相同。

4. 评估结果

按收益法中的分段法评估思路估算，企业股东全部权益价值为 10128 万元。企业股东全部权益价值的评估步骤如下。

(1) 计算未来 5 年（2006—2010 年）企业净现金流量的折现值之和：

448.9＋665.3＋742.1＋664.2＋628.2＝3 148.7（万元）

(2) 从未来第 6 年（2011 年）开始，计算永久性现金流量现值。

① 将未来永久性收益折成未来第 5 年（2010 年）的价值：

966.4÷9%＝10 737.78（万元）

② 按第 5 年的折现系数，将企业预期第二段收益价值折成现值：

10 737.78×0.65＝6 979.56（万元）

(3) 企业股东全部权益价值的评估价值：

3 148.7＋6 979.56＝10 128.26（万元）

8.3 市场法在企业价值评估中的应用

企业价值评估的市场法就是在市场上找出一个或几个与被评估企业相同或相似的参照系企业，分析、比较被评估企业和参照系企业的重要指标，在此基础上，修正、调整参照系企业的市场价值，最后确定被评估企业的价值。其理论依据就是“替代原则”。

1. 市场法是基于类似资产应有类似交易价格的理论推断

企业价值评估的市场法是基于类似资产应该具有类似交易价格的理论推断。因此，企业价值评估市场法的技术路线是首先在市场上寻找与被评估企业相类似的企业的交易案例，通过对所寻找到的交易案例中相类似企业交易价格的分析，从而确定被评估企业的交易价格，即被评估企业的公允市场价值。

2. 运用市场法评估企业价值存在两个障碍

一是企业的个体差异。每一个企业都存在不同的特性，除了所处行业、规模大小等可确认的因素各不相同外，影响企业形成盈利能力的无形因素更是纷繁复杂。因此，几乎难以找寻到能与被评估企业直接进行比较的类似企业。

二是企业交易案例的差异。即使存在能与被评估企业进行直接比较的类似企业，要找到能与被评估企业的产权交易相比较的交易案例也相当困难。首先，目前我国市场上不存在一个可以共享的企业交易案例资料库，因此，评估人员无法以较低的成本获得可以应用的交易案例；其次，即使有渠道获得一定的案例，但这些交易的发生时间、市场条件和宏观环境又各不相同，评估人员对这些影响因素的分析也会存在主观和客观条件上的障碍。因此，运用市场法对企业价值进行评估，不能基于直接比较的简单思路，而要通过间接比较分析影响企业价值的相关因素，对企业价值进行评估。

3. 用相关因素间接比较方法评估企业价值的关键

(1) 对可比企业的选择。运用相关因素的间接比较法，虽然不用在市场上寻找能直接进行比较的企业交易案例，但仍然需要为评估寻找可比企业。判断企业的可比性存在两个标准：首先是行业标准。处于同一行业的企业存在着某种可比性，但在同一行业内选择可比企业时应注意，目前的行业分类过于宽泛，处于同一行业的企业可能所生产的产品和所面临的市场完全不同，在选择时应加以注意。即使是处于同一市场，生产同一产品的企业，由于其在该行业中的竞争地位不同，规模不同，相互之间的可比性也不同。因此，在选择时应尽量选择与被评估企业的地位相类似的企业。其次是财务标准。既然企业都可以视为是在生产同一种产品，那么存在相同的盈利能力的企业通常具有相类似的财务结构。因此，可以从财务指标和财务结构的分析对企业的可比性进行判断。

(2) 对可比指标的选择。对可比指标的选择只遵循一个原则：即可比指标应与企业的价值直接相关。在企业价值的评估中，现金流量和利润是最主要的候选指标，因为企业的现金流量和利润直接反映了企业的盈利能力，也就与企业的价值直接相关。

基于成本和便利的原因，目前运用市场法对企业价值进行评估，主要是在证券市场上寻找与被评估企业可比的上市公司作为可比企业。通常使用市盈率乘数（P/E）法对企业价值进行评估。

市盈率乘数法的思路是将上市公司的股票年收益和被评估企业的利润作为可比指标，在此基础上评估企业价值的方法。其基本思路是：首先，从证券市场上搜寻与被评估企业相似的可比企业，按企业的不同的收益口径，如息前净现金流、净利润等，计算出与之相应的市盈率。其次，确定被评估企业不同口径的收益额。再次，以可比企业相应口径的市盈率乘以被评估企业相应口径的收益额，初步评定被估企业的价值。

8.4　成本法在企业价值评估中的应用

企业价值评估中的成本法也称资产基础法、成本加和法，是指在合理评估企业各项资产价值和负债的基础上确定企业价值的各种具体评估方法的总称。

成本法是基于企业重建思路的一种评估方法，具体是将构成企业的各种要素资产的评估值加总求得企业的整体价值。但企业重建并不是对被估企业的简单复制，而主要是对企业生产能力和获利能力的重建，因此，企业评估的成本加和法应该是紧紧围绕着企业的整体获利能力进行的。

决定企业价值大小的基础是其未来获利能力的大小，而不是企业各单项资产的评估值之和的多少。但这并非说两者之间没有联系，而且单项资产的评估值是整体资产评估值的一个构成部分。成本加和法正是利用企业要素资产价值与整体资产价值这种内在联系所设计的。但是，采用成本加和法评估企业整体资产具有一定的不合理性，主要表现在以下几个方面。

(1) 采用成本加和法模糊了单项资产与整体资产的区别。凡整体性资产都具有综合获利能力，它由单项资产构成，但不是单项资产的简单加总，而是经过企业有效配置后作为一项独立的获利能力实体而存在。采用成本加和法来评估，只能根据单项资产加总的价值而定，而不是评估它的获利能力。

(2) 成本加和法反映的是企业整体资产的个别价值，而决定企业整体资产价格的是社会价值。整体资产的社会价值，由社会绝大多数的、一般生产条件的劳动耗费所决定。具有相同获利能力的企业，不管其个别劳动投入和名义资产额如何，市场只承认他们具有相同的价值，只能按同一价格交易。因此，整体资产评估要以获利能力为基础。

(3) 采用成本加和法不能很好地体现资产评估的评价功能。评价功能是指资产评估可以通过对资产未来的经营情况、收益能力的预测来评价资产的价值。而成本加和法是从投入的角度，即从资产购建的角度，而没有考虑资产的实际效能和企业运行效率。在这种情况下，无论其效益好坏，同类企业中只要原始投资额相同，则其评估值趋向一致。而且，效益差的企业资产可能不是满负荷运转甚至不使用，在此情况下，评估师对经济性贬值难以进行客观判断，因此，可能造成最终的评估值还会高于效益好的企业的评估值，从而难以对资产的经营效果进行评价。

为此，在采用收益法不能准确评估出企业整体价值时，采用加和法。在评估前应首先明确评估前提，即是持续经营还是非持续经营，在持续经营假设前提下的各个单项资产的评估应按贡献原则评估其价值，而对于非持续经营假设前提下的单项资产的评估，则应按变现原则进行。评估的基本公式：

$$企业评估价值=各单项资产评估价值之和-负债评估价值 \tag{8-14}$$

在持续经营假设前提下，一般不能单独采用成本加和法对企业进行整体价值评估，正常情况下，应同时运用收益法进行整体评估以进行验证。在特殊情况下，只采用成本加和法评估一个持续经营企业时应予以特别说明。

综合以上论述，在选择成本法评估企业价值时，要注意以下问题。

（1）以持续经营为前提对企业进行评估时，成本法一般不应当作为唯一使用的评估方法。

（2）运用成本法进行企业价值评估，应当考虑被评估企业所拥有的所有有形资产、无形资产以及应当承担的负债。

（3）运用成本法进行企业价值评估，各项资产的价值应当根据其具体情况选用适当的具体评估方法得出。

（4）运用成本法进行企业价值评估时，应当对长期股权投资项目进行分析，根据相关项目的具体资产、盈利状况及其对评估对象价值的影响程度等因素，合理确定是否将其进行单独评估。

在企业价值评估中，通常采用两种评估方法的结论来对评估值进行相互检验。运用收益法得出的企业价值评估值常被作为基本评估值，在此基础上，运用市场法或成本法的评估值进行验证，调整基本评估值。

面对不同方法得出的不同结论，评估人员可以采用以下方式之一来确定企业价值的最终评估值。

（1）收益法的参数和要素的选用明显比另外两种方法有把握时，直接将收益法作为最终评估结果。

（2）收益法的参数和要素的选用只是比其他方法略有把握时，分别给予收益法和其他方法适当的权重，将两种方法得出的结果进行加权平均，从而得出最终评估结果。

（3）收益法的参数和要素的选用与其他方法相差无几时，采用两种结论的算术平均值作为最终评估结果。

不同评估方法所遵循的思路不一样，因此，评估结果肯定不会一样，如要据此进行调整，是没有多少实际意义的。

8.5　企业价值案例精选

一、评估目的和评估范围

资产评估范围为B集团公司拟转让A有限公司部分股权所涉及的A有限公司全部资产及相关负债的整体资产价值。评估基准日为2002年12月31日。A有限公司营业执照中规定的经营范围为：港口拖轮拖带作业，海上驳运、水上过驳作业，海上救捞；船舶维修、船舶供应（食品、船舶配件的销售）。

二、背景分析

截至2002年12月31日，A有限公司经××会计师事务所按《中国会计准则独立审计准则》审计后的资产、负债及损益状况如表 8-5 和表 8-6 所示。

表 8-5 资产负债状况一览表 (单位：万元)

项目	2000 年 12 月 31 日	2001 年 12 月 31 日	2002 年 12 月 31 日
资产总额/万元	8 730.37	9 793.91	10 666.91
负债总额/万元	6 950.72	6 120.44	6 627.05
净资产/万元	1 779.65	3 673.47	4 039.86
资产负债率/%	79.62	62.49	62.13

表 8-6 损益状况一览表 (单位：万元)

项目	2000 年 12 月 31 日	2001 年 12 月 31 日	2002 年 12 月 31 日
营业收入/万元	3 368.70	4 771.93	5 966.53
净利润/万元	930.39	1 461.39	1 828.52
净资产收益率/%	52.28	39.78	45.26

经过分析 A 有限公司前几年的历史经营数据，A 有限公司从 1999 年开始步入稳定的经营状态，截至评估基准日（2002 年 12 月 31 日），其经营能力已基本实现，资产负债率基本合理，净资产收益率较高，具有相当的持续经营能力。

随着××港区建设的发展和进出港区船只的不断增加，A 有限公司近年来与世界著名的 30 多家船公司、国内各大公司和代理公司等都保持密切的合作关系，截至 2002 年 12 月 31 日止，已与 30 多家船舶公司签订了长期的服务合作合同。从长远看，A 有限公司不仅独占现有××港的拖轮业务，还拥有占领深圳东部、惠州大亚湾等部分的拖轮市场。同时，A 有限公司分别于 2002 年 1 月及 2002 年 3 月取得了国家认证机构颁发的 ISO9000：2000 版质量体系认证证书和 ISO14001：1996 版环保体系质量认证证书，A 有限公司在安全、质量、环保及服务等方面在客户中已树立良好的信誉，在深圳市及全国已具有较大的知名度和影响力。

鉴于 A 有限公司可以取得相对稳定的收入并获得较高的利润，并具有较强的持续经营能力，拟采用收益法评估 A 有限公司整体资产价值。考虑 A 公司的发展情况，采用收益法的分段法估算。计算公式如下：

$$V = \sum_{i=1}^{n}[R_i \times (1+r)^{-i}] + \frac{R_n}{r} \times (1+r)^{-n}$$

本次评估中，其未来预期收益确定为 A 有限公司的净利润，即各种收入减去包括税收在内的各项成本费用之后最终得到的收益；折现率根据同行业平均净资产收益率并考虑适当的风险报酬率后确定。评估结果为 A 有限公司的整体净资产价值。

三、评估过程

（一）评估的前提和假设条件

（1）假定A有限公司提供的有关法律性文件和资料是真实的、完整的、合法的，A有限公司提供的预测资料能够真实全面地反映A有限公司的经营情况。

（2）假定A有限公司在可以预见的将来继续存在，经营管理、组织体系等按目前状况继续经营，并按预定的经营目标和规模持续发展。

（3）假定列报评估资产的产权于评估基准日均确属A有限公司所有，无任何纠纷或法律诉讼行为。假定A有限公司提供的财务会计报表的编制及其会计核算方法均符合中华人民共和国的有关法律法规，且会计报表真实地反映A有限公司的财务状况和资产权益结构。

（4）假定市场环境及国民经济的总体和结构均按目前的状况正常发展。除非另有说明，假定A有限公司的经营完全遵守所有有关的法律和法规。

（5）假定A有限公司在××港从事船舶拖带业务仍基本维持现有的状况，基本无其他竞争对手。

（6）假定国家现行的法律、法规、利率和汇率等无重大变化。未考虑国家宏观经济政策发生变化以及遇有自然力和其他不可抗力对资产价格的影响。

（二）历年经营状况

根据A有限公司提供的近几年的财务报表和审计报告，A有限公司2000年、2001年和2002年的财务状况及经营业绩概况如表8-7所示。

表8-7　A有限公司前3年财务状况及经营业绩一览表　（单位：元）

项目	2000年	2001年	2002年
一、主营业务收入	33 686 976.20	47 719 302.67	59 665 299.00
减：折扣与折让	0.00	0.00	0.00
主营业务收入净额	33 686 976.20	47 719 302.67	59 665 299.00
减：主营业务成本	18 126 282.16	20 308 685.02	23 823 518.95
主营业务税金及附加	1 052 982.55	1 488 842.23	1 862 322.60
二、主营业务利润	14 507 711.49	25 921 775.42	33 979 457.45
加：其他业务利润	0.00	0.00	0.00
减：存货跌价损失	0.00	0.00	0.00
营业费用	460 349.01	477 130.58	596 085.41
管理费用	3 877 233.96	6 318 231.56	9025 592.11
财务费用	109 879.19	3 301 156.10	2 428 255.02
三：营业利润	10 060 249.33	15 825 257.18	21 929 524.91
加：投资收益	0.00	0.00	11 496.60
补贴收入	0.00	0.00	0.00
营业外收入	0.00	500.00	0.00
减：营业外支出	2 000.00	26 986.86	1 089 435.56
加：以前年度损益调整			

（续表）

项目	2000 年	2001 年	2002 年
四、利润总额	10 058 249.33	15 798 770.32	20 851 585.95
减：所得税	754 368.70	1 184 907.77	2 566 396.81
少数股东本期收益			
五、净利润	9 303 880.63	14 613 862.55	18 285 189.14

备注：上述数据来源为 A 有限公司提供的 2000 年度、2001 年度和 2002 年度审计报告。

（三）主要财务指标分析

1. 主要财务指标

A 有限公司历年的主要财务指标如表 8-8 所示。

表 8-8　A 有限公司前三年的主要财务指标一览表

项目	2000.12.31	2001.12.31	2002.12.31
一、反映偿债能力的比率/%			
流动比率（流动资产/流动负值）	34	48	46
速动比率（速动资产/流动负值）	33	47	45
资产负债率（负债总额/资产总额）	79.62	62.49	62.13
有形资产负债率（负债总额/（资产总额－无形资产净值））	79.62	62.49	62.13
二、反映营运能力的比率/%			
应收账款周转率（销售收入净额/应收账款平均余额）	5.59	5.32	5.5
销售成本率（销售成本/销售收入净额）	53.81	42.56	39.93
销售费用率（销售费用/销售收入净额）	1.37	1.00	1.00
三、反映获利能力的比率/%			
销售净利率（净利润/销售收入净额）	27.62	30.62	30.65
资产净利润率（净利润/资产平均总额）	12.02	15.78	17.87
资本收益率（净利润/实收资本）	132.91	48.71	60.95
净资产收益率（净利润/平均所有者权益）	61.25	53.60	47.41

备注：上述数据来源为 A 有限公司提供的 2000 年度、2001 年度和 2002 年度审计报告

2. 主要财务指标计算说明

资产负债率＝负债总额/资产总额×100％

应收账款周转率＝营业收入净额/平均应收账款余额×100％

销售净利润率＝净利润/销售收入净额×100％

净资产收益率＝净利润/平均所有者权益×100％

（四）未来营业收入预测

A 有限公司所从事的船舶拖带业务属于为港口码头服务的配套行业，而港口行业是与

宏观经济联系最为紧密的行业之一。根据国家统计局的有关数据表明，我国 2003 年上半年经济增速已达到预期目标，其中国内生产总值比去年同期增长 8.2%，第三产业比去年同期增长 4.2%。主要发达国家的经济也比预期复苏得要快，整个国外和国内宏观经济给港口行业的企业创造了良好的发展环境。据有关信息报道，××港现有 5 个 5 万吨及 1 个 3.5 万吨级集装箱专用泊位，正在建设的××港三期工程还有 4 个 5 万吨级以上集装箱泊位，预计 2004 年初再有 2 个泊位投产，同时，据 A 有限公司提供的信息可知，2003 年上半年的集装箱吞吐量为 231.23 万标箱，比上年同期增长 30.58%。随着××港航线的不断增多，及周边惠州港、大亚湾港区的发展，停靠各海港的班轮将呈逐年增长态势，这将直接导致 A 有限公司的拖轮作业艘次也呈逐年上升态势，核查近三年来 A 有限公司的收入呈直线上升趋势，结合 A 有限公司提供的预测资料，A 有限公司的未来收益亦将稳步增长，并基本趋于稳定状态。

A 有限公司自 1993 年成立以来，收入和利润基本呈快速增长态势（特别是 1996 年以后），其营业收入和净利润总额的历史情况见图 8-1 和图 8-2。

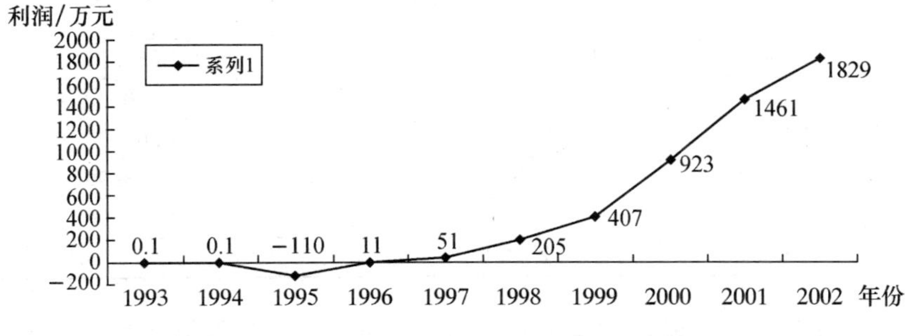

图 8-1　A 有限公司历年利润增长趋势图

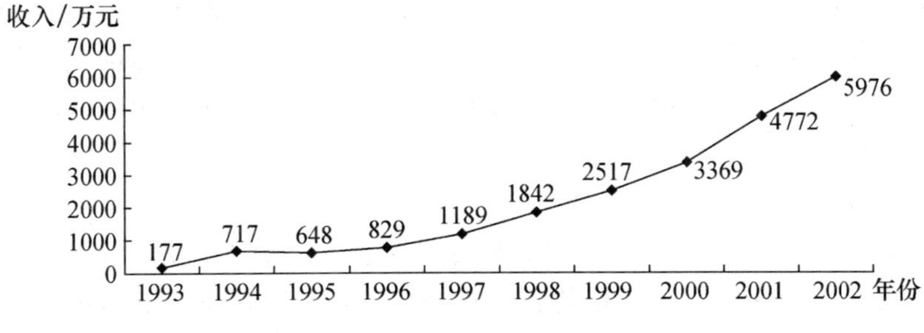

图 8-2　A 有限公司历年营业收入增长趋势图

1. 拖轮作业艘次和收费率的测算

根据 A 有限公司提供的资料显示自 1999 年以来拖轮作业艘次呈现直线上升趋势，近

4 年的艘次曲线图如图 8-3 所示。

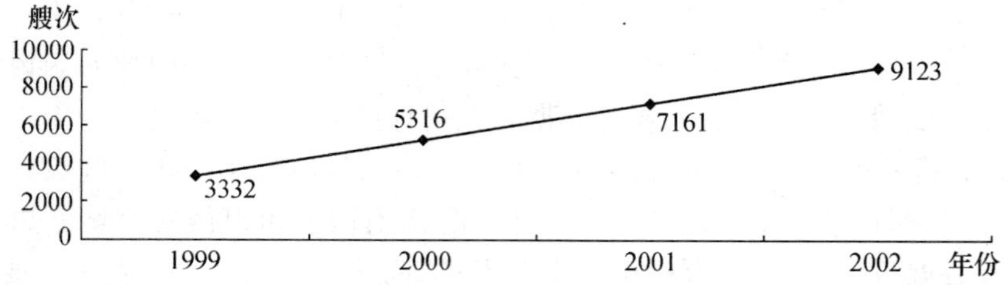

图 8-3　A 有限公司近四年拖轮作业艘次曲线图

依据 A 有限公司历年艘次的实际情况对作业拖轮艘次的预测见表 8-9。

表 8-9　未来五年拖轮作业艘次预测表

船舶名称	2003 年	2004 年	2005 年	2006 年	2007 年
港拖一	1 500.00	1 514.00	1 522.00	1 530.00	1 540.00
港拖二	1 560.00	1 653.00	1 661.00	1 670.00	1 680.00
港拖三	—	—	—	—	—
港拖五	1 800.00	1 862.00	1 862.00	1 851.00	1 870.00
港拖六	1 680.00	1 796.00	1 805.00	1 810.00	1 820.00
港拖十二	1 836.00	1 856.00	1 856.00	1 865.00	1 865.00
港拖七	1 680.00	1 796.00	1 814.00	1 823.00	1 825.00
港拖八	—	—	903.00	1 823.00	1 825.00
合计	10 056.00	10 477.00	11 423.00	12 372.00	12 425.00

拖轮业务的收费标准是根据中华人民共和国交通部 1997 年第 3 号《中华人民共和国交通部港口收费规则（外贸部分）》和中华人民共和国交通部 2001 年第 11 号《关于修改〈中华人民共和国交通部港口收费规则（外贸部分）〉的决定》的相关规定执行的。A 有限公司执行的收费标准为每艘次 5 800 港元。本次评估预测用的收费标准是依据评估基准日执行的收费标准每艘次 5 800 港元，并按 1.06 的汇率，折合人民币即每艘次 6 148 元人民币进行未来收益的预测。

2. 拖轮业务收入和其他业务测算

拖轮业务收入主要是 A 有限公司现有拖轮（含自有和租赁）为靠港班轮的拖带业务所产生的收入。投入拖轮作业的主要拖轮为港拖一、港拖二、港拖五、港拖六、港拖七和港拖十二。港拖三主要为对外出租业务，港拖十二为向外租入的拖船。主营业务收入根据上述对作业拖轮艘次预测数据和其收费标准来确定，其他收入主要为××港区外近海拖带作业、水上过驳作业、海上救捞及出租等业务收入。主营业务收入和其他收入预测汇总见表 8-10。

表 8-10　主营业务收入和其他收入预测明细汇总表　（单位：万元）

船舶名称	2003 年		2004 年		2005 年		2006 年		2007 年	
	总艘次	收入	总艘次	收入	总艘次	收入	总艘次	收入	总艘次	收入
港拖一	1 500.00	922.2	1 514.00	930.81	1 522.00	935.73	1 530.00	940.64	1 540.00	946.79
港拖二	1 560.00	959.09	1 653.00	1 016.26	1 661.00	1 021.18	1 670.00	1 026.72	1 680.00	1 032.86
港拖五	1 800.00	1 106.64	1 862.00	1 144.76	1 862.00	1144.76	1 851.00	1 137.99	1 870.00	1 149.68
港拖六	1 660.00	1 032.86	1 796.00	1 104.18	1 805.00	1 109.71	1 810.00	1 112.79	1 820.00	1 118.94
港拖十二	1 836.00	1 139.77	1 856.00	1 141.07	1 856.00	1 141.07	1 865.00	1 146.60	1 865.00	1 146.60
港拖七	1 680.00	1 032.86	1 796.00	1 104.18	1 814.00	1 115.25	1 823.00	1 120.78	1 825.00	1 122.01
港拖八					903.00	555.16	1 823.00	1 120.78	1 825.00	1 112.01
其他收入		276.00		284.28		289.97		292.87		292.87
合计	10 056	6 458.43	10 477	6 725.54	11 423.00	7 312.83	12 372	7 899.18	12 425	7 931.76

（五）营业成本预测

营业成本主要为拖船和交通船的燃油、润滑油、人员工资、出海津贴、伙食津贴、物料费、配件、租赁费、水电费、保险费、劳务费、修理费、折旧费、船检费、福利费、劳保费和其他费用等，此外还包括向外租入的拖船租赁费等。

通过对 A 有限公司近几年来发生的历史成本数据的调查和分析，并结合近年来国内工资水平的变动情况、国内物价水平的变动情况等因素，对其未来营业成本进行预测，预测情况见表 8-11。

表 8-11　经营成本预测明细表　（单位：万元）

项目	2003 年		2004 年		2005 年		2006 年		2007 年	
	金额	占收入比例	金额	占收入比例	金额	占收入比例	金额	占收入比例	金额	占收入比例
主营业务收入	6 458.43	100.00%	6 725.54	100.00%	7 312.83	100.00%	7 899.18	100.00%	7 931.76	100.00%
经营成本										
燃油	572.50	8.86%	609.65	9.06%	676.10	9.25%	739.00	9.36%	739.00	9.32%
润滑油	23.37	0.36%	24.05	0.36%	26.67	0.36%	29.15	0.37%	29.15	0.37%
工资	203.31	3.15%	229.77	3.42%	254.82	3.48%	278.53	3.53%	286.88	3.62%
出海津贴	238.07	3.69%	265.54	3.95%	294.48	4.03%	321.88	4.07%	331.54	4.18%
伙食津贴	36.14	0.56%	37.18	0.55%	41.23	0.56%	45.07	0.57%	46.53	0.59%
物料费	38.20	0.59%	38.55	0.57%	42.33	0.58%	46.04	0.58%	46.04	0.58%
配件	107.87	1.67%	118.66	1.76%	124.59	1.70%	137.05	1.73%	137.05	1.73%
租赁费	217.26	3.36%	217.26	3.23%	223.78	3.06%	226.02	2.86%	228.28	2.88%
水电费	34.47	0.53%	35.78	0.53%	38.91	0.53%	42.32	0.54%	42.32	0.53%

（续表）

项目	2003年		2004年		2005年		2006年		2007年	
	金额	占收入比例	金额	占收入比例	金额	占收入比例	金额	占收入比例	金额	占收入比例
保险费	56.53	0.88%	56.53	0.84%	62.03	0.85%	62.03	0.79%	62.03	0.78%
劳务费	74.66	1.16%	76.82	1.14%	84.36	1.15%	92.21	1.17%	94.97	1.20%
修理费	161.00	2.49%	177.10	2.63%	185.96	2.54%	204.55	2.59%	204.55	2.58%
折旧费	772.16	11.96%	772.16	11.48%	847.29	11.59%	922.42	11.68%	922.42	11.63%
船检费	9.54	0.15%	10.49	0.16%	12.55	0.17%	14.26	0.18%	14.97	0.19%
福利费	72.45	1.12%	74.55	1.11%	82.67	1.13%	90.37	1.14%	93.08	1.17%
劳保费	9.42	0.15%	9.51	0.14%	10.44	0.14%	11.35	0.14%	11.35	0.14%
其他	61.45	0.95%	62.00	0.92%	68.08	0.93%	74.05	0.94%	74.05	0.93%
工会经费	10.35	0.16%	10.65	0.16%	11.81	0.16%	12.91	0.16%	13.3	0.17%
教育经费	6.12	0.09%	6.17	0.09%	6.78	0.09%	7.37	0.09%	7.37	0.09%
成本合计	2 704.86	41.88%	2 832.42	42.11%	3 094.88	42.32%	3 356.57	42.94%	3 384.77	42.67%

（六）主营业务税金及附加

主营业务税金及附加所涉及的流转税税种包括营业税、城市维护建设税和教育费附加。税率分别为：营业税3%、城市维护建设税为营业税额的1%、教育费附加为营业税额的3%。即主营业务税金及附加占主营业务收入的比例为3.12%。

（七）营业费用预测

营业费用主要为业务费、办公费、差旅费、应酬费、会务费及其他费用等。经核查历史发生的营业费用占营业总收入的比例约为1.5%，本次评估是在此基础上，按营业费用占营业收入的1.5%～2%来预测未来各年营业费用。

（八）管理费用预测

管理费用包括办公费、通讯费、租赁费、水电费、差旅费、招待费、交通费、劳保费、社会保险费、工会经费、职工教育经费、管理部门人员工资、奖金及职工福利费、财产保险费、住房补贴、车辆修理费及折旧费等。

在核查历史管理费的前提下，对未来年度的管理费用进行测算。预测情况见表8-12。

表8-12 管理费用预测明细表 （单位：万元）

项目	2003年		2004年		2005年		2006年		2007年	
	金额	占收入比例	金额	占收入比例	金额	占收入比例	金额	占收入比例	金额	占收入比例
主营业务收入	6 458.43	100.00%	6 725.54	100.00%	7 312.83	100.00%	7 899.18	100.00%	7 931.76	100.00%
管理费用										
工资	181.1	2.80%	192.36	2.86%	213.33	2.92%	233.18	2.95%	233.18	2.94%

（续表）

项目	2003 年		2004 年		2005 年		2006 年		2007 年	
	金额	占收入比例	金额	占收入比例	金额	占收入比例	金额	占收入比例	金额	占收入比例
奖金	206.01	3.19%	218.82	3.25%	242.67	3.32%	265.25	3.36%	265.25	3.34%
职工福利费	30.97	0.48%	32.89	0.49%	36.48	0.50%	39.87	0.50%	39.87	0.50%
折旧费	42.58	0.68%	44.78	0.67%	49.17	0.67%	53.48	0.68%	53.48	0.67%
车辆修理费	12.02	0.19%	12.64	0.19%	13.88	0.19%	15.1	0.19%	15.1	0.19%
水电租赁费	74.41	1.15%	78.26	1.16%	85.94	1.18%	93.47	1.18%	93.43	1.18%
办公费	19.52	0.30%	20.53	0.31%	22.55	0.31%	24.53	0.31%	24.53	0.31%
通讯费	15.11	0.23%	15.89	0.24%	17.45	0.24%	18.98	0.24%	18.98	0.24%
汽车费用	29.87	0.46%	31.42	0.47%	34.5	0.47%	37.52	0.48%	37.52	0.47%

（九）财务费用预测

根据 A 有限公司截至 2002 年 12 月 31 日的会计报表，A 有限公司向银行的借款余额为 4 300 万元，借款的年利率为 5.31%。根据 A 有限公司提供的预测，近几年因发展经营业务需要（购置固定资产），未来借还款计划为：2003 年需借款人民币 700 万元；2004 年还款人民币 500 万元；2005 年还款 1 000 万元；2006 年还款 1 000 万元，2007 年之后保持 2 500 万银行贷款不变，银行借款在未归还前用做流动资金及其他用途。根据上述情况，对未来各年度的财务费用测算见表 8-13。

表 8-13 财务费用预测明细表

项目	2003 年	2004 年	2005 年	2006 年	2007 年
年初贷款余额	4 300.00	5 000.00	4 500.00	3 500.00	2 500.00
年初新增贷款	700.00				
年末还款		500.00	1 000.00	1 000.00	
年末贷款余额	5 000.00	4 500.00	3 500.00	2 500.00	2 500.00
财务费用	265.50	265.5	238.95	185.85	132.75
小计	265.50	265.5	238.95	185.85	132.75

为便于计算，对少量的利息收入、汇兑损益及手续费在此忽略不计。如上述项目发生额较大，则应予以考虑。

（十）营业外收支预测

根据对 A 有限公司以前年度的营业外收入及支出情况的分析，营业外支出为经常发生项目，故本次评估不考虑营业外收入，每年营业外支出为 10 万元。

（十一）所得税预测

根据深圳市地方税务局的有关批复，同意对 A 有限公司从开始获利年度起第 1 年和第二年免交所得税，第三年至第五年减半征收企业所得税。1997 年为 A 有限公司的第一个获利年度，即 1997 年至 1998 年免税，1999 年、2000 年、2001 年减半征收所得税，即按 7.5%的企业所得税率交纳所得税。2002 年及以后按 15%的企业所得税率交纳所得税。

（十二）未来收益预测汇总

将以上各分项预测并考虑所得税因素汇总得出 A 有限公司 2003 年至 2007 年的未来收益预测汇总表见表 8-14。

表 8-14 A 有限公司未来 5 年收益预测汇总表 （单位：万元）

项目	2003 年		2004 年		2005 年		2006 年		2007 年	
	金额	占收入比例	金额	占收入比例	金额	占收入比例	金额	占收入比例	金额	占收入比例
一、主要业务收入	6458.43	100.00%	6725.54	100.00%	7312.83	100.00%	7899.18	100.00%	7931.76	100.00%
减：折扣与折让		0.00%		0.00%		0.00%		0.00%		0
主营业务收入净额	6458.43	100.00%	6725.54	100.00%	7312.83	100.00%	7899.18	100.00%	7931.76	100.00%
减：主营业务成本	2704.86	41.88%	2832.42	42.11%	3094.88	42.32%	3356.57	42.49%	3384.77	42.67%
主营业务税金及附加	201.5	3.12%	209.84	3.12%	228.16	3.12%	246.45	3.12%	247.47	3.12%
二、主要业务利润	3552.06	55.00%	3683.28	54.77%	3989.79	54.56%	4296.15	54.39%	4299.52	54.21%
加：其他业务利润	0.00	0.00%		0.00%		0.00%		0.00%		0.00%
减：存货缺价损失	0.00	0.00%		0.00%		0.00%		0.00%		0.00%
营业费用	98.88	1.50%	107.61	1.60%	124.32	1.70%	150.08	1.90%	158.64	2.00%
管理费用	911.82	14.12%	963.46	14.33%	1062.92	14.53%	1158.77	14.67%	1158.77	14.61%
财务费用	265.5	4.11%	265.5	3.95%	238.95	3.27%	185.85	2.35%	132.75	1.67%
三、营业利润	2277.87	35.27%	2346.71	34.89%	2563.6	34.69%	2800.74	35.46%	2849.36	35.92%
加：投资利益		0.00%		0.00%		0.00%		0.00%		0.00%
补贴收入		0.00%		0.00%		0.00%		0.00%		0.00%
营业外收入	0.00	0.00%		0.00%		0.00%		0.00%		0.00%

（续表）

项目	2003年		2004年		2005年		2006年		2007年	
	金额	占收入比例	金额	占收入比例	金额	占收入比例	金额	占收入比例	金额	占收入比例
减：营业外支出	10.00	0.15%	10.00	0.15%	10.00	0.14%	10.00	0.13%	10.00	0.13%
四、利润总额	2 267.87	35.11%	2 336.71	34.74%	2 553.6	34.92%	2 790.74	35.33%	2 839.36	35.80%
减：所得税	340.18	5.27%	350.51	5.21%	383.04	5.24%	418.61	5.30%	425.90	5.37%
五、净利润	1 927.69	29.85%	1 986.20	29.53%	2 170.56	29.68%	2372.13	30.03%	2 413.46	30.43%

（十三）折现率的选取

因本次评估范围为整体净资产价值，故折现率的选取是在测算同行业上市公司平均净资产收益率的基础上，考虑适当风险报酬率后确定折现率的。通过对港口运输行业在国内的11家上市公司（A种上市股票）近3年年报的有关财务数据进行统计分析（资料来源：中国上市公司资讯网）后，求得其平均净资产收益率为12.07%，具体见表8-15。

表8-15　净资产收益率测算表

序号	上市公司名称	年度	年末净资产	年末净利润	净资产收益率
1	深赤湾A（000022）	2002	1 187 580 853.82	183 600 000.00	15.48%
		2001	1 114 271 657.00	86 829 223.00	7.79%
		2000	1 079 594 964.21	82 561 186.26	7.65%
2	盐田港A（000088）	2002	1 992 320 430.11	555 857 400.00	27.90%
		2001	1 495 317 775.61	376 277 383.42	25.16%
		2000	1 415 241 091.28	83 938 295.70	6.64%
3	北海新力（000582）	2002	469 540 816.33	41 413 500.00	−8.82%
		2001	510 944 448.19	2 501 430.81	0.49%
		2000	532 486 410.01	15 574 701.92	2.92%
4	锦州港（600190）	2002	907 708 176.00	1 742 587.00	−0.19%
		2001	1 406 028 346.00	48 173 221.00	3.43%
		2000	1 357 855 125.00	90 827 451.00	6.69%
5	中储股份（600787）	2002	758 989 361.70	28 538 000.00	3.76%
		2001	743 629 897.57	33 633 683.07	4.52%
		2000	752 058 951.19	47 425 274.87	6.31%
6	上海集箱（600018）	2002	4 980 476 007.68	778 448 400.00	15.63%
		2001	4 591 369 654.71	705 706 608.25	15.36%
		2000	3 938 570 162.30	544 025 589.48	13.81%

（续表）

序号	上市公司名称	年度	年末净资产	年末净利润	净资产收益率
7	宁波海运（600798）	2002	756 967 088.61	59 800 400.00	7.90%
		2001	748 508 945.22	87 851 700.89	11.74%
		2000	758 272 044.70	83 384 455.97	11.00%
8	天津港（600717）	2002	1 813 359 223.30	298 841 600.00	16.48%
		2001	1 593 647 930.76	269 841 009.32	16.93%
		2000	1 482 639 591.05	191 643 200.00	12.93%
9	长运股份（600369）	2002	571 984 709.48	18 703 900.00	3.27%
		2001	559 569 627.52	16 266 351.97	2.91%
		2000	579 806 571.61	27 738 570.55	4.78%
10	南京水运（600087）	2002	836 344 896.60	125 368 100.00	14.99%
		2001	810 632 056.59	115 539 888.55	14.25%
		2000	804 946 432.79	115 766 260.44	14.38%
11	中海海盛（600896）	2002	816 384 615.38	55 187 600.00	6.76%
		2001	793 827 810.08	48 268 832.35	6.08%
		2000	778 850 701.89	67 449 421.31	8.66%
	合计	2002	15 091 656 179.01	2 061 189 313.00	13.66%
		2001	14 367 748 149.25	1 790 889 332.63	12.46%
		2000	13 480 322 046.03	1 360 334 407.50	10.09%
	三年平均值				12.07%

根据上述测算，在考虑同行业从 2000 年及 2002 年的平均净资产收益率 12.07%的基础上，再考虑 2%～3%的风险报酬率，折现率取 15%。

（十四）收益年期的选取

从 A 有限公司的经营情况来看，企业有能力按照原来的经营目标和经营方式持续地经营下去，故收益年期确定为无限年期。并假定从 2008 年开始以后年度每年收益均与 2007 年相同。

（十五）整体资产现值评估结果

根据上述预测的未来净利润和折现率，其整体资产现值评估结果见表 8-16。

表 8-16　A 有限公司整体净资产现值计算表

项目	2003 年	2004 年	2005 年	2006 年	2007 年	2008 年及以后
净利润（万元）	1 927.69	1 986.20	2 170.56	2 372.13	2 413.46	16 089.73
复利现值系数（折现率=15%）	0.8696	0.7561	0.6575	0.5718	0.4972	0.4972
净现值（万元）	1 676.25	1 501.76	1 427.14	1 356.38	1 199.97	7 999.82
总现值	15 161.32					

思考与练习题

一、单选题

1. 企业价值评估是以企业的（　　）为前提的。

   A. 超额获利能力　B. 持续经营　C. 产权明晰　D. 良好会计制度

2. 对于在整体资产评估中一时难以界定的产权或因产权纠纷暂时难以得出结论的资产，应（　　）。

   A. 划入“待定产权”，暂不列入企业资产的评估范围

   B. 划入“待定产权”，但可以列入企业资产的评估范围

   C. 可以划入“已定产权”，暂不列入企业资产的评估范围

   D. 划入“已定产权”，可以列入企业资产的评估范围

3. 选择何种收益形式作为收益法评估企业价值的基础，主要考虑的是（　　）。

   A. 企业价值评估的原则

   B. 企业价值评估的目的

   C. 企业价值评估的方法

   D. 最能客观反映企业正常盈利能力的收益额

4. 某企业的预期年收益额为 20 万元，该企业各单项资产的重估价值之和为 60 万元，企业所在行业的平均收益率为 20%，以此作为适用的本金化率计算出的商誉的价值为（　　）。

   A. 8 万元　B. 56 万元　C. 32 万元　D. 40 万元

5. 被评估企业未来三年的预期收益分别为 20 万元、22 万元和 25 万元，预计从第四年开始企业预期收益将在第三年的基础上递增 2%，并一直保持该增长率。若折现率为 10%，则该企业的评估值约为（　　）。

   A. 373.9 万元　B. 289.9 万元　C. 312.5 万元　D. 246.7 万元

6. 某评估机构对一个企业进行整体评估，经预测，该企业未来第一年的收益为 100 万元，第二、第三年连续在前一年的基础上递增 10%，从第四年起将稳定在第三年的收益水平上。若折现率为 15%，则该企业的评估值最接近于（　　）。

   A. 772.8 万元　B. 780.1 万元　C. 789.9 万元　D. 1 056.4 万元

7. 被评估企业未来前 5 年收益现值之和为 2 500 万元，折现率及资本化率同为 10%，企业将一直持续下去，按年金法计算企业的整体价值最有可能是（　　）。

   A. 6 600 万元　B. 6 595 万元　C. 5 000 万元　D. 6 597 万元

8. 被评估企业未来前 5 年收益现值之和为 1 500 万元，折现率及资本化率同为 10%，第六年企业预期收益为 400 万元，并一直持续下去。按分段法估算企业的价值最有可能的是（　　）。

A. 5 500 万元　　B. 3 966 万元　　C. 3 984 万元　　D. 4 568 万元

二、多选题

1. 企业价值评估中，可以构成企业产权变动时价值评估的折现率的有（　　）。

A. 投资报酬率　　B. 行业基准收益率

C. 国库券利率　　D. 贴现率

E. 金融证券利率

2. 用于企业价值评估的收益额，通常包括（　　）。

A. 息前净现金流量　　B. 无负债净利润

C. 净利润　　D. 利润总额

E. 净现金流量

3. 预测企业评估基准日后若干年的收益，较为常用的方法主要有（　　）。

A. 产品周期法　　B. 销售收入法

C. 实践趋势法　　D. 综合调整法

E. 超额收益法

4. 选择什么层次和口径的收益作为企业价值评估的依据，应考虑和服从（　　）。

A. 委托方的要求　　B. 评估的目标

C. 企业类型　　D. 能否客观反映企业获利能力

E. 评估方法的繁简程度

5. 运用市场法评估企业价值时，从财务标准方面判断企业的可比性，需着重注意企业间的（　　）

A. 企业规模　　B. 财务指标

C. 竞争地位　　D. 市场条件

E. 财务结构

6. 作为分析判断被评估企业盈利能力参考依据的指标主要有（　　）。

A. 净资产利润率　　B. 成本利润率

C. 投资资本利润率　　D. 投资资本收益率

E. 企业资金周转率

7. 在确定折现率时，通常需参考的投资报酬率有（　　）。

A. 一般银行利率　　B. 企业投资收益率

C. 政府国债利率　　D. 行业平均资金收益率

E. 金融债券利率

8. 在折现率与收益额口径保持一致的前提下，评估企业净资产的收益额应选择（　　）。

A. 利润总额　B. 净利润

C. 利税总额　D. 营业利润

E. 净现金流量

三、思考题

1. 企业整体评估价值与构成企业的各个单项资产评估值的加和之间的区别。

2. 企业价值评估的主要特点和基本要求。

3. 企业价值评估的收益法的评估程序和要求。

4. 收益法评估企业价值中确定收益额和折现率的常用方法。

四、基本能力训练题

1. 评估某企业价值时，已知其资产总额为13 300万元，长期负债3 000万元。市场平均收益率为20%，国债利率15%，该企业适用的α系数为1.4，长期负债利率17%。若所得税税率为30%，试计算加权平均资金成本（计算结果保留两位小数）。

2. 某企业预计未来5年的预期收益额为10万元、11万元、12万元、12万元、13万元，并从第六年开始，企业的年收益额将维持在15万元水平上，假定资本化率为10%，试估测该企业持续经营条件下的企业价值。

3. 某企业距其企业章程规定的经营期限只剩5年，到期后不再继续经营。预计未来5年的预期收益额为10万元、11万元、12万元、12万元、13万元，5年后，该企业变现预计可收回100万元，假定资本化率10%，试估测该企业价值。

4. 甲企业拟产权转让，需进行评估。经专家预测，其未来5年的净利润分别为100万元、120万元、150万元、160万元、200万元，从第六年起，每年的利润处于稳定状态，即保持在200万元的水平上。该企业有一笔10万元的短期负债，其有形资产有货币资金、存货和固定资产，且其评估值分别为80万元、120万元和660万元。该企业还有一个尚有5年剩余经济寿命的非专利技术，该技术产品每件可以获得超额净利润15元。目前该企业每年生产产品10万件，经分析：未来5年中，每年可以生产12万件。若折现率和资本化率均为10%，试计算甲企业的商誉价值并说明评估技术思路（以万元为单位，计算结果保留两位小数）。

5. A企业为了整体资产转让，需要进行评估，评估基准日为2004年12月31日。预计其未来5年的预期利润总额分别为100万元、110万元、120万元、150万元和160万元。该企业长期负债占投资资本的比重为50%，平均长期负债成本为7%，在未来5年中平均每年长期负债利息额为20万元，每年流动负债利息额为40万元。评估时市场平均收益率为8%，无风险报酬率为3%，企业所在行业的平均风险与社会平均风险的比率为1.2。A企业为正常纳税企业，且生产经营比较平稳。试运用年金法计算A企业的投资资本价值。

6. 评估人员对某一企业进行整体评估，通过对该企业历史经营状况的分析及国内外市场的调查了解，收集到下列数据资料：

(1) 预计该企业第一年的收益额为200万元，以后每年的收益额比上年增长10%，自第六年企业将进入稳定发展时期，收益额将保持在300万元的水平上；

(2) 社会平均收益率为12%，国库券利率为8%，被评估企业所在行业风险系数为1.5；

(3) 该企业各单项资产经评估后的价值之和为1 600万元。

要求：(1) 确定该企业整体资产评估值；

(2) 如何处理企业整体资产评估结果与各单项资产评估值之和的差额。

7. 某被评估企业，基本情况如下：

(1) 该企业未来5年预期利润总额分别为：100万元、110万元、120万元、120万元、130万元；从第六年开始，利润总额将在第5年的基础上，每年比前一年度增长2%；

(2) 该企业适用的所得税税率为33%；

(3) 据查，评估基准日社会平均收益率为9%，无风险报酬率为4%，被评估企业所在行业的基准收益率为9%，企业所在行业的平均风险与社会平均风险的比率为1.2；

(4) 被评估企业生产经营比较平稳，将长期经营下去。

试评估该企业的净资产价值。

第 9 章　长期投资及递延资产评估

学习目标

- ➢ 掌握长期投资评估的特点；
- ➢ 掌握长期投资评估涉及的债权、股权评估的特点和基本方法；
- ➢ 掌握债券投资和股权投资的评估的股价模型；
- ➢ 了解长期待摊费用等其他资产的评估。

任务导入

【引例导入】 大华纺织厂拥有京亚制衣公司面值共 50 万元的非上市普通股票。从持股期间来看，每年股利分派相当于票面价格的 10%左右。评估人员经调查了解到：京亚制衣公司在所实现的税后利润中只拿出 80%部分用于股利发放，另 20%用于企业扩大再生产。评估时，京亚制衣公司已创出一个较为知名的商标。经趋势分析京亚制衣公司将保持 4% 左右的经济增长速度，股本利润率将保持在 15%的水平上，风险报酬率为 2%，无风险报酬率以国库券利率 10%为准，请评估大华纺织厂拥有的京亚制衣公司的股票价值。

大华纺织厂拥有的京亚制衣公司的股票价值评估属于长期投资的评估，那么，怎样才能准确客观的估算股票价值呢？下面我们就来学习长期投资及递延资产评估的基本理论和方法。

9.1　长期投资概述

9.1.1　长期投资性资产的定义

投资是指企业通过分配来增加财富，或为谋求其他利益，而将资产让渡给其他单位所获得的另一项资产。所谓长期投资性资产是指不准备随时变现、持有时间超过 1 年以上的投资性资产。长期投资性资产按其投资的性质可分为长期股权投资、持有至到期投资和混合性投资等。长期股权投资是指为了获取其他企业的权益或净资产所进行的投资，如对其他企业的股票投资、为获取其他企业股权的联营投资等。持有至到期投资是指企业的长期债权，如购买其他公司的债券、购买国库券、购买金融债券等。混合性投资是指兼有股权和债权双重性质的投资。这种投资通常表现为混合性证券投资，如购买的优先股股票、购买的可转换公司债券等。

9.1.2 长期投资性资产评估的特点

由于长期投资性资产是以对其他企业享有的权益而存在的，因此，长期投资性资产评估主要是对长期投资性资产所代表的权益进行评估。其主要特点如下。

1. 长期投资性资产评估是对资本的评估

长期投资性资产中的长期股权投资是投资者在被投资企业所享有的权益，虽然投资者的出资形式有货币资金、实物资产和无形资产等，但是，一旦该项无形资产被转移到被投资企业，即被作为资本的象征。因此，对长期股权投资的评估实质上是对被投资单位资本的评估。

2. 长期投资性资产评估是对被投资企业获利能力的评估

长期投资性资产中的长期股权投资是投资者不准备随时变现，持有时间超过 1 年的对外投资，其根本目的是为了获取投资收益和实现投资增值。因此，被投资企业的获利能力就成为长期投资评估的决定因素。

3. 长期投资性资产评估是对被投资企业偿债能力的评估

由于长期投资中持有至到期投资到期应收回本息，被投资企业偿债能力的大小直接影响着投资企业债权到期收回本息的可能性。因此，被投资企业偿债能力就成为持有至到期投资评估的决定因素。

9.1.3 长期投资性资产评估的程序

对长期投资性资产的评估一般按以下程序进行。

1. 明确长期投资性资产的具体内容

首先，在进行长期投资性资产的评估时，应明确长期投资性资产的种类、原始投资额、评估基准日余额、投资收益计算方法、历史收益额、长期股权投资占被投资企业实收资本的比例以及相关会计核算方法等。

2. 进行必要的职业判断

在进行长期投资性资产评估时，应判断长期投资性资产预计可收回金额计算的正确性和合理性，判断被评估的长期投资性资产余额在资产负债表上列示的准确性。这些金额合理性的判断需要必要的职业判断能力。

3. 根据长期投资性资产的特点选择合适的评估方法

可以在证券市场上市交易的股票和债券一般采用市场法（现行市价）进行评估，按评估基准日的收盘价确定评估值；非上市交易和不能采用市场法（现行市价）评估的股票和债券一般采用收益法，评估人员应根据综合因素选择适宜的折现率，确定评估值。

4. 测算长期投资性资产价值，得出评估结论

根据影响长期投资价值的各种因素，以及长期性资产不同的种类，选择相应的评估方法，得出相应的评估结论。

9.2　债权投资的评估

债权投资包括购买债券及其他债权投资。债券是政府、企业、银行等债务人为了筹集资金，按照法定程序发行并向债权人承诺于指定日期还本付息的有价证券。

9.2.1　债权投资的特点

与股权投资相比较，债权投资具有如下特点。

(1) 投资风险较小，安全性较强。国家对债券发行有严格的规定，发行债券必须符合基本要求。比如，政府发行国库券由国家担保；银行发行债券要以其信誉及一定的资产作为后盾；企业发行债券也有严格的限定条件，必须具备较强实力及发展潜力并提供保证条件。当然，债券投资也并非全无风险，一旦债券发行主体出现财务困难，债券投资者同样有发生损失的可能。但是，即使债券发行企业破产，在破产清算时，债券持有者也有优先受偿权。因此，相对于股权投资，债券投资具有较高的安全性。

(2) 收益相对稳定。债券的面值和票面利率都是事前约定的，债券利率在正常情况下要高于同期存款利率。只要债券发行主体不发生变故，债券就具有明确的稳定的预期收益。

(3) 具有较强的变现性。如果购买的是可以上市交易的债券，投资者就可以随时在证券市场上交易变现。因此债券的流动性好，变现能力较强。

(4) 获利能力相对较小。因为经济的不断发展，股权投资的社会平均收益必然高于债券的利率，因此债券的获利水平总体上比股票收益要低，当然这也是它收益相对稳定安全的代价。

9.2.2　债权投资的评估

当债券可以在市场上自由买卖、变现时，债券的现行市价就是债券的评估值。对于不能在证券市场上自由交易的债券，其价值就需要通过一定的方法进行评估。

1. 上市交易债券的评估

上市交易的债券一般采用市场法进行评估，按照评估基准日证券市场的收盘价确定评估值。如果在特殊情况下，某种可上市交易的债券市场价格严重扭曲，不能代表实际价格时，就应该采用非上市交易债券的评估方法进行评估。

市场法下债券评估值的计算公式如下：

$$债券评估值=债券数量\times评估基准日债券的市价（收盘价） \tag{9-1}$$

采用市场法评估债券的价值，应在评估报告书中说明所用评估方法和结论，并申明该评估结果应随市场价格变化而适当调整。

【案例 9-1】 评估公司对某企业的长期债权投资进行评估，该企业持有 5 年期的国库券 1000 张，每张面值 100 元，年利率为 8%，该债券已上市交易，评估基准日的收盘价为 120 元/张。评估人员经分析调查认为该价格比较合理，则其评估值为：

$$1\,000\times120=120\,000（元）$$

2. 非上市交易债券的评估

非上市交易的债券一般不能采用市场法进行评估，而应采取其他方法进行。对距评估基准日 1 年内到期的债券，按本金加上持有期间的利息确定评估值；对距评估基准日超过 1 年到期的债券，可以根据本利和的现值确定评估值，宜采用收益法进行评估。根据债券付息方法，评估时采用不同的方法计算。

根据债券付息方式的不同，分为到期一次还本付息债券和分次付息、一次还本债券，这两种债券的评估方法是不相同的，评估时应加以区别。

（1）到期一次还本付息债券的价值评估

评估计算公式为：

$$P=\frac{F}{(1+r)^n} \tag{9-2}$$

式中：P——债券的评估值；

F——债券到期时的本利和；

r——折现率；

n——评估基准日到债券到期日的间隔（以年或月为单位）。

债券本利和 F 的计算要区分单利和复利两种情况来计算：

① 债券本利和 F 用单利计算。计算公式为：

$$F=A\ (1+m\times r) \tag{9-3}$$

② 债券本利和 F 用复利计算。计算公式为：

$$F=A\ (1+r)^m \tag{9-4}$$

式中：A——债券面值；

m——计息期限；

r——债券利息率。

上式中债券面值、计息期限、债券利息率在债券上均有明确记载，它们在债券发行时事先就已经约定，因此很容易取得数据，但折现率的确定则比较困难，需要评估人员根据评估时的具体情况和社会环境分析确定。折现率包括无风险报酬率（安全报酬率）和风险报酬率两部分。无风险报酬率主要采用同期银行存款利率、国库券（公债）利率等，而风险报酬率则需要评估人员根据经验和专业判断并结合发行债券企业的经营状况、行业风险和通货膨胀率等因素综合确定。一般来说，国库券、金融债券等有良好的担保条件，风险报酬率一般较低；企业债券视企业具体情况而定，风险报酬率与企业经营业绩成反比，即企业经营业绩越好，风险报酬率越低。

【案例 9-2】 评估公司对某企业的长期债权投资进行评估，被评估企业的长期债权投资的账面余额为 60 000 元，为 A 企业发行的 3 年期的到期一次还本付息债券，年利率 6%，单利计算，评估实点距到期日还有 2 年，当时国库券利率为 4%，评估人员经对发行企业的经营状况分析调查，认为被投资企业的风险较低，取 2%的风险报酬率，无风险报酬利率按国库券利率计算。则该债券评估值的计算如下：

$$F = A(1 + m \times r)$$
$$= 60\,000 \times (1 + 3 \times 6\%) = 70\,800(\text{元})$$
$$r = 4\% + 2\% = 6\%$$
$$P = \frac{F}{(1+r)^n}$$
$$= 70\,800/(1 + 6\%)^2 = 70\,800 \times 0.89 = 63\,012(\text{元})$$

（2）分次付息、到期一次还本债券的评估

适宜采用收益法，计算公式为：

$$P = \sum_{i=1}^{n} [R_i(1+r)^{-i}] + A(1+r)^{-n} \tag{9-5}$$

式中：P——债券的评估值；

R_i——第 i 年的预期利息收入；

r——折现率；

A——债券面值；

i——评估基准日距收取利息日期限；

n——评估基准日距到期还本日期限。

【案例 9-3】 仍以上例的资料为例，假定该债券是每年付一次利息，债券到期一次还本。评估值为：

$$P=\sum_{i=1}^{n}[R_i(1+r)^{-i}]+A(1+r)^{-n}$$
$$=60\,000\times 6\%\times(1+6\%)^{-1}+60\,000\times 6\%\times(1+6\%)^{-2}+60\,000\times(1+6\%)^{-2}$$
$$=3\,600\times 0.9434+3\,600\times 0.8900+60\,000\times 0.8900$$
$$=60\,000.24(\text{元})$$

另外，关于债券评估，还必须注意对于不能按期收回本金和利息的债券，评估人员应在充分调查核实的基础上进行分析预测，合理确定债券的评估值。

9.3 长期股权投资的评估

长期股权投资按投资的方式的不同，可以分为股票投资和股权投资。

9.3.1 股票投资的评估

股票投资是指企业通过购买等方式取得被投资企业的股票而实现的投资行为。

1. 股票投资评估概述

股票投资是指企业通过购买等方式取得被投资企业的股票而实现的投资行为。股票是由股份有限公司发行的，用以证明投资者股东身份及权益，并据以获得股息和红利的有价证券。股票表明股东与公司的约定关系，它其实是一种特殊的信用工具，所以股票投资虽然收益较高，但风险也大，如果被投资企业破产，投资人可能血本无归。

股票的种类很多，按股票有无票面金额，分为有面值股票和无面值股票；按票面是否记名，分为记名股票和非记名股票；按股票所得权益的不同，分为普通股和优先股；按股票是否上市，分为上市股票和非上市股票。股票的价格有很多种表现形式，有票面价格、发行价格、账面价格、清算价格、内在价值、市场价格。

股票的价值评估通常与股票的票面价格、发行价格和账面价格的联系并不紧密，而与股票的内在价格、清算价格和和市场价格有着较为密切的联系。

票面价格，是股份有限公司在发行股票时标明的每股股票的票面金额。

发行价格，是指股份有限公司在发行股票时的出售价格，一般同一股票只能有一种发行价格。

账面价格，是指股东持有的每一股票在公司账面上所表现出来的净值。

清算价格，是指公司清算时，每股股票所代表的真实价格，它是公司清算时公司的净资产与公司股票总数之比值。如果因经营不善或者其他原因被清算时，该公司的股票价值就相当于公司股票的清算价格。

内在价值，这是一种理论价值或模拟市场价值。它是根据评估人员对股票未来收益的预测经过折现后得到的股票价格。股票的内在价值主要取决于公司的经营状况和发展前景等因素。

市场价格，这是股票在证券市场上买卖股票的价格。在市场比较完善的情况下，股票的市场价格基本上能反映其内在价值，但在市场发育不健全的情况下，股票的市场价格与其内在价值就会脱节。因此，在具体进行股票价值评估时，也就不能不加分析地将其市场价格作为股票的评估值。

对于股票的价值评估，一般分为上市交易股票和非上市交易股票两类进行。

2. 上市交易股票的评估方法

上市交易股票是指企业公开发行的，可以在证券市场上自由交易的股票。由于市场情况的不同，评估方法也有所不同。

（1）正常市场条件下，可以采用市场法进行评估。这时股票的市场价格可以代表评估时点被评估股票的价值，所以被评估股票评估值等于评估基准日该股票的收盘价。所谓正常市场条件是指股票市场发育正常，股票可以自由交易，不存在各种非法歪曲股票市场价格的情况。

（2）非正常市场条件下，应采用非上市交易股票的评估方法（非上市交易股票的评估方法下面将介绍）。非正常市场条件主要是指存在政治、公众心理、人为的市场炒作等非常因素而使市场价格不能反映股票价值的情况，这时就要以股票的内在价值作为评估股票价值的依据。

这里需要注意的是以控股为目的持有的股票。以控股为目的持有的股票在评估时一般用收益法来进行评估。

依据股票市场价格进行评估时，在评估报告中应说明所用的评估方法和结论，而且由于上市股票的价格在证券市场经常处于变动之中，因此在评估报告书中还应申明评估结果应随市场价格变化而加以调整。

3. 非上市交易股票的评估

非上市交易股票的评估一般采用收益法。用收益法时评估人员要综合分析股票发行主体的经营状况及风险、历史利润水平、行业收益水平等因素，合理预测股票投资的未来收益，并选择适宜的折现率进行折现来确定评估值。

非上市交易股票的评估要区分普通股和优先股来进行。普通股是最常见的一种股票，它没有固定的股利，收益大小主要取决于被投资企业的经营业绩；优先股则兼有普通股票和债券的性质，它有固定的股利，不用还本，在企业清算时的财产分配上优先于普通股，而且优先股的股利是在所得税后支付（我国企业目前还不能发行优先股）。

(1) 普通股股票的评估

对非上市普通股的评估，主要是预测普通股的预期收益并折算到评估基准日，所以最主要的是确定普通股的预期收益和折现率。为此，要对股票发行企业有一个客观、全面、准确的了解与分析，具体包括：

第一，股票发行企业的经营历史，包括盈利水平、收益分配情况等；

第二，股票发行企业的发展前景，包括资产负债结构状况、资产质量、创利能力、市场竞争力、管理人员素质和创新能力等；

第三，股票发行企业所在行业和宏观经济的现状、前景、经营风险，这有助于折现率的确定；

第四，股票发行企业的股利分配政策。

股票发行企业的股利分配政策通常划分为固定红利型、红利增长型和分段型。股利分配政策直接影响着被评估股票的价值，不同类型的分配政策的评估具体方法也不相同。

① 固定红利型（也称零增长型）

固定红利型股利分配政策是假定股票发行企业每年分配的股利是固定的，并且在今后也能保持原有水平固定不变。计算公式为：

$$P=\frac{A}{r}$$

式中：P——股票评估值；

A——股票未来收益额；

r——折现率。

【案例 9-4】 A 企业拥有 B 企业发行的非上市普通股股票 1 000 股，每股面值 10 元，评估人员经过分析调查了解到，B 企业生产经营状况比较稳定，企业所处的行业也相对比较稳定，在今后若干年内，股利分配能保持稳定，预计今后收益率能维持在平均 16%的收益率，当前国库券预计利率 4%，考虑到通货膨胀等因素确定风险报酬率为 4%，则确定的折现率为 8%，股票的评估价值为：

$$P=\frac{A}{r}$$

$$=1\,000\times10\times16\%/8\%=20\,000\text{（元）}$$

② 红利增长型

红利增长型股利分配政策是指股票发行企业有很大的发展潜力，在今后若干年，股票的收益率会逐渐提高，红利呈增长趋势。这一政策的假设前提是股票发行企业并未将剩余收益分配给股东，而是用于追加投资。红利增长型适用于成长型的企业。股票评估值的计算公式为：

$$P=\frac{A}{(r-g)} \quad (r>g) \tag{9-6}$$

式中：P——股票评估值；

A——股票未来收益额；

r——折现率；

g——股利增长率。

在实践中对股利增长率 g 的计算方法主要有两种。一是统计分析法，即根据过去股利的数据，利用统计学的方法计算出的平均增长率；另一种是趋势分析法，即根据被评估企业的股利分配政策，用企业剩余收益中用于再投资的比率与企业净资产利润率相乘来确定股利增长率。

【案例 9-5】 某企业拥有另一企业发行的非上市普通股股票 1 万股，每股面值 100 元，发行企业前 3 年的股票年收益率分别为 15%、17%、18%。评估人员经过分析调查了解到，发行企业经过 3 年的发展目前生产经营状况比较稳定，企业所处的行业也相对比较稳定，预计今后能保持每年平均 16%的收益率，当前国库券预计利率 10%，考虑到通货膨胀等因素确定风险报酬率为 4%，折现率 14%，则股票的评估价值为

$$P=10\,000\times100\times16\%\div14\%=1\,142\,857\text{ 元}$$

上例中如果预计下一年股票收益率为 16%，以后每年以 2%的比率增长，则股票的评估价值为

$$P=10\,000\times100\times16\%\div(14\%-2\%)=1\,333\,333\text{ 元}$$

③ 分段型股利政策下股票价值评估。前两种股利政策一种是股利固定，另一种是增长率固定，过于模式化，很难适用于所有的股票评估。针对实际情况，采用分段型股利政策模型对股票的价值评估更具客观性。其分段计算原理是：

第一段，指能够较为客观预测股票的收益期间或股票发行企业某一经营周期；

第二段，以不易预测收益的时间为起点，以企业持续经营到永续为第二段。

将两段收益现值相加，得出评估值。实际计算时，第一段以预测收益直接折现；第二段可以采用固定红利型或红利增长型，收益额采用趋势分析法或其他方法确定，先资本化再折现。

【案例 9-6】 某资产评估公司受托对 E 公司的资产进行评估。E 公司拥有某一公司非上市交易的普通股股票 10 万股，每股面值 1 元。在持有期间，每年股利收益率均在 15%左右。

评估人员对发行股票公司进行调查分析后认为，前 3 年可保持 15%的收益率；从第四年起，一套大型先进生产线交付使用后，可使收益率提高 5 个百分点，并将持续下去。评估时国库券利率为 4%，假定该股份公司是公用事业企业，其风险报酬率确定为 2%，折

现率为 6%，则该股票评估值为：

股票评估值=股票前 3 年收益的折现值+股票第四年后收益的折现值

股票前 3 年收益的折现值=100 000×15%×（P / A，6%，3）=40 095（元）

股票第四年后收益的折现值=（100 000×20%÷6%）×（1+6%）$^{-3}$=279 867（元）

股票评估值=40 095+279 867 =319 962（元）

（2）优先股的价值评估。

在正常情况下，优先股在发行时就已规定了股息率。评估优先股主要是判断股票发行主体是否有足够税后利润用于优先股的股息分配。这种判断是建立在对股票发行企业的全面了解和分析的基础上，包括股票发行企业生产经营情况、利润实现情况、股本构成中优先股所占的比重、股息率的高低，以及股票发行企业负债状况等。如果股票发行企业资本构成合理，企业盈利能力强，具有很强的支付能力。评估人员可以根据事先确定的股息率，计算出优先股的年收益额，然后进行折现计算，即可得出评估值。计算公式如下：

$$P = \sum_{i=1}^{\infty}[R_i(1+r)^{-i}] = \frac{A}{r} \tag{9-7}$$

式中：P——优先股的评估值；

R_i——第 i 年的优先股的收益；

r——折现率；

A——优先股的年等额股息收益。

【案例 9-7】 新华纺织厂拥有长兴染料厂 100 股累积性、非参加分配优先股，每股面值 100 元，股息率为年息 111%。评估时，长兴染料厂的资本构成不尽合理，负债率较高，可能会对优先股股息的分配产生消极影响。因此，评估人员对新华纺织厂拥有的长兴染料厂的优先股票的风险报酬率定为 5%，加上无风险报酬率 4%，该优先股的折现率为 9%。根据上述数据，该优先股评估值如下：

$$\begin{aligned} P &= \sum_{i=1}^{\infty}[R_i(1+r)^{-i}] = \frac{A}{r} \\ &= 100 \times 100 \times 111\% \div (4\% + 5\%) = 123\,333(\text{元}) \end{aligned}$$

9.3.2 股权投资的评估

股权投资则是指投资主体将现金资产、实物资产或无形资产等直接投入到被投资企业，取得被投资企业的股权，然后通过控制被投资企业来获取利益的投资行为。

对股权投资的评估，首先必须了解具体投资形式、收益获取方式、在被投资企业实收资本中所占比重或所有者权益的比重，然后根据不同情况，采取不同方法进行评估。

1. 股权投资的收益分配形式

股权投资的投资方与被投资方事前必须签订投资合同，明确约定投资形式、收益分配、投资期限和期满时投入资本的处理方式以及风险责任等重大事项。

（1）股权投资收益分配的常见形式有：① 按投资额占被投资企业实收资本的比例，参与被投资企业净利润的分配；② 按被投资企业销售收入或利润的一定比例提成；③ 按投资方出资额的一定比例支付资金使用报酬。

（2）投资期届满时投入资本的处理方式。通常有：① 按投资时的作价金额以现金返还；② 以实物资产返还；③ 按期满时的实投资产的变现价格作价以现金返还。

2. 非控股型股权投资的评估

对于非控股型股权投资的评估，一般可以采用收益法，即根据历史上收益情况和被投资企业的未来经营情况及风险，预测未来收益，再用适当折现率折算为现值得出评估值。在某些情况下，非控股型股权投资也可以采取成本法评估，即根据被评估企业长期投资的账面价值，经审核无误后作为评估值。

非控股型股权属于少数股权，投资者对于经营管理没有主动权，这应视为投资的风险因素。因此，不论采用什么方法评估非控股型股权投资，都应考虑少数股权因素对评估值的影响。

区别不同情况，具体评估方法如下。

（1）对于合同、协议明确约定了投资报酬的长期投资，经调查分析被投资企业经营正常、前景较好的情况下，可将按规定应获得的收益折为现值，作为评估值。

（2）对到期收回资产的实物投资情况，可按约定或预测的收益折为现值，再加上到期收回资产的现值，计算评估值。

（3）对于不是直接获取资金收入，而是取得某种权利或其他间接经济效益的，可通过了解分析，测算相应的经济效益，折现计值。

（4）对于明显没有经济效益，也不能形成任何经济权利的投资，按零价值计算。

（5）在未来收益难以确定时，可以采用重置价值法进行评估。即通过对被投资企业进行评估，确定净资产数额，再根据投资方所占的份额确定评估值。

（6）如果进行该项投资的期限较短，价值变化不大，被投资企业资产账实相符，则可根据核实后的被投资企业资产负债表上的净资产数额，再根据投资方所占的份额确定评估值。

3. 控股型股权投资评估

对于控股型的股权投资，应对被投资企业进行整体评估后再测算股权投资的价值。整体评估应以收益法为主，特殊情况下可以单独采用市场法。对被投资企业整体评估，基准日与投资方的评估基准日相同。

评估人员评估股东部分权益价值，应当在适当及切实可行的情况下考虑由于控股权和少数股权等因素产生的溢价或折价。资产评估人员应当在评估报告中披露是否考虑了控股权和少数股权等因素产生的溢价或折价的情况。

【案例 9-8】 甲企业两年前曾与乙企业进行联营，协议约定联营期 10 年，按投资比例分配利润。甲企业投入资本 30 万元，其中现金资产 10 万元、厂房作价 20 万元，占联营企业总资本的 30%。合同约定，合营期满，以厂房返还投资。该厂房年折旧率为 5%，净残值率为 5%现对甲企业拥有的乙企业的股权投资进行评估。

甲企业拥有的乙公司的股权投资属于非控股型股权投资。经评估人员调查分析，合营前两年的利润分配情况：第一年实现净利润 15 万元，甲企业分得 4.5 万元；第二年实现净利润 20 万元，甲企业分得 6 万元。目前，联营企业生产已经稳定，预测今后每年收益率为 20%。厂房年折旧率为 5% ，10 年折旧 50%，净残值率为 5%，因此期满后厂房折余价值 10.5 万元。

本例可按投资协议规定，将未来应获得的收益和合营期满返还投资折为现值作为评估值。考虑少数股权和经营风险等因素，折现率定为 15%。评估值计算如下：

$$后8年收益现值 = 300\,000 \times 20\% \times (P/A,\ 15\%,\ 8) = 60\,000 \times 4.48113 = 269\,238\ (元)$$

$$投资回收现值 = 105\,000 \times (1+15\%)^{-8} = 105\,000 \times 0.3269 = 34\,324.5\ (元)$$

$$评估值 = 269\,238 + 34\,324.5 = 303\,562.5\ (元)$$

9.4 其他长期性资产的评估

9.4.1 其他长期性资产的含义及构成

其他长期性资产是指不能包括在流动资产、长期股权投资、持有至到期投资、固定资产、无形资产等以外的资产，主要包括长期性质的长期待摊费用和其他长期资产。长期待摊费用是指企业已经支出，但摊销期在 1 年以上（不含 1 年）的各项费用。包括股票发行费用、筹建期间费用（开办费）、固定资产大修理支出、租入固定资产的改良支出等。长期待摊费用本质上是一种费用，而不是资产，只是这种费用的影响不仅体现在本年度，而且将延续到以后若干个会计年度。其他长期资产主要包括特准储备物资、银行冻结存款、冻结物资以及涉及诉讼的财产等。

9.4.2 其他资产评估的界定

属于预付性质的其他资产，主要是已发生费用的摊余价值。已发生费用一经发生便已消耗，但能为企业创造未来收益，并从未来收益的会计期间抵补各项支出。待摊费用不能单独对外交易或转让，只有当企业发生整体产权变更时，才可能涉及对其价值的评估。从资产评估的角度，其他资产的价值不是取决于之前已支付的费用数额，而是取决于在评估基准日之后它能够为新的产权主体带来多大的利益。所以，其他资产是否列为评估对象取决于它能否在评估基准日后为产权主体带来经济利益。

在评估其他资产时，必须了解其合法性、合理性、真实性和准确性。其他资产的评估值，要根据评估目的实现后的资产占有者尚存在的资产和权利的价值来确定，而且要注意这些资产和权利的价值不与其他评估对象重复计算。比如经过大修、改造的固定资产，支出大修改造的费用所增加的价值已经在固定资产的价值中得到体现，因而这部分预付待摊的费用就不能再进行重复评估。

9.4.3　其他资产评估的考虑因素

(1) 其他资产价值评估的主要依据之一，是其未来可产生效益的时间。如果预付费用仅是因为数额过大才采用分期摊销的办法，实际上在评估基准日后并没有尚存的资产和权利时，这部分费用不应计算评估值。

(2) 对其他资产进行评估时，要细致地调查分析其他资产发生时预付费用的数额、预付费用取得某项服务权利的时间和评估基准日后该项权利尚剩余的时间等因素，这些因素决定了其他资产在未来一定时间内可产生的效益或可节约的费用，从而决定了其他资产的评估价值。

(3) 关于开办费的评估。开办费是企业在筹建期间发生的、不能计入固定资产或无形资产价值的费用。主要包括：筹建期间人员的工资、员工培训费、差旅费、办公费、注册登记费以及不能计入固定资产或无形资产购建成本的汇兑损益、利息支出等。根据现行会计制度的规定，企业筹建期间发生的费用，应于开始生产经营起一次计入开始生产经营当期的损益。因此，如果企业不是在筹建期间评估，则不存在开办费的评估问题。如果企业是在筹建期间评估，可按账面价值计算其评估值。

(4) 关于其他长期待摊费用的评估。其他长期待摊费用，如股票发行费用，其影响可能延续到以后若干年，从理论上讲，对这类项目的评估，应依据企业的收益状况、收益时间及货币的时间价值，以及现行会计制度的规定等因素综合考虑确定评估值。

(5) 其他资产评估中货币的时间价值因素因受益时间长短而定。1 年内的一般不予考虑，超过 1 年要根据具体内容、市场行情的变化趋势确定货币的时间价值因素。从实践上看，由于这些费用对未来产生收益的能力和状况并不能准确界定，如果物价总水平波动不大，可以将其相关账面价值作为其评估价值，或者按其发生额的平均数计算。

(6) 对特准储备物资、冻结存款、冻结物资以及涉及诉讼的财产的价值评估，要根据具体情况分析界定后进行估算。

【案例 9-9】 某企业因产权变动涉及其他资产的评估。截止到评估基准日，企业其他资产科目账上余额 136 万元。其中，营业场地装修 80 万元；预付房租 36 万元，租期 3 年，尚余 2 年，账上已摊销 20 万元，余额 16 万元；长期借款利息 40 万元。评估人员经调查分析，根据评估基准日后能否产生经济效益为标准，对其他资产进行评估。

【评估过程】

（1）营业场地装修费用，已在固定资产价值评估中体现，本项目评估值为零。

（2）预付房租 3 年，尚余 2 年的使用权的评估值为：

$$36 \div 3 \times 2 = 24\text{（万元）}$$

（3）借款利息属期间费用，其效益在评估基准日以前已经体现，应按零值处理。企业其他资产评估值为 24 万元。

思考与练习题

一、单选题

1. 上市交易的债券最适合运用（　　）进行评估。

A. 成本法　　B. 市场法　　C. 收益法　　D. 价格指数法

2. 对于距离评估基准日 1 年内到期的非上市债券，采用（　　）方法进行评估较为合适。

A. 本利和折现　　B. 市场询价

C. 账面价值　　D. 本金加持有到期利息

3. 从理论上讲，无风险报酬率是受到（　　）影响的。

A. 资金的使用成本　　B. 资金的投资成本

C. 资金的时间成本　　D. 资金的机会成本

4. 被评估债券为 2000 年发行，面值 100 元，年利率为 10%，3 年期。2002 年评估时，债券市场上同种同类债券，面值 100 元的交易价格为 110 元，该债券的评估值最接近于（　　）。

A. 120　　B. 98　　C. 100　　D. 110

5. 站在资产评估的角度，在股市发育不完全、交易不规范的情况下，作为长期投资中的股票投资评估应当以股票的（　　）为基本依据。

A. 市场价格　　B. 发行价格　　C. 内在价值　　D. 票面价格

6. 股票的内在价值属于股票的（　　）。

A. 账面价值　B. 理论价格　C. 无面值价值　D. 发行价格

7. 股票的内在价值是由（　）决定的。

A. 股票的净资产额　B. 股票的总资产额

C. 股票未来收益折现值　D. 股票的利润总额

8. 固定红利模型是评估人员对被评估股票（　）。

A. 预期收益的一种假设　B. 预期收益的客观认定

C. 历史收益的一种客观认定　D. 预期收益的一种估计

9. 非上市债券的风险报酬率主要取决于（　）。

A. 发行主体的具体情况　B. 债券市场情况

C. 债券购买方的具体情况　D. 股票市场状况

10. 作为评估对象的长期待摊费用的确认标准是（　）。

A. 是否已经摊销　B. 摊销方式

C. 能否带来预期收益　D. 能否变现

二、多选题

1. 债券投资作为一种投资工具和股票投资相比，具有（　）的特点。

A. 风险较小　B. 安全性较强

C. 较强的流动性　D. 收益相对稳定

E. 投资回收期较长

2. 对非上市普通股票进行评估，其基本类型有（　）。

A. 普通股溢价发行型　B. 红利增长型

C. 固定红利型　D. 分段型

E. 普通股折价发行型

3. 对长期投资的评估，一般进行的程序包括（　）。

A. 应明确投资的种类、原始投资额、评估基准日余额等长期投资项目的具体内容

B. 应判断长期投资预计可收回全额计算的正确性和合理性及长期投资余额在资产负债表上列示的准确性

C. 非上市交易的股票及债券一般采用现行市价法进行评估

D. 不能采用现行市价法评估的股票和债券一般采用收益法，评估人员应根据综合因素选择适宜的折现率，并确定评估值

E. 根据长期投资不同的种类，选择相应的评估结论

4. 红利增长型股利政策下，股票价值评估的假设条件是发行企业并未将剩余收益分配给股东，而是用于追加投资扩大再生产，因此，红利呈增长趋势。这种假设前

提下的股利增长率的计算方法有（ ）。

A. 综合分析法 B. 统计分析法

C. 趋势分析法 D. 曲线分析法

E. 线性分析法

5. 债券评估的折现率包含的内容是（ ）。

A. 无风险报酬率 B. 企业收益率

C. 风险报酬率 D. 债券利息率

E. 资产负债率

6. 长期待摊费用主要包括（ ）。

A. 固定资产大修理 B. 租入固定资产改良支出

C. 开办费 D. 预付利息

E. 低值易耗品消耗损失

7. 在长期投资评估中，需明确的具体内容主要有（ ）。

A. 原始投资额 B. 物价变动指数

C. 投资收益计算方法 D. 投资比重

E. 历史收益水平

8. 债券评估时的风险报酬率，其高低与（ ）有关。

A. 投资者的投资规模 B. 发行者的竞争能力

C. 投资者的实力 D. 发行者的财务能力

E. 投资者的还本付息能力

9. 资产评估中，通常将（ ）归类为其他资产。

A. 特准储备物资 B. 股票发行费用

C. 医药经销权 D. 冻结存款

E. 开办费

10. 属于股权投资的经济行为有（ ）。

A. 以现金投入到被投资企业 B. 以实物资产投入到被投资企业

C. 购买被投资企业的股票 D. 购买被投资企业的债券

E. 以专有技术投入到被投资企业

三、思考题

1. 简述长期投资评估的程序。

2. 评估普通股需对发行企业了解的内容有哪些？

3. 一般普通股有哪些评估方法？

4. 何谓红利增长模型的假设前提?

5. 简述长期投资评估的特点?

6. 采用市场法评估债券和股票时应注意的问题是什么?

7. 在企业价值评估中如何处理“开办费”?

四、基本能力训练题

1. 受托对某企业进行评估，账面债券投资 100 000 元，系 A 企业发行 3 年期一次性还本付息非上市债券，年利率 10%，单利计息，评估时点距到期日两年。股票投资 600 000 元，其中上市普通股 30 万股，为 B 企业发行，每股面值 1 元，评估基准日收盘价 15 元。非上市普通股 20 万股，每股面值 1 元，系 C 企业发行，每年股票收益率 13%。已知 C 企业将保持 3%的经济发展速度，每年以净利润的 50%发放股利，另 50%用于追加投资，其净资产收益率将保持 16%的水平。优先股 1 000 股，每股面值 100 元，系 D 企业发行，股息率为年息 18%。已知 A 企业债券风险报酬率为 2%，B、C、D 三家企业的股票风险报酬率均为 4%，国库券利率为 10%。

(1) 试评估该企业非上市债券的价值。

(2) 试评估该企业上市股票的价值。

(3) 试评估该企业非上市股票的价值。

(4) 试评估该企业优先股的价值。

2. 评估机构于 2002 年 1 月对某公司进行评估，该公司拥有甲企业发行的非上市普通股票 100 万股，每股面值 1 元。经调查，由于甲企业产品老化，评估基准日以前的几年内，该股票的收益率每年都在前一年的基础上下降 2%，2001 年度的收益率为 10%，如果甲企业没有新产品投放市场，预计该股票的收益率仍将保持每年在前一年的基础上下降 2%。已知甲企业正在开发研制一个新产品，预计 2 年后新产品即可投放市场，并从投产当年起可使收益率提高，并保持在 15%左右，而且从投产后第 3 年起，甲企业将以净利润的 75%发放股利，其余的 25%用作企业的追加投资，净资产利润率将保持在 20%的水平。若折现率为 15%，求被评估公司所持甲企业股票 2002 年 1 月 1 日的评估值。

第 10 章　资产评估报告

学习目标

- 了解资产评估报告的基本概念以及我国的资产评估报告基本制度；
- 掌握资产评估报告的基本要素和内容；
- 掌握资产评估报告编制的基本方法；
- 熟练掌握资产评估报告书的使用范围。

任务导入

【引例导入】 L 公司成立于 2004 年 6 月，注册资本为人民币 10 000 万元，专注于地面数字电视高新技术的产业化、工程化和市场化工作，是集营运、开发、生产、系统集成的工程与设计于一体的实业公司。上市公司 F 拟收购 L 公司股权，遂聘请 S 资产评估事务所对 L 公司所拥有的整体资产进行评估。评估人员根据 L 公司的具体经济情况和所处的行业环境，结合评估目的和方法的特点，最终确定了 L 公司所拥有的整体资产价值，现评估机构要向委托人提交估价结果。那么如何撰写估价报告?

资产评估报告是评估机构提供给委托人的“产品”，是估价机构出具的关于估价对象价值的专业意见。下面我们来学习怎样编制和审核资产评估报告。

10.1　资产评估报告的类别及作用

10.1.1　资产评估报告的概念

资产评估报告是指评估机构按照评估工作制度有关规定，在完成评估工作后向委托方提交的说明评估过程及结果的书面报告。它是按照一定格式和内容来反映评估目的、假设、程序、标准、依据、方法、结果及适用条件等基本情况的报告书。广义的资产评估报告是一种工作制度，它规定评估机构在完成评估工作之后必须按照一定程序的要求，用书面形式向委托方及相关主管部门报告评估过程和结果。狭义的资产评估报告也叫资产评估报告书，既是资产评估机构与注册资产评估师完成对资产作价，就被评估资产在特定条件下价值所发表的专家意见，也是评估机构履行评估合同情况的总结，还是评估机构与注册资产评估师为资产评估项目承担相应法律责任的证明文件。

10.1.2　资产评估报告书的特点

（1）资产评估报告书是专业人士依据国家法律法规提出的专家意见，并且这种专家意见是建立在客观、独立、公正基础之上的。

专业评估人员都具有专门的学识和技能，并应具有相关资格，由其依法出具的资产评估报告书应该是可以信赖的专家意见。客观、独立、公正就是要求资产评估报告书能客观、真实地反映评估对象的实际情况，评估人员能够独立执业，并保证自己的主观公正。

（2）资产评估报告书的制作过程及其本身都必须严格遵守相关法律法规的规定。

资产评估报告书的编制过程应在不违背相关法律法规的基础上进行，并且其内容也应遵循相关规定。这些法律法规以及相关规定主要有：《中华人民共和国国有资产评估管理办法》、《国有资产评估管理办法实施细则》、《资产评估执业人员自律守则》、《资产评估操作规范（试行）》等。

（3）资产评估报告书往往能引起重大法律后果，其影响范围和程度相对较高。

资产评估报告书作为被评估资产的作价依据是提供给委托方用于某种决策的，一旦委托方因此产生纠纷，就将引起重大法律后果。

国际评估准则（IVS）和美国专业评估执业统一准则（US-PAP）对资产评估报告的规定都是从报告类型与报告要素来进行规范的。目前我国对资产评估报告的要求则是从基本内容与格式来进行规范的。按财政部《资产评估报告基本内容与格式的暂行规定》的有关规定，资产评估报告应该包括资产评估报告书正文、资产评估说明、资产评估明细表及相关附件。

10.1.3　资产评估报告书的作用

1. 它为被委托评估的资产提供作价意见。

资产评估报告书是经具有资产评估资格的机构根据委托评估资产的特点和要求，组织评估师及相应的专业人员组成的评估队伍，遵循评估原则和标准，按照法定的程序，运用科学的方法对被评估资产价值进行评定和估算后，通过报告书的形式提出作价的意见。该作价意见不代表任何当事人一方的利益，是一种独立专家估价的意见，具有较强的公正性与客观性，因而成为被委托评估资产作价的重要参考依据。

2. 资产评估报告书是反映和体现资产评估工作情况，明确委托方、受托方及有关方面责任的依据。

资产评估报告书用文字的形式，对受托资产评估业务的目的、背景、范围、依据、程序、方法等过程和评定的结果进行说明和总结，体现了评估机构的工作成果。同时，资产评估报告书也反映和体现了受托的资产评估机构与执业人员的权利与义务，并以此来明确委托方、受托方等有关方面的法律责任。在资产评估现场工作完成后，评估机构和评估人员就要根据现场工作取得的有关资料和估算数据，撰写评估结果报告书，向委托方报告。负责评估项目的评估师也同时在报告书上行使签字的权利，并提出报告使用的范围和评估结果实现的前提等具体条款。当然，资评估报告书也是评估机构履行评估协议和向委托方或有关方面收取评估费用的依据。

3. 对资产评估报告书进行审核，是管理部门监督评估业务开展情况，完善资产评估管理的重要手段。

资产评估报告书是反映评估机构和评估人员职业道德、执业能力水平以及评估质量高低和机构内部管理机制完善程度的重要依据。有关管理部门通过审核资产评估报告书，可以有效地对评估机构的业务开展情况进行监督和管理，并对评估工作中出现的问题给予指导，使评估工作得以不断完善。

4. 资产评估报告书是建立评估档案的重要来源。

评估机构和评估人员在完成资产评估任务之后，都必须按照档案管理的有关规定，将评估过程搜集的资料、工作记录以及资产评估过程的有关工作底稿进行归档，以便进行评估档案的管理和使用。资产评估报告书是对整个评估过程的工作总结，其内容包括了评估过程的各个具体环节和各有关资料的搜集和记录。因此，不仅评估报告书的底稿是评估档案归集的主要内容，而且还包括撰写资产评估报告过程采用到的各种数据、各种依据、工作底稿和资产评估报告制度中形成的有关文字记录（如主管部门审核同意意见和报告确认书）等都是资产评估档案的重要信息来源。

10.1.4 资产评估报告的种类

国际上对资产评估报告有不同的分类，如《美国专业评估执业统一准则》将评估报告分为完整型评估报告、简明型评估报告、限制型评估报告、评估复核。我国尚未建立健全资产评估准则体系，目前关于资产评估报告种类的划分主要有以下几种。

(1) 按资产评估的范围划分，资产评估报告可分为整体资产评估报告和单项资产评估报告。凡是对整体资产进行评估所出具的资产评估报告称为整体资产评估报告。凡是仅对某一部分、某一项资产进行评估所出具的资产评估报告称为单项资产评估报告，尽管资产评估报告的基本格式是一样的，但因整体资产评估与单项资产的评估在具体业务上存在一些差别，两者在报告的内容上也必然会存在一些差别。一般情况下，整体资产评估报告的报告内容不仅包括资产，也包括负债和所有者权益方面。而单项资产评估报告除在建工程外，一般不考虑负债和以整体资产为依托的无形资产等。

(2) 按评估报告的要求划分，资产评估报告可划分为完整型资产评估报告、简明型资产评估报告、限制型资产评估。

（3）按评估对象划分，资产评估报告可划分为资产评估报告、房地产评估报告、土地估价报告等。资产评估报告是以资产为评估对象所出具的评估报告。这里的资产可能包括负债和所有者权益，也可能包括房屋建筑物和土地。房地产估价报告则只是以房地产为估价对象所出具的估价报告。土地估价报告是以土地为估价对象所出具的估价报告，鉴于以上评估标的物之间存在差别，加上资产评估、房地产评估和土地估价的管理尚未统一，这三种报告不仅具体格式不同，而且内容上也存在较大差别。

（4）按评估基准日的不同划分，资产报告可分为现实型评估报告、预测型评估报告与追溯型评估报告。评估基准日为现在时点的报告为现实型评估报告；评估基准日为未来时点的报告为预测型评估报告；评估基准日为过去时点的报告为追溯型评估报告。

评估报告的使用，要求评估基准日通常与经济行为实现日相距不超过1年。

10.2　资产评估报告的基本内容

按财政部《资产评估报告基本内容与格式的暂行规定》的有关规定，下面分别按资产评估报告正文及相关附件，资产评估说明及资产评估明细表的顺序来介绍各自的基本内容，具体格式参阅有关文件。

10.2.1　资产评估报告正文及相关附件的基本内容

1. 资产评估报告封面的基本内容

资产评估报告封面须载明下列内容：资产评估项目名称、资产评估机构出具评估报告的编号、资产评估机构全称和评估报告提交日期等。有服务商标的，评估机构可以在报告封面载明其图形标志。

2. 资产评估报告摘要的基本内容

每份资产评估报告的正文之前应有表达该报告书关键内容的摘要，用来让各有关方面了解该评估报告的主要信息。该摘要与资产评估报告正文一样具有同等法律效力，由注册资产评估师、评估机构法定代表人及评估机构等签字盖章和署明提交日期。该摘要必须与评估报告揭示的结果一致，不得有误导性内容，并应当采用提醒文字提醒使用者阅读全文。

3. 资产评估报告正文的基本内容

① 首部。评估报告正文的首部应包括标题和报告书序号，标题应含有×××（评估）

项目资产评估报告字样。

② 绪言。报告正文的序言应写明该评估报告委托方全称、受托评估事项及评估工作整体情况。

③ 委托方与资产占有方简介。报告正文的委托方与资产占有方简介应较为详细地分别介绍委托方、资产占有方的情况，当委托方和占有方相同时，可作为资产占有方介绍，也要写明委托方和资产占有方之间的隶属关系或经济关系。无隶属关系或经济关系的，应写明发生评估的原因，当资产占有方为多家企业时，还须逐一介绍。

④ 评估目的。报告正文的评估目的应写明本次资产评估是为了满足委托方的何种需要及其所对应的经济行为类型，并简要准确说明该经济行为是否经过批准，若已获批准，应将批准文件的名称、批准单位、批准日期及文号写出。

⑤ 评估范围和对象。这部分应写明纳入评估范围的资产及其类型，并列出评估前的账面金额。评估资产为多家占有，应说明各自的份额及对应资产类型。

⑥ 评估基准日。这部分应写明评估基准日的具体日期，确定评估基准日的理由或成立条件，揭示确定基准日对评估结果影响程度。另外，还应对采用非基准日价格标准做出说明。评估基准日应根据经济行为的性质由委托方确定，并尽可能与评估目的实现日接近。

⑦ 评估原则。应在这部分中写明评估工作过程中遵循的各类原则和本次评估遵循国家及行业规定的公认原则。对所遵循的特殊原则也应作适当阐述。

⑧ 评估依据。应在这部分中列示评估依据。包括行为依据、法律法规依据、产权依据和取价依据等。对评估中采用的特殊依据应作相应的披露。

⑨ 评估方法。应在这部分中说明评估过程所选择、使用的评估方法和选择评估方法的依据或原因。对某项资产评估采用一种以上评估方法的还应说明原因并说明该资产价值确定方法。对选择特殊评估方法的，也应介绍其原理与适用范围。

⑩ 评估过程。这部分应反映评估机构自接受评估项目委托起至提交评估报告的全过程。包括接受委托过程中确定评估目的、对象及范围，基准日和拟定评估方案的过程，资产清查中的指导资产占有方清查、收集准备资料、检查与验证过程；评估估算中的现场检测与鉴定、评估方法选择、市场调查与分析过程；评估汇总中的结果汇总、评估结论分析、撰写报告与说明、内部复核过程，以及提交评估报告等过程。

⑪ 评估结论。这部分是报告正文的重要部分。应使用表述性文字完整地叙述评估机构对评估结果发表的结论，对资产、负债、净资产的账面价值、调整后账面价值、评估价值及其增减幅度进行表述。还应单独列示不纳入评估汇总表的评估结果。评估结论是资产评估报告的最终要求，评估结论应清晰、明确地列示，必要时应有一定的说明。实际工作中，根据有关规定，一般要提供资产评估结果汇总表（如表 10-1 所示）。

表 10-1　资产评估结果汇总表

资产占有单位　　基准日　　（单位：万元）

资产项目	账面原值	账面净值	调整后净值	重置价值	评估值	增加值	增加率（%）
流动资产							
长期投资							
在建工程							
建筑物							
机器设备							
土地使用权							
无形资产							
资产总计							
流动负债							
长期负债							
负债总计							
净资产							

⑫ 特别事项说明。在这部分中应说明在评估过程中已发现可能影响评估结论，但非评估人员执业水平和能力所能评定估算的有关事项，也应提示评估报告使用者注意特别事项对评估结论的影响，还应揭示评估人员认为需要说明的其他事项。

⑬ 评估基准日期后重大事项。在这部分中，应揭示评估基准日后至评估报告提出日期间发生的重要事项，以及评估基准日的期后事项对评估结论的影响，还应说明发生在评估基准日期后不能直接使用评估结论的事项。

⑭ 评估报告法律效力、使用范围和有效期。这部分应具体写明评估报告成立的前提条件和假设条件，并写明评估报告依照法律法规的有关规定发生法律效力和评估结果的有效使用期限。还应写明评估结论仅供委托方依评估目的使用和送交主管部门审查使用，并申明评估报告的使用权归委托方所有，未经许可不得随意向他人提供或公开。

⑮ 评估报告提出日期。在这部分中，应写明评估报告提交委托方的具体日期。评估报告原则上应在确定的评估基准日后 3 个月内提出。

⑯ 尾部。这部分应写明出具评估报告的机构名称并加盖公章，还要由评估机构法定代表人和至少两名负责评估的注册资产评估师签名盖章。

4. 备查文件的基本内容

资产评估报告的附报文件至少要包括以下基本内容：

① 有关经济行为文件；

② 被评估企业前 3 年度包括资产负债表和损益表在内的会计报表（非企业或经济组织除外）；

③ 委托方与资产占有方营业执照复印件；

④ 委托方、资产占有方的承诺函；

⑤ 产权证明文件复印件；

⑥ 资产评估人员和评估机构的承诺函；

⑦ 资产评估机构资格证复印件；

⑧ 评估机构营业执照复印件；

⑨ 参加本项评估项目的人员名单；

⑩ 资产评估业务约定合同；

⑪ 重要合同和其他文件。

这部分的格式没有具体要求，但必须按统一规格装订。

10.2.2 资产评估说明的基本内容

资产评估说明描述评估师和评估机构对其评估项目的评估程序、方法、依据、参数选取和计算过程，通过委托方、资产占有方充分揭示对资产评估行为和结果构成重大影响的事项，说明评估操作符合相关法律、行政法规和行业规范要求。资产评估说明也是资产评估报告书的组成部分，在一定程度上决定评估结果的公允性，保护评估行为相关各方的合法利益。

按有关规定，评估说明中所揭示的内容应同评估报告书正文所阐述的内容一致。评估机构、注册资产评估师及委托方、资产占有方应保证其撰写或提供的构成评估说明各组成部分的内容真实完整，未作虚假陈述，也未遗漏重大事项。

资产评估说明应按以下顺序进行撰写和制作。

(1)“评估说明封面及目录”的基本内容。评估说明封面应载明该评估项目名称，该评估报告书的编号、评估机构名称、评估报告提出日期，若需分册装订的评估说明，应在封面上注明共几册及该册的序号。

(2)“关于评估说明使用范围的声明”的基本内容。这部分应声明评估报告仅供资产管理部门、企业主管部门、资产评估行业协会在审查资产评估报告书和检查评估机构工作之用，除法律、行政法规规定外，材料的全部或部分内容不得提供给其他任何单位和个人，不得见之于公开媒体。

(3)“关于进行资产评估有关事项的说明”的基本内容。这部分是由委托方与资产占有方共同撰写并由负责人签字，加盖公章，签署日期。这部分应包括以下内容：① 委托方与资产占有方概况；② 关于评估目的的说明；③ 关于评估范围的说明；④ 关于评估基准日的说明；⑤ 可能影响评估工作的重大事项说明；⑥ 资产及负债清查情况的说明；⑦ 列示资产委托方、资产占有方提供的资产评估资料清单。

（4）“资产清查核实情况说明”的基本内容。这部分主要用来说明评估方对委托评估的企业所占有的资产和与评估相关的负债进行清查核实的有关情况及清查结论。这部分的基本内容应包括以下内容：① 资产清查核实的内容；② 实物资产的分布情况及特点；③ 影响资产清查的事项；④ 资产清查核实的过程与方法；⑤ 资产清查结论；⑥ 资产清查调整说明。

（5）“评估依据说明”的基本内容。评估依据说明主要用来说明进行评估工作中所遵循的具体行为依据、法规依据、产权依据和取价依据。评估依据说明包括以下内容：① 主要法律法规；② 经济行为文件；③ 重大合同协议及产权证明文件；④ 采用的取价标准；⑤ 参考资料及其他。

（6）“各项资产及负债的评估技术说明”的基本内容。这部分主要用来说明对资产进行评定估算过程的解释，反映评估中选定的评估方法和采用的技术思路及实施的评估工作。主要包括以下内容：① 流动资产评估说明；② 长期投资评估说明；③ 机器设备评估说明；④ 房屋建筑物评估说明；⑤ 在建工程评估说明；⑥ 土地使用权评估说明；⑦ 无形资产及其他资产评估说明；⑧ 负债评估说明。

（7）“整体资产评估收益现值法评估验证说明”的基本内容。这部分主要说明运用收益法对企业整体资产进行评估来验证资产评估结果的有关情况。其基本内容应包括以下内容：① 收益法的应用简介；② 企业的生产经营业绩；③ 企业的经营优势；④ 企业的经营计划；⑤ 企业的各项财务指标；⑥ 评估依据；⑦ 企业营业收入、成本费用和长期投资收益预测；⑧ 折现率的选取和评估值的计算过程；⑨评估结论。

（8）“评估结论及其分析”的基本内容。这部分主要总体概括说明评估结论，应包括以下内容：① 评估结论；② 评估结果与调整后账面值比较变动情况及原因；③ 评估结论成立的条件；④ 评估结论的瑕疵事项；⑤ 评估基准日的期后事项说明及对评估结论的影响；⑥ 评估结论的效力、使用范围与有效期。

10.2.3　资产评估明细表的基本内容

（1）资产评估明细表基本内容。资产评估明细表是反映被评估资产评估前后的资产负债明细情况的表格。它是资产评估报告书的组成部分，也是资产评估结果得到认可、评估目的的经济行为实现后作为调整账目的主要依据之一。其基本内容应包括以下内容：① 资产及其负债的名称、发生日期、账面价值、评估价值等；② 反映资产及其负债特征的项目；③ 反映评估增减值情况的栏目和备注栏目；④ 反映被评估资产会计科目名称、资产占有单位、评估基准日、表号、金额单位、页码内容的资产评估明细表表头；⑤ 写明清查人员、评估人员的表尾；⑥ 评估明细表设立逐级汇总；⑦ 资产评估明细表一般应按会计科目顺序排列装订。

（2）资产评估明细表。样表包括以下几个层次：资产评估结果汇总表、资产评估结果分类汇总表、各项资产清查评估汇总表及各项资产清查评估明细表。

10.3 资产评估报告的编制、审核与编制技术

10.3.1 资产评估报告的编制与审核

1. 资产评估报告的编制

编制评估报告书是完成评估工作的最后一道工序，也是评估工作中的一个很重要的环节。评估人员通过评估报告不仅要真实、准确地反映评估工作情况，而且表明评估者在今后一段时期里对评估的结果和有关的全部附件资料承担相应的法律责任。这就要求评估人员编制的报告要思路清晰，文字简练准确，有关的取证材料和数据真实可靠。为了达到这些要求，评估人员应按下列步骤进行评估报告的编制。

① 评估资料的分类整理。占有大量的真实的评估工作记录，包括被评估资产的有关背景资料、技术鉴定情况资料及其他可供参考的数据记录等，是编制评估报告的基础。一般来说，一个较复杂的评估项目是由一组评估人员合作完成的，为了正确地反映评估的全过程，首先要求评估小组按工作的分工情况，将全部评估资料进行分类整理，包括评估作业分析表的审核、评估依据的说明、分类明细表的编制，最后要求形成分类评估的文字资料。

② 评估资料的分析讨论。在整理分类资料工作完成后，应召集参与评估工作过程的有关人员，对评估的情况和初步结论进行分析讨论，如果发现其中提法不妥、计算错误、作价不合理等方面的问题，要进行必要的调整。尤其是采用两种不同方法评估并得出两个结论的，需要在充分讨论的基础上，得出一个正确的结论。

③ 评估资料的汇总和评估报告的编排。评估报告的总纂人应根据分类评估资料讨论后的修正意见，进行全部资料的汇总编排和评估结果报告书的编写工作，审查复核无误后打印正式报告，并将正式报告及附件交付客户，如果客户另有要求的，评估人员还应向客户进行特别说明。

④ 评估报告先由项目经理（或负责人）审核，再报评估机构经理（负责人）审核签发，必要时组织有关专家会审。

2. 资产评估报告责任制度

资产评估报告作为法律文书，出具资产评估报告应承担法律责任。资产评估报告中的责任人分别承担本身的责任。根据《资产评估报告签字制度（试行）》的要求，注册资产评估师、项目负责人、项目复核人、法定代表人应分别在资产评估报告书上签字，承担相

应的责任。

按照《资产评估报告签字制度（试行）》的规定，凡在中国境内执业的资产评估机构，在接受客户委托、完成评估项目后所出具的资产评估报告，应有资产评估机构法定代表人（或合伙人）和至少两名注册资产评估师签字。未经资产评估机构法定代表人（或合伙人）和注册资产评估师签字的资产评估报告为无效报告。同时还规定，注册资产评估师只能在一个资产评估机构执行并独立行使签字权利。注册资产评估师只能在本人参与评估的综合性资产评估项目和单项资产评估项目的资产评估报告上签字。注册资产评估师在有正当理由并能提供必要依据的情况下，可以拒绝在资产评估报告上签字。

《资产评估操作规范意见（试行）》中规定有项目负责人、项目复核人签字，但《资产评估报告签字制度（试行）》中未规定项目负责人、项目复核人签字。我们认为，注册资产评估师、项目负责人、项目复核人均在资产评估报告上签字，注册资产评估师应对所评估的单项或部分评估结果负责，项目负责人、项目复核人应对整个评估结果负责。法定代表人签字说明的是评估机构对资产评估报告承担责任。

评估中的风险和责任是客观存在的，明确负责人是为了确定责任范围。但负责人并不是被动地承担风险，而应该采取各项措施，规避风险。注册资产评估师在不断提高自身业务水平的基础上，在业务操作中严格按照评估操作程序，客观、公正、科学地确定评估结果，并有充分的依据说明。

（1）项目负责人着重从自身基本职责和操作实务的角度审核评估报告，具体要求如下。

① 根据上级关于资产评估报告结构的规定，从总体机构上审核评估报告正文的编制是否达到以下要求：内容是否完整，应列入报告的各项内容是否都已分别叙述清楚，有没有错漏；附件有无短缺；并改正报告中文字上的差错等。

② 通过审核评估报告，回顾本项目开展评估的全过程，审视整体评估工作是否客观、公正、科学，是否全部符合关于资产评估操作程序的规定，如发现有疏忽不妥之处，要及时弥补。

③ 重点审核评估结果，对报告所列各类资产和负债以及总资产、净资产的评估依据、评估价值认真进行审核，保证评估结果的科学性、准确性、客观性、公正性、有效性。

（2）项目复核人对评估报告的审核尤为重要。有关国家评估准则中规定：与项目负责人相同的责任。项目复核人审核评估报告的具体要求如下。项目复核人应承担：

① 项目复核人要在项目负责人初步审核的基础上，对已初步修正的评估报告再次就以上审核内容进行审核；

② 对评估报告的审核，要结合审核评估说明，保持二者的一致性，防止初审后再出现错漏之处；

③ 项目复核人审核的关键之点也是评估结果，要从保证评估结果的可靠性、准确性出发，着重审核报告所列各项数据，特别是评估结果，即报告最后向委托方报告的本项目的评估价值；在审核中，必要时应对报告所列各项数据着重重新审核、计算，以求万无一失；

④ 对评估报告的文字等进一步审核、改正。

(3) 法定代表人要对评估报告进行最后的把关，应在项目负责人、项目复核人审核的基础上，着重从政策上、原则上、业务规程执行和评估结果的科学性上把关。主要要求如下。

① 审核报告是否符合合法性原则，包括委托方的委托依据、所提供的文件和材料是否充分、可靠；所开展评估的全过程是否符合上级规定的资产评估操作规范要求；评估结果的获得是否符合国家和政府主管部门的法律、法令和法规精神；本评估报告是否体现了本所在该项目评估中恪守职业道德、坚持原则、秉公执业的形象。

② 狠抓涉及本项目评估的实质性内容的审核。包括进一步审核报告所表述的评估目的是否明晰；评估范围和对象是否确切；评估过程和步骤是否合乎要求；评估原则和评估依据是否正确；评估基准日的选定是否可行；特别是评估结果是否切合实际，有没有不妥当或考虑不周之处；对报告所列各类资产和负债以及总资产、净资产的评估价值是否科学、正确；委托方是否接受；资产的增值或减值是否合理等。

③ 对评估报告从总体结构等方面作最后的审核。

10.3.2 资产评估报告制作的技术要点

资产评估报告制作的技术要点是指在资产评估报告制作过程中的主要技能要求，它具体包括了文字表达、格式与内容方面的技能要求，以及复核与反馈等方面的技能要求等。

1. 文字表达方面的技能要求

资产评估报告既是一份对被评估资产价值有咨询性和公证性作用的文书，又是一份用来明确资产评估机构和评估人员工作责任的文字依据，所以它的文字表达技能要求既要清楚、准确，又要提供充分的依据说明，还要全面地叙述整个评估的具体过程。其文字的表达必须准确，不得使用模棱两可的措辞。其陈述既要简明扼要，又要把有关问题说明清楚，不得带有任何诱导、恭维和推荐性的陈述。当然，在文字表达上也不能带着大包大揽的语句，尤其是涉及承担责任条款的部分。

2. 格式和内容方面的技能要求

对资产评估报告格式和内容方面的技能要求，必须严格遵循财政部颁发的《资产评估报告基本内容与格式的暂行规定》行事。

3. 评估报告的复核及反馈方面的技能要求

资产评估报告的复核与反馈也是资产评估报告制作的具体技能要求。通过对工作底稿、评估说明、评估明细表和报告正文的文字、格式及内容的复核和反馈，可以使有关错误、遗漏等问题在出具正式报告之前得到修正。对评估人员来说，资产评估工作是一项必须由多个评估人员同时作业的中介业务，每个评估人员都有可能因能力、水平、经验、阅历及理论方法的限制而产生工作盲点和工作疏忽，所以，对资产评估报告初稿进行复核就成为必要。对评估资产的情况熟悉程度来说，大多数资产委托方和占有方对委托评估资产的分布、结构、成新等具体情况总是会比评估机构和评估人员更熟悉，所以在出具正式报告之前征求委托方意见，收集反馈意见也很有必要。对资产评估报告必须建立起多级复核和交叉复核的制度，明确复核人的职责，防止流于形式的复核。收集反馈意见主要是通过委托方或占有方熟悉资产具体情况的人员。对委托方或占有方意见的反馈信息，应谨慎对待，应本着独立、客观、公正的态度去接受其反馈意见。

4. 撰写报告应注意的事项

资产评估报告的制作技能除了需要掌握上述三个方面的技术要点外，还应注意以下几个事项。

① 实事求是，切忌出具虚假报告。报告必须建立在真实、客观的基础上，不能脱离实际情况，更不能无中生有。报告拟定人应是参与该项目并较全面了解该项目情况的主要评估人员。

② 坚持一致性做法，切忌出现表里不一。报告书文字、内容前后要一致，摘要、正文、评估说明、评估明细表内容与格式、数据要一致。

③ 提交报告要及时、齐全和保密。在正式完成资产评估工作后，应按业务约定书的约定时间及时将报告送交委托方。送交报告时，报告及有关文件要送交齐全。涉及外商投资项目的对中方资产评估的评估报告，必须严格按照有关规定办理。此外，要做好客户保密工作；尤其是对评估涉及的商业秘密和技术秘密，更要加强保密工作。

10.4　资产评估报告的应用

10.4.1　委托方对资产评估报告的应用

委托方在收到受托评估机构送交的正式评估报告及有关资料时，可以依据评估报告所揭示的评估目的和评估结论，合理使用资产评估结果。根据有关规定，委托方依据评估报告所揭示的评估目的及评估结论，可以作为以下几种具体的用途进行使用。

1. 根据评估目的，作为资产业务的作价基础，包括：

① 整体或部分改建为有限责任公司或股份有限公司；

② 以非货币资产对外投资；

③ 合并、分立、清算；

④ 除上市公司以外的原股东股权比例变动；

⑤ 除上市公司以外的整体或部分产权（股权）转让；

⑥ 资产转让、置换、拍卖；

⑦ 整体资产或者部分资产租赁给非国有单位；

⑧ 确定涉讼资产价值；

⑨ 国有资产占有单位收购非国有资产；

⑩ 国有资产占有单位与非国有资产单位置换资产；

⑪ 国有资产占有单位接受非国有资产单位以实物资产偿还债务；

⑫ 法律、行政法规规定的其他需要进行评估的事项。

2. 作为企业进行会计记录或调整账项的依据

委托方在根据评估报告揭示的资产评估目的使用资产评估报告资料的同时，还可依照有关规定，根据资产评估报告资料进行会计记录或调整有关财务账项。

3. 作为履行委托协议和支付评估费用的主要依据

当委托方收到评估机构的正式评估报告有关资料后，在没有异议的情况下，应根据委托协议，将评估结果作为计算支付评估费用的主要依据，履行支付评估费用的承诺及其他有关承诺的协议。

此外，资产评估报告及有关资料也是有关当事人因资产评估纠纷向纠纷调处部门申请调处的申诉资料之一。当然委托方在使用资产评估报告及有关资料时也必须注意以下几个方面。

① 只能按报告所揭示的评估目的使用报告，一份评估报告只允许按一个用途使用。

② 只能在报告的有效期内使用报告，超过报告的有效期，原资产评估结果无效。

③ 在报告有效期内，资产评估数量发生较大变化时，应由原评估机构或者由资产占有单位按原评估方法做相应调整后才能使用。

④ 涉及国有资产产权变动的评估报告及有关资料必须经国有资产管理部门或授权部门核准或备案后方可使用。

⑤ 作为企业会计记录和调整企业账项使用的资产评估报告及有关资料，必须由有关机关批准或认可后方能生效。

10.4.2　资产评估管理机构对资产评估报告的应用

资产评估管理机构主要是指资产评估行政管理的主管机关和资产评估行业自律管理的行业协会。对资产评估报告的运用是资产评估管理机构实现对评估机构的行政管理和行业自律管理的重要过程。资产评估管理机构通过对评估机构出具的资产评估报审有关资料的运用，一方面能大体了解评估机构从事评估工作的业务能力和组织管理水平。由于资产评估报告是反映资产评估工作过程的工作报告，通过对资产评估报告资料的检查与分析，评估管理机构能大致判断该机构的业务能力和组织管理水平。另一方面，也是对资产评估结果质量进行评价的依据。资产评估管理机构通过对资产评估报告进行核准或备案，能够对评估机构的评估结果质量的好坏做出客观的评价，从而能够有效实现对评估机构和评估人员的管理。此外，它能为国有资产管理提供重要的数据资料。通过对资产评估报告的统计与分析，可以及时了解国有资产占有和使用状况以及增减值变动情况，进一步为加强国有资产管理服务。

10.4.3　其他有关部门对资产评估报告的应用

除了资产评估管理机构可运用资产评估报告资料外，还有些政府管理部门也需要运用资产评估报告，主要包括证券监督管理部门、保险监督管理部门、工商行政管理、税务、金融和法院等有关部门。证券监督管理部门对资产评估报告的运用，主要表现在对申请上市的公司有关申报材料招股说明书的审核过程，以及对上市公司的股东配售发行股票时申报材料配股说明书的审核过程。根据有关规定，公开发行股票公司信息披露至少要列示以下各项资产评估情况：

① 按资产负债表大类划分的公司各类资产评估前账面价值及固定资产净值；

② 公司各类资产评估净值；

③ 各类资产增减值幅度；

④ 各类资产增减值的主要原因。

此外，还应简单介绍资产评估时采用的主要评估方法。公开发行股票的公司采用非现金方式配股，其配股说明书的备查文件必须附上资产评估报告。当然，证券监督管理部门还可运用资产评估报告和有关资料加强对取得证券业务评估资格的评估机构及有关人员的业务管理。保险监督管理部门、工商行政管理部门、税务、金融和法院等部门也都能通过对资产评估报告的运用来达到实现其管理职能的目的。

10.5 资产评估报告案例精选

【精选案例 1】

下面是××资产评估事务所出具的初步报告。(1) 请分析找出评估报告书中的错误。(2) 海生精密仪器有限责任公司在使用该机构纠正错误后出具的正式报告时，应注意哪些问题?

评估报告书

海生精密仪器有限责任公司：

我所接受贵会司委托，根据国家有关资产评估的规定和其他法律法规规定，对贵公司以与永生公司联营为目的的全部资产进行了评估。评估中结合贵公司的具体情况，实施了包括对产清查在内的我们认为必要的评估程序，现将评估结果报告如下。

1. 资产评估机构（略）。

2. 委托方和资产占有方（略）。

3. 评估目的：为贵公司与永生公司联营之目的，评估贵会司净资产现行价值。

4. 评估范围和对象：本次评估范围为海生公司拥有的全部资产、负债和所有者权益。评估对象为海生公司的整体资产。

5. 评估原则：根据国家国有资产管理及评估的有关法规，我所遵循独立性、科学性和客观性的评估工作原则，并以贡献原则、替代原则和预期原则为基础进行评估。

6. 评估依据：

(1) ××省国有资产管理局（关于同意海生公司与永生公司联营的批复）；

(2) 委托方提供的资产清单及其他资料；

(3) 有关资产的产权证明及相关资料；

(4) 委托方提供的有关会计凭证、会计报表及其他会计资料；

(5) 与委托方资产取得、销售业务相关的各项合同及其他资料。

7. 评估基准日：1998 年 9 月 30 日。

8. 评估方法：根据委托方评估目的和评估对象，此次评估方法为成本法，价格标准为重置成本标准。

9. 评估过程（略）。

10. 评估结果：在实施了上述评估程序和评估方法后，贵公司截止到评估基准日的资产、负债和所有者权益价值如下。

资产总额：41 504 342 元。

负债总额：22 722 000 元。

净资产价值：18 782 342 元。

11. 评估结果有效期：根据国家有关规定，本报告有效期为 1 年。自报告提交日 1998 年 12 月 20 日起至 1999 年 12 月 19 日止。

12. 评估说明。

(1) 流动资产评估。

1) 货币资金账面价值 421 588 元，其中现金 21 325 元，银行存款 400 263 元，考虑到货币资金即为现值不需折现，经总账明细账与日记账核实一致并对现金盘点无误后，按账面值确认。

2) 应收账款账面价值 5 481 272 元，经与明细账核对，确认评估值为 5 083 252 元。

3) 存货账面价值为 11 072 460 元，抽查比例为 60%，在质量检测与抽查核实的基础上，确认评估值为 10 852 500 元。

4) 其他流动资产（略）。

流动资产账面价值 18 845 502 元，评估值为 17 401 832 元。

(2) 长期投资评估（略）。

(3) 固定资产评估（略）。

(4) 其他资产评估（略）。

(5) 负债审核确认（略）。

评估结果汇总表如表 10-2 所示。

表 10-2　评估结果汇总表（简略格式）　　（单位：元）

项目	账面价值	评估值	增减值	增减率
流动资产	18 845 502	17 451 832	－1 393 670	－7.4%
固定资产	20 248 470	23 542 510	3 294 040	16.27%
长期投资	500 000	510 000	10 000	2%
资产总计	39 593 972	41 504 342	1 910 370	4.82%
流动负债	14 450 000	14 250 000	－200 000	－1.38%
长期负债	8 862 000	8 462 000	－400 000	－4.51%
负债合计	23 312 000	22 722 000	－60 000	－2.57%
净资产	16 281 972	18 782 342	2 510 370	15.42%

13. 其他事项说明（略）。

14. 评估结果有效的其他条件（略）。

15. 评估时间。

本次评估工作自1998年10月4日起至1998年12月20止，本报告提交日期为1998年12月20日。

中国注册资产评估师：张三签字盖章 ××

资产评估事务所：盖章

1998年12月20日

【参考答案】

问题1参考答案：

（1）评估依据不充分，缺少评估法规依据；

（2）评估方法与评估目的不匹配，应首选收益法；如无法采用收益法而改用成本法，应做出说明；

（3）缺评估基准日后调整事项；

（4）缺评估报告书使用范围说明；

（5）评估说明应为附件，应与报告书分开写；

（6）货币资金评估缺银行对账单核实或函证；

（7）应收账款评估未说明坏账确认方法和金额；

（8）存货评估未说明对存货如何分类、各类存货如何评估；

（9）文中流动资产评估值与表中流动资产评估价值不等；

（10）表中评估值栏负债合计及净资产计算有误；

（11）仅有一个注册资产评估师签字；

（12）缺法人代表签字；

（13）评估报告有效期错误。

问题2参考答案：

在使用资产评估报告书时必须要注意的几个方面。

（1）只能按报告书所揭示的评估目的使用报告，一份评估报告书只允许按一个用途使用。

（2）只能在报告书有效期内使用报告，超过报告书的有效期，原资产评估结果无效。若要使用报告书，必须由评估机构重新调整相关数据，并得到有关部门重新认可后方能使用。

（3）在报告书有效期内，资产评估数量发生较大变化时，应由原评估机构或资产占有单位按原评估方法做相应调整后才能使用。

（4）涉及国有资产产权变动的评估报告书及有关资料必须经国有资产行政主管部门确认或授权确认后方可使用。

（5）作为企业会计记录和调整企业账项使用的资产评估报告书及有关资料，必须由有权机关批准或认可后方能生效。

【精选案例 2】（完整资产评估报告主要内容节选）

按照财政部颁发的《资产评估报告基本内容与格式的暂行规定》，完整的资产评估报告应包括：资产评估报告书、资产评估说明和资产评估明细表三个部分，现分别举例说明。

1. 资产评估报告书（含摘要、正文及备查文件）

资产评估报告书摘要（范例）

XY 资产评估有限公司接受 A 公司的委托，根据国家关于国有资产评估的有关规定，本着独立、公正、科学、客观的原则，按照国际公允的资产评估方法，对 A 公司拟收购 B 公司之目的而委托评估的 B 公司资产和负债进行了实地察看与核对，并做了必要的市场调查与征询，履行了公认的其他必要评估程序。据此，我们对委估资产在评估基准日的市场价值分别采用成本法和收益法进行了分项及总体评估，为收购行为提供价值参考依据。目前我们的资产评估工作业已结束，现谨将资产评估结果报告如下：

经评估，截止于评估基准日 2005 年 12 月 31 日，在持续使用前提下，B 公司的委估资产和负债表现出来的公平市场价值反映如下（见表 10-3，具体数字略）

表 10-3　B 公司的委估资产和负债表现出来的公平市场价值　（单位：万元）

资产名称	账面值	清查调整值	评估值	增减值	增减率%

本报告仅供委托方为本报告所列明的评估目的以及报送有关主管机关审查而作。评估报告使用权归委托方所有，未经委托方同意，不得向他人提供或公开。除依据法律需公开的情形外，报告的全部或部分内容不得发表于任何公开的媒体上。

重要提示

以上内容摘自资产评估报告书，欲了解本评估项目的全面情况，应认真阅读资产评估报告书全文。

XY资产评估有限公司

2006年2月10日

评估机构法人代表：×××

注册资产评估师：×××

注册资产评估师：×××

B公司资产评估报告书正文（范例）

XY评报字（2006）第10号

1. 绪言

XY资产评估有限公司接受A公司的委托，根据国家有关资产评估的规定，本着独立、公正、科学、客观的原则，按照国际公允的资产评估方法，为满足A公司收购B公司之需要，对B公司资产进行了评估工作，本公司评估人员按照必要的评估程序对委托评估的资产和负债实施了实地查勘、市场调查与询证，对委估资产和负债在2005年12月31日所表现的市场价值作出了公允反映。现将资产评估情况及评估结果报告如下。

2. 委托方及资产占有方

委托方：A公司

资产占有方：B公司

评估报告使用者：A公司及相关投资者

（被评估企业基本情况及财务状况，略）

3. 评估目的

本次评估的目的是为A公司收购B公司提供价值参考。

4. 评估范围和对象

评估对象为B公司股东全部权益价值（净资产），评估范围包括流动资产、长期投资、固定资产（房屋建筑物类、机器设备类）、在建工程、无形资产、其他资产及负债。

评估的具体范围以公司提供的各类资产评估申报表为基础，凡列入表内并经核实的资产均在本次评估范围之内。

5. 评估基准日

根据我公司与委托方的约定，本项目资产评估的基准日期确定为2005年12月31日。

由于资产评估是对某一时点的资产及负债状况提出价值结论，选择会计期末作为评估基准日，能够全面反映评估对象资产及负债的整体情况；同时根据A公司的收购方案对时间的计划，评估基准日与评估目的的计划实现日较接近，故选择2005年12月31日作为评估基准日。

本次资产评估工作中，资产评估范围的界定、评估价值的确定、评估参数的选取等，均以该日之企业内部财务报表、外部经济环境以及市场情况确定。本报告书中一切取价标准均为评估基准日有效的价格标准。

6. 评估原则

遵循独立性、客观性、科学性、专业性的工作原则，严格按照国家法律和法规进行评估操作，确保资产评估工作不受外界干扰和评估业务当事人的影响。科学合理地进行资产评定和估算。同时根据资产的类别和实际情况，遵循贡献原则、替代原则、预期原则等经济原则。

7. 价值类型和定义（略）

8. 评估假设和限制条件（略）

9. 评估依据

在本次资产评估工作中所遵循的国家、地方政府和有关部门的法律法规以及所参考的文件资料主要有：

（1）评估行为依据（略）

（2）评估法规依据（略）

（3）评估产权依据（略）

（4）评估取价依据（略）

10. 评估方法（略）

11. 评估过程（略）

12. 评估结论

在实施了上述资产评估程序和方法后，委估的B公司资产于评估基准日2005年12月31日所表现的市场价值反映如下（见表10—4，具体数字略）。

表10-4　委估的B公司于2005年12月31日所表现的市场价值（单位：万元）

资产名称	账面值	清查调整值	评估值	增减值	增减率%

评估结论详细情况请见资产评估明细表（另册）。

13. 特别事项说明（略）

14. 评估基准日期后的调整事项

在评估基准日后有效期以内，资产数量发生的变化，应根据原评估方法对资产额进行相应调整。当评估方法为成本法时，应按实际发生额进行调整；若资产价格标准发生变化、并对资产评估价格已产生了明显影响时，委托方应及时聘请评估机构重新确定评估价值。

由于评估基准日后资产数量、价格标准的变化，委托方在资产实际作价时应给予充分考虑，并进行相应调整。

15. 评估报告法律效力

(1) 评估结论有效的其他条件。

本次评估结论是反映评估对象在本次评估目的下，根据公开市场的原则确定的现行公允市价，没有考虑将来可能承担的抵押、担保事宜，以及特殊的交易方可能追加付出的价格等对评估价格的影响，同时，本报告也未考虑国家宏观经济政策发生变化以及遇有自然力和其他不可抗力时对资产价格的影响。

当前述条件以及评估中遵循的持续经营原则等其他情况发生变化时，评估结论一般会失效。

(2) 本评估报告依照法律法规的有关规定发生法律效力。

(3) 评估结论的有效使用期限。

根据国家现行规定，本资产评估报告有效期为一年，自评估基准日 2005 年 12 月 31 日起计算，至 2006 年 12 月 30 日止。当评估目的在有效期内实现时，应以评估结论作为资产转让价值的参考。超过一年，需重新进行资产评估。

十六、评估报告提出日期

本评估报告提出日期为 2006 年 2 月 10 日。

XY 资产评估有限公司

2006 年 2 月 10 日

评估机构法人代表：×××

审核人：×××

注册资产评估师：×××、×××

资产评估人员名单（略）

备查文件（范例）

有关经济行为文件；
资产评估立项批准文件；
被评估企业评估基准日会计报表；
委托与资产占有方营业执照复印件；
产权证明文件复印件；
委托方、资产占有方承诺函；
资产评估人员和评估机构的承诺函；
资产评估机构资格证书复印件；
评估机构营业执照复印件；
资产评估业务约定合同；
其他文件。

2. 资产评估说明

B公司资产评估说明（范例）

XY评报字（2006）第10号

XY资产评估有限公司
2006年2月10日

说明一：

关于《资产评估说明》使用范围的声明（略）

说明二：

关于进行资产评估有关事项的说明

1. 委托方与资产占有方概况（略）
2. 评估目的（略）
3. 评估范围（略）
4. 评估基准日（略）
5. 可能影响评估工作的重大事项说明（略）
6. 资产及负债清查情况的说明（略）

7. 资料清单（略）

委托方负责人签字：　　资产占有方负责人签字：

委托方印章　　资产占有方印章

2006 年 1 月 10 日　　2006 年 1 月 10 日

说明三：

资产清查核实情况说明

1. 资产清查核实内容

根据资产评估工作的要求，我们对公司委估资产及负债进行了抽查复核，列入清查范围的资产类型主要有：流动资产、长期投资，固定资产（包括房屋建筑物、机器设备、运输车辆）、在建工程、无形资产、递延资产及流动负债和长期负债。上述资产评估前账面金额如下（见表 10-5，具体数字略）。

表 10-5　资产评估前帐面金额　（单位：万元）

资产项目	账面原值	账面净值

2. 实物资产分布情况及特点（略）

3. 影响资产清查的事项（略）

4. 资产清查的过程与方法

(1) 清查组织工作（略）

(2) 清查主要步骤（略）

(3) 清查的主要方法（略）

5. 资产清查结论

清查调整结果如下（见表 10-6，具体数字略）。

表 10-6　资产清查调整结果　（单位：万元）

资产项目	账面原值	账面净值	调整后账面净值

6. 清查调整说明

经过清查核实，除职工宿舍此次不评估外，未发现其他需调整事项。

说明四：

评估依据的说明

在本次资产评估工作中所遵循的国家、地方政府和有关部门的法律法规，以及在评估中参考的文件资料主要有：

1. 主要法律法规（略）
2. 经济行为文件（略）
3. 重大合同协议、产权证明文件（略）
4. 采用的取价标准

采用的取价标准均为评估基准日正在执行的价格标准（具体内容略）

5. 参考资料及其他（略）

说明五：

各项资产及负债的评估技术说明（略）

说明六：

整体资产评估收益法评估验证说明

1. 收益法的应用简介（略）
2. 企业的生产经营业绩与企业的经营优势（略）
3. 企业的经营计划（略）
4. 企业的各项财务指标（略）
5. 评估依据（略）
6. 企业的营业收入预测（略）
7. 企业的成本费用预测（略
8. 企业长期投资收益预测（略）
9. 折现率的选取

资本化率、折现率、价值比率等重要参数的获取来源和形成过程（略）

10. 评估值的计算过程

对初步评估结论进行综合分析，形成最终评估结论的过程（略）

11. 评估结论（略）

说明七：

评估结论及其分析

1. 评估结论

在实施了上述资产评估程序及方法后，B公司的委估资产在评估基准日2005年12月31日所表现的公允价值反映如下（见表10-7，具体数字略）。

表10-7 B公司的委估资产在评估基准日所表现的公允价值 （单位：万元）

资产名称	账面值	清查调整值	评估值	增减值	增减率%

2. 评估结果与调整后账面值比较变动情况说明

（1）总资产评估值与调整后账面值相比增加额。

（2）净资产评估值与调整后账面值相比增加额。

3. 评估结论成立的条件

评估结论系根据前述评估原则、依据、前提、方法、程序得出的，仅为本评估目的服务，评估结论系对评估基准日B公司资产及负债的公允价值的反映，只有在上述评估原则、依据、前提存在的条件下成立。评估人员在出具评估结论时，没有考虑特殊的交易方可能追加付出的价格等对评估价格的影响，也未考虑国家宏观经济政策发生重大变化以及遇有自然力或其他不可抗力的影响。评估结论是本评估机构出具的，受本机构评估人员的职业水平和能力的影响。

4. 评估基准日的期后事项对评估结论的影响

（1）发生评估基准日期后重大事项时，不能直接使用本评估结论。在本次评估结果有效期内若资产数量发生变化，应根据原评估方法对评估值进行相应调整。

（2）在评估基准日期后，且评估结果有效期内，若资产数量、价格标准发生变化并对资产评估价格产生明显影响时，委托方应及时聘请评估机构重新确定评估值；若资产价格的调整方法简单，易于操作时，可由委托方在资产实际作价时进行相应调整。

5. 评估结论的效力、使用范围与有效期

本评估结论系评估专业人员依据国家有关规定出具的意见，具有法律规定的效力。

本评估结论仅供委托方为评估目的使用和送交资产管理机关审查使用。本评估说明的使用权归委托方所有，未经委托方同意，不得向他人提供或公开。

根据国家现行规定，评估结论的有效期为一年，从评估基准日起计算。当评估目的在

有效期内实现时，应以评估结论作为股权转让的参考（还需结合评估基准日的期后事项的调整）。超过一年，需重新进行资产评估

6. 评估结论和瑕疵事项

在评估过程中已发现可能影响评估结论、但非评估人员执业水平和能力所能评定估算的有关事项为（略）。

资产评估明细表（范例）

1. 资产评估结果汇总表（略）
2. 资产评估结果分类汇总表（略）
3. 资产清查评估明细表（略）

思考与练习题

一、单选题

1. 广义的资产评估报告是（　　）。

   A. 一种工作制度　　B. 资产评估报告书

   C. 公正性报告　　D. 法律责任文书

2. 最早规定资产评估机构要向委托单位提出资产评估报告的行政法规是（　　）。

   A. 国务院 91 号令　　B. 财政部财字［1999］91 号文件

   C. 国资发［1993］55 号文件　　D. 国资办［1996］23 号文件

3. 资产评估报告基本制度是规定资产评估机构完成国有资产工作后由相关国有资产管理部门或代表单位对评估报告进行（　　）。

   A. 审核验证　　B. 核准制度　　C. 结果确认　　D. 立项审批

4. 关于资产评估报告书摘要与资产评估报告正文两者的关系表述正确的是（　　）。

   A. 资产评估报告书摘要的法律效力高于资产评估报告书正文

   B. 资产评估报告书摘要的法律效力低于资产评估报告书正文

   C. 两者具有同等效力

   D. 两者法律效力的高低由当事人协商确定

5. 按照有关规定，资产评估说明中的进行资产评估有关事项的说明是由（　　）提供的。

   A. 委托方　　B. 受托方

   C. 资产占有方　　D. 委托方与资产占有方

6. 评估基准日应当根据经济行为的性质由（　　）确定，并尽可能与评估目的的实现日接近。

A. 委托方　B. 受托方　C. 资产占有方　D. 以上均可

7. 资产评估报告书是建立评估档案、归集评估档案资料的（　　）。

A. 重要信息来源　B. 主要内容　C. 一个环节　D. 重要目的

8. 整体资产评估报告书的内容不仅要反映资产价值和负债状况，通常还需要反映以整体资产为依托的（　　）。

A. 所有者权益　B. 有形资产　C. 单项资产　D. 递延资产

9. 资产评估报告书原则上应当在确定的评估基准日（　　）内提出。

A. 1个月　B. 两个月内　C. 3个月内　D. 半年内

10. 按照有关规定，公开发行股票的公司采用非现金方式配股，其配股说明书的备查文件必须附上（　）。

A. 各类资产评估的净值　B. 各类资产增减幅度

C. 资产评估报告书　D. 资产评估结果确认书

二、多选题

1. 资产评估报告书的基本要素一般包括（　　）。

A. 评估方法　B. 评估目的

C. 评估基准日　D. 委托方与资产占有方简介

E. 资产评估立项通知书

2. 按照有关规定，目前资产评估报告书正文及相关附件的基本内容及格式包括（　　）。

A. 资产评估报告书封面基本内容及格式

B. 资产评估报告书摘要的基本内容及格式

C. 资产评估报告书正文的基本内容及格式

D. 备查文件的基本内容及格式

E. 资产评估委托协议的基本内容

3. 资产评估报告书正文阐明的评估依据包括（　　）。

A. 法律法规依据　B. 经济行为依据

C. 产权依据　D. 取价依据

E. 计算依据

4. 按照目前规定，资产评估明细表样表包括以下几个层次（　　）。

A. 资产评估结果汇总表　B. 资产评估结果分类汇总表

C. 各项资产清查评估汇总表　D. 各项资产清查评估明细表

E. 资产评估过程表

5. 资产评估报告书的作用有（　　）。

A. 为被委托评估的资产提供作价意见

B. 是反映和体现资产评估工作情况，明确委托方、受托方及有关方面责任的根据

C. 是管理部门完善资产评估管理的重要手段

D. 是建立评估档案，归集评估档案资料的重要信息来源

E. 是出资的直接依据

三、思考题

1. 资产评估报告的含义以及广义的、狭义的评估报告间的区别。

2. 资产评估报告书的作用有哪些?

3. 资产评估报告书的制作步骤。

4. 撰写资产评估报告书应注意的事项。

四、基本能力训练题

李某系A资产评估公司的注册资产评估师、部门经理和项目负责人。于2001年5月8日与甲企业商讨房地产评估事宜。由于李某曾于1998年5月至1999年10月在甲企业财务部门任经理，双方比较熟悉，故甲企业以该企业房地产平均每平方米评估价值不低于8 000元为条件，决定是否委托A评估公司进行评估。李某为了评估公司的利益，口头承诺了甲企业的要求，并接受了甲企业的评估委托。李某按照资产评估协议书的要求在5日内完成了对甲企业房地产的评估，评估结果为每平方米7 300元。因李某曾对甲企业有过口头承诺，即不动产评估值不低于每平方米8 000元。李某认为7 300元/m^2与8 000元/m^2之差并未超过10%，属于正常误差范围，而且资产评估本身就是一种估计，带有咨询性质，故以每平方米8 000元出具了评估报告，并打电话给本所已在外地开会一周的注册资产评估师周某，得到允许后，加盖李某本人和周某的注册资产评估师印鉴并签字，又以项目负责人的名义签字，加盖公章出具了资产评估报告书，交与甲企业；同时将该评估报告书送给在乙企业当顾问的评估专家赵某一份。请根据以上背景资料，指出4处违反资产评估行业规范的行为，并说明理由。

参 考 文 献

1. 全国注册资产评估师考试辅导教材编写组. 资产评估 [M]. 北京：经济科学出版社，2008.
2. 赵仑. 资产评估学教程 [M]. 北京：首都经济贸易大学出版社，2004.
3. 方兆康. 简明资产评估 [M]. 广州：华南理工大学出版社，2006.
4. 肖翔，何琳. 资产评估学教程 [M]. 北京：清华大学出版社，北京交通大学出版社，2004.
5. 刘玉平. 资产评估教程 [M]. 北京：中国财政经济出版社，2003.
6. 杨志明. 机器设备评估 [M]. 北京：中国人民大学出版社，2002.
7. 彭希乔. 房地产估价方法与实务 [M]. 北京：电子工业出版社，2007.
8. 高炳华. 房地产估价 [M]. 武汉：华中科技大学出版社，2006.
9. 叶剑平. 房地产估价 [M]. 北京：中国人民大学出版社，2002.
10. 黄晔，胡芳珍. 房地产估价 [M]. 北京：北京大学出版社，2009.
11. 汪海粟. 无形资产评估实务 [M]. 北京：中国财政经济出版社，2002.
12. 钱保国. 资产评估方法与精选案例 [M]. 北京：化学工业出版社，2006.
13. 崔劲，朱军. 资产评估案例 [M]. 北京：中国人民大学出版社，2003.
14. 王伟. 资产评估方法与实务 [M]. 成都：西南财经大学出版社，2003.
15. 全国高等教育自学考试指导委员会组编. 资产评估 [M]. 北京：中国财政经济出版社，2006.
16. 中华人民共和国国家标准. 房地产估价规范（GB/T50291—1999）[S]. 北京：中国建筑工业出版社，1999.

思考与练习题参考答案（部分）

第一章

单选题：1. C；2. A；3. B；4. D；5. C

多选题：1. BDE；2. ABCD；3. ABCE；4. BCD；5. ABE

第二章

单选题：1. C；2. A；3. B；4. A；5. C

多选题：1. ABCE；2. ACD；3. BCE；4. AD；5. ABC

第三章

单选题：1. B；2. A；3. D；4. C；5. B

多选题：1. ABE；2. ABCD；3. ABD；4. BC；5. ABC

第四章

单选题：1. D；2. A；3. D；4. A；5. C；6. D；7. B；8. B；9. A；10. D

多选题：1. CD；2. BDE；3. ADE；4. ABCDE；5. ABD；6. ACDE；7. ABE；8. ACD

第五章

单选题：1. B；2. A；3. D；4. A；5. D；6. B；7. B；8. C；9. D；10. B

多选题：1. ABDE；2. ABCE；3. ABDE；4. BCDE；5. BE

第六章

单选题：1. C；2. C；3. A；4. A；5. C；6. D；7. A；8. A；9. B；10. A

多选题：1. CD；2. CD；3. ACDE；4. BDE；5. ABDE；6. ACDE；7. ABD

第七章

单选题：1. B；2. C；3. D；4. B；5. B；6. C；7. B；8. D；9. C；10. C

多选题：1. ACDE；2. ADE；3. CD；4. BCD；5. CDE；6. ABDE；7. ACD；8. BCD；9. ABCD；10. ABCE

第八章

单选题：1. B；2. A；3. B；4. D；5. B；6. B；7. B；8. C

多选题：1. AC；2. ABCE；3. ACD；4. BD；5. BE；6. ABCD；7. ACD；8. BE

第九章

单选题：1. B；2. D；3. D；4. D；5. C；6. B；7. C；8. A；9. A；10. C

多选题：1. ABCD；2. BCD；3. ABDE；4. BC；5. AC；6. ABC；7. ACDE；8. BD；9. ABDE；10. ABE

第十章

单选题：1. A；2. A；3. B；4. C；5. D；6. A；7. A；8. A；9. C；10. C

多选题：1. ABCD；2. ABCD；3. ABCD；4. ABCD；5. ABCD

附　　录

附表一　复利终值系数表

期数	1%	2%	3%	4%	5%	6%	7%	8%	9%	10%	11%	12%	13%	14%	15%	20%
1	1.0100	1.0200	1.0300	1.0400	1.0500	1.0600	1.0700	1.0800	1.0900	1.1000	1.1100	1.1200	1.1300	1.1400	1.1500	1.2000
2	1.0201	1.0404	1.0609	1.0816	1.1025	1.1236	1.1449	1.1664	1.1881	1.2100	1.2321	1.2544	1.2769	1.2996	1.3225	1.4400
3	1.0303	1.0612	1.0927	1.1249	1.1576	1.1910	1.2250	1.2597	1.2950	1.3310	1.3676	1.4049	1.4429	1.4815	1.5209	1.7280
4	1.0406	1.0824	1.1255	1.1699	1.2155	1.2625	1.3108	1.3605	1.4116	1.4641	1.5181	1.5735	1.6305	1.6890	1.7490	2.0736
5	1.0510	1.1041	1.1593	1.2167	1.2763	1.3382	1.4026	1.4693	1.5386	1.6105	1.6851	1.7623	1.8424	1.9254	2.0114	2.4883
6	1.0615	1.1262	1.1941	1.2653	1.3401	1.4185	1.5007	1.5869	1.6771	1.7716	1.8704	1.9738	2.0820	2.1950	2.3131	2.9860
7	1.0721	1.1487	1.2299	1.3159	1.4071	1.5036	1.6058	1.7138	1.8280	1.9487	2.0762	2.2107	2.3526	2.5023	2.6600	3.5832
8	1.0829	1.1717	1.2668	1.3686	1.4775	1.5938	1.7182	1.8509	1.9926	2.1436	2.3045	2.4760	2.6584	2.8526	3.0590	4.2998
9	1.0937	1.1951	1.3048	1.4233	1.5513	1.6895	1.8385	1.9990	2.1719	2.3579	2.5580	2.7731	3.0040	3.2519	3.5179	5.1598
10	1.1046	1.2190	1.3439	1.4802	1.6289	1.7908	1.9672	2.1589	2.3674	2.5937	2.8394	3.1058	3.3946	3.7072	4.0456	6.1917
11	1.1157	1.2434	1.3842	1.5395	1.7103	1.8983	2.1049	2.3316	2.5804	2.8531	3.1518	3.4786	3.8359	4.2262	4.6524	7.4301
12	1.1268	1.2682	1.4258	1.6010	1.7959	2.0122	2.2522	2.5182	2.8127	3.1384	3.4985	3.8960	4.3345	4.8179	5.3503	8.9161
13	1.1381	1.2936	1.4685	1.6651	1.8856	2.1329	2.4098	2.7196	3.0658	3.4523	3.8833	4.3635	4.8980	5.4924	6.1528	10.699
14	1.1495	1.3195	1.5126	1.7317	1.9799	2.2609	2.5785	2.9372	3.3417	3.7975	4.3104	4.8871	5.5348	6.2613	7.0757	12.839
15	1.1610	1.3459	1.5580	1.8009	2.0789	2.3966	2.7590	3.1722	3.6425	4.1772	4.7846	5.4736	6.2543	7.1379	8.1371	15.407
16	1.1726	1.3728	1.6047	1.8730	2.1829	2.5404	2.9522	3.4259	3.9703	4.5950	5.3109	6.1304	7.0673	8.1372	9.3576	18.488
17	1.1843	1.4002	1.6528	1.9479	2.2920	2.6928	3.1588	3.7000	4.3276	5.0545	5.8951	6.8660	7.9861	9.2765	10.761	22.186
18	1.1961	1.4282	1.7024	2.0258	2.4066	2.8543	3.3799	3.9960	4.7171	5.5599	6.5436	7.6900	9.0243	10.575	12.376	26.623
19	1.2081	1.4568	1.7535	2.1068	2.5270	3.0256	3.6165	4.3157	5.1417	6.1159	7.2633	8.6128	10.197	12.056	14.232	31.948
20	1.2202	1.4859	1.8061	2.1911	2.6533	3.2071	3.8697	4.6610	5.6044	6.7275	8.0623	9.6463	11.523	13.744	16.367	38.338
21	1.2324	1.5157	1.8603	2.2788	2.7860	3.3996	4.1406	5.0338	6.1088	7.4002	8.9492	10.804	13.021	15.668	18.822	46.005
22	1.2447	1.5460	1.9161	2.3699	2.9253	3.6035	4.4304	5.4365	6.6586	8.1403	9.9336	12.100	14.714	17.861	21.645	55.206
23	1.2572	1.5769	1.9736	2.4647	3.0715	3.8197	4.7405	5.8715	7.2579	8.9543	11.026	13.552	16.627	20.362	24.892	66.247
24	1.2697	1.6084	2.0328	2.5633	3.2251	4.0489	5.0724	6.3412	7.9111	9.8497	12.239	15.179	18.788	23.212	28.625	79.497
25	1.2824	1.6406	2.0938	2.6658	3.3864	4.2919	5.4274	6.8485	8.6231	10.834	13.586	17.000	21.231	26.462	32.919	95.396
26	1.2953	1.6734	2.1566	2.7725	3.5557	4.5494	5.8074	7.3964	9.3992	11.918	15.080	19.040	23.991	30.167	37.857	114.48
27	1.3082	1.7069	2.2213	2.8834	3.7335	4.8223	6.2139	7.9881	10.245	13.110	16.739	21.325	27.109	34.390	43.535	137.37
28	1.3213	1.7410	2.2879	2.9987	3.9201	5.1117	6.6488	8.6271	11.167	14.421	18.580	23.884	30.634	39.204	50.066	164.85
29	1.3345	1.7758	2.3566	3.1187	4.1161	5.4184	7.1143	9.3173	12.172	15.863	20.624	26.750	34.616	44.693	57.576	197.814
30	1.3478	1.8114	2.4273	3.2434	4.3219	5.7435	7.6123	10.063	13.268	17.449	22.892	29.960	39.116	50.950	66.211	237.38
40	1.4889	2.2080	3.2620	4.8010	7.0400	10.286	14.794	21.725	31.409	45.259	65.001	93.051	132.78	188.83	267.86	1469.8
50	1.6446	2.6916	4.3839	7.1067	11.467	18.420	29.457	46.902	74.358	117.39	184.56	289.00	450.74	700.23	1083.7	9100.4

附表二　复利现值系数表

期数	1%	2%	3%	4%	5%	6%	7%	8%	9%	10%	11%	12%	13%	14%	15%	20%
1	0.9901	0.9804	0.9709	0.9615	0.9524	0.9434	0.9346	0.9259	0.9174	0.9091	0.9009	0.8929	0.8850	0.8772	0.8696	0.8333
2	0.9803	0.9612	0.9426	0.9246	0.9070	0.8900	0.8734	0.8573	0.8417	0.8264	0.8116	0.7972	0.7831	0.7695	0.7561	0.6944
3	0.9706	0.9423	0.9151	0.889	0.8638	0.8396	0.8163	0.7938	0.7722	0.7513	0.7312	0.7118	0.6931	0.6750	0.6575	0.5787
4	0.9610	0.9238	0.8885	0.8548	0.8227	0.7921	0.7629	0.7350	0.7084	0.6830	0.6587	0.6355	0.6133	0.5921	0.5718	0.4823
5	0.9515	0.9057	0.8626	0.8219	0.7835	0.7473	0.7130	0.6806	0.6499	0.6209	0.5935	0.5674	0.5428	0.5194	0.4972	0.4019
6	0.9420	0.8880	0.8375	0.7903	0.7462	0.7050	0.6663	0.6302	0.5963	0.5645	0.5346	0.5066	0.4803	0.4556	0.4323	0.3349
7	0.9327	0.8706	0.8131	0.7599	0.7107	0.6651	0.6227	0.5835	0.5470	0.5132	0.4817	0.4523	0.4251	0.3996	0.3759	0.2791
8	0.9235	0.8535	0.7894	0.7307	0.6768	0.6274	0.5820	0.5403	0.5019	0.4665	0.4339	0.4039	0.3762	0.3506	0.3269	0.2326
9	0.9143	0.8368	0.7664	0.7026	0.6446	0.5919	0.5439	0.5002	0.4604	0.4241	0.3909	0.3606	0.3329	0.3075	0.2843	0.1938
10	0.9053	0.8203	0.7441	0.6756	0.6139	0.5584	0.5083	0.4632	0.4224	0.3855	0.3522	0.3220	0.2946	0.2697	0.2472	0.1615
11	0.8963	0.8043	0.7224	0.6496	0.5847	0.5268	0.4751	0.4289	0.3875	0.3505	0.3173	0.2875	0.2607	0.2366	0.2149	0.1346
12	0.8874	0.7885	0.7014	0.6246	0.5568	0.4970	0.4440	0.3971	0.3555	0.3186	0.2858	0.2567	0.2307	0.2076	0.1869	0.1122
13	0.8787	0.7730	0.681	0.6006	0.5303	0.4688	0.4150	0.3677	0.3262	0.2897	0.2575	0.2292	0.2042	0.1821	0.1625	0.0935
14	0.8700	0.7579	0.6611	0.5775	0.5051	0.4423	0.3878	0.3405	0.2992	0.2633	0.2320	0.2046	0.1807	0.1597	0.1413	0.0779
15	0.8613	0.7430	0.6419	0.5553	0.4810	0.4173	0.3624	0.3152	0.2745	0.2394	0.2090	0.1827	0.1599	0.1401	0.1229	0.0649
16	0.8528	0.7284	0.6232	0.5339	0.4581	0.3936	0.3387	0.2919	0.2519	0.2176	0.1883	0.1631	0.1415	0.1229	0.1069	0.0541
17	0.8444	0.7142	0.605	0.5134	0.4363	0.3714	0.3166	0.2703	0.2311	0.1978	0.1696	0.1456	0.1252	0.1078	0.0929	0.0451
18	0.8360	0.7002	0.5874	0.4936	0.4155	0.3503	0.2959	0.2502	0.2120	0.1799	0.1528	0.1300	0.1108	0.0946	0.0808	0.0376
19	0.8277	0.6864	0.5703	0.4746	0.3957	0.3305	0.2765	0.2317	0.1945	0.1635	0.1377	0.1161	0.0981	0.0829	0.0703	0.0313
20	0.8195	0.6703	0.5537	0.4564	0.3769	0.3118	0.2584	0.2145	0.1784	0.1486	0.1240	0.1037	0.0868	0.0728	0.0611	0.0261
21	0.8114	0.6598	0.5375	0.4388	0.3589	0.2942	0.2415	0.1987	0.1637	0.1351	0.1117	0.0926	0.0768	0.0638	0.0531	0.0217
22	0.8034	0.6468	0.5219	0.422	0.3418	0.2775	0.2257	0.1839	0.1502	0.1228	0.1007	0.0826	0.0680	0.0560	0.0462	0.0181
23	0.7954	0.6342	0.5067	0.4057	0.3256	0.2618	0.2109	0.1703	0.1378	0.1117	0.0907	0.0738	0.0601	0.0491	0.0402	0.0151
24	0.7876	0.6217	0.4919	0.3901	0.3101	0.2470	0.1971	0.1577	0.1264	0.1015	0.0817	0.0659	0.0532	0.0431	0.0349	0.0126
25	0.7798	0.6095	0.4776	0.3751	0.2953	0.2330	0.1842	0.1460	0.1160	0.0923	0.0736	0.0588	0.0471	0.0378	0.0304	0.0105
26	0.7720	0.5976	0.4637	0.3607	0.2812	0.2198	0.1722	0.1352	0.1064	0.0839	0.0663	0.0525	0.0417	0.0331	0.0264	0.0087
27	0.7644	0.5859	0.4502	0.3468	0.2678	0.2074	0.1609	0.1252	0.0976	0.0763	0.0597	0.0469	0.0369	0.0291	0.0230	0.0073
28	0.7568	0.5744	0.4371	0.3335	0.2551	0.1956	0.1504	0.1159	0.0895	0.0693	0.0538	0.0419	0.0326	0.0255	0.0200	0.0061
29	0.7493	0.5631	0.4243	0.3207	0.2429	0.1846	0.1406	0.1073	0.0822	0.0630	0.0485	0.0374	0.0289	0.0224	0.0174	0.0051
30	0.7419	0.5521	0.4120	0.3083	0.2314	0.1741	0.1314	0.0994	0.0754	0.0573	0.0437	0.0334	0.0256	0.0196	0.0151	0.0042
40	0.6717	0.4529	0.3066	0.2083	0.1420	0.0972	0.0668	0.0460	0.0318	0.0221	0.0154	0.0107	0.0075	0.0053	0.0037	0.0007
50	0.6080	0.3715	0.2281	0.1407	0.0872	0.0543	0.0339	0.0213	0.0134	0.0085	0.0054	0.0035	0.0022	0.0014	0.0009	0.0001

附表三　年金终值系数表

期数	1%	2%	3%	4%	5%	6%	7%	8%	9%	10%	11%	12%	13%	14%	15%	20%
1	1.0000	1.0000	1.0000	1.0000	1.0000	1.0000	1.0000	1.0000	1.0000	1.0000	1.0000	1.0000	1.0000	1.0000	1.0000	1.0000
2	2.0100	2.0200	2.0300	2.0400	2.0500	2.0600	2.0700	2.0800	2.0900	2.1000	2.1100	2.1200	2.1300	2.1400	2.1500	2.2000
3	3.0301	3.0604	3.0909	3.1216	3.1525	3.1836	3.2149	3.2464	3.2781	3.3100	3.3421	3.3744	3.4069	3.4396	3.4725	3.6400
4	4.0604	4.1216	4.1836	4.2465	4.3101	4.3746	4.4399	4.5061	4.5731	4.6410	4.7097	4.7793	4.8498	4.9211	4.9934	5.3680
5	5.1010	5.2040	5.3091	5.4163	5.5256	5.6371	5.7507	5.8666	5.9847	6.1051	6.2278	6.3528	6.4803	6.6101	6.7424	7.4416
6	6.1520	6.3081	6.4684	6.6330	6.8019	6.9753	7.1533	7.3359	7.5233	7.7156	7.9129	8.1152	8.3227	8.5355	8.7537	9.9299
7	7.2135	7.4343	7.6625	7.8983	8.1420	8.3938	8.5540	8.9228	9.2004	9.4872	9.7833	10.0890	10.4047	10.7305	11.0668	12.916
8	8.2857	8.5829	8.8923	9.2142	9.5491	9.8975	10.2598	10.6366	11.0285	11.4359	11.8594	12.2997	12.7573	13.2328	13.7268	16.499
9	9.3685	9.7546	10.1590	10.5828	11.0266	11.4913	11.9780	12.4876	13.0210	13.5795	14.1640	14.7757	15.4157	16.0853	16.7858	20.799
10	10.4622	10.9497	11.4640	12.0061	12.5779	13.1808	13.8164	14.4866	15.1929	15.9374	16.7220	17.5487	18.4197	19.3373	20.3037	25.959
11	11.5668	12.1687	12.8080	13.4864	14.2068	14.9716	15.7836	16.6455	17.5603	18.5312	19.5614	20.6546	21.8143	23.0445	24.3493	32.150
12	12.6825	13.4120	14.1920	15.0258	15.9171	16.8699	17.8885	18.9771	20.1407	21.3843	22.7132	24.1331	25.6502	27.2707	29.0017	39.581
13	13.8093	14.6803	15.6178	16.6268	17.7130	18.8821	20.1406	21.4953	22.9534	24.5227	26.2116	28.0291	29.9847	32.0887	34.3519	48.497
14	14.9474	15.9739	17.0863	18.2919	19.5986	21.0151	22.5505	24.2149	26.0192	27.9750	30.0949	32.3926	34.8827	37.5811	40.5047	59.196
15	16.0969	17.2934	18.5989	20.0236	21.5786	23.2760	25.1290	27.1521	29.3609	31.7725	34.4054	37.2797	40.4175	43.8424	47.5804	72.035
16	17.2579	18.6392	20.1569	21.8245	23.6575	25.6725	27.8881	30.3243	33.0034	35.9497	39.1899	42.7533	46.6717	50.9804	55.7175	87.442
17	18.4304	20.0120	21.7616	23.6975	25.8404	28.2129	30.8402	33.7502	36.9737	40.5447	44.5008	48.8837	53.7391	59.1176	65.0751	105.93
18	19.6147	21.4122	23.4144	25.6454	28.1324	30.9057	33.9990	37.4502	41.3014	45.5992	50.3959	55.7497	61.7251	68.3941	75.8364	128.12
19	20.8109	22.8405	25.1169	27.6712	30.5390	33.7600	37.3790	41.4463	46.0185	51.1591	56.9395	63.4397	70.7494	78.9692	88.2118	154.74
20	22.0190	24.2973	26.8704	29.7781	33.0660	36.7856	40.9955	45.7620	51.1602	57.2750	64.2028	72.0524	80.9468	91.0249	102.444	186.69
21	23.2392	25.7832	28.6765	31.9692	35.7193	39.9927	44.8652	50.4229	56.7646	64.0025	72.2651	81.6987	92.4699	104.768	118.810	225.03
22	24.4716	27.2989	30.5368	34.2480	38.5052	43.3923	49.0057	55.4568	62.8734	71.4027	81.2143	92.5026	105.491	120.436	137.632	271.03
23	25.7163	28.8449	32.4529	36.6179	41.4305	46.9958	53.4361	60.8933	69.5320	79.5430	91.1479	104.603	120.205	138.297	159.277	326.24
24	26.9735	30.4218	34.4265	39.0826	44.5020	50.8156	58.1767	66.7648	76.7899	88.4973	102.174	118.155	136.832	158.659	184.168	392.48
25	28.2432	32.0302	36.4593	41.6459	47.7271	54.8645	63.2490	73.1059	84.7010	98.3471	114.413	133.334	155.620	181.871	212.793	471.98
26	29.5256	33.6708	38.553	44.3117	51.1135	59.1564	68.6765	79.9544	93.3241	109.182	127.999	150.334	176.850	208.333	245.712	567.38
27	30.8209	35.3442	40.7096	47.0842	54.6691	63.7058	74.4838	87.3508	102.723	121.100	143.079	169.374	200.841	238.499	283.569	681.85
28	32.1291	37.0511	42.9309	49.9676	58.4026	68.5281	80.6977	95.339	112.968	134.210	159.817	190.699	227.950	272.890	327.104	819.22
29	33.4504	38.7921	45.2189	52.9663	62.3227	73.6398	87.3465	103.97	124.136	148.631	178.397	214.583	258.583	312.094	377.170	984.07
30	34.7849	40.5679	47.5754	56.0849	66.4388	79.0582	94.4608	113.28	136.308	164.494	199.021	241.333	293.199	356.787	434.750	1181.9
40	48.8864	60.402	75.4012	95.0254	120.799	154.762	199.636	259.06	337.883	442.593	581.83	767.09	1013.70	1342.030	1779.10	7343.9
50	64.4632	84.579	112.7968	152.667	209.347	290.335	406.530	573.77	815.085	1163.91	1668.77	2400.02	3459.50	4994.52	7217.72	45497.2

附表四　年金现值系数表

期数	1%	2%	3%	4%	5%	6%	7%	8%	9%	10%	11%	12%	13%	14%	15%	20%
1	0.9901	0.9804	0.9709	0.9615	0.9524	0.9434	0.9346	0.9259	0.9174	0.9091	0.9009	0.8929	0.8850	0.8772	0.8696	0.8333
2	1.9704	1.9416	1.9135	1.8861	1.8594	1.8334	1.8080	1.7833	1.7591	1.7355	1.7125	1.6901	1.6681	1.6467	1.6257	1.5278
3	2.9410	2.8839	2.8286	2.7751	2.7232	2.6730	2.6243	2.5771	2.5313	2.4869	2.4437	2.4018	2.3612	2.3216	2.2832	2.1065
4	3.9020	3.8077	3.7171	3.6299	3.5459	3.4651	3.3872	3.3121	3.2397	3.1699	3.1024	3.0373	2.9745	2.9137	2.8550	2.5887
5	4.8534	4.7135	4.5797	4.4518	4.3295	4.2124	4.1002	3.9927	3.8897	3.7908	3.6959	3.6048	3.5172	3.4331	3.3522	2.9906
6	5.7955	5.6014	5.4172	5.2421	5.0757	4.9173	4.7665	4.6229	4.4859	4.3553	4.2305	4.1114	3.9975	3.8887	3.7845	3.3255
7	6.7282	6.472	6.2303	6.0021	5.7864	5.5824	5.3893	5.2064	5.0330	4.8684	4.7122	4.5638	4.4226	4.2883	4.1604	3.6046
8	7.6517	7.3255	7.0197	6.7327	6.4632	6.2098	5.9713	5.7466	5.5348	5.3349	5.1461	4.9676	4.7988	4.6389	4.4873	3.8372
9	8.5660	8.1622	7.7861	7.4353	7.1078	6.8017	6.5152	6.2469	5.9952	5.7590	5.5370	5.3282	5.1317	4.9464	4.7716	4.0310
10	9.4713	8.9826	8.5302	8.1109	7.7217	7.3601	7.0236	6.7101	6.4177	6.1446	5.8892	5.6502	5.4262	5.2161	5.0188	4.1925
11	10.3676	9.7868	9.2526	8.7605	8.3064	7.8869	7.4987	7.1390	6.8052	6.4951	6.2065	5.9377	5.6869	5.4527	5.2337	4.3271
12	11.2551	10.5753	9.9540	9.3851	8.8633	8.3838	7.9427	7.5361	7.1607	6.8137	6.4924	6.1944	5.9176	5.6603	5.4206	4.4392
13	12.1337	11.3484	10.6350	9.9856	9.3936	8.8527	8.3577	7.9038	7.4869	7.1034	6.7499	6.4235	6.1218	5.8424	5.5831	4.5327
14	13.0037	12.1062	11.2961	10.5631	9.8986	9.2950	8.7455	8.2442	7.7862	7.3667	6.9819	6.6282	6.3025	6.0021	5.7245	4.6106
15	13.8650	12.8493	11.9379	11.1184	10.3797	9.7122	9.1079	8.5595	8.0607	7.6061	7.1909	6.8109	6.4624	6.1422	5.8474	4.6755
16	14.7179	13.5777	12.5611	11.6523	10.8378	10.1059	9.4466	8.8514	8.3126	7.8237	7.3792	6.9740	6.6039	6.2651	5.9542	4.7296
17	15.5622	14.2919	13.1661	12.1657	11.2741	10.4773	9.7632	9.1216	8.5436	8.0216	7.5488	7.1196	6.7291	6.3729	6.0472	4.7746
18	16.3983	14.992	13.7535	12.6593	11.6896	10.8276	10.0591	9.3719	8.7556	8.2014	7.7016	7.2497	6.8399	6.4674	6.1280	4.8122
19	17.2260	15.6785	14.3238	13.1339	12.0853	11.1581	10.3356	9.6036	8.9501	8.3649	7.8393	7.3658	6.9380	6.5504	6.1982	4.8435
20	18.0456	16.3514	14.8775	13.5903	12.4622	11.4699	10.5940	9.8181	9.1285	8.5136	7.9633	7.4694	7.0248	6.6231	6.2593	4.8696
21	18.8570	17.0112	15.4150	14.0292	12.8212	11.7641	10.8355	10.0168	9.2922	8.6487	8.0751	7.5620	7.1016	6.6870	6.3125	4.8913
22	19.6604	17.6580	15.9369	14.4511	13.163	12.0416	11.0612	10.2007	9.4424	8.7715	8.1757	7.6446	7.1695	6.7429	6.3587	4.9094
23	20.4558	18.2922	16.4436	14.8568	13.4886	12.3034	11.2722	10.3711	9.5802	8.8832	8.2664	7.7184	7.2297	6.7921	6.3988	4.9245
24	21.2434	18.9139	16.9355	15.2470	13.7986	12.5504	11.4693	10.5288	9.7066	8.9847	8.3481	7.7843	7.2829	6.8351	6.4338	4.9371
25	22.0231	19.5234	17.4131	15.6221	14.0939	12.7834	11.6536	10.6748	9.8226	9.0770	8.4217	7.8431	7.3300	6.8729	6.4641	4.9476
26	22.7952	20.1210	17.8768	15.9828	14.3752	13.0032	11.8258	10.8100	9.9290	9.1609	8.4881	7.8957	7.3717	6.9061	6.4906	4.9563
27	23.5596	20.7069	18.327	16.3296	14.643	13.2105	11.9867	10.9352	10.0266	9.2372	8.5478	7.9426	7.4086	6.9352	6.5135	4.9636
28	24.3164	21.2812	18.7641	16.6631	14.8981	13.4062	12.1371	11.0511	10.1161	9.3066	8.6016	7.9844	7.4412	6.9607	6.5335	4.9697
29	25.0658	21.8443	19.1885	16.9837	15.1411	13.5907	12.2777	11.1584	10.1983	9.3696	8.6501	8.0218	7.4701	6.9830	6.5509	4.9747
30	25.8077	22.3964	19.6004	17.2920	15.3725	13.7648	12.4090	11.2578	10.2737	9.4269	8.6938	8.0552	7.4957	7.0027	6.5660	4.9789
40	32.8347	27.3554	23.1148	19.7928	17.1591	15.0463	13.3317	11.9246	10.7574	9.7791	8.9511	8.2438	7.6344	7.1050	6.6418	4.9966
50	39.1961	31.4236	25.7298	21.4822	18.2559	15.7619	13.8007	12.2335	10.9617	9.9148	9.0417	8.3045	7.6752	7.1327	6.6605	4.9995